COLLECTION

DE

DOCUMENTS INÉDITS

SUR L'HISTOIRE DE FRANCE

PUBLIÉS PAR LES SOINS

DU MINISTRE DE L'INSTRUCTION PUBLIQUE.

TROISIÈME SÉRIE.

ARCHÉOLOGIE.

INSTRUCTIONS DU COMITÉ DE LA LANGUE, DE L'HISTOIRE ET DES ARTS
DE LA FRANCE.

ARCHITECTURE

MONASTIQUE,

PAR M. ALBERT LENOIR,

MEMBRE DU COMITÉ DE LA LANGUE, DE L'HISTOIRE ET DES ARTS
DE LA FRANCE.

IIe ET IIIe PARTIE.

PARIS.

IMPRIMERIE IMPÉRIALE.

M DCCC LVI.

INSTRUCTIONS
DU COMITÉ HISTORIQUE
DES ARTS ET MONUMENTS[1].

ARCHITECTURE MONASTIQUE.

DEUXIÈME PARTIE.

STYLE ROMAN.

Au huitième siècle, une transformation se préparait pour l'architecture monastique. Ce ne fut pas par une création immédiate et complète d'abord : suivant la marche ordinaire, elle fut la conséquence d'une suite d'essais, qui constituent la période de transition entre le style latin, auquel se joignirent quelques formes byzantines, et l'architecture nouvelle qui tendait à se formuler dans les régions septentrionales de l'Europe.

On nomme *roman*, le troisième style de l'architecture des moines; il se développa en Europe vers la période carlovingienne, et s'y maintint jusqu'à la fin du XIIe siècle. Les provinces méridionales de l'Occident étaient alors, et depuis l'origine de la société monastique, sous l'influence du style adopté par Rome; il s'était répandu dans les régions moyennes,

---

[1] Les gravures qui accompagnent ces instructions ont été exécutées, comme celles des précédents volumes, sur les dessins de M. A. Lenoir.

ainsi que nous l'avons démontré en terminant l'examen de cette première phase de l'art religieux. Tout l'Orient avait adopté l'architecture byzantine, et les précédentes études, en la suivant pas à pas dans tous ses développements, ont fait voir qu'elle resta toujours dans une voie qui lui est propre. Quelle serait alors la partie du monde chrétien qui donna naissance à l'architecture romane? Le Nord seul lui reste, et paraît avoir été son berceau. Sans doute, ainsi qu'on le verra dans la suite, on trouve parfois, dans ce style, des dispositions latines et néogrecques; mais ces faits, qu'on voit naître dans les régions en contact avec l'Est ou le Midi, se perdent, en s'éloignant, dans des nuances légères, qui laissent apparaître bientôt la source originelle de cet art. Dans sa période de perfectionnement, il s'aida des progrès de la science, mais il n'en conserva pas moins une physionomie à part qu'on reconnaît au premier aspect. Ce qui le caractérise avant tout, c'est un affranchissement des proportions et des formes adoptées avant lui, liberté qui permit aux religieux artistes de tout créer, depuis l'ensemble jusqu'aux moindres détails, et d'imprimer sur les édifices le sentiment religieux dont ils étaient pénétrés. Cette impulsion créatrice qu'ils donnèrent à l'art catholique, le mettant en parfaite harmonie avec l'état social de la période dans laquelle il se développa, dut être la cause principale de son succès.

Les édifices de style roman, multipliés à l'infini dans les contrées septentrionales et moyennes de l'Europe, deviennent de plus en plus rares quand on s'approche du Midi; ainsi l'Italie du nord n'en possède que peu d'exemples; les États de l'Église moins encore; le royaume des Deux-Siciles n'en vit paraître que lors des conquêtes des Normands et de la maison de Souabe. L'Espagne en présente peu. On trouve des traces légères de l'architecture romane dans les contrées orientales de l'Europe : nous avons recueilli une porte de ce style à Patras ; le reste de la Grèce ne nous en a pas fourni d'exemple. Les nombreux pèlerinages et les croisades en Syrie y portèrent quelques éléments de cet art.

ORATOIRES ET CHAPELLES.

PLANS.

Oratoires à l'abbaye de Saint-Gall. — Le plan de l'abbaye de Saint-Gall, gravé dans la première partie, pl. 15, contient deux oratoires contigus, destinés à l'infirmerie et à la maison des novices : terminés l'un et l'autre par une abside, on y a figuré l'autel précédé de plusieurs marches, le chœur fermé par un *septum* et continuant les *formes;* des bancs sont disposés autour de la nef, pour les assistants.

N° 302. Oratoire à Saint-Gall.

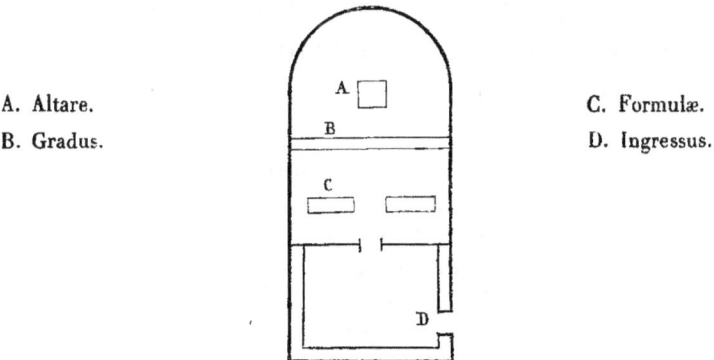

A. Altare.
B. Gradus.

C. Formulæ.
D. Ingressus.

Chapelle de Jeust. — On voit encore à Jeust, village situé auprès de Thionville, les fondations d'une chapelle disposée

[1] Chronol. des Conciles, ann. 844.

en forme de croix latine, et qui y fut élevée en 844, au lieu nommé alors *Judicium* (Jeust), en mémoire du concile qu'y tinrent, au mois d'octobre, Lothaire, Louis et Charles le Chauve, qui s'y promirent une amitié fraternelle et le rétablissement de l'état de l'Église troublée par leurs divisions[1].

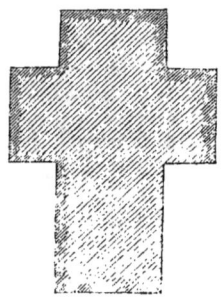

N° 303. Plan de la chapelle de Jeust.

Chapelle de Vieux-Pont (département du Calvados). — Une petite église, ou chapelle, située à Vieux-Pont-en-Auge, et mentionnée par M. de Caumont dans le Bulletin monumental et dans son Abécédaire d'archéologie, présente tous les caractères des constructions carlovingiennes, ce qu'une inscription qui s'y lit semble confirmer; elle est ainsi conçue:

```
VII. ID. FEBR. OBIIT
RANOLDVS.
ILLEFVIT NATVS
DE GESTA FRAN
CORVSЯ. ANI
MA EIVS REQVI
ESCAT IN PACE.
AM. ILLE FEC.
ISTAN ECCLESIA.
```

[1] Cette chapelle a été détruite jusqu'au sol en 1814, pour la défense de Thionville. Le plan seul est resté.

N° 304. Plan de la chapelle de Vieux-Pont-en-Auge.

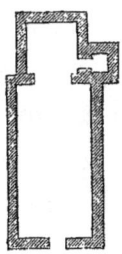

Les dispositions simples de cet oratoire offrent une nef allongée, un sanctuaire carré et sans abside, et, de plus, un clocher quadrangulaire, qui bien qu'établi avec des assises de briques, comme le reste de l'édifice, paraît être de construction postérieure: il masque en effet à moitié une fenêtre du chœur[1]. (Voir les n°ˢ 304 et 313.)

N° 305. Plan de l'oratoire de Cividale-del-Frioul.

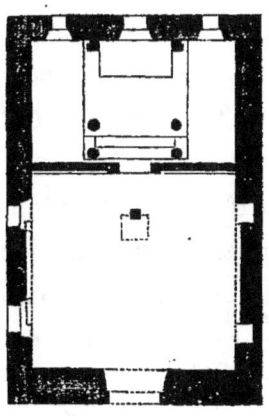

Oratoire de Cividale-del-Frioul. — L'oratoire dont nous donnons ici le plan est situé au centre d'un monastère de béné-

---

[1] Ce plan de la chapelle de Vieux-Pont, ainsi que la façade n° 313, est extrait de l'ouvrage intitulé, l'*Architecture du V⁰ au XVI⁰ siècle*, par M. J. Gailhabaud.

dictins de la petite ville de Cividale-del-Frioul, dans la légation d'Udine (royaume Lombardo-Vénitien). La chronique en attribue la construction à la princesse Giseltrude, duchesse de Frioul, au VIIIe siècle. « Ædificavit pulcherrimum chorum, « testudinatum, et per circuitum ornatum tabulis marmoreis « non paucis, cum marmoreis columnis circa altare testudi- « nem sustinentibus. » Le plan de cet oratoire est un parallélogramme, qui, en longueur, a reçu un peu moins de deux fois sa largeur; il présente, avec les édifices latins, une différence notable par l'épaisseur plus grande donnée aux murs, afin de leur faire supporter des voûtes. Un septum sépare le chœur et la nef, comme à l'abbaye de Saint-Gall.

Après la retraite des Normands, et lorsque la paix rendue à l'Europe permit de reconstruire les monastères ou d'en élever de nouveaux, les oratoires des maisons religieuses et les chapelles isolées subirent d'importantes modifications : les murs épais destinés à porter des voûtes, et qu'on avait déjà jugé nécessaire d'établir durant la période carlovingienne, furent consolidés par des pilastres ou des contre-forts, distribués soit intérieurement, soit à l'extérieur; ces pilastres conservèrent dans la Provence et les contrées limitrophes les formes et les caractères antiques, quelquefois même des colonnes engagées prirent leur place, comme on peut s'en convaincre en examinant la chapelle monastique de Saint-Quinin de Vaison, dont une vue pittoresque, gravée à la page suivante, sous le n° 306, fait voir l'abside triangulaire, ornée de pilastres puis d'une colonne engagée, sur l'angle saillant. Enfin ces contre-forts, devenant plus ou moins saillants, reçurent tous les développements indiqués déjà, dans les précédentes instructions du Comité des Arts, aux styles roman et gothique, page 59.

N° 306. Vue de la chapelle de Saint-Quinin, à Vaison.

A la même époque, dans les provinces du centre et de l'ouest de la France, les oratoires et les chapelles présentaient des plans analogues à ceux de la Provence et des contrées limitrophes. M. Mérimée a publié le plan d'un oratoire dépendant du monastère de Monte-Christo, qui offre deux absides jumelles; il est consacré à sainte Christine et situé à Cervione (Corse.)

N° 307. Plan de la chapelle de Sainte-Christine (Corse.)

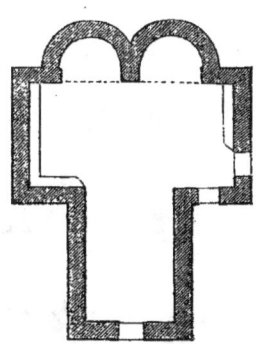

Quant au Nord, il nous montre dans les plans d'oratoires et de chapelles isolées l'esprit novateur qui caractérisa cette contrée dès le xie siècle; ces édifices offrent plus souvent que ceux du Midi la forme d'une croix latine; puis à Fontenelle, à Querqueville, les transepts sont terminés par des absides. Indépendamment de ces dispositions, les plans de ces deux oratoires sont conçus de manière à présenter, au centre de la croix, un carré parfait, également ouvert sur les quatre faces et consolidé par de fortes épaisseurs de murs, dans le but de lui faire porter une tour centrale, innovation établie par les religieux constructeurs de l'Europe moyenne et septentrionale, et que, plus loin, en examinant les églises, on verra se produire dès le règne de Charlemagne. (Voir les plans 308 et 309.)

N° 308. Plan de l'oratoire de Saint-Saturnin.

N° 309. Plan de la chapelle de Querqueville.

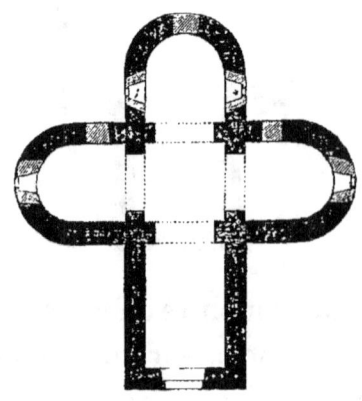

ARCHITECTURE MONASTIQUE.

Lorsque la chapelle n'était pas disposée en croix, on élevait le clocher sur le chœur ou le sanctuaire, et de solides contreforts extérieurs remplaçaient les transepts ou les absides, pour maintenir le poids de la tour. Nous en donnons deux exemples, extraits de l'ouvrage de M. E. Woillez, sur le Beauvoisis.

N°ˢ 310 et 311. Chapelles du Beauvoisis.

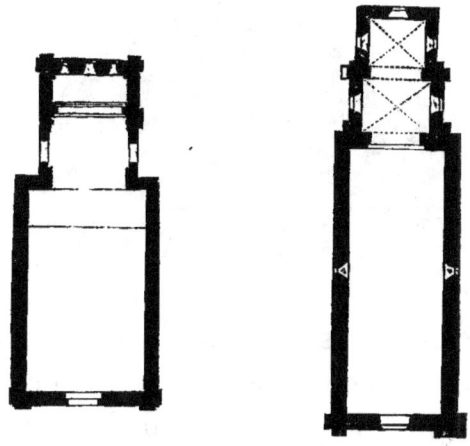

FAÇADES DES ORATOIRES.

Dans les contrées méridionales, l'aspect extérieur des oratoires se rapproche généralement de celui de Vaison, gravé à la planche 306; les constructions s'élèvent peu, se décorent dans un style plus ou moins voisin de l'art antique modifié par la période latine. Dans le Nord, au contraire, un clocher s'élevant sur le chœur ou sur le sanctuaire, comme les précédents plans l'indiquent, ou sur quelques parties latérales et antérieures, ainsi qu'on en voit des exemples, l'édifice reçoit de cette tour, plus ou moins importante, un tout autre caractère que ceux du Midi. (Voir la planche 312, à la page suivante.)

N° 312. Vue de l'oratoire de Saint-Saturnin.

Les façades d'oratoires carlovingiens présentent des différences avec celles que construisaient les religieux de la période antérieure : l'emploi des voûtes, qui déjà se répandait alors pour remplacer d'une manière durable les plafonds des Latins, comme on en voit un exemple à l'oratoire de Cividale-del-Frioul, *pulchro testudinatum*, dut apporter des modifications dans les façades, en faire exhausser les pignons plus qu'on ne l'avait pratiqué dans le style précédent. Ces observations se peuvent faire dans les constructions supérieures de la façade de l'oratoire que nous citons. La chapelle de Vieux-Pont-en-Auge, située dans l'arrondissement de Lisieux, et dont nous avons précédemment donné le plan, est dans le même cas : la situation septentrionale de ce petit édifice dut contribuer aussi à faire donner à sa couverture et à ses pignons une inclinaison calculée pour un climat humide. (Voir le n° 313.)

N° 313. Façade de la chapelle de Vieux-Pont-en-Auge.

Sous le pignon de face de l'oratoire de Cividale sont les traces d'une fenêtre bouchée; sa forme était celle qui fut adoptée pour les basiliques latines : elle a été cintrée par le haut. On remarque à la chapelle de Vieux-Pont que les fenêtres sont cintrées aussi. (Voir la façade ci-dessus.)

La porte de l'oratoire de Cividale est, comme celles des Latins, composée d'un chambranle à la romaine; le linteau est d'une seule pièce de marbre, un cintre le surmonte pour en décharger le milieu. On a vu précédemment que cette disposition a été adoptée dans la plupart des édifices byzantins. La porte de la chapelle de Vieux-Pont est conçue de même, sauf la différence que présentent des matériaux moins précieux et non monolithes employés dans le chambranle.

La brique admise en chaînes de liaison dans les façades que nous venons de décrire indique la persistance, jusqu'au siècle de Charlemagne, du système de construction adopté par les Romains, et l'emploi qu'en firent les religieux constructeurs.

Lorsque, après la période de transition, l'art roman eut définitivement modifié les dispositions antérieures, tous les pignons prirent les formes aiguës du Nord, excepté dans les contrées tout à fait méridionales; au-dessous du gable ou dans son triangle on ouvrit une fenêtre toujours cintrée; quelquefois on en figura plusieurs. La chapelle de Saint-Gabriel, en Provence, fait voir sur sa face principale une rose ou *oculus* richement encadrée de moulures et accompagnée des attributs des évangélistes, comme en possédaient de nombreuses églises importantes. A cette époque, la grande épaisseur des murailles, nécessaire pour porter les voûtes intérieures des oratoires et des chapelles isolées, permettait de percer la porte d'entrée sous des voussures établies en plein mur, et qu'on ornait d'épais encadrements. (Voir les précédentes instructions du Comité, pages 41 et 42, 49 et 50.)

Le système de maçonnerie adopté par les religieux dans la construction des oratoires du xie siècle n'était plus celui des époques précédentes : les briques avaient disparu de l'appareil, qui était indifféremment formé, selon les ressources locales et celles des constructeurs, soit de hautes ou basses assises de pierre, soit de moellons piqués, disposés horizontalement ou en épis. Les oratoires de Saint-Saturnin et de Querqueville sont construits suivant ce dernier système.

INTÉRIEUR DES ORATOIRES.

Disposition. — Un septum, élevé à hauteur d'appui et orné de pilastres, sépare le chœur de l'oratoire de Cividale-del-Frioul et la nef; quatre colonnes et deux piliers supportent les voûtes construites au-dessus de l'autel, elles établissent trois divisions d'inégale largeur : celle du milieu, qui contient l'autel, est plus grande que les deux autres. La nef, couverte d'une voûte d'arête, paraît avoir eu originairement trois portes : 1° deux sur les faces latérales, et qui devaient communiquer avec les dépendances du monastère; elles sont bouchées l'une et l'autre; 2° une qui est à l'occident et sert aujourd'hui d'entrée. Au-dessus des portes étaient pratiquées cinq fenêtres, dont deux sur chaque face latérale. Le sol est pavé en marbre et en *opus Alexandrinum;* aux deux tiers de la nef s'élève un pupitre en marbre porté par une colonne de granit. Trois fenêtres étroites et pratiquées à une grande hauteur donnent du jour au sanctuaire, qui se termine carrément à l'orient.

L'oratoire de Cividale-del-Frioul, dont nous traçons ici les principales dispositions intérieures, est orné de nombreux détails d'architecture, l'un d'eux est antique; les chapiteaux en marbre qui surmontent les colonnes paraissent avoir été exécutés pour la place qu'ils occupent; on y retrouve, comme dans ceux que nous avons fait connaître à la première partie, pages 229 et suivantes, l'imitation maladroite du chapiteau corinthien; tout le reste de la décoration architecturale de l'édicule est formé d'un stuc très-dur d'une teinte légèrement grise; c'est particulièrement sur la face occidentale intérieure que sont répandus, avec une certaine profusion, ces détails précieux par leur finesse, par leur beau caractère, et auxquels se mêlent des nattes, des tresses, comme on en voit dans tous les ornements peints sur les vignettes des manuscrits carlovingiens (fig. 314). L'ancienne chronique dont nous avons parlé, en décrivant le plan, mentionne une partie de ces décorations précieuses, ainsi que les six statues qui les complètent...... « Et porta habens desuper vitem imagines vi « sculptas supradictorum sanctorum : scilicet sanctarum Anas- « tasie, Agape, Chionie et Irenes, et sanctorum Chrysogoni et « Zoelis. »

N° 314. Vue intérieure de l'oratoire de Cividale-del-Frioul.

La vigne indiquée ici au-dessus de la porte existe encore;

elle se répand en dessin courant, et dans le style antique, sur le plus large champ d'une archivolte, décorée en outre de fleurs, de perles et d'un ornement découpé qui surmonte le cercle extérieur. Le fond sur lequel est exécutée la vigne a été originairement couvert de lames de verre bleu d'azur; on en voit encore des fragments (fig. 315).

N° 315. Archivolte de la porte.

Cette archivolte était portée par deux pilastres en marbre qui n'existent plus; les deux chapiteaux sont restés seuls à leurs places. Ils sont séparés, au-dessus du linteau de la porte, par un riche ornement retracé à la figure 316.

N° 316. Ornement entre les chapiteaux.

Une large frise, qui faisait originairement le tour de l'édifice, se voit seulement aujourd'hui dans la partie située au-dessus de la porte; elle est limitée, en haut et en bas, par un bandeau saillant dessiné à la figure 317; on y remarque des fleurs dont le bouton central (fig. 318) est un petit globe de

N° 317. Bandeau saillant.

N° 318. Bouton en verre bleu.

verre bleu fixé dans le stuc par le col qui a servi à le souffler; c'est dans la hauteur de cette frise que sont placées les six statues en stuc mentionnées par la chronique, ainsi qu'une fenêtre bouchée aujourd'hui, et qui seule, entre les ouvertures pratiquées dans l'oratoire, conserve les colonnes placées sous le cintre. Les bases et les chapiteaux de ces colonnes sont d'ordre corinthien, modifié par l'oubli des proportions établies dans l'antiquité grecque et romaine; l'archivolte, reproduite à la planche 319, est ornée de perles en verre, d'une tresse dans le goût carlovingien, et de feuilles, dont le style rappelle celui des ornements peints sur les manuscrits de cette époque. Ces modifications introduites dans les formes et les proportions antiques, ces ornements nouveaux mêlés à l'art antérieur, indiqueraient dans le nord de l'Italie, à la fin de la domination lombarde, l'effet d'une influence septentrionale, dont on ne voit aucune trace, à la même époque, dans les parties méridionales de cette contrée, ce qui aurait contribué à y faire considérer comme *lombarde* l'architecture du Nord.

N° 319. Archivolte de la fenêtre.

L'oratoire de Cividale-del-Frioul, dont l'âge est établi par la chronique et par le style des ornements qui le décorent, offre un des rares exemples qui nous restent des *Flores gypsei*, dont parlent les auteurs contemporains; il nous indique, en outre, que, durant la période carlovingienne, on revenait à l'architecture polychrome, et qu'on employait, pour lui donner de la durée, le verre teint, comme on l'a fait plus tard : la Sainte-Chapelle de Paris en offre une application remarquable. L'oratoire de Cividale nous a transmis les seules statues en stuc de cette époque.

La décoration des oratoires construits après la période carlovingienne fut établie par la sculpture dans les frises et les couronnements, ainsi qu'on en voit à celui de Saint-Saturnin de Fontenelle; des peintures en harmonie avec les travaux du ciseau complétèrent l'ensemble intérieur.

Les plus petites chapelles, les oratoires isolés, offrirent quelquefois des moyens de défense, lorsqu'ils furent construits à l'époque romane, durant laquelle les monastères avaient été fortifiés d'une manière complète; il y en a un exemple à Marcevol, dans les Pyrénées-Orientales.

N° 320. Plan et Vue de la chapelle de Marcevol.

ÉGLISES.

PARVIS.

Les établissements monastiques construits durant la période carlovingienne, lorsque l'art du Nord commençait à se formuler, présentaient, à en juger par le plan de l'abbaye de Saint-Gall, des parvis décorés encore de colonnes; celui-ci est semi-circulaire, forme exceptionnelle et déterminée par la contre-abside, située à l'occident de l'église. Une galerie couverte suit la courbe de ce parvis, on y lit ces mots :

« Hic muro tectum impositum patet atque columnis. »

Huit colonnes isolées supportent le toit courbe et séparent le sol qu'il surmonte, de celui du parvis découvert. Comme chez les Latins, un avant-portique carré précède l'entrée de cette galerie couverte, qui conduit simultanément à l'église et au monastère. (Voir le plan de l'abbaye de Saint-Gall, gravé au n° 15, page 24, Ire partie.)

Lorsque le temple était dépourvu de contre-abside, la cour sacrée devait être carrée, comme aux abbatiales de style latin.

L'enceinte du parvis de l'abbaye de Centula (Saint-Riquier) était ainsi disposée; trois portes, surmontées chacune d'une tour, étaient ouvertes sur cette enceinte, l'une à l'occident, les autres au nord et au midi[1].

Lorsque après les invasions normandes on reconstruisit les abbayes, ces cours, souvent comprises dans l'enceinte fortifiée, furent ménagées au milieu des tours de défense, et perdirent leur premier aspect, pour prendre celui de cours de forteresses plutôt que de parvis sacrés.

FONTAINE. — PUITS SACRÉ.

La fontaine d'ablution ou *cantharus* des premiers siècles disparut des enceintes qui précédaient les églises monastiques construites sous la période romane; déjà les bénitiers qui la remplaçaient, pour satisfaire au même besoin, avaient été portés sous le porche ou dans l'intérieur des nefs. La fontaine fut fréquemment remplacée par un puits, qui, sans présenter les mêmes facilités pour l'ablution prescrite par l'église, conservait le souvenir du *cantharus* et pouvait, en outre, fournir aux besoins du temple une eau puisée dans l'enceinte sacrée du parvis, et, pour cette cause, d'un emploi préférable à celle qui aurait été prise au loin. Les puits romans d'un style bien déterminé sont devenus fort rares, ainsi que l'appareil qui les surmontait pour puiser l'eau. On voit à Rome, devant l'église monastique de Saint-Jean à la porte Latine, un beau puits roman dont nous donnons ici un dessin; cette inscription se lit autour :

OMNES SITIENTES VENITE.

(Voir le dessin du puits à la page suivante, n° 321.)

[1] P. Petau, *De Nithardo Caroli magni nepote breve Syntagma*.

N° 321. Puits de Saint-Jean-Porte-Latine, à Rome.

BAPTISTÈRE.

Le baptistère fut aussi supprimé; le plan de l'abbaye de Saint-Gall fait voir déjà la cuve baptismale transportée dans l'église; la cause en est dans les modifications qui furent apportées, précisément à cette époque, dans la manière d'administrer le baptême. Alcuin, qui vivait au VIIIe siècle, nous apprend qu'alors déjà on baptisait par infusion. Cet usage se répandit particulièrement et d'abord dans la Grande-Bretagne, et l'abandon de la cuve d'immersion en étant la conséquence, le baptistère isolé devenait inutile. Toutefois, comme l'usage de l'infusion ne fut pas général et que certains conciles, entre autres celui de Celchyt, tenu en 816, maintinrent l'ancien mode, il s'ensuivit que, même sous l'influence de l'architecture romane, on construisit encore des baptistères isolés; la ville de Bonn en possédait un qui datait du XIe siècle; l'Italie en conserve quelques exemples.

PLANS DES ÉGLISES.

1ʳᵉ disposition. — La société monastique des provinces moyennes et septentrionales de l'Occident avait adopté d'abord la plupart des principes établis par les constitutions apostoliques pour la construction des églises, mais les distances du centre, puis les siècles, apportèrent peu à peu des modifications successives qui préparaient une révolution dans l'art sacré. Les contrées méridionales de l'Europe, plus voisines de la capitale catholique et de son influence, évitèrent longtemps ces innovations ; Rome les écarta toujours, parce qu'elle était la gardienne naturelle des principes fondamentaux.

En France, on reconnaît le germe des modifications qui devaient être apportées un jour au plan de la basilique latine, dès le vɪᵉ siècle, lorsque saint Germain dirigeait, à Paris, la construction de l'église abbatiale de Saint-Vincent. Ainsi, les premiers temples chrétiens ne contenaient qu'un autel, le saint évêque en fit élever quatre, un à chacune des branches de la croix sur laquelle avait été tracé le plan de sa basilique ; il ajouta, en outre, deux chapelles à l'Occident : l'une dédiée à saint Pierre, l'autre à saint Symphorien [1].

Le plan de l'abbatiale de Saint-Gall, gravé à la planche 15, Iʳᵉ partie, démontre que deux siècles plus tard les autels étaient déjà très-multipliés dans les églises du Nord ; ce plan en fait voir trois, placés dans l'axe de la nef principale, et quatre dans chacun des collatéraux ; de plus, une chapelle semi-circulaire, en forme d'abside, et dédiée à saint Pierre, est tracée à l'occident de l'église, au lieu occupé ordinairement dans les basiliques par la porte principale ou *mediana.*

---
[1] *Histoire de l'abbaye de Saint-Germain-des-Prés*, par Dom Bouillart, pl. 16.

Dom Guéranger, dans l'histoire de l'abbaye de Solêmes, fait observer que, dès l'origine de la société monastique, un grand nombre d'abbayes étaient fondées sous les vocables de saint Pierre et de saint Paul. Cette double dédicace ne fut-elle pas la cause de la disposition des plans d'églises à contre-abside, dans le but de placer convenablement les deux autels des apôtres? et cette disposition s'est renouvelée dans un grand nombre d'églises voisines du Rhin, lorsqu'on renonça à imiter le plan des basiliques latines. Cette innovation permettait de placer les autels des deux apôtres sur deux points de l'édifice qu'on rendait alors aussi honorables l'un que l'autre; celui de saint Paul occupait l'abside de l'Orient, comme on le voit au plan de Saint-Gall, vers la contrée qui fut le théâtre de ses grands travaux apostoliques; celle d'Occident était dédiée à saint Pierre, comme fondateur du trône pontifical dans cette dernière partie du monde chrétien. (Voir le plan de l'église de Saint-Gall, pl. 15, Ire partie.) Ces consécrations s'étendirent jusqu'aux portes des abbayes, comme on le voit sur le plan de Moissac, gravé à la planche 10, Ire partie, et cette pensée paraît ne s'être pas bornée à l'enceinte des monastères : une chapelle dédiée à saint Pierre s'élevait à l'occident de l'abbaye de Saint-Germain-des-Prés, dans un clos qui lui appartenait, aujourd'hui rue des Saints-Pères, par corruption.

En examinant plus haut les parvis sacrés, on a vu que celui de Saint-Gall était tracé sur un plan semi-circulaire, forme motivée par la contre-abside; le même plan montre à l'orient un second parvis entièrement découvert et de même forme que le premier; disposition nouvelle dont on ne retrouve aucun exemple dans les basiliques latines, et qui avait pour but d'éloigner toute circulation des abords de l'abside orientale, en l'entourant d'un terrain sacré qui pût recevoir les eaux du sanctuaire après le saint sacrifice. On aura plus loin la preuve que ce *parvis* se reproduisit dans plus d'une abbatiale romane.

Le sanctuaire de l'église de Saint-Gall est autrement disposé que celui des basiliques latines, dans lesquelles la grande abside s'ouvrait sur la nef transversale ; ici un espace quadrangulaire situé entre ces deux parties importantes du temple donne plus de place pour le service de l'autel ; on a reconnu précédemment des dispositions analogues dans les anciennes églises byzantines ; l'Orient put avoir de l'influence sur cette forme nouvelle des sanctuaires du Nord ; l'église carlovingienne de Saint-Généroux montre un développement plus grand de cette idée ; on y remarque, comme chez les Grecs, le prolongement des bas-côtés au delà du transept, et quatre arcades avec ou sans colonnes, pour dégager le sanctuaire, sur ses parties latérales ; le prochain examen des développements que prit le plan roman fera reconnaître qu'on étendit cette innovation beaucoup plus que ne l'indiquent ces premiers essais carlovingiens. (Voir le plan de Saint-Généroux, n° 322.) Il est probable que chez les Occidentaux des contrées moyennes et septentrionales, ce prolongement des bas-côtes au delà des transepts, imité des églises byzantines, ou peut-être imaginé chez nous, avait pour but de faciliter l'accès des sacristies, placées encore dans les petites absides latérales, comme elles l'étaient dans les basiliques latines, et comme elles le sont de nos jours dans les temples chrétiens de l'Orient. Le plan de l'église de Saint-Généroux, placé à la page suivante, n° 322, montre aussi, comme les édifices byzantins, des arcades de communication entre le sanctuaire et ces sacristies latérales établies dans les absides secondaires.

N° 322. Plan de l'église de Saint-Généroux.

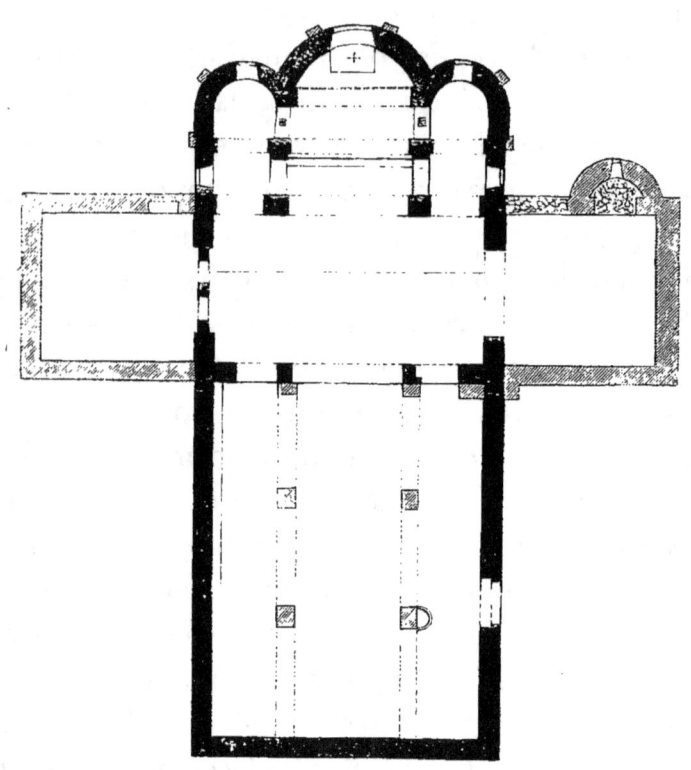

L'avant-chœur qui, à Saint-Gall, était situé devant le *chorus psallentium,* et qui a été signalé à la page 183 de la première partie comme contenant l'ambon, était inusité dans les basiliques primitives, ainsi que sa double porte; enfin la place donnée à la cuve baptismale, sur l'axe de la grande nef, le petit chœur tracé à l'occident, et le *presbyterium* de la contre-abside complètent la série d'innovations qui distinguent le plan carlovingien qui nous occupe, de tous ceux des basiliques latines. Nous avons fait connaître, aux pages 187, 204, 214 de la première partie, les rapports que cette abbatiale présentait d'ailleurs avec les premiers temples chrétiens.

On voit donc que, sous la période carlovingienne, le parvis oriental, le développement donné au sanctuaire, l'avant-chœur et son ambon unique, la double porte établie dans le chancel pour placer au milieu l'autel du Christ en croix, le petit chœur et la contre-abside, situés à l'occident, enfin le parvis semi-circulaire, étaient des dispositions qu'on ne peut attribuer qu'au nord de l'Europe, puisqu'il ne s'en voit aucun exemple dans les basiliques de forme latine existant encore sur une partie du sol de l'Italie, et qui avaient été reproduites généralement dans le monde chrétien, d'après les prescriptions apostoliques. Il résulte de ces faits que l'art septentrional tendait à introduire des idées nouvelles, qui peu à peu se développèrent et conduisirent à changer complétement la distribution des temples.

2ᵉ *disposition.* — On a remarqué aux pages 161 et suivantes de la première partie, que le clocher n'avait pas de place déterminée dans les basiliques latines, parce qu'il était d'invention postérieure au tracé de leur plan et à la construction de la plupart des églises primitives; il devint, dans les temples des contrées septentrionales, un nouvel élément aux dispositions qui les faisaient différer de ceux de l'Italie et du midi de l'Europe; et comme les religieux du Nord construisirent de nombreuses abbatiales à l'époque où l'on ne pouvait plus se passer du clocher, ils cherchèrent à le faire entrer dans la composition de leurs plans sans nuire à la symétrie.

Lorsqu'on examine la distribution des églises romanes du nord de l'Europe les mieux caractérisées, on y trouve la forme de la croix latine bien déterminée par des transepts saillants; aux points de réunion des ailes avec la nef principale et le sanctuaire, se présentent ordinairement quatre piliers solides et portant un pareil nombre d'arcades, disposition inconnue dans les basiliques latines, où les transepts et le centre de la croix sont contenus dans une seule et même construction transversale. Le but de cette innovation romane était de faire porter sur ces quatre piliers, surmontés d'arcades en tous sens, une tour plus élevée que le reste de l'édifice et qui avait pour destination l'établissement des cloches au-dessus du sanctuaire, sur la croix, au point précisément où les Byzantins construisaient le dôme principal de leurs églises; ces quatre arcs, portant une tour élevée, originairement quadrangulaire, et quelquefois surmontée à l'intérieur d'une voûte portée par des pendentifs, semblent être une imitation modifiée du sanctuaire grec, qui, ainsi qu'on l'a remarqué dans les précédentes études de l'art byzantin, était toujours disposé de la sorte, ce que confirme Procope dans sa description de l'église des saints Apôtres rétablie par Justinien[1]; au besoin de placer les cloches sur un point culminant pour les faire entendre, dut se joindre, dans le Nord comme en Orient, celui d'indiquer au loin la place de l'autel et le triomphe du Christ.

Théodulphe, abbé de Fleury, au commencement du IXᵉ siècle, fit terminer, en 806, à Germigny-des-Prés (Loiret), une église qui existe encore en grande partie, et qui démontre qu'alors déjà on disposait le plan de ces édifices de la façon qui vient d'être indiquée, de manière à faire porter à la partie centrale de la croix une haute tour carrée, servant de clocher. (Voir le plan n° 323[2].)

[1] Rectæ lineæ designatæ sunt duæ, quæ se medias invicem secant, commissæ in formam crucis.... in commissura harum linearum utriusque fere medium obtinente, conditum inauguratumque est sanctuarium..... Procope. *Ædif. a Justiniano const.* t. II. p. 13.)

[2] Ce plan est extrait de la Revue de l'architecture, dirigée par M. C. Daly, vol. VIII, pl. 10.

N° 323. Plan de l'église de Germigny.

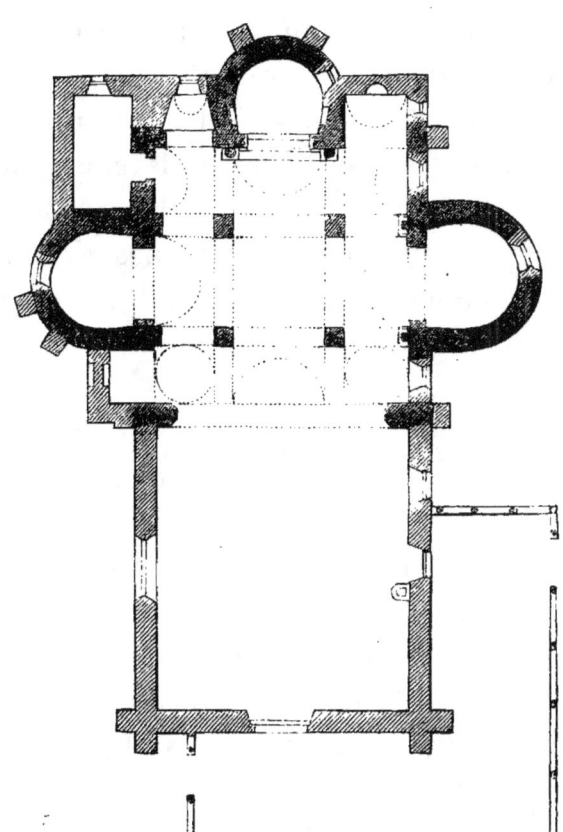

Le plan de cet édifice, que nous reproduisons ici, fait voir que la nef est moderne : elle remplace celle de Théodulphe, qui fut détruite par un incendie, vers le xe siècle. Toute la partie orientale du temple est ancienne; elle forme dans son ensemble un carré, sur trois côtés duquel s'appuient des absides. Le milieu du carré est occupé par quatre piliers, qui portent le clocher central.

Cette innovation devait en amener d'autres, car déjà ce sanctuaire ou ce chœur isolé entre les quatre piliers du centre et permettant de circuler dans les galeries qui l'entourent, les trois chapelles en absides placées de manière à devenir indépendantes les unes des autres, et toutes facilement accessibles, offraient d'immenses avantages sur la distribution de la basilique latine, dans laquelle il n'y avait pas de circulation possible. L'art du Nord, en se développant, profita largement de ces données premières, et bientôt les religieux qui tracèrent les plans des églises romanes s'enhardirent dans cette voie d'améliorations, et créèrent des dispositions plus commodes pour tous les besoins du culte et mieux combinées que par le passé.

Mais d'où vint dans l'Europe moyenne ou septentrionale, et à cette époque, l'influence byzantine qui put contribuer à placer les religieux constructeurs du Nord dans cette voie nouvelle? Vers l'année 804, Charlemagne faisait terminer à Aix-la-Chapelle, sa capitale, l'église de son palais, qui existe encore de nos jours et qu'il avait commencée en 798; l'empereur, en élevant cet édifice qu'il consacra à la Vierge, eut le désir d'imiter Constantin, qui construisit la première église importante dédiée à la mère de Dieu, le temple d'Or d'Antioche: aidé des artistes italiens et des riches matériaux que lui envoya le pape Adrien Ier, il s'inspira de l'église de Saint-Vital de Ravenne, qui rappelait, à beaucoup d'égards, le temple de Constantin. (Voir, à la Ire partie, les plans des églises d'Aix et de Ravenne, aux pages 282 et 385, comparés à la description que fait Eusèbe du temple d'Or d'Antioche, page 251.) L'édifice de Charlemagne, imité de deux monuments byzantins, offre au centre huit piliers isolés, portant une haute construction surmontée de la coupole; une large circulation s'établit autour de ces piliers, et, s'il est permis de comparer à un polygone un carré offrant les mêmes conditions, 1° d'isolement,

2° de circulation autour, 3° de réunion par des arcs, 4° de points d'appui d'une construction élevée, il y a certainement analogie entre la disposition du plan de Charlemagne et celle qu'adopta Théodulphe à la même époque; ajoutons qu'à l'égard du sanctuaire, les Byzantins avaient suivi précisément la même marche que celle que nous traçons ici chez les Occidentaux, en transformant le cercle ou le polygone en un carré qu'ils surmontèrent de pendentifs. Le moine Létalde, qui écrivait au xe siècle, dit que Théodulphe fit construire l'église de Germigny à l'imitation de celle d'Aix-la-Chapelle, « basilicam, « miri operis, instar videlicet ejus quæ Aquis est condita, ædi- « ficavit in villa quæ dicitur Germanicus[1]. » Cette comparaison, que plus loin on verra s'étendre à d'autres parties des deux édifices, ne nous révélerait-elle pas l'origine et la date de la disposition centrale adoptée généralement dans le Nord depuis cette époque, pour porter le clocher sur la croix? principe qui servit bientôt de base à la construction de la plupart des églises romanes de cette contrée. La nef de Charlemagne, élevée en forme de tour, au centre de son église, en aurait donné l'idée, ce qui pouvait suffire pour amener le progrès que nous signalons.

L'église de Saint-Martin d'Angers, qui, par la nature de sa construction en briques mêlées au moellon, suivant l'usage romain, et par sa fondation attribuée à l'impératrice Hermengarde, est un édifice d'une époque peu distante de celle à laquelle Théodulphe éleva le sien, offre, au centre de la croix, quatre piliers renforcés de colonnes engagées après la construction primitive, afin de présenter plus de résistance au poids de la tour, qu'on y ajouta pour satisfaire aux idées nouvelles.

---

[1] Baluze, *Misc.* t. I. Mabillon, *Catalogue des abbés de Fleury. Act. ord. S. B.* sect. x, pag. 598.

N° 324. Plan de l'église de Saint-Martin d'Angers.

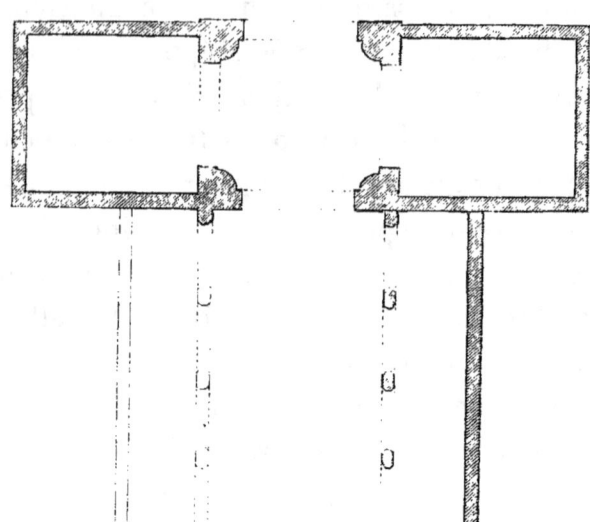

C'est sur des dispositions analogues que se présentent les plans de la plupart des églises romanes anciennes des départements septentrionaux de la France, et particulièrement de la Normandie et du Beauvoisis; toutes celles de l'Angleterre sont conçues de la sorte, et la façade de l'église en bois d'Hitterdal qui est gravée à la planche 325 démontre que ces clochers établis au centre des églises romanes furent admis jusque dans la Norwége.

M. P. Mérimée, décrivant l'église de Saint-Savin (voir le plan n° 326), fait observer, page 9, que les piliers placés au centre des transepts et destinés à soutenir la coupole et le clocher central, ayant une très-forte saillie sur l'alignement des colonnes de la nef, le chœur est masqué en grande partie au spectateur entrant dans l'église; l'auteur explique la grande saillie de ces piliers par la timidité ordinaire aux premiers architectes de l'époque romane. En effet, vers 1023, lorsque fut commencée la construction de l'abbatiale de Saint-Savin, la disposition centrale des transepts, dont on vient de voir des exemples dans les contrées moyennes et septentrionales, était une nouveauté pour l'Aquitaine. Il suffit de porter les yeux sur le plan de l'église de Saint-Savin pour se convaincre de cette vérité, par la forme et l'épaisseur des piliers du centre, par leur peu d'harmonie avec les nefs, le chœur et les transepts.

N° 325. Façade de l'église en bois d'Hitterdal (Norwége.)

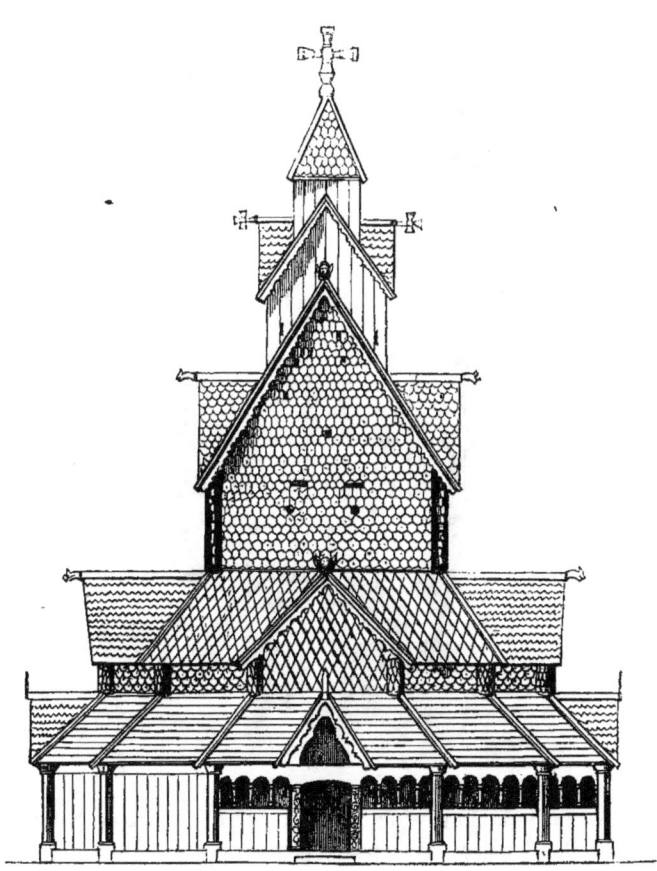

N° 326. Plan de l'abbatiale de Saint-Savin[1].

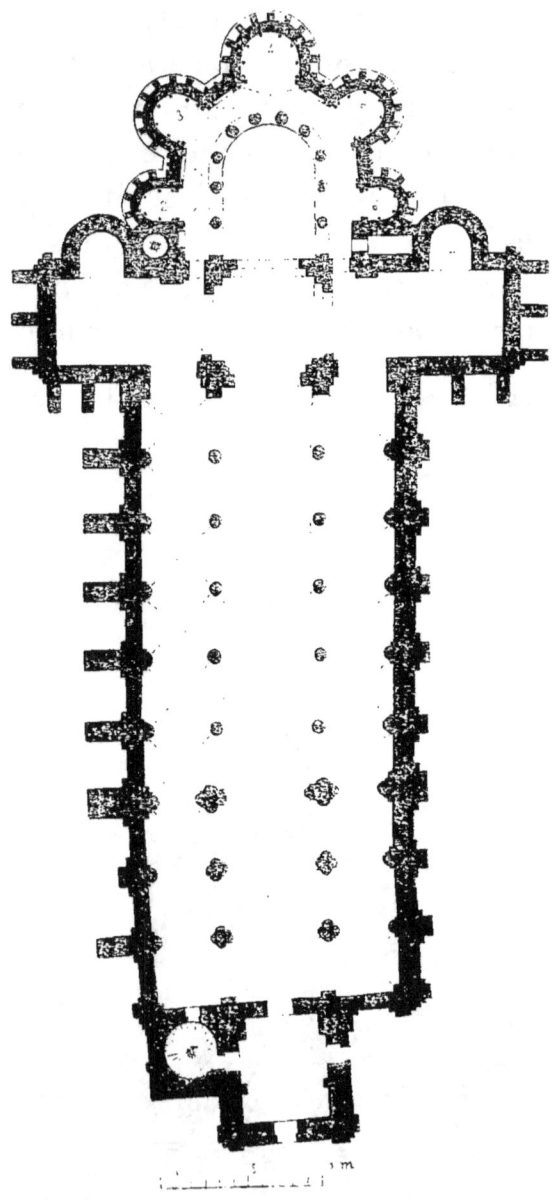

[1] Ce plan est extrait de la notice sur les peintures de l'église de Saint-Savin, publiée pour le Comité des Arts, par M. P. Mérimée.

L'absence de cette disposition dans le midi de l'Europe, durant l'époque carlovingienne, suffit pour en fixer l'origine dans le Nord. C'est aussi la même période de l'art chrétien qui vit remplacer fréquemment dans les nefs les colonnes monolithes, en pierre ou en marbre, invariablement employées dans les églises latines, par des piliers carrés construits en plusieurs assises, comme en faisaient les Byzantins; on en voit aux églises de Germigny-des-Prés, de Saint-Martin d'Angers, de la Basse-Œuvre à Beauvais, à la vieille abbatiale de Saint-Front, ainsi que dans un grand nombre d'édifices romans primitifs de la France; bientôt aussi au plan carré de ces piliers vinrent s'ajouter, dans les nefs, des colonnes engagées, disposition qui put avoir son origine dans le besoin qui s'était fait sentir d'abord de consolider les quatre supports de la tour centrale, ainsi qu'on en voit un exemple, qui est un remaniement, à l'église de Saint-Martin d'Angers, pl. 324.

Les édifices que nous venons de citer suffisent pour indiquer la voie d'innovation dans laquelle se placèrent de bonne heure les religieux constructeurs des contrées septentrionales de l'Europe; dans le Midi, au contraire, le plan latin fut conservé presque intact, lors même que l'art roman s'y était transplanté dans son aspect plastique; c'est ce qu'on observe, dans l'Italie du Nord, à l'abbatiale de Saint-Zénon de Vérone, à l'église de Saint-Ambroise de Milan, au monastère de San-Miniato, à Florence; dans les régions moyennes, aux belles églises de Sainte-Marie et de Saint-Pierre de Toscanella; dans le royaume des Deux-Siciles, à Trani, à Bitonto, etc. Toutefois, dans les plans de quelques-uns des édifices que nous citons ici, des colonnes engagées viennent renforcer les piliers voisins du sanctuaire, soit par simple imitation de ce qui se faisait dans le Nord, mais sans but, puisque le clocher central ne surmonte pas ces églises, soit pour porter d'une manière plus stable qu'on ne le faisait antérieurement dans les basiliques latines, le poids de l'arc triomphal, auquel se joint, dans quelques cas exceptionnels, celui de deux grands cintres se dirigeant vers l'abside, ce qu'on voit à l'église de Saint-Pierre de Toscanella, n° 327.

N° 327. Plan de l'église de Saint-Pierre de Toscanella.

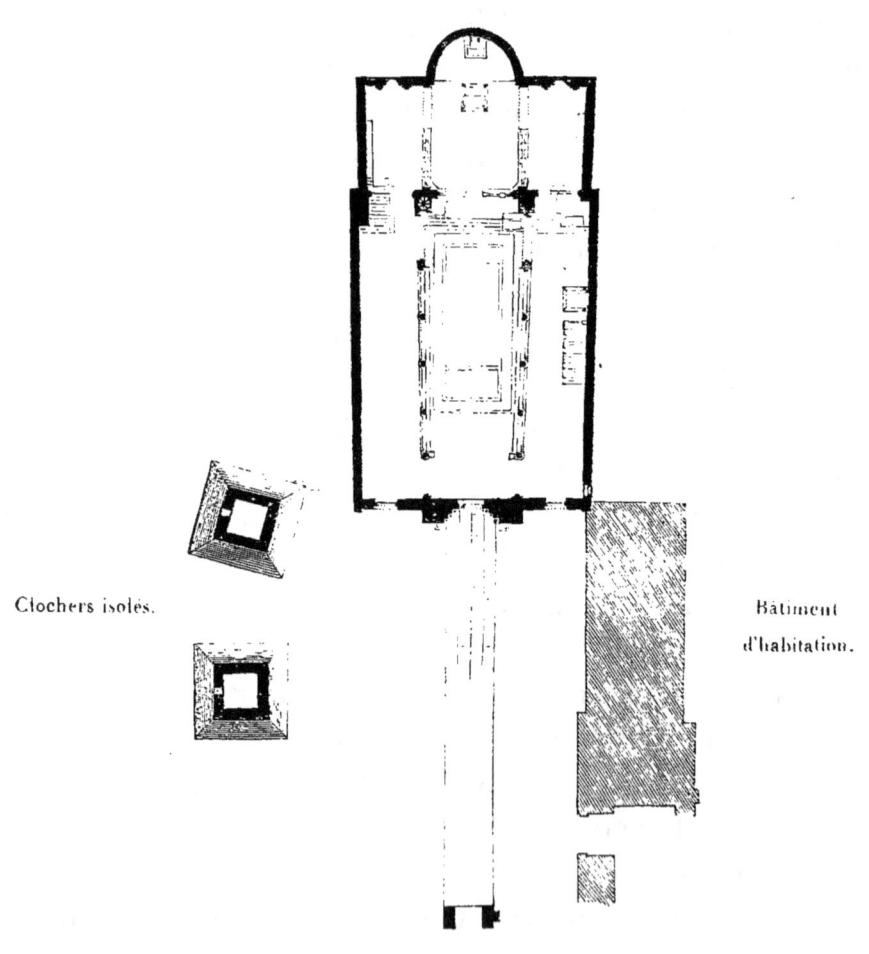

ARCHITECTURE MONASTIQUE.

N° 328. Plan de l'église de San-Miniato.

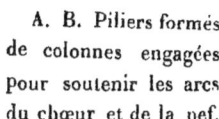

A. B. Piliers formés de colonnes engagées pour soutenir les arcs du chœur et de la nef.

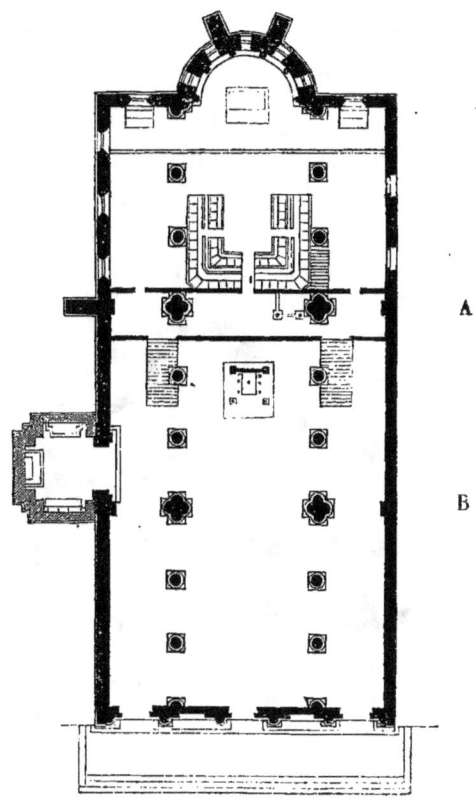

3ᵉ disposition. — Une église non monastique, celle de Vignory, construite au xᵉ siècle, est le plus ancien exemple qu'on puisse citer des dispositions qui, avant l'an 1000, furent la conséquence des essais qu'on vient de suivre ; elle est donnée ici pour combler la lacune que nous laissent à cet égard les temples des maisons religieuses, marche que nous avons dû suivre déjà plus d'une fois. Cet édifice, situé dans la Haute-Marne, montre d'abord, au centre de la croix, un carré parfait, établi entre six piliers renforcés de colonnes ; au delà de ce centre, le sanctuaire s'isole des constructions adjacentes ;

des colonnes et des piliers enveloppent son contour; une galerie annulaire formant la continuation des bas-côtés permet de circuler dans la partie orientale du temple, et donne un accès facile à trois chapelles semi—circulaires placées à l'abside, pour former la disposition nommée *chorea* par l'abbé Guillaume III, dans ses Us et coutumes de l'abbaye de Saint-Germain-des-Prés.

N° 329. Plan de l'église de Vignory.

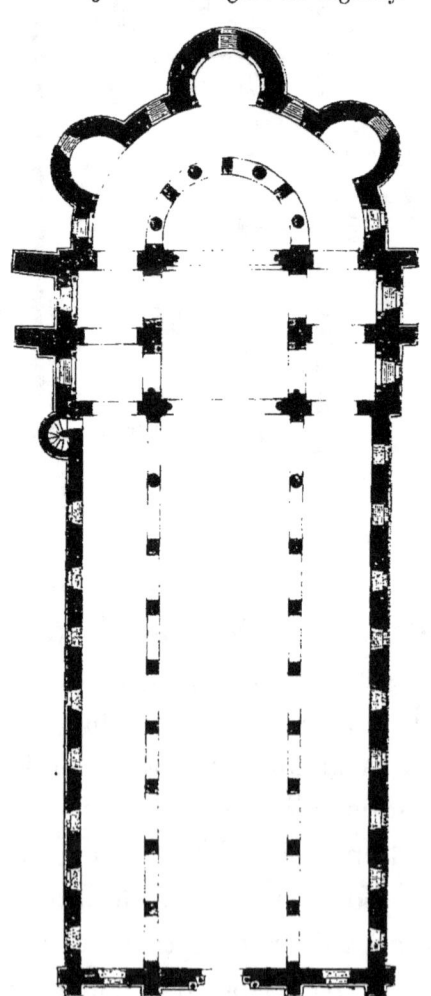

On reconnaît facilement ici l'amélioration des ébauches tracées à Germigny et à Saint-Généroux : comme dans le premier de ces édifices, le chœur s'isole entre des piliers pouvant porter la tour centrale; comme dans le second, les bas-côtés se prolongent au delà des transepts; mais cette idée se complète par l'isolement du sanctuaire, pour établir une communication entre toutes les parties; enfin les trois chapelles de Germigny sont reportées à l'abside afin d'orienter leurs autels d'une manière conforme aux prescriptions apostoliques. Ces nouvelles dispositions sont celles qu'on adopta généralement au XIe siècle.

Ainsi l'esprit novateur qu'on vient de reconnaître conduisit : 1° à chercher une place plus convenable que l'axe des nefs pour élever les chapelles et les autels des saints nombreux qu'on honorait dans les églises abbatiales du Nord : on choisit le pourtour du chœur comme le lieu le plus noble de l'édifice; 2° à isoler le sanctuaire en prolongeant les galeries des bas-côtés au delà des transepts, et à permettre ainsi à la foule des fidèles de s'approcher de l'autel principal, de circuler autour du chœur, et de faire le tour de l'église intérieurement; de passer d'une nef latérale dans l'autre, sans traverser celle du milieu; la marche des processions put déterminer encore à prendre ce nouveau parti dans la distribution générale des plans.

Ces améliorations furent adoptées dans toutes les églises du Nord, et Rome même, qui n'avait pas dévié du plan latin qu'elle conserva jusqu'au XVe siècle, vit établir cette galerie de circulation à la basilique de Saint-Jean-de-Latran, lorsque l'abside, endommagée par un incendie au XIIIe siècle, fut rétablie, sous le pape Martin IV, comme on la voit aujourd'hui. (Voir le plan à la page suivante, n° 330.)

N° 330. Plan de la basilique de Saint-Jean-de-Latran

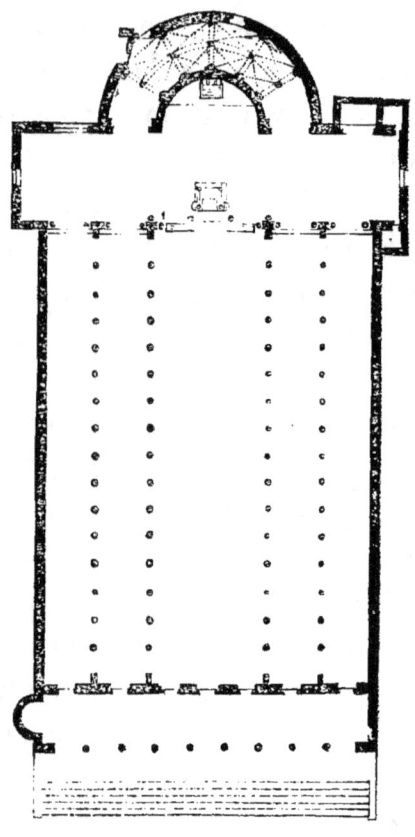

Les tours, que les abbayes de Centula et de Saint-Gall nous montrent comme annexées plutôt au parvis qu'au temple lui-même, firent partie ensuite de la conception particulière du plan de l'église; s'il n'y en avait qu'une, elle était placée devant la porte principale, comme on la voit aux abbatiales d'Ainay, à Lyon, de Saint-Germain-des-Prés, à Paris, de Saint-Savin, de Saint-Benoît-sur-Loire, etc.; dans ce cas, sa base formait le porche de l'église. Plus fréquemment deux tours flanquèrent les angles de la façade occidentale; elles sont ainsi disposées aux abbatiales de Jumiéges, de Saint-Georges de

Bocherville, de Tournus, etc. Si elles prenaient une grande saillie sur la façade, un porche était établi entre leurs bases; dans le cas contraire, elles formaient à l'intérieur du temple un vestibule en avant de la nef principale. Ces deux tours n'excluaient pas ordinairement la grande, qui surmontait la croisée du chœur; les trois derniers édifices mentionnés ici en sont des exemples. Le clocher unique ou double à la façade occidentale admettait aussi ceux qui pouvaient trouver place sur quelque autre point du plan, et fréquemment les moines en élevaient aux environs du sanctuaire, afin qu'on pût sonner plus facilement les cloches pendant les cérémonies. On voyait de ces clochers aux abbayes de Saint-Germain-des-Prés, de Saint-Benoît-sur-Loire, de Cluny, etc. Indépendamment de ces dispositions plus habituelles, d'autres clochers moins importants s'élevaient auprès de l'abside : on en rencontre sur les bords du Rhin; enfin on en élevait quelquefois de très-légers aux transepts, au sommet de la façade et au-dessus de l'abside; l'abbaye de Cluny en était pourvue au point qu'on avait porté au nombre de sept la totalité de ses tours, peut-être pour rappeler les sept églises, idée qui aurait été empruntée aux chrétiens grecs, car ils désignaient par le mot ἐκκλησία chacun des dômes particuliers qui surmontaient un même temple. (Voir le dessin de Cluny, page 72, Ire partie.)

Toutes ces innovations, dues aux religieux du Nord, ne furent point adoptées dans le midi de l'Europe. La plupart des abbatiales de la France méridionale, de l'Espagne, de l'Italie, tout en se décorant alors dans un style roman plus ou moins caractérisé, conservèrent, à peu de chose près, les distributions antérieures, et leurs clochers s'élevèrent encore généralement comme dans le style latin, de manière à rester isolés des constructions de l'église. C'est ainsi que les deux tours se présentent dans le plan général du parvis de Saint-Pierre de Toscanella, gravé à la planche 327; celle de l'église de Sainte-Marie de la même ville s'élève à quelques mètres en avant et dans l'axe de la porte principale.

Les plans du xie siècle montrent en dehors des églises, sur toute l'étendue des nefs latérales, et en regard des piliers intérieurs, de solides contre-forts destinés à maintenir la poussée des voûtes en pierre qui remplaçaient la charpente; les absides, les chapelles groupées autour du sanctuaire, furent aussi consolidées de la sorte, dans le même but, et quelques églises de cette période présentent déjà des exemples d'arcs-boutants, non encore développés, il est vrai, comme ils le furent plus tard, mais offrant le rudiment de ceux qui s'élevèrent sur toutes les absides et dans l'étendue des nefs, lorsque l'architecture chrétienne prit le nouveau caractère que lui imprima l'emploi général de l'arc aigu. On verra plus loin, lorsque nous examinerons les absides romanes, comment on disposa d'abord les piliers-boutants destinés à maintenir la poussée de la grande voûte qui surmontait le fond du chœur, et dont l'élévation, toujours croissante, nécessitait de solides appuis.

4e disposition.—La pensée qui fit établir de nombreuses chapelles autour du sanctuaire des églises romanes, en porta plus tard sur les transepts, vers leur face orientale, ce qui donna aux plans une physionomie nouvelle, en faisant de chacun des bras de la croix un petit temple particulier en quelque sorte, avec un ou plusieurs autels placés dans des sanctuaires; les abbatiales de Saint-Benoît-sur-Loire, de Saint-Remy à Reims, de Saint-Hilaire-le-Grand à Poitiers, de Saint-Savin, de Cluny et la plupart de celles de l'Auvergne, en sont des exemples. (Voir les plans de ces églises aux n°s 326, 331, 332, 333.)

N° 331. Plan de l'abbatiale de Saint-Remy.

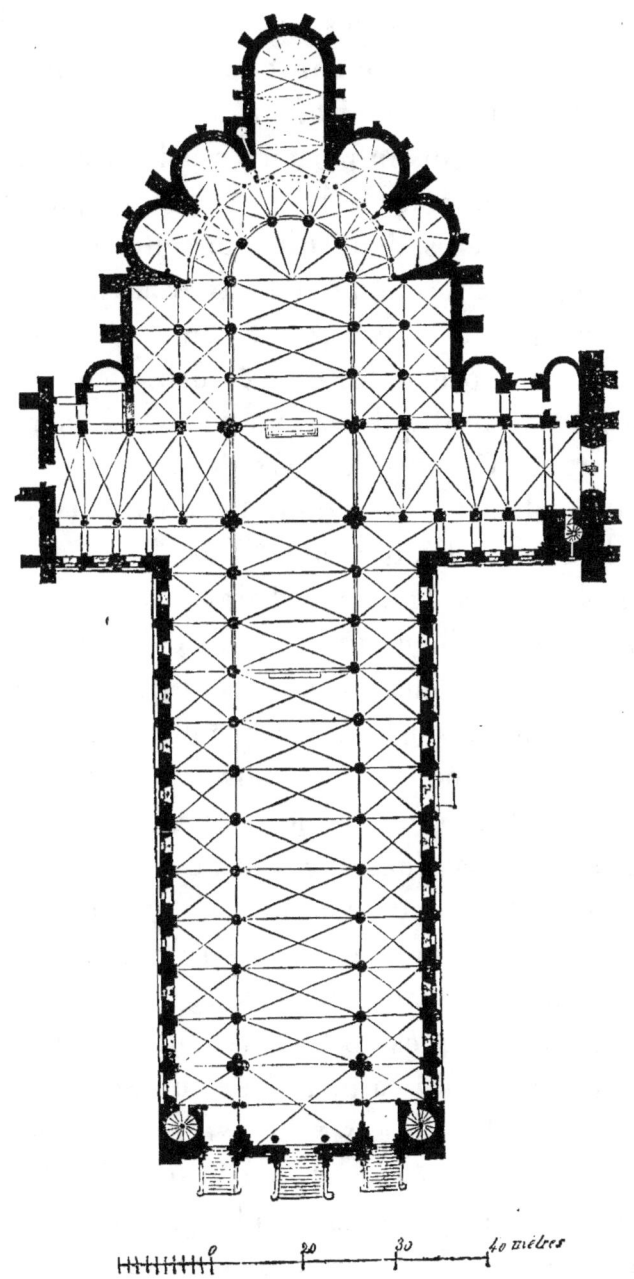

Afin de multiplier les chapelles, qui avaient été disposées contre le mur oriental des transepts de l'église, et dont plusieurs exemples sont donnés par les plans des abbatiales de Saint-Savin, n° 326, et de Saint-Remy à Reims, n° 331, on établit à la base du sanctuaire, au delà du chœur, un second rang de transepts moins importants que les premiers, et reproduisant, de chaque côté de l'église, une ou plusieurs de ces chapelles particulières. Il résulta de cette innovation que le plan général prit la forme d'une croix archiépiscopale, ce qui, à l'extérieur, apporta une certaine confusion dans l'ensemble des constructions orientales de l'édifice, mais, à l'intérieur, eut l'avantage de multiplier la surface. On remarque au plan de l'abbatiale de Cluny que deux de ces nouvelles chapelles étaient situées dans l'axe des doubles collatéraux. (Voir le plan de Cluny à la page suivante, au n° 332.) La même observation se fait au plan de l'abbatiale de Saint-Hilaire-le-Grand, gravé à la planche 333, bien qu'il n'y ait qu'un seul transept et une seule chapelle de chaque côté; cette disposition, qui n'était pas générale, comme on le voit au plan de l'abbatiale de Saint-Savin n° 326, avait pour but de faire apercevoir ces chapelles secondaires dès l'arrivée dans le temple.

Des églises monastiques offraient une abside à l'extrémité de chacun de leurs transepts, comme l'oratoire de Saint-Saturnin en fournit déjà la preuve; le plan de l'abbatiale de Cluny offre des absides au nord et au midi de sa seconde nef transversale; les belles églises romanes de Tournay, de Noyon, démontrent, bien qu'elles soient des cathédrales, que cette disposition fut plus d'une fois adoptée aux XIe et XIIe siècles; on peut donc croire que plus d'une église de monastère dut être ainsi décorée de ces absides, dont les temples chrétiens de l'Orient offrent encore de nombreux exemples mentionnés dans la première partie de ce travail, aux chapitres qui concernent l'architecture byzantine.

N° 332. Plan de l'abbatiale de Cluny.

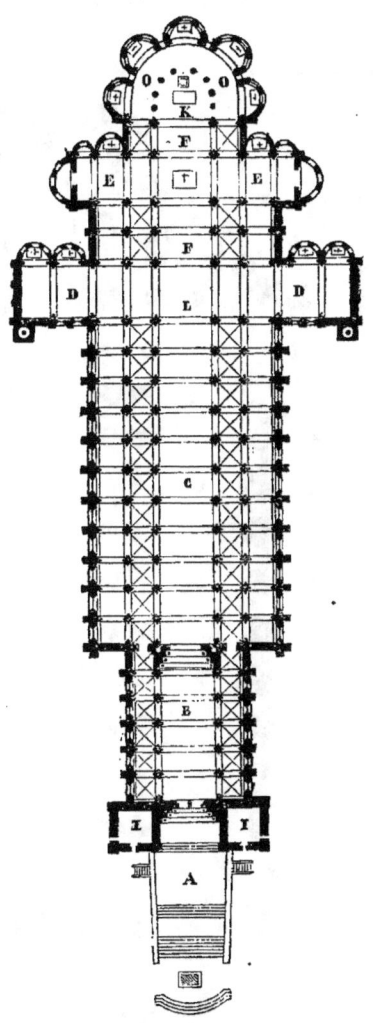

Un développement particulier et très-rarement en usage fut donné, par exception, à quelques plans des grands édifices romans; l'abbatiale de Saint-Hilaire-le-Grand en offrait un exemple : les bas-côtés étant doubles, comme à Cluny, on leur adjoignit d'étroites galeries de circulation, entre la nef et les collateraux, en doublant les piliers principaux du vaisseau central.

N° 333. Plan de l'abbatiale de Saint-Hilaire-le-Grand.

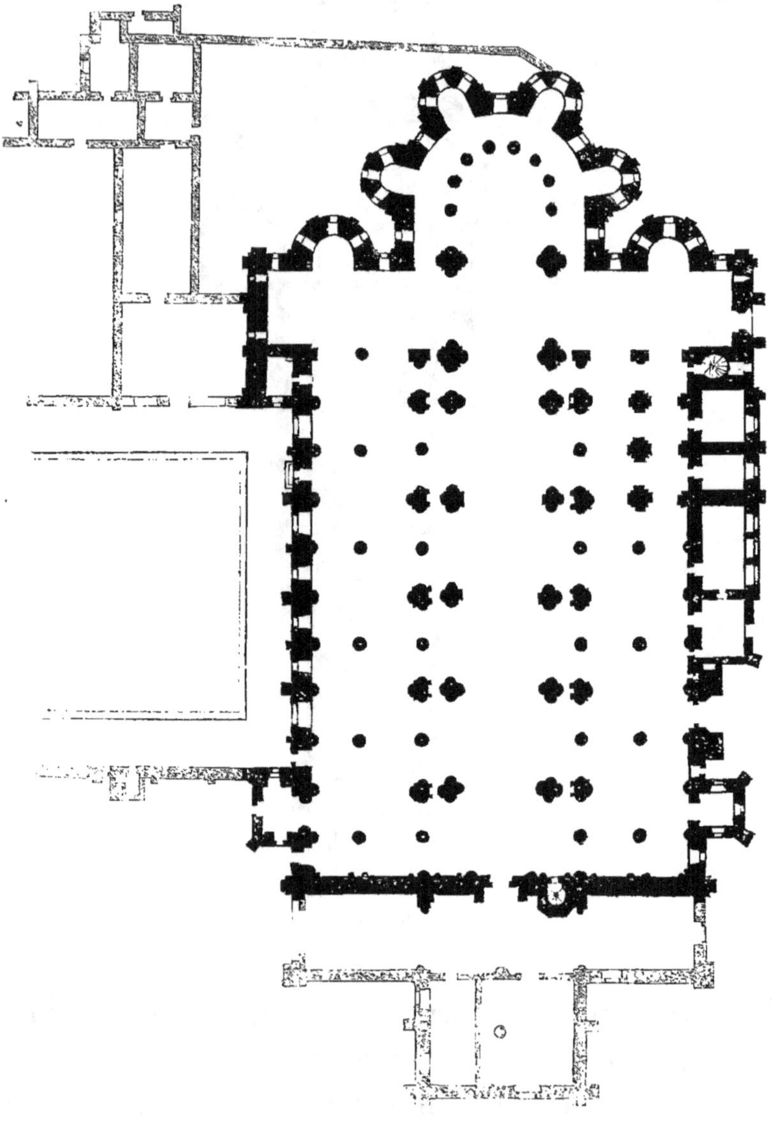

5ᵉ disposition — Certains ordres, comme nous l'avons dit en commençant, eurent des églises distribuées d'une manière particulière et plus conforme que les autres à leurs besoins ou à une pensée dominante. Les Cisterciens, qui, dès le xiie siècle, fondèrent plus de six cents abbayes en France ou à l'étranger, donnèrent généralement à leurs églises une disposition qui se distingue par la présence de quatre chapelles placées latéralement au sanctuaire et sur la même ligne que lui, les entrées de ces chapelles donnant dans les transepts. Le chevet carré s'éclaira par trois baies et un œil-de-bœuf au-dessus; l'économie de la construction, la simplicité des formes les guidèrent sans doute dans le choix de cette distribution. On sait combien la règle de Cîteaux était opposée au luxe qui se déployait dans les églises des Bénédictins et des autres ordres religieux; en supprimant toute décoration superflue, elle dut aussi conduire les Cisterciens constructeurs à chercher des combinaisons architecturales qui permissent de simplifier les moyens employés généralement alors, et ce serait vers l'abside et le pourtour du chœur, où les formes multiples, les courbes nombreuses, les voûtes habilement combinées, entraînaient à des dépenses considérables, qu'ils cherchèrent une simplification en harmonie avec leur règle sévère. L'escalier conduisant au dortoir fut établi à l'angle d'un transept et déboucha directement dans le temple. On voit encore en France des exemples de ces églises à Fontenet, près Montbard en Bourgogne, à Noirtac, près Saint-Amand en Berri; elles ont été fondées par saint Bernard. Un monastère complet, qui date de 1147 et appartenait à cet ordre, existe encore dans le midi de la France : c'est l'abbaye de Sylvacane, dont nous reproduisons le plan général à la page suivante, au n° 334. L'église, disposée comme celles des maisons religieuses indiquées plus haut, est en harmonie avec la grande simplicité qui règne dans l'ensemble du plan de ce monastère.

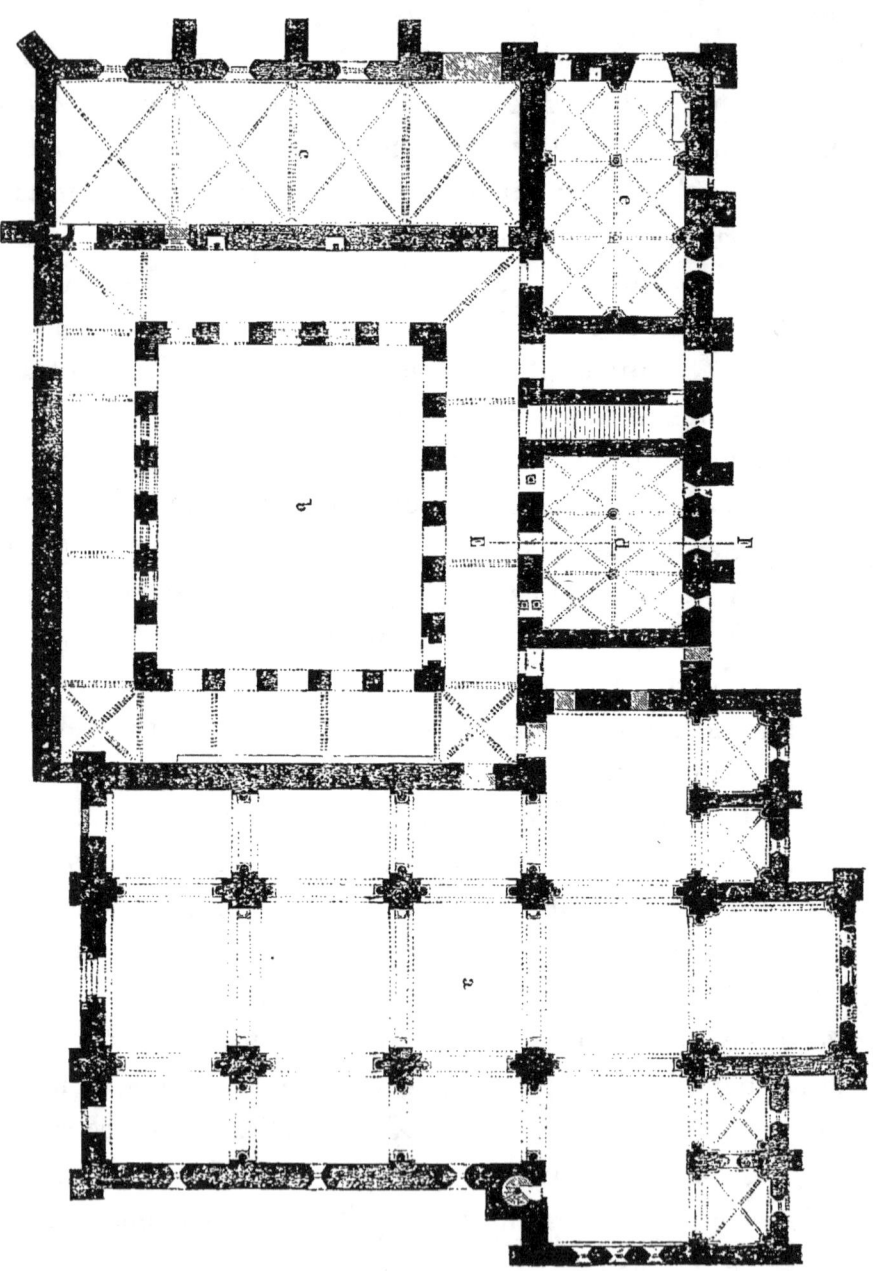

N° 334. Plan du monastère de Sylvacane.

ARCHITECTURE MONASTIQUE. 47

Et pour démontrer qu'en pays étranger la même pensée présidait à la disposition des églises de l'ordre de Cîteaux, nous donnons ici le plan de celle du monastère cistercien de Saint-Vincent-Saint-Anastase, auprès de Rome, et dans lequel on retrouve la même forme qu'aux églises précédemment notées.

N° 335. Plan de l'abbatiale de Saint-Vincent auprès de Rome.

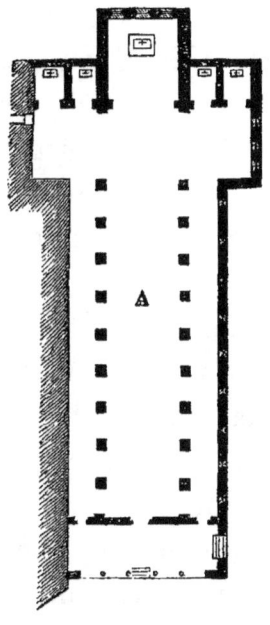

Quelques rares abbatiales de Cîteaux présentent des exceptions à cette règle. MM. de Montalembert et F. de Verneilh en notent plusieurs. (*Bulletin mon.* 17e vol. p. 130, et *Archit. byzantine en France*, p. 213.)

De nombreuses églises de Florence et de Rome, construites au xve et au xvie siècle, furent disposées comme celles de l'ordre de Cîteaux, bien qu'elles n'eussent rien de commun avec lui; ce fut sans doute aussi par économie que les architectes firent l'emploi de cette distribution simple.

FAÇADES.

Les façades occidentales des églises romanes se divisent en plusieurs classes :

1° Façades dépourvues de clochers;

2° Façades accompagnées de clochers cylindriques ;

3° Façades dont le milieu est occupé par une seule tour carrée ;

4° Façades comportant deux tours carrées.

1° façades sans tours. — Les façades principales, élevées sur les plans dont on vient de suivre les modifications successives, pendant et après la période carlovingienne, durent, particulièrement dans le Nord, prendre une physionomie autre que celle qui avait été adoptée d'abord pour les basiliques latines. L'introduction de voûtes dans la construction des édifices religieux de cette époque, en remplacement des plafonds latins, innovation bien établie par la vieille abbatiale de Saint-Front, par les églises de Germigny-des-Prés, de Saint-Philibert de Tournus, ainsi que par les textes qui, en appuyant sur la présence de ces voûtes, constatent que c'était une nouveauté; cette introduction, disons-nous, dut contribuer à modifier les parties hautes des façades, à faire donner aux pignons une inclinaison plus grande que par le passé; la charpente, qui ne cessa d'être employée chez nous pour couvrir les édifices, devant se combiner avec la courbe en berceau produite par l'extradossement de ces voûtes. Les quatre pignons qui, à l'église de Germigny, accompagnent le clocher central en venant s'y appuyer pour couvrir les quatre voûtes élevées à l'intérieur, sur les galeries, indiquent assez que le système de sur-élévation des pignons put être motivé par la présence de ces voûtes à l'intérieur.

En examinant, dans la première partie, les façades byzantines surmontées de pignons et dont deux exemples, la Kapnicaréa et le Catholicon à Athènes, sont tracés aux pages 271 et 272, on a pu entrevoir l'influence que les voûtes intérieures exercèrent sur l'inclinaison des toits; déjà dans ces deux monuments ils sont plus élevés que ceux de l'architecture antique.

Une autre cause des modifications apportées dans le Nord à la forme des pignons fut le besoin de donner aux eaux et aux neiges un écoulement plus facile; peut-être déjà dans nos contrées avait-on senti, antérieurement à l'époque qui nous occupe, la nécessité de modifier, à cet égard, les pentes adoptées par l'architecture antique, née sous un ciel plus sec. Nous puiserons dans la décoration même de quelques-uns des monuments chrétiens qui nous restent, une nouvelle preuve de cette modification qui s'opérait alors dans la forme des frontons ou pignons des édifices sacrés, et qui ne cessa plus de se produire jusqu'à ce que l'art antique eut repris le dessus à l'époque de la renaissance: le baptistère de Saint-Jean, à Poitiers, qui est attribué au VIe ou au VIIe siècle, et par conséquent peu antérieur à la période que nous étudions, peut faire connaître quelle était alors la tendance de l'architecture. On y remarque, sur les diverses façades, de nombreux frontons employés pour les décorer; tous, quelle que soit la place qu'ils occupent, présentent une inclinaison considérable. Or, ces frontons de décoration ne peuvent, comme tous ceux qu'employèrent en pareille circonstance les Grecs et les Romains, avoir été établis ainsi, que pour figurer l'inclinaison de toits particuliers protégeant par leur saillie, soit des fenêtres, soit des ornements; c'est dans ce dernier but qu'ont été placés ceux qui s'observent sur plusieurs points de cet édifice. (Voir n° 336.)

N° 336. Fronton décorant les façades du baptistère de Saint Jean.

La façade de l'atrium de l'église monastique à Lorsch, construite en 776, auprès d'Heidelberg, se compose d'un rez-de-chaussée dans lequel sont pratiquées trois arcades; des colonnes engagées décorent cet étage, au-dessus duquel s'élève un premier orné de nombreux pilastres (voir la façade pl. n° 41, p. 69, Ire partie); les petits chapiteaux ioniques dont sont couronnés ces derniers membres de l'architecture supportent tous, deux à deux, les rampants saillants de frontons très-aigus, qui n'ont pu être établis que pour décorer et protéger des fenêtres cintrées qui sont pratiquées au-dessous d'eux.

Une abbatiale qu'on peut classer dans la même période carlovingienne, celle de Saint-Généroux (Deux-Sèvres), présente sur ses deux façades latérales, entre les cintres ornés de frettes encadrant les fenêtres, des frontons aigus portant des moulures saillantes qui, ainsi qu'au baptistère de Saint-Jean à Poitiers et à la façade de l'atrium de Lorsch, indiquent la tendance à élever les toits de couverture. Ces frontons se reproduisent, dans le même édifice, sur la façade orientale, auprès de l'abside; ils y offrent les mêmes caractères que ceux qui se voient sur les faces latérales, et dont un exemple est tracé à la page suivante, au n° 337.

N° 337. Fronton sur les façades de l'église de Saint-Généroux.

Des preuves plus directes encore de la tendance à élever, dès la période carlovingienne, les toits de couverture et les murs qui les supportaient vers leurs extrémités, sont offertes par le pignon et le porche de la vieille abbatiale de Saint-Front à Périgueux, décrite et restaurée par M. F. de Verneilh, à qui nous empruntons la planche gravée sous le n° 338, extraite de son bel ouvrage sur l'architecture byzantine en France, ainsi que par les églises de Savenières, de la Basse-OEuvre à Beauvais, etc. et par l'oratoire de Pont-en-Auge, n° 313. Le baptistère de Poitiers, tout en présentant sur ses façades les frontons aigus, dont un est reproduit à la planche 336, était couvert à la manière antique, ainsi qu'on l'observe sur ses pignons construits au VIIe siècle; cet édifice indiquerait l'une des limites de l'emploi des couvertures peu élevées.

N° 338. Façade de la vieille abbatiale de Saint-Front.

La presque totalité des églises construites dans le nord de la France, en Angleterre, en Allemagne, etc. sous l'influence romane, et qui, si elles ne datent pas des premiers essais, ont certainement reproduit les formes antérieures, sont ainsi surmontées d'un fronton aigu, ce qui est, du reste, en parfaite harmonie avec les formes pesantes de l'ensemble et des détails; ce serait une preuve de l'origine septentrionale de cette architecture. Nous devons toutefois signaler deux exceptions : on voit aux abbatiales de Saint-Germain-des-Prés à Paris et de Jumiége des traces de combles peu élevés.

Le sommet des façades romanes exécutées au xie siècle est souvent surmonté d'une croix découpée en pierre et de proportion pesante; la zone située au-dessous du pignon contient une ou plusieurs fenêtres dont, plus loin, s'expliquera la présence; la partie inférieure de l'édifice contient une large porte cintrée dont l'archivolte est formée de lourdes et pesantes moulures, plates ou saillantes, portées par des colonnettes; les bas-côtés sont exprimés, sur la façade, par des murs dont le sommet s'incline suivant la pente des toits latéraux; deux portes, moins importantes que celle du milieu, y sont fréquemment pratiquées pour donner entrée aux nefs secondaires.

Quelques façades romanes étaient surmontées de créneaux pour la défense : on en voit à celles d'Elne et de Cornella de Conflent, département des Pyrénées-Orientales, n° 342.

Dans les parties méridionales de l'Europe moyenne, puis en Italie, en Espagne, l'art roman se présente sous l'aspect d'une importation étrangère éloignée de son sol natal; il s'y lie à tous les souvenirs du style latin, de l'antique même : le pignon supérieur y prend la pente peu marquée des constructions romaines; les portes gardent fréquemment des proportions élevées, et leur ornementation a été inspirée de celle de l'art païen; le porche latin, orné de colonnes, se reproduit devant une ou plusieurs des portes de la façade, tantôt assez saillant pour admettre les fidèles, tantôt dans un but de simple décoration. Les anciennes abbatiales de Saint-Gilles, en France, de Saint-Zénon, à Vérone, les églises de Saint-Pierre, de Sainte-Marie, à Toscanella, etc. présentent une ou plusieurs des dispositions indiquées ici. (Voir n{os} 339 et 344.)

N° 339. Porte de l'abbatiale de Saint-Zénon

Décoration. — L'ensemble de la décoration des façades, à l'époque transitoire, était basé, à en juger par celles de l'atrium de Lorsch et de Saint-Généroux, sur un appareil riche et varié, qui, pour cette raison, a dû rester apparent, puis sur des incrustements réguliers, formés en damiers ou autres combinaisons géométriques. Les nombreux frontons qui se voient aux deux façades citées ici auraient aussi participé alors à la décoration générale, et le baptistère de Poitiers indiquerait un des points de départ de cette école. Les chapelles contemporaines élevées à Savenières, à Pont-en-Auge, offrent dans le galbe de leurs pignons, des triangles exécutés en *opus reticulatum*, ou en terre cuite. (Voir la planche n° 313.) La petite église de Montmille, en Beauvoisis (voir n° 340), érigée au XIe siècle, montre sur sa façade occidentale un dernier souvenir de ces frontons carlovingiens; enfin ne peut-on attribuer à la même idée, et comme l'abus qu'on en aurait fait, la décoration en losanges qui se remarque sur toute la façade de la vieille église de Saint-Front à Périgueux, n° 338?

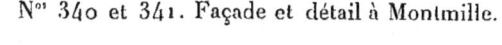

N°⁸ 340 et 341. Façade et détail à Montmille.

Certaines cérémonies eurent de l'influence sur la décoration architecturale des façades romanes, en motivant des dispositions particulières; celle qui dut en exercer une plus directe que les autres, puisqu'elle se passait en dehors des églises, devant les portes, avait lieu le dimanche des Rameaux: on lit dans les anciens cérémoniaux que ce jour la procession allait au cimetière, avec le saint sacrement, à un autel disposé au pied de la croix pour le recevoir; retournant à l'église, après les prières d'usage, elle en trouvait les portes fermées. Alors des musiciens placés à une fenêtre située entre les tours, au-dessus du portail principal, chantaient *Gloria, laus*, etc. puis *Israel es tu rex*, etc.[1]; le célébrant, après avoir répondu *Omnipotens*, etc. frappait trois fois les portes de l'église avec la hampe de la croix en chantant *Attollite portas*; des clercs

---

[1] « Januis clausis, musici a fenestra media inter turres, cantant GLORIA, LAUS. » (*Ceremoniale Lexoviense*, p. 201, pars IV.)

placés dans l'église répondaient à trois reprises *Quis est iste?* puis ils ouvraient à ces versets *Dominus fortis*, etc. *Dominus virtutum*, etc. dits par le célébrant, et la procession entrait.

Cette cérémonie, qui rappelait l'arrivée triomphante de Jésus dans Jérusalem, le jour des palmes, obligeait nécessairement à établir au moins une fenêtre au-dessus de la porte principale pour y placer les musiciens; elle suffisait dans les lieux où il n'y avait qu'un clergé peu nombreux.

N° 342. Façade de l'abbatiale d'Ine.

Mais dans les grandes abbayes on dut percer plusieurs fenêtres, puis on les rapprocha les unes des autres pour donner de l'unité à la musique. On en voit trois ainsi rapprochées sur la façade de l'ancien prieuré de Bury, gravée à la planche 343; les trumeaux de séparation des fenêtres se décorèrent ensuite de colonnes engagées ou de pilastres, ce qui donna l'idée de figurer une longue galerie sur toute la largeur de la façade, en n'ouvrant de ces arcades que celles qui étaient nécessaires pour placer les musiciens; on verra plus loin, à l'article des porches, que l'abbaye de Cluny offrait cette disposition.

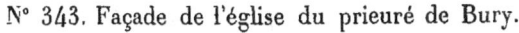

N° 343. Façade de l'église du prieuré de Bury.

Enfin on substitua parfois à ces fenêtres multiples, à ces arcs figurés, une véritable galerie à colonnes, dans laquelle on pouvait circuler et réunir un grand nombre de chantres. (Voir la planche 344, à la page suivante.)

N° 344. Galerie au-dessus de la porte, à Toscanella.

Dans certaines maisons religieuses, la galerie, rappelée par des ouvertures feintes accompagnant la fenêtre centrale, se doubla dans la hauteur de la baie, formant ainsi deux étages d'arcades décorées de statues; cette disposition, assez peu commune, se présente à la façade de l'ancienne église abbatiale de Notre-Dame de Poitiers, sur laquelle la fenêtre, qui seule est accessible, a été pratiquée dans des dimensions assez étendues pour qu'à l'époque de la cérémonie des Rameaux elle pût contenir de nombreux musiciens. (Voir au n° 345.)

Telle serait l'origine de cette décoration en série d'arcades qui accompagne généralement les façades romanes.

ARCHITECTURE MONASTIQUE.

N° 345. Façade de Notre-Dame de Poitiers.

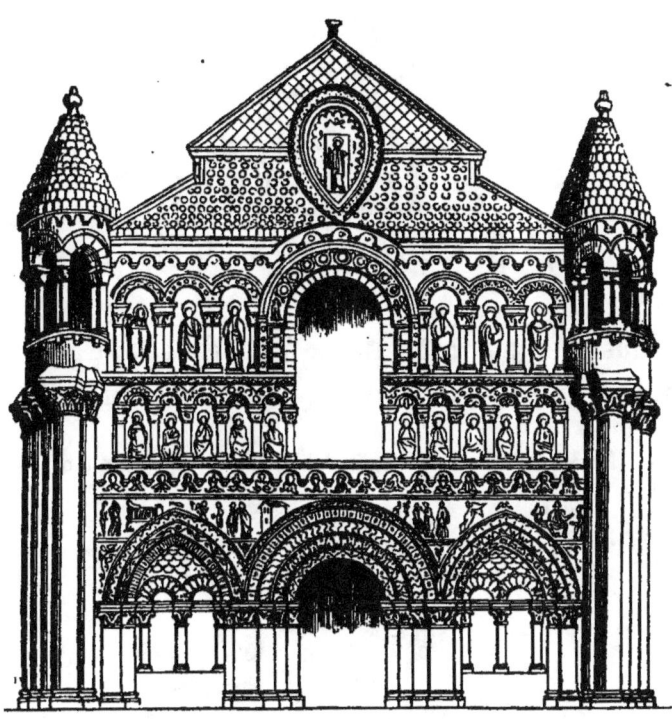

Une autre pensée a pu se joindre à celle qui vient d'être indiquée comme point de départ de ce système décoratif : ce serait le désir de donner à l'entrée des temples l'aspect d'une porte de ville antique, et de la surmonter comme elle d'une galerie. Cette disposition de la porte et de la double tour qui l'accompagnait dans la suite, rappelait ainsi l'entrée de la ville sainte par laquelle était arrivé le Christ le jour des Rameaux. La Jérusalem céleste était toujours présente à l'esprit des moines architectes. Une galerie figurée se voit déjà sur la façade de l'antique abbatiale de Saint-Front. (Voir la pl. 338.) Dans des localités où une simple fenêtre suffisait, la galerie fut tracée, comme un souvenir, au sommet de la façade et quelquefois même jusque dans le galbe du pignon, n° 346.

N° 346. Pignon de l'église de Than (Normandie).

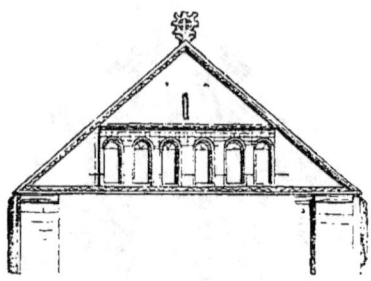

Au monastère de San-Miniato, à Florence, la galerie occupe le sommet; elle est figurée par des marbres incrustés.

N° 347. Pignon de l'église abbatiale de San-Miniato.

La décoration architecturale des façades romanes se compléta par une symbolique et une iconographie beaucoup plus développée qu'elle ne l'avait été dans les deux styles antérieurs : les églises de la période transitoire qui se voient à Pont-en-Auge, n° 313, et à Savenières, ont au milieu de leurs frontons des triangles qui ne pouvaient être que des symboles de la Trinité. A l'ancienne abbatiale de Saint-Front, n° 338, à la Basse-OEuvre de Beauvais, édifices contemporains, ils sont remplacés par des croix en relief ou en intaille; au

XIᵉ siècle, la sculpture figurait à cette place le Christ en croix (voir la façade de Montmille, n° 340), ou triomphant dans une gloire (voir, n° 345, l'abbatiale de Notre-Dame de Poitiers); les abbatiales de Saint-Gilles, de Notre-Dame de Poitiers, de Moissac, etc. sont décorées en outre de figures d'anges, d'apôtres, d'évangélistes et de leurs attributs, des vertus et des vices, des paraboles, des histoires de l'Ancien et du Nouveau Testament, enfin des légendes particulières et locales, le tout formant un vaste système d'instruction religieuse, et de guides du chrétien.

La peinture contribuait aussi à la décoration extérieure des églises monastiques: la façade latérale de l'abbatiale de Saint-Remy, à Reims, présente une porte romane sur laquelle on voit des restes de coloration; toute la façade de l'église de Sainte-Sophie de Padoue a été peinte; celle de Sainte-Marie de Toscanella, n° 344, offre des arabesques et les restes de deux grandes figures de saint Pierre et de saint Paul.

Les façades occidentales des églises romanes étaient originairement dépourvues de tours; elles présentaient à cet égard la plus grande analogie avec les basiliques latines, qui, ainsi que nous l'avons dit en traitant de l'architecture de ces premiers édifices chrétiens, n'en possédaient pas, 1° en raison de leur imitation d'édifices antérieurs à l'invention des cloches; 2° parce que leur construction en colonnes grêles, portant des murailles légères et des plafonds, n'admettait pas l'adjonction de tours pesantes. On les plaça à des distances plus ou moins grandes des églises, en avant, auprès ou même en arrière. (Voir pages 161 et suivantes de la première partie.)

Le plan de l'abbatiale de Saint-Gall présente deux tours à l'occident; le parvis de l'abbaye de Centula en possédait sur chacune de ses trois portes, mais, placées ainsi en avant de l'église, portaient-elles des cloches? rien ne l'indique dans les légendes du plan; on y lit : « Ad universa super inspicienda..... « altare sancti Michaelis in summitate..... altare sancti Gabrie-« lis archangeli in fastigio. » Ces tours avancées avaient-elles d'autre destination que de contenir les autels des archanges auprès du parvis, *Paradisus*, et vers le ciel, où avait eu lieu leur victoire sur le dragon? ne rappelaient-elles pas, en portant ainsi ces autels, l'apparition de saint Michel en occident sur le mont Gargano en 493, et au mont Saint-Michel en 706?

La chapelle de Pont-en-Auge (Calvados), les églises de Germigny-des-Prés, construite par Théodulphe, de Saint-Martin d'Angers, élevée par Hermengarde, sont dépourvues de clochers à leur façade occidentale. On lit dans le premier livre des Miracles de saint Denis, qu'en 775 Charlemagne faisait élever une tour unique à l'abbatiale de Saint-Denis[1]. Le premier des édifices que nous venons de citer en possède une auprès du chœur; sur les deux autres elle s'élève au centre de la croix. On peut déduire de ces divers exemples contemporains que, lors de la première construction des tours, et particulièrement dans les régions moyennes et septentrionales, on n'en éleva qu'une, ce qui fit chercher à la placer d'une manière convenable à l'aspect général, en la faisant porter sur le centre de la croix. L'introduction récente alors des cloches dans nos contrées ne peut faire admettre qu'à la fin du viiie siècle ou dans les premières années du ixe on ait songé à en placer un grand nombre dans plusieurs tours.

A l'instar du dôme byzantin, le clocher central soutenait, vers sa base, la toiture de la nef principale, celles du sanctuaire et des transepts; simple d'abord comme ceux des oratoires de Fontenelle, n° 312, de Querqueville, n° 348, de Germigny-des-

---

[1] *Mir. sancti Dionysii*, lib. I, c. xiv.

ARCHITECTURE MONASTIQUE.

N° 348. Vue de l'oratoire de Querqueville.

Prés, ce clocher central se décora ensuite d'un ou de plusieurs étages d'arcades, ainsi qu'on le voit dans les dessins des abbayes de Cluny et de Tournus, planches 45 et 51 de la première partie; puis, renonçant aux dispositions carrées, les religieux constructeurs lui donnèrent des formes prismatiques; on en voit deux ainsi disposés, planche 45 de la première partie. Enfin il devint cylindrique comme le tambour du dôme byzantin. La tour de Cruat (vallée du Rhône) présente cette forme très-complète; le clocher de l'abbatiale de Saint-Front, à Périgueux, n'offre le cylindre qu'à son sommet.

2° *Tours rondes.*—Lorsqu'en étudiant l'architecture byzantine en Occident, nous avons joint à nos observations un plan de l'église de Saint-Vital de Ravenne, au numéro 283, on a pu remarquer à sa façade deux tours cylindriques, placées aux faces latérales du porche; l'église de la Vierge, construite dans la même ville par saint Ecclésius, conserve encore un campanile circulaire ; quelques autres exemples se retrouvent dans la même contrée ; il est donc probable que c'est de l'Italie du Nord que pénétrèrent les tours cylindriques dans les provinces moyennes de l'Europe. (Voir Ire partie, page 161.) On en voit d'analogues aux églises d'Aix-la-Chapelle, de Saint-Bénigne à Dijon, édifices que nous avons dû citer dans la première partie, pages 384 et 387, comme des inspirations du style oriental.

L'adjonction des clochers construits suivant la forme ronde, aux façades des églises de monastères, daterait du ixe siècle. dans le Nord, quelques documents semblent le confirmer : ainsi, la gravure publiée par Paul Petau, d'après une ancienne peinture de manuscrit, et qui représente une vue de l'abbaye de *Centula* (Saint-Riquier, voir la pl. 16 de la première partie), les églises romanes du prieuré de Bury, et des abbayes de Charroux et de Notre-Dame de Poitiers offrent de ces tours; celles de ces deux derniers édifices peuvent être plutôt considérées comme des tourelles : portées sur des contre-forts ou des faisceaux de colonnes, elles s'élèvent, aux angles des façades, comme des échauguettes militaires, et pourraient se rattacher ainsi à l'idée exprimée plus haut, de figurer l'entrée fortifiée de la Jérusalem céleste. (Voir les planches n°s 343 et 345.) L'église du prieuré de Bury, dont la façade est gravée au n° 343, et une partie du plan au n° 349, n'exprimerait qu'incomplétement l'idée de fortification, puisqu'on n'y voit qu'une tour; de nombreuses abbatiales du midi de la France ne présentent aussi qu'une tour carrée; le Nord au contraire, plus avancé, en admet généralement deux.

N° 349. Plan de la partie occidentale de l'église de Bury.

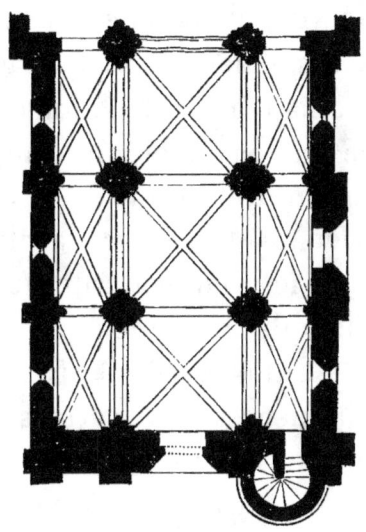

3° Tour carrée à la façade. — La tour quadrangulaire élevée au centre de la croix de l'église, comme on en voit un exemple du ixe siècle, à Germigny-des-Prés, put faire juger bientôt que son plan carré était préférable au cercle pour contenir des cloches, et la reporter sur la façade était facile; aussi vit-on fréquemment, dès la fin du xe siècle ou le commencement du xie, un clocher carré s'élever, dans le Nord, à l'occident des églises; on ne saurait dire si d'abord il fut placé à l'un des angles, ou devant la porte et en saillie, pour former un porche de sa partie inférieure, comme aux abbayes de Saint-Benoît-sur-Loire, de Saint-Savin, de Saint-Germain-des-Prés, etc.; où s'il s'éleva, en premier lieu, sur la porte elle-même et au même plan que la façade, ce qui donnait à l'édifice un vestibule intérieur, comme aux abbatiales d'Ainay [1], de Moissac, etc. Il est probable que, chez les moines, la pensée la plus

---

[1] Voir le plan à la page 20, pl. 13, Ire partie.

ancienne est celle qui plaça aux façades un seul clocher carré, parce que, dans l'origine, on ne dut avoir qu'une sonnerie, et que la multiplication des cloches ne pouvait être que la conséquence d'un perfectionnement de l'art du fondeur. Le surcroît de dépenses qu'entraînait la construction de plusieurs tours ne pouvait être motivé que par le besoin d'augmenter le nombre des cloches, et leur multiplication n'avait d'intérêt que lorsqu'on savait en varier les sons ; alors la plus simple idée d'esthétique et de symétrie architecturale aura fait placer cette unique tour au milieu de la façade.

4° *Doubles tours.*—Enfin, quand l'art roman fut complétement développé, d'immenses tours carrées s'élevèrent à chacun des angles de la façade, assez éloignées l'une de l'autre pour laisser voir le pignon ou fronton supérieur, la rose ou les fenêtres cintrées qui éclairaient la nef principale. Elles reçurent souvent entre leurs bases un porche établi, comme à Jumiéges, dans une grande construction saillante, s'élevant d'un ou de plusieurs étages, ou formé, comme dans nos provinces de l'Est, d'une colonnade rappelant le porche des Latins. Plus fréquemment encore les clochers s'élevaient au même plan que le mur de face, la porte principale de l'église restant à découvert et les ouvertures latérales se pratiquant dans les bases des clochers ; on les voit ainsi aux façades romanes des Abbayes de Saint-Georges de Bocherville, de Tournus, etc.

Autels des archanges. Le culte de saint Michel remonte, en Orient, au règne de Constantin : la nouvelle capitale fut mise sous sa protection. La Bithynie prétendait l'avoir invoqué dès l'époque de Dioclétien ; Justinien lui éleva six basiliques. L'apparition de cet archange au mont Gargano, sur les bords de l'Adriatique, en 493, eut un grand retentissement en Occident. Nous avons fait voir, à la page 161 de la première partie, que les Grecs placèrent les autels des archanges au sommet de tours jointes à leurs monastères; chez nous, on trouve le même usage à une époque fort ancienne. Sans remonter plus haut que la période qui nous occupe, on voit qu'à l'abbaye de Centula (Saint-Riquier), le parvis carré qui précédait l'église présentait trois portes surmontées de tours consacrées aux archanges : « Ipsa mœnia, quæ vocantur paradisus, turrita mole « surgentia, tribus altariis consecrata sunt; videlicet in porta oc- « cidentali altare sancti Michaelis, in porta australi altare sancti « Gabrielis; in porta autem septentrionali altare sancti Raphae- « lis...[1] » Le plan de l'abbaye de Saint-Gall, postérieur aux travaux qu'Angilbert fit exécuter à Centula, fait voir aussi, en avant du parvis, deux tours contenant à leur sommet les autels des archanges Michel et Gabriel (voir la planche 15, première partie). Ce culte se réduisit généralement à celui de saint Michel, chef de l'armée céleste et conducteur des âmes : peut-être doit-on y voir la cause de la construction d'une seule tour à l'entrée d'un grand nombre d'abbatiales du XIe siècle.

La chapelle de Saint-Michel, placée originairement au sommet d'une des hautes tours élevées auprès du parvis, fut établie ensuite généralement au premier étage : deux tours romanes font voir des traces de chapelles de Saint-Michel; elles sont à Brioude et à Saint-Quentin; celle qui décore la façade occidentale de l'abbaye de Saint-Germain-des-Prés à Paris en possédait aussi : on lit dans les Us et coutumes de ce monastère, par l'abbé Guillaume III, que le jour de la fête de l'archange on célébrait une messe le matin à son autel : « Ad altare « B. Michaelis in magna turri : » on l'encensait après la grand'-messe : « Incensabunt altare B. Michaelis in majori turri[2]. »

---

[1] *Apud P. Petau, de Nithardo, Carol. Mag. nepote, breve Syntagma*, p. 8.
[2] *Usus et consuet. monast. S. Germ. à Pratis.* D. Bouillart, pièces justif. p. 167.

La grande tour qui précéde l'abbatiale de Saint-Benoît-sur-Loire, et dont un dessin sera donné plus loin, à l'article des porches, est attribuée par Jandot à l'abbé Gaulin qui la fit construire en 1026; il lui donna le nom de *Tour Saint-Michel,* parce qu'une chapelle consacrée à l'archange était établie au premier étage. Toute la partie supérieure de la tour a été détruite, mais on en reconnaît l'existence par la disposition des piliers intérieurs, qui sont plus forts que ceux du périmètre, afin de supporter une haute construction; les parties les plus élevées de la tour devaient, dans leur largeur, se réduire aux dimensions établies par le plan des piliers du centre de ce porche remarquable. (Voir plus loin, à l'article des Porches.)

Ce culte des archanges, établi dans de hautes constructions aériennes, autour du *paradisus,* put être le premier et principal but des tours, comme semble l'indiquer la disposition des parvis de Centula et de Saint-Gall, où elles étaient fort éloignées de l'église et ne contenaient peut-être pas de cloches; quant à la persistance du culte de saint Michel dans une des tours occidentales reliées à l'église, elle était due à ses fonctions de conducteur des âmes, ce qui aurait contribué à conserver son culte auprès du parvis, fréquemment destiné à la sépulture (voir la première partie, page 99). En Orient, puis à l'abbaye de Montmartre et à l'église de Saint-Benoît à Paris, nous avons vu des ossuaires établis, soit dans les tours, soit dans les hauts combles qui les avoisinent; le clocher de la petite église de Bagneux, auprès de Paris, est couvert à l'intérieur d'inscriptions funéraires.

Les clochers romans contenaient des peintures à l'intérieur pour la décoration de ces chapelles des archanges, lesquelles, vers le XIe siècle, étaient généralement placées de manière à présenter une ouverture sur la nef pour y former tribune.

Quelquefois même, comme à Cluny, cette chapelle était suspendue sur un encorbellement intérieur, à l'instar des orgues de nos jours. On voit un exemple de ces peintures dans le clocher de l'abbatiale de Saint-Savin en Poitou, ainsi que dans les tours de Brioude et de Saint-Quentin. Lorsqu'à la première période romane, les orgues furent introduites dans les églises, on les plaça auprès de ces tribunes, en communication avec elles; des peintures et des statues représentant les anges se reliaient à la décoration de ces instruments, et semblaient faire participer aux grands effets de la musique sacrée l'ensemble ou une partie de la cour céleste.

Les tours servaient quelquefois de dépôt aux archives des monastères : l'une de celles qui, à la grande abbaye de Cluny, étaient situées en avant du porche immense placé devant l'abbatiale, et dont il sera parlé plus loin, avait été disposée dans ce but, elle était au nord; celle du midi contenait le siége de la justice de l'abbé; les destinations appliquées à ces deux tours de Cluny étaient exceptionnelles, des bâtiments particuliers s'élevant d'ordinaire dans les maisons religieuses pour ces divers services. En général, on donnait un nom particulier à chaque tour.

Dès la période romane, les clochers doubles élevés sur la façade occidentale des églises d'abbayes, des paroisses et autres temples, présentaient fréquemment des formes et des proportions dissemblables qui rompaient l'harmonie de l'ensemble : l'abbaye de Jumiége en offre un exemple, et ses deux tours semblent cependant fort anciennes et contemporaines; comment expliquer cette anomalie singulière et si peu conforme à toutes les lois de la symétrie? On a dit que les cathédrales seules avaient le droit d'avoir deux tours semblables, mais la plupart de nos cathédrales gothiques se trouvent dans le même cas que les abbatiales et les paroisses; à Chartres, à Amiens, à Rouen, à Strasbourg, à Paris, et dans la presque totalité de nos grandes villes, ces monuments sont précédés de tours dissemblables. Un artiste distingué, M. J. Jollivet, qui depuis longtemps s'occupe d'un travail consciencieux sur l'abbaye de Jumiége, pense que le plus complet des deux clochers pourrait être un symbole de l'Église triomphante; on lui aurait opposé une tour moindre pour figurer l'ancienne loi; mais en général, aux édifices à clochers dissemblables, c'est celui du nord qui a le plus d'importance, et précisément ce côté est plus ordinairement consacré aux représentations iconographiques de l'Ancien Testament. Il n'y aurait donc pas lieu d'admettre cette hypothèse; nous en hasardons une : on a pu remarquer précédemment que les tours uniques élevées au milieu des façades des églises de Brioude, de Saint-Savin, de Saint-Germain-des-Prés, offraient une très-grande importance par leurs dimensions, par les flèches aériennes qui les surmontaient, et qu'elles reçurent dans leurs étages les autels de l'archange saint Michel; n'aurait-on pas conservé, lorsqu'on établit deux tours à l'occident des façades, une plus grande hauteur, une flèche immense, une décoration plus brillante, à celle de ces tours qui contenait l'autel du chef de l'armée céleste, du peseur des âmes, pour la faire distinguer au loin de celle qui n'était qu'une annexe nécessaire, dans la plupart des cas, à la disposition générale du plan à l'occident de l'église, et à la solidité même de la façade par le contre-poids qu'elle faisait à l'autre tour.

Quelques clochers romans, placés à la façade des abbatiales recevaient une destination militaire; on en voit à Elne, à Saint-Martin de Canigou, à Arles (Pyrénées), à Saint-Denis, etc. qui sont surmontés de créneaux; celui de l'abbaye de Saint-Savin porte les traces d'un pont-levis.

N° 350. Tour de l'abbatiale de Saint-Savin.

Décoration. — Nous avons indiqué, page 101 des premières Instructions du comité des arts, quelles étaient les principales dispositions prises aux XIe et XIIe siècles pour décorer les clochers, nous n'y ajouterons que quelques mots : les arcades, ordinairement au nombre de deux et de forme allongée qu'on remarque dans la partie supérieure des tours de la période romane, remontent à la première invention de ces tours, car celle qui est jointe à l'église carlovingienne de Vieux-Pont-en-Auge (arrondissement de Lisieux), et, comme elle, a été construite en moellons et en briques alternés, est surmontée de longues arcades. L'étage supérieur fut ajouté à l'époque romane, mais les moulures et autres détails qui accompagnent l'étage intermédiaire sont dans un style encore assez voisin de l'art antique pour indiquer l'âge de cette tour et des longues arcades qui la décorent. (Voir la planche 313.)

Les moines des premiers siècles divisaient le temps, comme les peuples de l'antiquité, au moyen de clepsydres, de sabliers, et de cadrans solaires; en Orient, ils dressaient des tables horaires dont les données astronomiques avaient été fixées à Constantinople vers le Ve siècle; on en a trouvé une en Nubie dans le temple de Tefah, l'ancienne Taphis, converti en église par des religieux. Lorsqu'ils étaient dépourvus de ces moyens, ils se réglaient, pour les matines, sur le chant du coq, ou avaient des veilleurs de nuit qui étaient guidés par le degré de combustion d'un cierge. Depuis le XIe siècle, une des tours des abbayes fut destinée à porter une horloge.

On attribue à Gerbert, archevêque de Reims, puis de Ravenne, et pape sous le nom de Silvestre II, mort en 1003, l'invention des horloges à roues. Les Cisterciens, dès l'origine de leur ordre, possédaient des horloges à sonneries, car il est dit, au chapitre XXI de leurs usages, qu'on ne fera pas sonner les cloches, *même pour l'horloge,* depuis la messe du jeudi saint jusqu'à celle du samedi suivant (année 1120).

L'emploi des horloges à sonneries ne fit pas abandonner les cadrans solaires. Versés dans les sciences mathématiques et dans l'astronomie, les religieux tracèrent sur les lieux les plus apparents des monastères de nombreux gnomons, plus ingénieux les uns que les autres, et il est peu de ruines de maisons religieuses qui n'en offrent des restes qu'il serait intéressant de recueillir.

PORCHES.

Les premières églises de monastères romans, dépourvues de tours à l'occident, avaient quelquefois un porche; il était composé d'un petit bâtiment particulier, appuyé contre la façade, devant la porte. Cette construction peu élevée, surmontée d'un toit en appentis ou à double égout, était consolidée par des contre-forts; une porte fort simple s'ouvrait sur le mur de face : c'est ainsi qu'est le porche du vieux Saint-Front. (Voir la planche 338.) Ailleurs il était ouvert dans toutes ses faces, les arcs s'élevant sur de nombreuses colonnettes. (Voir à la page suivante, la planche 351, qui contient le plan, la face principale et une partie de la face latérale du porche de l'église de Civry, département de l'Yonne.)

A l'ancienne et célèbre abbatiale romane de Saint-Gilles, le porche, peu saillant, s'étend sur toute la façade et forme une décoration remarquable par la richesse de ses sculptures, par les nombreuses colonnes qui accompagnent les portes, par la variété et la brillante exécution des chapiteaux qui les surmontent. C'est le plus bel exemple qui nous soit resté du luxe qu'on apportait dans l'ornementation de cette partie des façades.

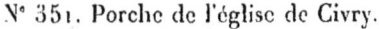

N° 351. Porche de l'église de Civry.

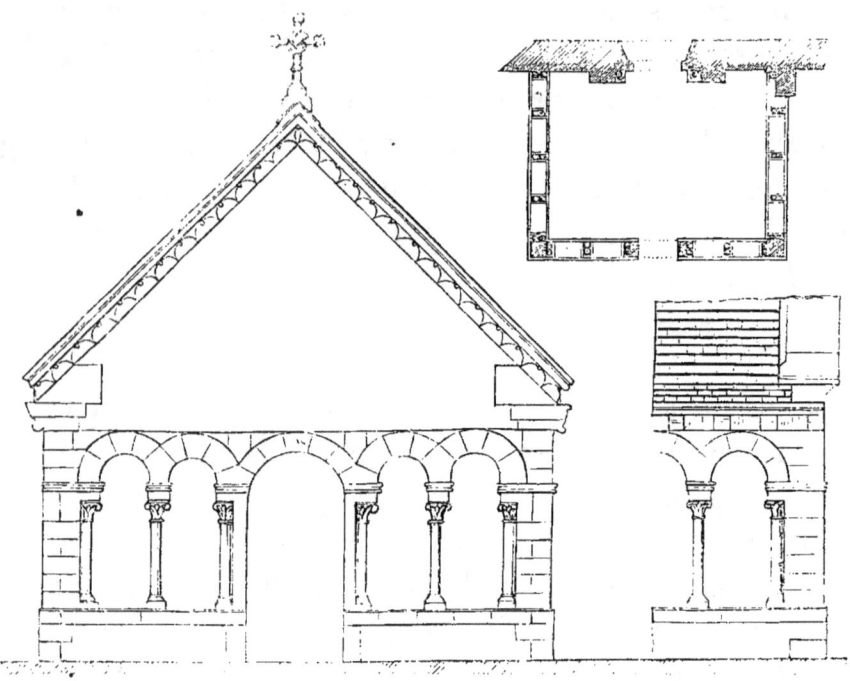

La disposition des clochers avait, ainsi qu'il a été déjà remarqué, de l'influence sur celle des porches qui précédaient l'église : la tour unique, située au milieu de la façade, pouvait offrir à sa base une salle voûtée, ouverte sur les trois faces libres, et formant ainsi un porche peu étendu, disposé en carré; l'abbatiale de Saint-Savin en offre un exemple. Dans certaines circonstances, il était seulement ouvert sur la façade occidentale par une large arcade, d'étroites fenêtres l'éclairant sur les côtés. Ce genre de portique prenait, au contraire, des proportions très-vastes dans certaines abbayes fort importantes, bien qu'il ne portât qu'un clocher unique au-dessus de ses voûtes : tel est celui qui existe encore sur la façade de l'abbatiale de Saint-Benoît-sur-Loire ou Fleury. Il se compose

ARCHITECTURE MONASTIQUE.

de trois nefs parallèles; les quatre piliers du centre, plus forts que les autres, sont disposés de manière à soutenir la grande tour, depuis longtemps détruite.

N° 352. Porche de Saint-Benoît-sur-Loire.

Les porches situés entre deux clochers pouvaient se présenter sous divers aspects : les plus simples étaient ouverts par une large arcade, leur mur antérieur portant un toit en appentis, dont la charpente était apparente à l'intérieur. Une voûte couvrait quelquefois ce genre de portique. A l'abbaye de Jumiége, il présente une légère saillie en avant des tours, et sur sa voûte s'élèvent deux étages de constructions, auxquels on monte par l'escalier d'un des clochers. Enfin ces porches pouvaient présenter, sur leur façade, plusieurs colonnes portant des arcs et formant un portique ouvert. Telle est la disposition de ceux des abbatiales de l'Est de la France.

A Cluny, le porche était, en quelque sorte, un premier temple précédant l'édifice principal : cette construction avait cent dix pieds de profondeur, se divisait en une nef centrale et deux collatéraux éclairés par vingt-deux verrières; la voûte s'élevait à cent pieds du sol. A quoi servaient ces portiques immenses? On a pensé qu'ils étaient élevés dans le but de contenir les serviteurs des abbayes, puis la multitude des campagnes, l'église restant aux religieux et aux fidèles de distinction; on y a vu aussi un souvenir du porche de la primitive Église sous lequel se tenaient les pénitents[1]; enfin, dans quelques abbayes, on les nommait *les Catéchumènes,* ce qui a fait penser que dans ces portiques on administrait le baptême aux serfs des maisons religieuses; l'abbatiale de Vézelay en offre un exemple.

Aucune de ces explications n'est satisfaisante, surtout pour l'époque à laquelle furent construits ces vastes portiques, et lorsqu'on n'avait plus les mêmes besoins que dans la primitive Église; la présence des porches très-étendus, devant les façades de certaines abbatiales, ne pourrait-elle s'expliquer par une des grandes cérémonies religieuses, par celle même qui nous a permis plus haut d'indiquer le but des galeries qui décorent

---

[1] Voy. littér. t. I, p. 53. Dom Martenne.

les façades? On lit dans les cérémoniaux que, le dimanche des Rameaux, la procession, revenant du cimetière, stationnait devant l'église jusqu'à ce que les portes lui fussent ouvertes; puis il est dit que si, à cause de l'intempérie de la saison, la procession ne peut se faire hors de l'église, elle aura lieu à l'intérieur, avec une station préparée devant la croix, *sous le porche ou dans la nef*; le *Gloria, laus,* etc. sera chanté devant la porte du chœur, qui sera fermée. *Si propter aeris inclementiam processio fieri non possit extra ecclesiam, fiet intra illam, cum statione ante crucem in porticu, vel in navi præparatam .. Gloria, laus, etc. cantatur ad clausam chori januam.*

Les abbayes puissantes, comme Cluny, Fleury, Vézelay, construisant leurs églises sur de vastes terrains, où elles n'étaient gênées par aucun obstacle, durent tenir à posséder des portiques assez vastes pour réunir les processions, les faire stationner à couvert devant un autel préparé afin de recevoir le saint sacrement, lorsque le mauvais temps ne permettait pas d'aller jusqu'au cimetière; après cette station, elles pouvaient attendre l'ouverture des portes de l'église, et se développer d'une manière convenable. Ajoutons qu'aux processions de ces puissantes abbayes assistaient toujours de hauts personnages, souvent des souverains, quelquefois des papes, et qu'en raison précisément de la présence des princes laïques ou de l'Église et des souverains pontifes, on aura eu là, plus qu'ailleurs, le désir de donner à la grande cérémonie qui rappelait l'entrée du Christ à Jérusalem toute la pompe convenable, et de ne pas éluder, en cas de mauvais temps, ce qu'elle avait de plus important comme fête commémorative, l'ouverture des portes extérieures, accompagnée des chants et des versets dont nous avons donné le détail précédemment, aux pages 55 et 56.

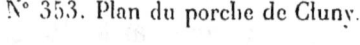

N° 353. Plan du porche de Cluny.

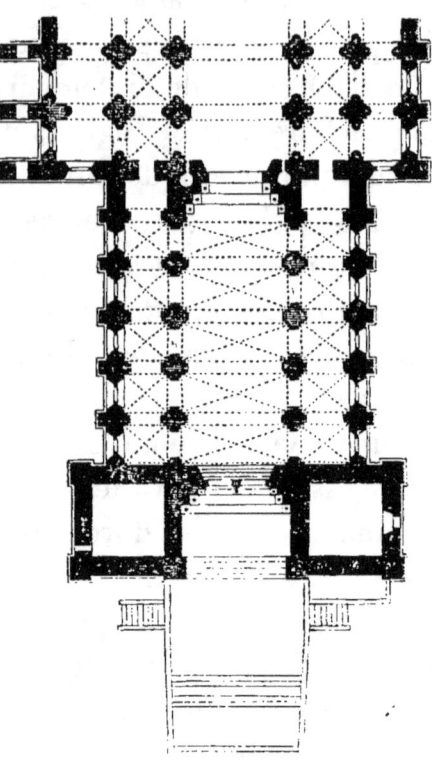

Le porche immense qui précédait l'abbatiale de Cluny, et qui avait été construit après elle, présentait au fond, et assez près de la porte de l'église, vers la gauche, un autel qui dut être celui de la station du Saint-Sacrement. Une série d'arcades occupait, au-dessus de l'entrée de l'abbatiale, toute la largeur du porche : celles du milieu, au nombre de trois, étaient ouvertes pour placer les musiciens. Le but du porche s'explique donc par ces dispositions intérieures, que nous empruntons tant au récit détaillé qu'en fait M. Lorain dans son Histoire de l'abbaye de Cluny, page 81, qu'aux vues intérieures publiées à la fin du siècle dernier par Laborde et Guettard dans leur grand ouvrage sur la France. (Voir la planche 354.)

N° 354. Vue intérieure du porche de Cluny.

Si les paroisses, les cathédrales elles-mêmes n'avaient pas généralement de vastes porches pour remplir le même but, c'est qu'au moyen âge, dans les villes, les habitations s'aggloméraient autour des églises au point d'y laisser à peine un étroit parvis; où aurait-on trouvé l'espace nécessaire pour construire de tels portiques? Les abbayes secondaires n'étaient pas assez riches pour en entreprendre la construction; enfin les cérémoniaux donnaient le moyen de s'en passer en faisant station dans la nef.

Dans certaines contrées, le porche était nommé *le Galilée;* on le surmontait d'un clocher ou d'un campanile; une cloche particulière était destinée à prévenir à l'intérieur du monastère qu'une personne à laquelle l'entrée de la maison religieuse était interdite, avait à s'entretenir avec un religieux qu'on faisait prévenir. C'était sous le porche que se réfugiaient d'abord les criminels qui demandaient l'asile; ils passaient le bras dans l'anneau de la porte principale de l'église, et ne pouvaient en être arrachés sans qu'on s'exposât à l'excommunication. « *Hic stetit magnus reus* » lit-on au-dessus de la porte d'une église de Cologne.

Au XIIe siècle les porches devinrent rares, et furent remplacés par un portail à voussures très-renfoncées qu'on reproduisit, aux grandes églises, en avant de chacune des portes latérales; cette innovation, qui ménageait la place, fut adoptée durant les siècles suivants, sauf quelques exceptions.

Au bas de la façade de quelques églises de monastères on plaçait les étalons des mesures d'étendue et de capacité en usage dans le pays qui était sous la juridiction de l'abbé. Dom Félibien, historien de l'abbaye de Saint-Denis, dit que de son temps on voyait encore au bas de l'église les mesures anciennement établies pour la police [1]. L'abbé Lebeuf, décrivant le prieuré d'Argenteuil, nous fait connaître qu'à l'entrée de l'église était placée une pierre dans laquelle on avait taillé des cavités rondes pour servir de règle aux mesures de capacité [2].

---

[1] Dom Félibien, *Histoire de l'abbaye de Saint-Denis*, p. 534.

[2] Lebeuf, *Histoire du diocèse de Paris*. — Argenteuil.

PORTES.

Sous le porche, ou dans le fond du portail renfoncé qui en tint lieu dans de nombreuses églises, était placée la porte principale, nommée *basilica* et *mediana* par Anastase. Celles qui correspondaient à chacune des nefs latérales étaient de même sous le portique, s'il s'étendait devant toute la façade; plus tard elles eurent chacune, comme celle du milieu, un portail particulier. Tant que dura en Occident l'architecture adoptée d'abord par l'église latine, les portes furent disposées à la romaine, c'est-à-dire composées de chambranles en marbre surmontés d'une frise et d'une corniche, mais l'art roman vint modifier ces formes, empruntées aux temples du paganisme, et substitua les cintres aux architraves; toutefois on renonça rarement à l'emploi d'un linteau pour surmonter le vide et supporter la construction placée entre l'arc et l'ouverture.

Les anciens édifices chrétiens qui peuvent être placés, par leurs dispositions générales et le système de leur construction, sur la limite transitoire qui s'établit entre l'architecture latine et celle qu'on nomme romane, présentent dans leur appareil une certaine analogie avec la maçonnerie antique; la brique s'y mêle encore au moellon, plus rare, il est vrai, et moins bien fabriquée, mais cette analogie, qu'on remarque particulièrement à la crypte souterraine de Saint-Laurent de Grenoble, aux églises de Savenières, de la Basse-Œuvre à Beauvais, et plus encore à Saint-Martin d'Angers, devait admettre, comme dans l'antiquité, l'emploi de stucs pour couvrir cette maçonnerie, qui ne pouvait rester apparente. Nous donnons à la page suivante, sous le n° 355, la porte de l'église de Saint-Martin d'Angers; elle fait voir à nu cette maçonnerie empruntée des Romains et qui dut être recouverte par des enduits.

N° 355. Porte de l'église de Saint-Martin d'Angers.

Il est probable qu'autour des portes ainsi maçonnées et qu'on observe à tous les édifices qui viennent d'être cités, puis autour de celles des nombreuses constructions en bois qu'on faisait alors dans les monastères, et dont nous avons cité des exemples dans la première partie, les religieux du Nord firent, au moyen de calibres, des encadrements auxquels, par la nature même de ce genre de décoration, ils donnèrent des profils vigoureux et d'une étendue suffisante pour que cette application pût être durable. On en voit des exemples aux fenêtres du clocher de Germigny-des-Prés et dans la crypte de Saint-Laurent de Grenoble: c'était ce que les auteurs contemporains nomment *gypsei,* stucs. De ces profils en plâtre ou en tout autre enduit, poussés dans un calibre comme nous les faisons aujourd'hui, et qui tous ont disparu des portes romanes primitives qui nous sont connues, seraient nés ces larges et riches encadrements qui, lorsque l'architecture romane prit son développement complet, donnèrent aux portes des édifices religieux cet aspect grave, si convenable à l'entrée des temples de cette période de l'art.

A ces profils d'encadrement, d'abord simples et formés de

deux ou trois baguettes de dimensions différentes, puis plus multipliées et accompagnées de moulures diverses, quand l'art se développa, se mêlèrent bientôt des ornements sculptés qui étaient aussi des reproductions des premiers essais ou *flores gypsei*. Nous examinerons plus loin la marche que suivirent ces ornements. Enfin des colonnes variées de proportions, des chapiteaux et des bases de toutes formes, vinrent enrichir ces portes, à la décoration desquelles se joignirent encore la statuaire, les bas-reliefs, les arabesques et la peinture. Ces indications suffisent pour tracer la voie dans laquelle se placèrent les religieux, tout en se renfermant dans une sphère de créations originales. Les contrées méridionales de l'Europe, au contraire, toujours sous l'influence des souvenirs de l'antiquité et des modèles qui avaient survécu, adoptèrent quelques dispositions romanes des portes, mais les enrichirent toujours par des ornements et des profils dans lesquels les formes païennes laissaient peu de place aux innovations septentrionales. Nous renvoyons aux premières Instructions du comité des arts, pour ce qui concerne la disposition et le décor de ces portes, pages 40 et suivantes.

CLÔTURE DES PORTES.

Les vantaux qui servaient à clore les portes des églises romanes étaient généralement en bois; dans le Nord, on les construisait avec des planches solides, clouées sur des châssis qui restaient apparents à l'intérieur du temple; de longues pentures en fer, fixées sur les planches, s'opposaient à ce que les variations de la température extérieure amenassent la disjonction des joints. On voit de ces pentures qui se sont conservées à plus d'un édifice roman.

N° 356. Pentures de l'église de Civry.

Quelquefois, lorsque cet art prit son plus grand développement, les portes en bois furent composées de nombreux panneaux encadrés de moulures sculptées, comme les exécutaient les anciens; on en trouve un magnifique exemple à une porte située vers l'abside de l'église de Sainte-Marie du Capitole, à Cologne[1].

C'était probablement dans la même disposition qu'était celle de l'abbatiale de Saint-Zénon à Vérone, puisqu'elle fut brûlée en 1160.

† ANNO DNI. M. CLX
CONBVSTA Ē
PORTA SC̄I ZE
NONIS. XV^{xo}... E MADII [2].

Le bois reçut aussi, dans la composition des portes d'églises romanes, des applications de bas-reliefs et de moulures en bronze. C'est ainsi que sont fabriqués les vantaux de la porte occidentale de l'église monastique de Saint-Zénon, qui remplace aujourd'hui la première; on y voit des bas-reliefs d'un style ancien provenant sans doute de celle-ci.

[1] Voir la publication des églises du Rhin, par M. S. de Boisserée.
[2] Maffei MVS. VER. p. 183.

Enfin le bronze fut employé seul pour la fabrication de certaines portes d'églises romanes ; on devait alors les fondre par des procédés analogues à ceux qui sont mis en pratique de nos jours. On lit dans l'Histoire de l'abbaye de Saint-Denis[1], que déjà, au IXe siècle, on établissait de ces portes, et que, de plus, des bas-reliefs les décoraient : un religieux nommé Airard, ayant donné une porte pour l'église abbatiale, y était figuré l'offrant au saint patron. L'abbé Suger avait fait restaurer et mettre en place cette ancienne porte, à la façade qu'il venait de reconstruire ; il en fit faire deux nouvelles, une pour l'entrée principale de l'église, une pour le second bas-côté. Elles étaient en bronze comme la première ; celle du milieu représentait, en demi-relief, l'histoire de la passion, de la résurrection et de l'ascension de Jésus-Christ. Ces ouvrages de fonte furent entièrement dorés.

FENÊTRES.

Les façades romanes présentent quelquefois une *rose* ou fenêtre circulaire, c'est l'*oculus* des Latins ; ceux-ci semblent y avoir attaché une idée symbolique en l'accompagnant d'un cercle dans lequel était, d'ordinaire, une figure en buste ou assise représentant le Christ, exécuté en mosaïque. Le style roman y attacha aussi une idée de symbole : les églises de Saint-Gabriel, de Toscanella, etc. présentent les attributs des évangélistes sculptés auprès de l'*oculus;* ils forment sans doute ici le complément de la pensée qui s'y rattachait, et dont on peut voir la confirmation dans les sceaux de Norwich[2] et du prieuré de Boxgrave, qui montrent le Christ dans l'*oculus* de l'église. (Voir les n{os} 357 et 358.)

[1] Dom Félibien, *Hist. de l'abbaye de Saint-Denis*, p. 174.
[2] *Monast. anglic.* t. IV.

86 INSTRUCTIONS.

N° 357. Rose de l'église de Sainte-Marie de Toscanella.

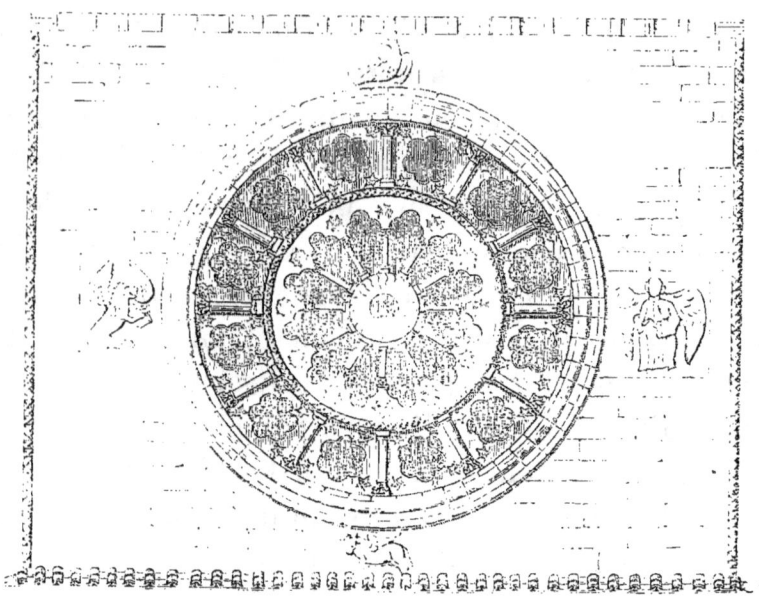

N° 358. Sceau du prieuré de Boxgrave.

Les fenêtres romanes sont généralement cintrées par le haut comme celles des deux styles précédents. Quelques exceptions à cette règle se présentent, mais elles sont fort rares; la première période de cette nouvelle architecture les montre de petites dimensions, peu multipliées dans un même édifice, et placées à une grande hauteur dans les nefs secondaires ainsi que dans la nef du milieu; elles sont généralement évasées à l'intérieur plutôt qu'au dehors. Les Instructions du comité des arts, publiées précédemment, sur l'architecture du XIe siècle jusqu'au XVIe, ont fait connaître les principales dispositions des fenêtres romanes, page 67.

La décoration des fenêtres des premiers édifices romans qui s'élevèrent durant la période carlovingienne eut sans doute une même origine que celle des portes. L'appareil mêlé de briques s'étendant, comme on le voit aux rares églises de cette époque, jusqu'aux fenêtres, on les encadra de moulures en stucs, *gypsei*, pour masquer cette maçonnerie, ainsi que l'avaient fait les Romains; et les formes grossies qu'on y remarque résultèrent des procédés qu'on employa pour l'exécution, tant par les causes déjà données précédemment à l'occasion des baies d'entrée, que par une propension à porter sur l'ensemble des édifices une fermeté mâle et vigoureuse, en harmonie avec les idées sociales de l'époque: la décoration des fenêtres de l'église de Germigny-des-Prés, exécutée en stuc, indique parfaitement cette tendance de l'art. Dans des temps plus heureux, la pierre remplaçant le bois et les maçonneries en blocages, puis la décoration en stuc devenant plus rare, parce que des sculpteurs habiles purent la remplacer par le travail durable du ciseau, les formes des moulures et des ornements restèrent dans la voie qui leur avait été tracée par le maniement plus facile des calibres et de l'ébauchoir. (Voir à la page suivante, au n° 359, la gravure des stucs ou *gypsei* de l'église de Germigny-des-Prés, extraite de la Revue d'architecture.)

N° 359. *Gypsei* de l'église de Germigny.

Déjà l'art romain dégénéré avait été conduit à un alourdissement des formes par l'oubli des proportions fines. Nous avons donné une idée de cette propension en examinant les *Flores gypsei* de l'oratoire de Cividale-del-Frioul. L'art roman, marchant dans cette voie déjà préparée, ne se fit plus, comme les précédents styles chrétiens, l'imitateur des formes antiques ; il créa tout à nouveau pour harmoniser les détails nécessaires à la décoration architecturale avec l'aspect d'ensemble qui naissait alors sous la main des moines architectes. Cette harmonieuse nouveauté et l'aspect vraiment religieux qui y domine firent de l'architecture romane la première qui ait été empreinte de l'inspiration chrétienne.

CLÔTURE DES FENÊTRES.

Les Latins et les Byzantins fermaient les fenêtres de leurs églises avec des treillis de pierre ou de marbre. (Voir les pages 133 et 301 de la première partie.) Grégoire de Tours nous apprend qu'en France le bois remplaçait ces matières. Le verre blanc ou coloré y était fixé de manière à former de véritables vitraux de couleur, dès les premiers siècles chrétiens, comme on le voit par les récits de Prudence, de Fortunat, de Procope, déjà cités. Dans les Gaules, la fabrication du verre était très-répandue dès le temps de Pline (Pline, c. xxxvi, § 66); l'art de la vitrerie de couleur y était développé, et déjà au ixe siècle la peinture sur verre était assez avancée pour donner des verrières aux églises. M. Émeric-David a cité[1] l'historien de l'abbaye de Saint-Bénigne de Dijon, qui signalait en 1052, époque à laquelle il écrivait, un très-ancien vitrail de l'église de ce monastère, représentant le martyre de sainte Paschasie. Il avait été retiré, ajoute l'historien, de l'ancienne église restaurée par Charles le Chauve.

Vers la même époque l'Angleterre[2], la Suède et le Danemarck, empruntaient à la France des artistes verriers pour clore leurs édifices sacrés. Aucun fragment de ces verrières de la première période romane n'a survécu; mais la seconde nous en a laissé quelques exemples qui nous indiquent suffisamment et la marche qui avait dû être suivie précédemment par cet art, et les beaux développements qui l'attendaient pour décorer les

---

[1] *Histoire de la peinture*, éd. in-18, 1842, p. 79, Émeric-David.
[2] Beda, l. I, c. v.

édifices de l'architecture qui fut la conséquence de celle que nous étudions ici.

L'abbé du Mont-Cassin, Didier, serait un des premiers qui auraient employé le fer pour former les châssis de verrières, et le plomb pour en fixer les portions entre elles. Ce fut le moyen qu'on adopta généralement durant la période romane comme depuis; les innombrables édifices élevés alors n'eurent sans doute pas de vitraux peints. M. l'abbé Texier et l'auteur des Annales archéologiques en ont fait connaître qui sont incolores; il est possible même que les petits édifices religieux, construits loin des centres d'industrie, n'aient jamais eu que des treillis en bois ou en fer dépourvus de vitres; les petites dimensions de leurs fenêtres à une grande distance du sol permettent de le supposer. Quant aux grandes églises monastiques ou cléricales du XIIe siècle, elles étaient déjà garnies à leurs ouvertures de vitraux remarquables par la composition, le beau style des sujets et par une bonne exécution. Les beaux fragments placés à l'abside de l'abbaye de Saint-Denis par l'abbé Suger, qui y est représenté; la verrière de Vendôme, et quelques autres débris, suffisent pour donner une juste idée de l'état de cette industrie relevée par les grandes ressources dont l'art dispose.

FAÇADES LATÉRALES.

Durant toute la période romane, les façades latérales furent généralement simples et dépourvues dans l'origine de pilastres saillants, tant que les nefs furent couvertes en charpente, comme l'avaient été les basiliques latines; les moines constructeurs sentirent le besoin de consolider les murailles à l'extérieur par des contre-forts, dès qu'ils remplacèrent le bois par des voûtes; quelquefois ils maintinrent la poussée de celles de la grande nef, en couvrant les collatéraux par des demi-berceaux dont ils approchaient les sommets de la voûte principale.

Les corniches de couronnement, établies avec des moulures en pierre d'un profil peu compliqué, se divisèrent en assises de dimensions égales, que soutenaient des corbeaux ou modillons quelquefois exécutés en marbre, et tous variés dans leur décoration, lorsqu'ils ne l'étaient aussi dans leurs profils bizarres. Des têtes d'hommes et d'animaux, des tresses empruntées à la passementerie, des entrelacs singuliers, des chimères de toutes formes, furent les motifs de sculpture usités dans cette partie de la décoration des faces latérales. On en voit au septentrion de l'église de Saint-Germain-des-Prés à Paris.

Les transepts offraient des murs à pignons, soutenus à leurs angles par des contre-forts; un et quelquefois deux rangs de fenêtres cintrées donnaient du jour à l'édifice par l'extrémité des ailes de la croix. Dans certaines contrées, cette partie des églises se décorait avec des incrustements de briques ou de pierres de diverses couleurs, de laves, etc. L'Auvergne et le Rhin en offrent de remarquables exemples. Les transepts étaient quelquefois disposés sur un plan semi-circulaire offrant une abside; les anciens édifices construits par les moines à Germigny-des-Prés et à l'ermitage de Fontenelle présentent cette disposition. (Voir les plans, aux pages 9 et 27.)

Les tours ou clochers secondaires établis sur les façades latérales y ajoutaient à la variété des lignes formées par les bas-côtés, par la nef principale, les transepts et le chœur; la tour, placée au centre de la croix, dominait toutes ces constructions. Les divers détails de ces nombreux accessoires des églises ont été expliqués dans le second cahier des Instructions du comité des arts (pag. 97 et suiv.).

Les contrées méridionales de la France, ainsi que l'Espagne, présentent quelques rares églises romanes sur les faces latérales desquelles se développent de longues galeries ouvertes : nous donnons ici le plan et l'élévation de celle qui se voit à Serrabona, dans les Pyrénées-Orientales. Quelle était la destination de ces galeries? Celle que nous publions n° 360 ne pouvait être un vaste porche latéral, comme on en voit un à l'abbatiale de Montréale, en Sicile, puisqu'elle s'élève sur des rochers inaccessibles, est close à hauteur d'appui, et qu'on n'y entre que par l'un des transepts de l'église. Ne pourrait-on pas expliquer la présence de ces galeries par le besoin d'enterrer les personnes de distinction en dehors de l'édifice, dans un lieu couvert, mais plus aéré que les nefs, où elles étaient ordinairement placées, ce qui, dans les pays chauds, était d'une grande importance pour l'hygiène? Il y a vingt ans, la petite église romane de Saint-Maur-les-Fossés, auprès de Paris, offrait une pareille galerie latérale ouverte sur le cimetière, et contenant des sépultures.

N° 360. Plan de l'église de Serrabona.

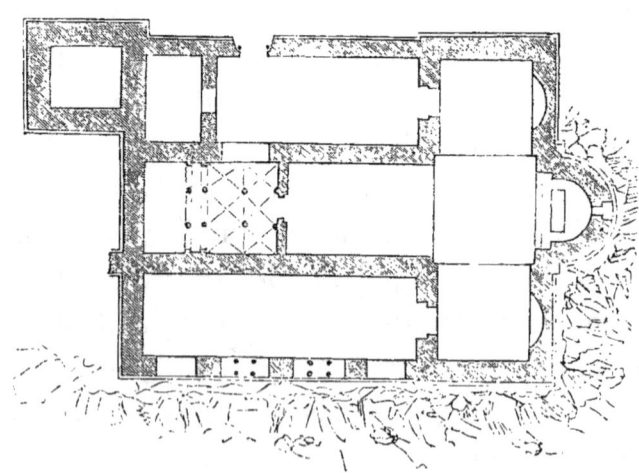

N° 361. Façade latérale de l'église de Serrabona.

Toits. — Les toits qui se développaient dans toute leur étendue sur les façades latérales des églises romanes s'établirent sur une grande pente, dans les contrées septentrionales, où l'on sentit bientôt le besoin de les élever pour faciliter l'écoulement des eaux; dans le midi de l'Europe on maintint les dispositions antérieures établies par les Romains.

La couverture se fit avec du plomb dans le Nord; les contrées abondamment pourvues de pierre en firent usage sous forme de dalles; plus généralement la terre cuite, moins lourde que ces matières, fut préférée, comme dans l'antiquité. Le grand nombre de tuiles fabriquées à la romaine, qu'on rencontre dans les fouilles qui s'opèrent auprès des églises anciennes, doit faire penser que ce système de couverture fut longtemps en usage dans nos contrées.

L'influence byzantine qui s'exerça dans l'Europe jusque vers le XIIIe siècle, et que nous avons fait connaître dans la première partie, pages 376 et suivantes, s'allia aux formes romanes: c'est ce qu'on observe à la grande abbatiale de

Saint-Front de Périgueux, ainsi qu'à toutes celles qui, dans les subdivisions de l'Aquitaine, formèrent autour de ce centre une école particulière, si bien étudiée et décrite par M. F. de Verneilh, dans son ouvrage sur l'Architecture byzantine en France. Les templiers, considérés précédemment comme les derniers introducteurs de l'art oriental en Occident, au moins pour ce qui concerne la disposition des plans, adjoignirent à ces formes étrangères tous les détails romans en usage dans nos contrées, au xiie siècle. Il nous suffira de produire ici la façade latérale du *Temple* qui se voit encore à Laon, et de dire son analogie avec celles de Metz, de Montmorillon, de Ségovie, édifices dont nous avons donné les plans à la page 390 de la première partie.

N° 362. Façade latérale du Temple, à Laon.

ABSIDE.

Les premières Instructions du comité des arts ont fait connaître quelle était la disposition des absides des églises romanes. Nous n'y ajouterons que quelques mots. Les abbatiales qui, dans les contrées du Midi, conservaient la forme du plan latin, offraient, comme les basiliques de ce style, trois absides appuyées contre le mur oriental du temple.

N° 363. Plan de l'abbatiale d'Elne.

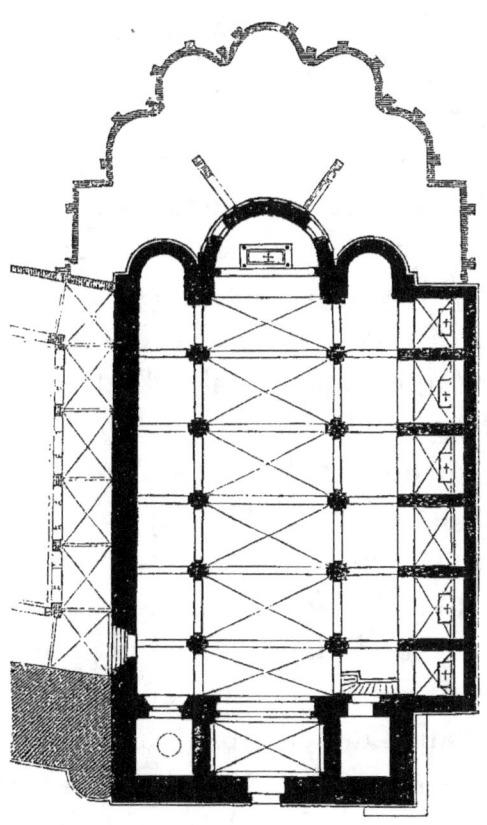

Quelquefois celle du milieu seulement prenait de la saillie à l'extérieur, les petites étant pratiquées dans l'épaisseur de ce mur, en forme de niches. (Voir le plan de l'église de Saint-Pierre à Toscanella, n° 327.)

La décoration externe de ces absides se borna d'abord à une corniche avec modillons; plus tard leurs parois cylindriques s'ornèrent soit de pierres de couleur ou de terres cuites incrustées, soit de pilastres, de contre-forts, de colonnes engagées. Lorsque les modifications indiquées précédemment furent faites, dans le Nord, au plan des églises, les chapelles groupées autour du sanctuaire y formèrent une agglomération d'absides secondaires, et le sommet du chœur, plus élevé que ces chapelles, perdit sa forme première et son nom : on l'appela chevet, *capitium*[1]. Il n'était plus en effet composé, comme dans l'origine, d'une demi-tour ronde s'appuyant contre le mur oriental du temple; c'était la continuation arrondie des hautes murailles latérales du chœur. Là commencèrent à se montrer les arcs-boutants formés par une série d'arcades décoratives s'étendant jusqu'au mur du chevet et laissant un passage auprès de lui, dans l'épaisseur des pieds-droits, comme on en voit un exemple remarquable à l'église romane de Sainte-Sophie de Padoue; ils furent ensuite isolés pour remplir leur fonction indépendamment les uns des autres.

Derrière l'abside orientale du temple, le plan de Saint-Gall présente un espace considérable de forme semi-circulaire, dans lequel on lit : *Hic sine domatibus paradisi plana parantur.* C'était un second parvis dans les mêmes proportions que celui de l'Occident, mais sans galerie couverte, et destiné à éloigner toute circulation des environs du sanctuaire; les religieux pouvaient cependant y entrer, car plusieurs portes sont ménagées dans le mur extérieur. Il est probable aussi que de l'abside s'y répandaient les eaux qui coulaient des piscines, et que la crypte tirait du jour de cette cour sacrée, dont on retrouve des analogues dans les anciennes dispositions de l'église de Sainte-Geneviève, à Paris, et dans l'état présent de l'église monastique d'Elne et de l'abbatiale de Saint-Denis. (Voir le plan de l'abbatiale d'Elne (Pyrénées-Orientales), n° 363, et celui de l'église de Sainte-Geneviève, n° 364.)

---

[1] Du Cange. *Capitium, Chevet, Chevais.*

N° 364. Plan de l'ancienne abbatiale de Sainte-Geneviève, à Paris.

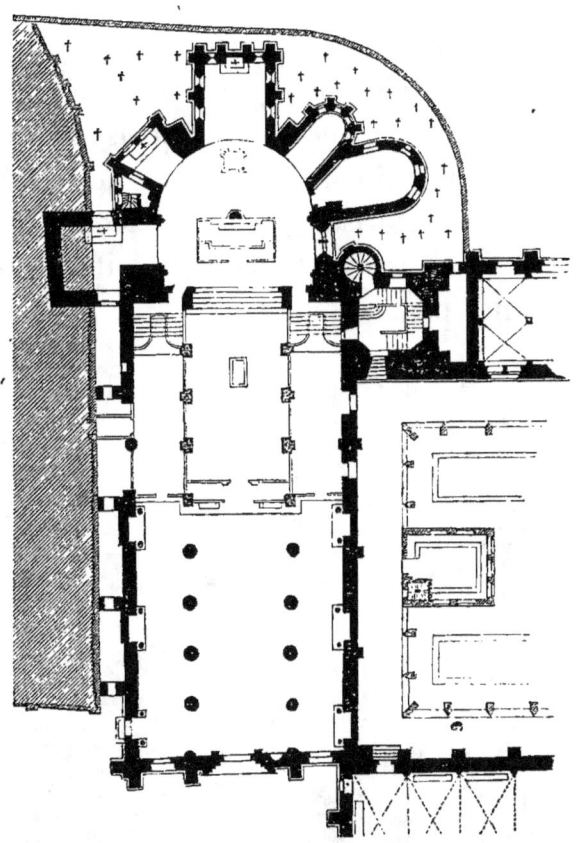

A ces abbayes, comme dans beaucoup d'autres, des cimetières de personnages importants étaient établis derrière l'abside ; les anciens plans de Sainte-Geneviève le démontrent, et des fouilles opérées, il y a peu d'années, à Saint-Denis, y ont fourni des tombeaux contenant des objets précieux. Cette disposition fit placer quelquefois, dans une ouverture pratiquée à cet effet au mur de l'abside, une lampe qui éclairait en même temps la crypte et le cimetière. On peut y voir l'origine des fanaux qui, dans le cours du moyen âge, furent élevés, sur des colonnes isolées, dans les lieux de sépulture.

Les absides romanes pouvaient être en polygone ou rectangulaires; les plans d'oratoires gravés aux n°ˢ 303, 304, 305, 310 et 311 en montrent de carrées; à la plupart des églises Cisterciennes, elles l'étaient aussi en raison de la disposition du sanctuaire. (Voir les n°ˢ 334 et 335, auxquels nous joignons une vue de l'abbatiale de Saint-Bénigne de Dijon, parce que son abside était très-caractérisée par une décoration exceptionnelle.) Les premières Instructions du comité traitent des absides en polygone, pages 8 et 91.

N° 365. Vue de l'abside de Saint-Bénigne de Dijon.

Une galerie de circulation s'établissait quelquefois au sommet de l'abside, à l'extérieur; c'est encore une invention romane; elle permettait de passer d'un transept à l'autre, et rendait plus de services encore lorsque deux clochers s'élevaient auprès du sanctuaire. Nous avons recueilli celle qui se voit à l'église de Sainte-Sophie de Padoue; elle contient le principe des arcs-butants. On décora quelquefois cette galerie de colonnes portant des arcs ou des architraves : il y a des exemples de ces deux systèmes à Côme et à Trèves.

N° 366. Abside de l'église de Sainte-Sophie, à Padoue.

NEFS.

1re disposition.—Les premiers essais de l'architecture romane, dans l'Europe moyenne et septentrionale, s'appuyant, ainsi qu'on l'a vu en examinant les plans et les façades, sur les dispositions antérieures, les nefs offrirent, comme celles des Latins, deux rangées de colonnes divisant le temple en trois nefs parallèles et allongées : le plan de l'abbatiale de Saint-Gall le démontre. Mais déjà, dès cette époque de transition et d'étude, les colonnes étaient remplacées fréquemment par des piliers carrés, ainsi qu'on en voit à la vieille église de Saint-Front de Périgueux ; on avait sans doute observé que le pilier est le véritable support statique de l'arcade; on lui adjoignit bientôt des colonnes engagées sur ses faces, pour le faire moins pesant à l'œil et pour le décorer. Ces colonnes ou ces piliers s'élevaient sur des pavés formés de compartiments en marbre ou en pierre, quelquefois aussi de mosaïques, comme les exécutaient les Latins. On lit dans la description de l'église de Germigny-des-Prés, par l'auteur anonyme du Catalogue des abbés de Fleury, publié par Baluze [1], ce que fit à cet égard Théodulphe : « Pavimentum quoque marmoreo depinxit emblemate. » Au-dessus des arcs qui reliaient les colonnes ou les piliers des nefs, s'élevaient, comme dans les basiliques, les hautes murailles du temple; d'étroites fenêtres, mentionnées précédemment à la page 89, y étaient pratiquées à une grande élévation; il en était de même pour les murs des nefs latérales. Dans certaines contrées, le Poitou par exemple, il n'y avait de fenêtres que dans les collatéraux des églises. Le sommet des nefs, généralement couvert par des charpentes apparentes, à l'instar de celles qu'on a vues dans les basiliques primitives, commençait alors à se surmonter de voûtes en plein cintre, construites en blocages, comme les fabriquaient les Romains. Nous avons cité précédemment celles de l'oratoire de Cividale-del-Frioul; l'auteur du Catalogue des abbés de Fleury dit que l'église de Germigny était entièrement voûtée : « Totam namque arcuato opere eamdem extruens basilicam. » Ces deux exemples mentionnés dans des textes indiquent la nouveauté de cette application de la voûte aux constructions religieuses.

Le peu d'expérience qu'on avait encore à cette époque

[1] Baluze, *Misc.* t. 1, Catalogue des abbés de Fleury. Mabillon, *Act. ord. S. B.* sect. x, p. 598.

pour la construction des voûtes explique la disposition singulière qui fut adoptée dans des édifices dont il nous reste quelques exemples : à la vieille abbatiale de Saint-Front de Périgueux, chaque travée des bas-côtés est voûtée en berceau dans le sens transversal, c'est-à-dire perpendiculairement aux murs latéraux; la grande nef était couverte en bois. L'église de Saint-Philibert, à Tournus, qui paraît d'une date moins ancienne, bien qu'antérieure à l'an 1000, offre le même système dans sa nef principale; les bas-côtés sont voûtés en arêtes. Ces deux édifices indiqueraient la marche que suivit la voûte : dans le premier elle aurait été employée où il était plus facile de la construire, sur des bas-côtés étroits; dans le second, plus de hardiesse l'aurait fait établir au sommet de la grande nef. (Voir le n° 367, à la page suivante.)

Il est probable que les constructions importantes que fit faire Charlemagne à Aix-la-Chapelle eurent de l'influence sur cette modification, qui allait s'opérer dans les édifices sacrés; son église impériale présente des voûtes dans toutes les parties diverses de son ensemble, et dut contribuer à les introduire dans le Nord. L'église à peu près contemporaine de Germigny-des-Prés, que le moine Létalde dit être imitée de cette chapelle du palais de l'Empereur, avait en effet des rapports avec elle, non pas seulement par la disposition nouvelle qui changea la forme du plan dans la partie centrale de la croix, et fut l'origine de la grande révolution qui s'opéra dans la distribution intérieure de nos temples, comme on l'a précédemment reconnu, mais aussi par l'emploi général des voûtes qu'on observe dans toute la partie de l'édifice qui existe encore et formait le sanctuaire, le pourtour du chœur, et l'ensemble des constructions orientales du temple.

N° 367. Nef de l'église de Saint-Philibert à Tournus.

2ᵉ disposition. — Quand s'ouvrit la grande période de renouvellement général qui caractérise le xıᵉ siècle, les désastres passés et le mouvement social conduisirent à réédifier de toutes parts les monastères détruits, à fonder de nombreuses églises paroissiales, centres de nouvelles circonscriptions religieuses et politiques; ce fut alors que, s'appuyant sur les essais des deux siècles précédents, l'esprit novateur qui caractérisait l'Europe moyenne, et particulièrement la France, à cette époque, se donna un libre essor; les moines répandus sur tout le territoire, dépositaires de l'art et de la science, créèrent toutes les dispositions nouvelles qu'on remarque dans l'architecture des nefs romanes : piliers carrés que la statique fit préférer aux colonnes isolées, pour mieux supporter les arcs sur lesquels venaient reposer les hautes murailles chargées de voûtes : arcs-doubleaux et croisées d'ogives rendant ces voûtes plus durables et moins pesantes, en distribuant la poussée sur des points d'appui; ouverture du *triforium* ou galerie supérieure, pour accroître la surface de l'église, comme l'avaient fait les premiers chrétiens dans leurs basiliques.

Dans toutes ces innovations, sans doute, les religieux constructeurs, qui imprimaient le mouvement à l'Europe furent plus d'une fois aidés par l'intelligence active de laïques, entrés dans la voie de liberté qui s'ouvrait à l'art et à l'industrie; car on ne peut admettre que les moines seuls aient construit toutes les églises qui s'élevèrent en France à cette époque. Nous avons déjà cité plusieurs noms de laïques conservés jusqu'à nous. Les associations maçonniques, dont on a vu les premiers éléments à l'époque mérovingienne, dans les constructeurs méridionaux et d'origine gothique, durent se reconstituer alors, et fournir aux religieux architectes des moyens d'exécution pour élever les temples en dehors des maisons religieuses; elles se développèrent plus tard de manière à se passer de la direction des moines.

Quant à la construction des grandes voûtes en berceau qui couvrirent les nefs au xie siècle, on en suit la marche par la loi progressive que traçait l'expérience : elles semblent avoir été d'abord établies immédiatement au-dessus des arcs qui reliaient les colonnes des nefs, disposition qui donnait peu de hauteur aux édifices, et n'admettait pas de fenêtres dans le vaisseau principal, ce qui s'explique par le peu de hardiesse qu'avaient encore les constructeurs; pour obvier à ces inconvénients ils allongèrent les proportions des colonnes ou des piliers de support des nefs, comme on en voit un exemple à l'abbaye de Saint-Savin, n° 368, et dans la plupart des édifices romans des contrées méridionales; dans le Nord, au contraire, où se développait plus nettement l'architecture nouvelle, où les constructeurs étaient plus entreprenants, on superposait aux colonnes ou aux piliers un étage de colonnettes et d'arcs secondaires, comme aux abbatiales de Jumiéges, du Mont-Saint-Michel, etc. ce qui motiva le triforium.

N° 368. Coupe longitudinale de l'église de Saint-Savin.

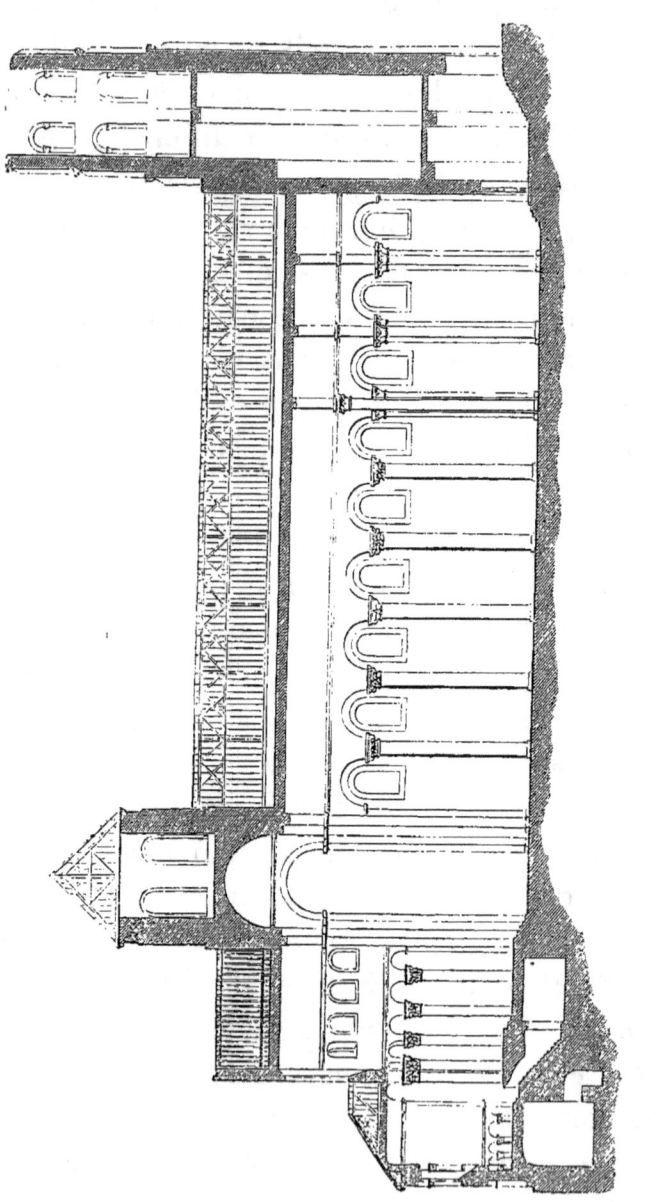

3ᵉ disposition. — Au XIIᵉ siècle, l'élan donné par le XIᵉ amena des modifications dans l'architecture des nefs; les proportions s'épurèrent et s'étendirent : à côté des colonnes et sur leurs chapiteaux, s'élevèrent de longs fûts ou plusieurs ordres groupés en faisceaux et atteignant les retombées des voûtes supérieures; au-dessus des arcs latéraux s'établirent de nombreuses fenêtres, vraies ou figurées, simples ou multiples, à un ou plusieurs étages, amenant une richesse de lignes et de sculptures encore inconnue dans les siècles précédents. C'est aussi à cette période de l'art qu'on doit les dispositions prises dans la partie antérieure des nefs, pour délimiter les places des fidèles, ou porter les orgues sur d'immenses tribunes dont la partie basse formait l'éso-narthex des temples; afin d'harmoniser le pavé avec ce luxe des lignes, on grava d'innombrables figures ou de riches enroulements de feuillages dans des dalles de pierre; on les rehaussa même de mastics colorés, pour les mettre en rapport avec les vitraux de couleurs et les murailles enrichies de peintures. Ce sont ces pavements que saint Bernard reproche aux Clunistes en ces termes : « Et ne poussons-nous pas notre vénération pour les images des saints jusqu'à en couvrir le pavé que nous foulons aux pieds..... Si vous ne ménagez pas mieux ces images sacrées, ménagez du moins vos belles couleurs : pourquoi ornez-vous ce qui va bientôt être souillé? pourquoi chargez-vous de peintures ce qui sera nécessairement foulé aux pieds? » Le même siècle vit naître les brillantes mosaïques en terre vernissée qui couvrirent le sol des chapelles et du chœur.

Les nuances diverses que présentent les plans et les façades des églises romanes, selon les lieux où elles furent construites, et qui établirent des écoles diverses et locales, se produisirent dans l'architecture des nefs; ainsi, dès le siècle de Charlemagne, si l'on en juge par le plan de Saint-Gall, les provinces rhénanes présentaient, à l'occident de leurs abbatiales, une contre-abside semblable en tout à celle qui en décorait le sanctuaire; le petit chœur et son enceinte la précédaient : dans les siècles suivants, cette disposition fut maintenue sur une circonscription plus étendue que dans l'origine. On reconnaît à la nef de la grande abbatiale de Cluny, à Autun, et dans plus d'une église de la Bourgogne, l'influence qu'exercèrent sur l'architecture romane les belles constructions antiques conservées dans cette dernière ville. En Poitou, à l'intérieur comme au dehors, une grande richesse de sculptures, et l'absence de croisées à la grande nef, formèrent un caractère local. A Périgueux s'éleva un édifice célèbre par son style oriental, l'abbatiale de Saint-Front, et le Périgord, le Quercy, l'Angoumois, la Saintonge virent se former une école d'architecture romane, à laquelle s'adapta la coupole byzantine au-dessus des nefs. L'Auvergne, la Provence, et enfin nos provinces de l'Ouest offrent aussi leurs caractères particuliers, et nés généralement d'un type qui, servant de modèle, donna naissance à une foule de combinaisons nouvelles, lorsqu'aux xie et xiie siècles l'esprit novateur, qui s'étendit comme l'étincelle, féconda les arts, ouvrit toutes les intelligences et prépara la grande période de l'architecture chrétienne; le Nord avait donné l'exemple.

Décoration.—Les premières décorations intérieures des nefs romanes devaient offrir beaucoup d'analogie avec celles des basiliques; dans les édifices simples, quelques peintures murales, des croix et des inscriptions devaient suffire; mais on voit dans la description de l'église de Germigny-des-Prés, construite par l'abbé Théodulphe, qu'on employait encore la mosaïque pour décorer l'intérieur des édifices importants, lorsque l'architecture romane commençait à se former; l'au-

teur s'exprime ainsi : « In hac igitur (villa) idem Theodulphus
« ecclesiam tam mirifici operis construxit, ut nullum in tota
« Neustria inveniri posset ædificii opus quod ei, antequam igne
« cremaretur, valeret æquari; totam namque arcuato opere
« eamdem extruens basilicam, ita floribus gypseis atque mu-
« sivo ejus venustavit interiora... » Il est clairement démontré
par ce texte que tout l'intérieur de l'édifice était décoré de
mosaïques, les nefs aussi bien que le chœur et le sanctuaire,
où il en reste encore, comme on le verra plus loin. Après la
déclaration faite plus haut, qu'avant l'incendie qui détruisit les
nefs, ce temple était le plus beau de la Neustrie, il fallait nécessairement que ses nefs contribuassent à cette beauté par
leur brillante ornementation, qui s'unissait à l'ensemble.

Les mosaïques ne furent pas longtemps employées dans la
période de transition qui préparait le style roman : Charlemagne en avait fait exécuter à Aix-la-Chapelle le plus bel
exemple qu'il y eût dans le Nord, et nos contrées virent peu
d'imitations faites sur ce modèle; les seuls fragments qui
sont à Germigny-des-Prés ont survécu.

Lorsqu'au xie siècle les églises romanes s'élevèrent de toutes
parts, la peinture religieuse couvrit les parois et les voûtes
des nefs; les feuillages et les arabesques, l'imitation des marbres, enrichirent les membres d'architecture et les colonnes;
le plus bel exemple et le plus complet qui ait été conservé se
voit dans l'abbatiale de Saint-Savin en Poitou, publiée par le
comité des arts et monuments en 1845, sous la direction de
M. P. Mérimée.

A la décoration riche mais sévère du xie siècle succéda au
xiie le luxe des dorures se mêlant aux couleurs appliquées par
les peintres, et aux nombreuses productions des sculpteurs.
Saint Bernard reproche ce luxe aux Clunistes : « Voici qui est

plus grave, leur dit-il, et qui le paraît moins pourtant parce qu'un usage plus fréquent l'a consacré : je ne parle pas de l'immense hauteur de nos églises, de leur longueur immodérée, de leur inutile largeur, de leur somptueuse recherche, de leurs peintures curieuses, qui attirent sur elles les regards de ceux qui prient..... » et plus loin : « L'église est brillante dans ses murailles..... elle revêt d'or ses pierres..... A quoi bon l'or dans les choses saintes?.... »

Les deux belles églises romanes construites à Toscanella (États-Romains), à l'imitation des nôtres, présentent encore dans leurs nefs latérales, et sur les colonnes qui les séparent du vaisseau principal, de nombreuses peintures exécutées à l'époque des consécrations de ces temples, et qui datent, l'une de 1093, l'autre de 1206.

Nous avons indiqué précédemment, dans la première partie, à la page 178, que des voiles étaient suspendus entre les colonnes des basiliques primitives pour les orner et séparer les sexes; l'église romane de Sainte-Marie de Toscanella[1] démontrerait que cet usage se transmit dans certaines contrées, au moins jusqu'à la fin du XIIe siècle; on voit, en effet, au-dessus des chapiteaux intérieurs de ce temple, dans l'intrados des arcs, au troisième caisson orné qui le décore, une entaille ménagée de chaque côté, et lors de la construction de l'édifice, pour y placer une tringle destinée à porter un rideau. Cette disposition se reproduit dans tous les entre-colonnements.

Quelques peintures de manuscrits, exécutées depuis le XIe siècle et représentant des cérémonies qui eurent lieu dans les églises romanes, montrent des voiles suspendus dans l'in-

[1] Voir dans le recueil intitulé, *Monuments anciens et modernes*, publié par J. Gailhabaud, la monographie de l'église de Sainte-Marie de Toscanella, par A. Lenoir.

térieur des nefs, ce qui confirme l'usage transmis jusqu'à cette époque par la primitive Église : l'ancienne abbaye de Saint-Martin du Canigou, dans les Pyrénées-Orientales, possédait une de ces peintures placée en tête d'une fondation de lampe dans l'église abbatiale, par une confrérie de prêtres et de laïques en 1195. Les fondateurs y sont représentés assistant à la messe au maître-autel, devant lequel est suspendue la lampe; l'abbatiale de Saint-Martin offrant trois nefs, les voiles sont évidemment figurés entre deux d'entre elles.

MEUBLES DES NEFS.

Bénitiers.—La fontaine d'ablution ou cantharus disparaissant de l'atrium roman, on établit à l'entrée des nefs un meuble qui en tint lieu, c'est le bénitier. On ignore comment il fut disposé d'abord; toutefois, dans plus d'un édifice roman très-ancien, on voit des bénitiers formés de chapiteaux antiques ou de l'époque latine, placés sur un fût de colonne, et creusés à leur sommet pour contenir l'eau sainte. L'antique église abbatiale de Saint-Quinin de Vaison en montre un ainsi fabriqué, et celle d'Elne, dans les Pyrénées-Orientales, en possède un creusé dans un court cylindre orné d'acanthes. Mais ce ne sont pas là des compositions romanes : le plus remarquable que nous ayons recueilli dans le style de l'art que nous examinons ici se voit à la basilique de Torcello; il se compose d'un fût de colonne porté par une base; trois prêtres y sont assis et groupés autour du pied d'un vase hémisphérique, orné de têtes d'animaux et de figures chimériques, comme en produisirent les XIe et XIIe siècles. Des rinceaux gravés dans le marbre ornent la base et le bord supérieur de ce bénitier. (Voir le dessin à la page suivante, n° 369.)

N° 369. Bénitier de la basilique de Torcello.

On voit un bénitier simple, porté de même sur une colonne tronquée, surmontée d'un chapiteau roman, à Fenallidès, dans les Pyrénées-Orientales. L'église romane d'Angy, dans l'ancien Beauvoisis, contient un petit bénitier roman scellé dans le mur, et composé de la cuve ornée d'une tête chimérique[1]. Les ruines de Saint-Martial dans la cité fournirent, en 1847, les fragments d'un beau bénitier roman orné de figures; il est déposé au Musée de Cluny. (Voir le n° 370.)

---

[1] *Archéologie des monuments religieux de l'ancien Beauvoisis*, par le Dr E. Woillez, Angy, pl. II.

N° 370. Bénitier de l'église de Saint-Martial.

Fonts baptismaux. — Dans le Nord particulièrement, l'usage de baptiser par immersion ayant été abandonné vers l'époque à laquelle le style roman commençait à se produire, on ne fit plus, ainsi que nous l'avons indiqué en examinant les plans, de ces baptistères isolés dont l'Italie conserve quelques exemples et que mentionnent Grégoire de Tours et d'autres auteurs. (Voir aux pages 101 et suivantes de la première partie.) On remplaça ce baptistère par une cuve peu étendue, ronde, carrée ou en polygone, qui fut placée, soit dans la nef principale, comme on en voit une figurée au plan de l'abbatiale de Saint-Gall, auprès de l'autel de saint Jean-Baptiste, soit dans les nefs latérales. Les nombreux ouvrages français, anglais ou allemands, qui traitent de l'art au moyen âge, ont fait connaître de ces cuves baptismales qui offrent les dispositions les plus variées; on en voit un grand nombre qui ont la forme d'un chapiteau roman, décoré de volutes et de feuillages; d'autres, prenant celle d'une corbeille, sont couvertes de godrons, de sculptures d'ornements ou de figures, tantôt libres, tantôt dans des arcades : l'église de Vieux-Saint-Jean, à Perpignan, en a une sous forme de cuvier en bois lié avec des cordes. Les plus compliquées se combinent avec des colonnettes qui les supportent, soit à leurs angles, si elles sont carrées ou en polygone, soit autour de leur tige principale, qui est le plus souvent cylindrique. Ces meubles sont ordinairement creusés à fond de cuve; un trou pratiqué au fond permettait l'écoulement de l'eau baptismale.

Lorsque les chapelles latérales, fort rares dans l'architecture romane, furent admises dans ce style commençant à se modifier, on plaça la cuve baptismale dans celle qui était la plus voisine de la façade de l'église, pour conserver, autant que possible, le souvenir des dispositions originairement adoptées, avec l'intention de n'admettre le néophyte dans le temple qu'après sa purification par le baptême.

L'Italie paraît avoir conservé plus longtemps que le Nord l'usage du baptême par immersion, et pour cette cause on y éleva encore, depuis le ixe siècle, de riches baptistères isolés, reproduisant, à peu de chose près, les dispositions de ceux de la primitive Église; la décoration architecturale en différait seule. Il se trouve de ces baptistères à Asti, à Padoue (voir le n° 371). Au milieu s'élevait la cuve baptismale, grand bassin ordinairement octogone, dans lequel on arrivait par plusieurs marches; les faces principales s'ornaient de riches sculptures. Des vignettes de manuscrits et des mosaïques de l'Italie représentent des baptêmes dans lesquels on reconnaît l'abandon de la grande cuve pour l'emploi de vases analogues à ceux qui sont en usage de nos jours; le néophyte, ordinairement en bas âge, y est plongé à mi-corps, comme on l'était dans la cuve primitive. Quelques bas-reliefs exécutés en France, sur les faces principales d'anciens tombeaux chrétiens, représentent le même sujet, traité d'une manière identique.

N° 371. Baptistère roman, à Padoue.

La décoration de la cuve baptismale établie dans ces édifices ne se bornait pas toujours à des sculptures exécutées sur ses faces, comme on en voit de remarquables à Toscanella, à Vérone : elle était quelquefois surmontée de colonnes portant des arcades. Une belle cuve, entourée de colonnes, se voit à Cividale du Frioul; elle date de la première période romane, c'est-à-dire du viiie ou du ixe siècle; un remaniement ayant été fait à sa partie inférieure, on y a placé des fragments étrangers à la construction primitive. (N° 372.)

N° 372. Cuve à Cividale du Frioul

On remarque, en Italie, que le transport de la cuve baptismale par immersion se fit dans les nefs vers les xi° et xii° siècles. Le plan de l'abbaye de Saint-Gall, publié dans la première partie, a fait connaître que dans le Nord cette disposition fut adoptée à une époque bien antérieure. Nous en avons recueilli dans les collatéraux des églises romanes de Saint-Pierre de Corneto, de Sainte-Marie de Toscanella et de l'abbatiale de Saint-Zénon, à Vérone. Dans cette dernière église, la cuve d'immersion, d'un style roman bien caractérisé, a été disposée depuis pour l'infusion. (N° 373.)

ARCHITECTURE MONASTIQUE. 115

N° 373. Cuve baptismale de l'abbaye de Saint-Zénon.

La cuve baptismale qui décore le centre du baptistère isolé de la cathédrale de Pise offre simultanément la grande cuve primitive et quatre cuvettes pour l'infusion.

Chaire, ambon. — Dès la période carlovingienne, l'analogius, meuble spécial, destiné en Occident à la lecture des évangiles (voir page 189, Ire partie), disparaît pour se réunir à l'ambon; le plan de l'abbaye de Saint-Gall fait voir dans l'avant-chœur cette union des deux meubles, comme elle avait lieu chez les Byzantins (page 339, Ire partie). Ces observations sont appuyées par les rares exemples qui nous restent de chaires romanes; elles sont seules dans les églises qui en présentent, et offrent à leur partie antérieure un aigle portant le pupitre de lecture et parfois un saint Jean figuré au-dessous; quelque autre attribut des évangélistes peut s'y trouver aussi. Les chaires romanes des églises de Saint-Ambroise de Milan, de San-Miniato, à Florence, de Sainte-Marie de Toscanella, de San-Sabino, à Canosa, nous suffisent comme exemples.

N° 374. Chaire de l'église de Sainte-Marie de Toscanella.

Durant la période romane, toutes les chaires ne furent sans doute pas en pierre ou en marbre, comme celles que nous venons de citer ; il y en eut certainement en bois, mais elles n'existent plus depuis longtemps. Les deux abbatiales de Saint-Gall et de San-Miniato, qui font voir leurs chaires dans des enceintes réservées, mais à proximité de la nef principale, sont deux exceptions à la règle générale qui les faisait établir ordinairement sur une partie latérale de l'espace livré au public, afin qu'il pût mieux entendre la parole évangélique ; ces deux exemples indiquent une transition entre l'usage primitif qui faisait placer la chaire dans l'enceinte du chœur (voir page 189, Ire partie) et le besoin qui se fit sentir plus tard de la placer au milieu des fidèles.

Autel du Christ en croix. — Un autel s'élevait à l'extrémité orientale des nefs romanes : il se voit déjà dans le plan de l'abbatiale de Saint-Gall, et y est ainsi désigné : *Altare sancti Salvatoris ad crucem.* Nous avons observé, dans la première partie, au sujet de la *trabes,* qu'elle était surmontée d'un Christ en croix, indiquant, par ce passage de la vie à la mort, la séparation entre le monde matériel et le monde céleste, comme le chancel, situé au-dessous, traçait la démarcation entre la nef livrée aux fidèles et le chœur réservé au clergé et aux saints mystères. Cet autel était donc établi pour qu'on adressât des prières au Christ mourant; nous avons indiqué plus haut, page 77, au chapitre qui concerne les porches romans, que le jour des Rameaux, lorsque la procession n'allait point au cimetière, pour y stationner devant le Christ en croix qui y était placé, cette station avait lieu dans la nef, devant le jubé du chœur, à un autel préparé pour la cérémonie. La sainte table, figurée au plan de l'abbatiale de Saint-Gall et surmontée d'une croix, offrait toutes les conditions nécessaires pour cette solennité; elle s'élevait dans la nef, devant le Christ en croix, près des chancels du chœur. Les églises romanes de Saint-Ambroise de Milan et de San-Miniato à Florence offrent encore aujourd'hui des autels placés à l'extrémité de la nef principale, en avant du chœur et de la crypte, qui, dans ces deux édifices, est disposée sous le sanctuaire, mais presque au niveau de la nef.

Table pascale. — En examinant précédemment les clochers, on a vu par quels moyens les religieux indiquaient les heures des travaux et de la prière; les siècles étaient représentés par ce qu'on appelait les *tables pascales*, grandes pierres placées dans les nefs, et sur lesquelles étaient tracées, année par année, les *indictions*, les épactes, la fête de Pâques; un trou pratiqué au-dessus du chiffre servait à ficher tous les ans une cheville indiquant la date de cette fête. Nous donnons ici, d'après un vieux dessin, celle qui se voyait à l'église de Saint-Étienne de Périgueux, et dont il reste un fragment.

N° 375 Table pascale.

Les tables pascales étaient d'un usage fort ancien, et il y a lieu de croire qu'on en trouvait dans la plupart des églises monastiques. Saint Lanfranc, prieur de l'abbaye du Bec, en parle dans les statuts qu'il fit pour les monastères de l'ordre de saint Bénoît; il en est question dans les Coutumes de Cluny et les Us de Cîteaux, mais elles étaient tracées sur du vélin et placées au cierge pascal. « Annotatur quidem in cereo pas-
« chali annus ab Incarnatione Domini : inscribuntur quoque

« cereo paschali indictio vel æra, atque epacta[1]. » De Moléon mentionne la table pascale écrite sur un beau vélin et que l'on attachait à hauteur d'homme autour d'une grosse colonne de cire d'environ vingt-cinq pieds de long, dans la cathédrale de Rouen; elle y restait depuis Pâques jusqu'à la Pentecôte; on y marquait l'année, l'épacte, les fêtes mobiles, la date de la fondation de l'église, le nom du premier évêque, l'année du pontificat du pape, celle de l'institution de l'archevêque et du règne du roi, etc. Cette pièce était refaite tous les ans aux frais du chancelier de la cathédrale[2].

Les moines ne se bornèrent pas à indiquer les heures par des cadrans solaires ou des horloges, et à diviser les grandes périodes par l'indication des fêtes principales : un autre besoin se présentait, celui de tracer les mois et les jours de l'année. Sans doute ils avaient chacun, sur leurs livres d'heures, de petits calendriers manuscrits qui pouvaient les guider personnellement, mais à ces moyens individuels ne se rattachait pas la pensée monumentale et commune qu'ils imprimaient à toutes leurs œuvres. Les divisions de l'année étaient indiquées par de vastes calendriers qu'on peignait sur les murailles; le monastère cistercien de Saint-Vincent et Saint-Anastase, auprès de Rome, fait voir, dans une salle voisine de l'église, les restes d'un de ces calendriers; il occupait toutes les parois de la pièce; nous en avons recueilli un fragment suffisant pour donner une idée de sa disposition, qui, dans des arcs trilobés et peints, présente des saints déroulant les tableaux sur lesquels on peignait les chiffres des jours. (N° 376, page suivante.)

---

[1] Rupert, *Offices*, liv. VI. Guillaume Durand, liv. IV, c. LXXX. Jean Beleth, *Divins offices*, chap. CVIII.

[2] De Moléon, *Voyages liturgiques en France*. Paris, 1728.

N° 376. Fragment de calendrier au monastère de Saint-Vincent.

Enceinte des infirmes. — On lit dans les Us et coutumes de Saint-Germain-des-Prés, rédigés par l'abbé Guillaume III, qu'à l'extrémité orientale de la nef on réservait des places pour les infirmes du monastère; à certaines fêtes, la Toussaint par exemple, ils étaient obligés d'assister à l'office, *ante crucem*, devant la croix qui surmontait la clôture du chœur[1]. On a vu dans la première partie, page 183, qu'à Clairvaux on leur avait préparé une enceinte réservée, à l'orient de la nef, devant le chœur des religieux, et à la même place qu'à Saint-Germain-des-Prés; n'est-ce pas là aussi la disposition qui est tracée au plan de l'abbatiale de Saint-Gall autour de l'ambon?

[1] *Usus et consuet. Sancti Germani a Pratis*, page 168; pièc. justif. Dom Bouillart.

CHŒUR.

Dans les églises romanes, distribuées à peu près comme les basiliques latines à transepts, celles de Saint-Généroux et de Toscanella, par exemple, le chœur était situé, ainsi que l'indique dom Martene[1], au centre de la croix, formant un vaste espace libre en avant ou autour de l'autel; mais lorsqu'on eut adopté la disposition nouvelle indiquée précédemment lors de l'examen du plan de l'église de Germigny-des-Prés, le chœur changea d'aspect, la circulation s'établit autour, parce qu'il fut placé au milieu de piliers isolés; plus tard, cet isolement des supports s'étendant au delà des transepts, vers la région du sanctuaire, le chœur prit du développement à l'orient du temple. C'est ici le lieu d'examiner la marche chronologique des modifications qui s'opérèrent dans cette partie importante des églises, pour ce qui concerne les formes architectoniques, comme nous l'avons fait précédemment pour les plans.

1re *disposition*. — Nous rappellerons quelle fut la disposition adoptée par les Byzantins pour faire porter, dans les églises de moyenne grandeur, le dôme principal sur quatre piliers ou colonnes, en renvoyant aux plans gravés sous les n°s 154, 155, 163 de la première partie, puis au texte du moine Létalde, qui, en décrivant l'église de Germigny-des-Prés, dont le chœur rappelle à beaucoup d'égards les plans byzantins que nous citons, dit formellement que « l'édifice construit par Théodulphe fut imité de celui d'Aix-la-Chapelle, » dont Charlemagne fit tracer le plan à l'instar de ceux des églises orientales de la Vierge, à Antioche, et de Saint-Vital, à Ravenne.

La séparation entre la nef principale et le chœur, nouvellement modifié, était établie par un arc triomphal rappelant

---

[1] Dom Martene, *Voy. litt.* t. I, p. 137.

celui des basiliques latines, lorsque l'église romane était couverte en charpente apparente, dans sa partie antérieure, et celui des temples byzantins, lorsqu'elle était voûtée; là encore, comme on l'a vu dans la primitive église, on plaçait des *trabes*, poutres décorées de peintures et de sculptures, pour indiquer au loin la séparation entre la nef livrée aux fidèles et le lieu réservé au clergé. (Voir, 1re partie, pag. 185 et suiv.) On en changea le nom en ceux de *pannæ, proni;* elles portaient ordinairement des cierges, qu'on multipliait aux fêtes solennelles[1].

Dans les églises trop larges pour que les pannes pussent les traverser complétement, on n'en mettait qu'une partie plus ou moins longue de chaque côté de l'entrée du chœur; elles recevaient aussi des cierges; on les nommait *herses*. C'est après l'époque romane que le jubé, prenant un grand développement, fit disparaître en général les *proni* ou *pannes*.

A l'église de Germigny, deux demi-cintres relient le mur transversal, qui contient l'arc de triomphe, aux piliers isolés du chœur, pour maintenir la poussée de la haute construction qu'ils portent. Ces piliers sont joints deux à deux par des arcs, comme on l'a vu chez les Byzantins. (Voir les coupes gravées dans la première partie sous les nos 228 et 232.) Au-dessus de ces arcs ne s'élèvent point des pendentifs, mais des murs droits conservant à l'espace qu'ils enveloppent la forme quadrangulaire tracée sur le plan. Ici s'établit une différence entre le clocher carré qui forme cette construction centrale et le dôme des Grecs; mais ne peut-on voir néanmoins dans le Nord la même pensée qu'en Orient, celle d'exprimer au loin le triomphe du Christ au-dessus du chœur et de l'autel? Ce grand espace libre, dominant la sainte table et une partie du sanctuaire par son vide immense, aurait rappelé, sous la

---

[1] *Usus et consuet. Sancti Germani a Pratis.* Dom Bouillart.

forme d'un clocher carré, ce qu'avaient fait les Byzantins sous celle d'un dôme élevé sur des pendentifs portant un tambour cylindrique.

Autour du clocher de Germigny, dans sa partie basse enveloppée par l'édifice, les galeries de circulation sont surmontées de voûtes, comme dans les églises byzantines et dans celle de Charlemagne à Aix-la-Chapelle; elles sont sans arcs-doubleaux et imitées de celles que construisaient les Romains : Létalde, en les citant d'une manière particulière, indique suffisamment que c'était une nouveauté. Les diverses relations indiquées déjà entre l'église de Germigny et les églises byzantines, particulièrement celle de Charlemagne, qui était dans le Nord l'exemple le plus important qu'on y eût vu, et le plus fait pour impressionner les constructeurs, se complètent encore par la disposition architecturale des arcs ouverts au premier étage sur chacune des faces du clocher; ils contiennent chacun, dans le vide qu'ils enveloppent, deux colonnettes surmontées de cintres, combinaison inconnue précédemment dans le Nord, et parfaitement analogue à celle des tribunes des églises de Saint-Vital de Ravenne et d'Aix-la-Chapelle. Cette disposition de grands arcs qui en renferment de plus petits, et sont si communs dans notre architecture romane des XIe et XIIe siècles, serait donc d'origine néo-grecque. La page suivante contient la coupe transversale de l'église de Germigny-des-Prés, montrant 1° les piliers isolés qui portent la tour; 2° les galeries voûtées qui établissaient une circulation facile autour de ces piliers; 3° dans le clocher, les grands arcs qui en contiennent trois petits, à l'imitation de ceux qu'on voit à Saint-Vital de Ravenne et à l'église d'Aix-la-Chapelle, et qui avaient pour but ici de ventiler les hautes voûtes établies autour du chœur.

N° 377. Coupe de l'église de Germigny.

2ᵉ disposition. — Théodulphe, en faisant construire par ses religieux de Saint-Benoît-sur-Loire le chœur de l'église de Germigny, avait naïvement exprimé l'idée nouvelle dans le Nord, celle de le surmonter d'un clocher, en élevant quatre piliers isolés pour le soutenir; on sentit bientôt qu'on pouvait améliorer cette disposition, qui embarrassait le centre de la croix et les transepts; on grossit donc les piliers destinés à soutenir l'arc triomphal; la même force fut donnée à ceux qui, sur le mur oriental du temple, soutenaient les angles de l'abside, et sur ces quatre points d'appui on fit porter le clocher, évidé à sa base, 1° à l'orient par le cintre de la voûte absidale; 2° à l'occident par l'arc triomphal; 3° au nord et au midi par deux cintres égaux aux premiers et traversant les transepts. C'est cette disposition qu'on remarque à l'église carlovingienne de

Saint-Martin d'Angers, bien que l'addition du clocher y soit postérieure en date à l'érection primitive de l'édifice; on y voit cependant, par l'addition des colonnes engagées qui figurent aux quatre piliers, que ce fut la marche suivie dans ce progrès. Lorsqu'au xie siècle on adopta en général cette disposition, l'inexpérience fit donner une trop grande force aux piliers porteurs de la tour, ce qui embarrassa le voisinage du chœur : nous avons cité l'exemple de l'abbatiale de Saint-Savin. Toutefois cette modification apportée au plan de Théodulphe ne fit pas renoncer à ce qu'il avait présenté d'utile, c'est à savoir la circulation autour du chœur; alors, comme l'avaient fait les Byzantins, et ainsi qu'on en voit en France la première pensée à l'église carlovingienne de Saint-Généroux, on éloigna le sanctuaire pour pratiquer des ouvertures dans ses faces latérales, afin d'établir au delà du chœur des communications avec les petites nefs prolongées, jusque-là, plus loin que les transepts.

Cette dernière église présente le plus ancien exemple d'une galerie à jour pratiquée au-dessus de l'arc triomphal, clairevoie nommée *écran* (screen) : disposition qui est née des ouvertures établies, comme à Germigny, entre la base du clocher central et les hautes voûtes du chœur, et dans le but de ventiler ces dernières. Lorsque le clocher prit toute la largeur de la croisée, en s'appuyant sur le mur transversal qui contient l'arc de triomphe, on aura senti le besoin de multiplier des ouvertures au-dessus de cet arc, afin d'établir la circulation de l'air à la hauteur des voûtes. On peut voir aussi une autre intention dans ces arcades réelles ou figurées seulement, celle de reproduire au-dessus de la clôture du chœur la galerie des musiciens qui surmontait la porte de l'église, pour la fête des Rameaux; elle devait être rappelée ici, puisque les cérémoniaux prescrivaient de pratiquer, en temps de pluie, à la porte du chœur, ce qui se faisait ordinairement devant celle du temple.

La nouvelle étendue donnée au clocher central, son appui direct sur le grand mur de séparation élevé entre le chœur et la nef, ainsi que sur les arcs qui le séparaient des transepts, obligea, comme l'avaient fait les Byzantins au sujet du dôme, à renoncer aux couvertures en charpente apparente. Ce fut donc par une conséquence de cette haute construction qu'on dut voûter l'ensemble des édifices dans toutes les directions, afin d'établir une résistance uniforme à la poussée que produisait, au centre, le poids considérable de la tour : toutes ces innovations s'enchaînaient l'une l'autre, et l'esprit positif des Septentrionaux fit que, dans le Nord plus qu'ailleurs, on chercha par la statique, le moyen de donner à ces voûtes des dispositions plus solides et moins dispendieuses que par le passé, d'opposer aux eaux des combinaisons mieux calculées, d'en diriger le cours avec plus de recherche et de succès que dans le Midi.

Bientôt à l'intérieur, le clocher central, qui, ainsi qu'on le voit à Germigny-des-Prés, portait simplement dans l'origine, à son sommet, une charpente de couverture peu en harmonie avec les voûtes des nefs et des transepts, reçut lui-même une construction solide masquant les bois de la flèche.

Les pendentifs en trompe, dessinés au n° 229 de la première partie, furent ceux qui vinrent les premiers à l'esprit, comme les plus faciles à exécuter ; on les modifia sous toutes les formes qu'admet cette combinaison, et on leur fit porter des voûtes octogones ou hémisphériques ; puis vint le pendentif byzantin, rarement employé, et remplacé fréquemment par le prolongement de la coupole elle-même. Dans le Nord, où s'est le plus développé le système des voûtes à nervures diagonales, on voit paraître au-dessus du sanctuaire des combinaisons variées; ainsi à l'Abbaye-aux-Hommes, à Caen, aux nervures partant des angles de la tour carrée, s'en joignent d'autres dont le départ se fait au milieu de ses faces. Ces voûtes, quelle que fût leur forme, reçurent généralement à leur sommet une large ouverture pour le passage des cloches, et, dans de très-nombreuses églises, l'emploi des pendentifs pour soutenir les coupoles permit un nouveau progrès dans les dispositions supérieures des tours : on les termina sur des plans en polygone, des aiguilles en pierre vinrent remplacer les combles en charpente, et, comme on le voit sur plus d'une peinture ancienne, sur le dessin du prieuré de Cantorbéry publié dans la première partie, et même sur quelques édifices existants, tels que l'abbatiale de Saint-Sernin à Toulouse, la haute construction centrale prit un développement considérable et offrit les combinaisons les plus variées.

Le chœur des grandes abbatiales romanes, couronné ainsi qu'on vient de le voir, ne se limita plus au centre de la croix, comme l'indique dom Martene; il s'était d'abord étendu à l'orient, bientôt il envahit le sol de la grande nef, au moins en partie; les stalles des religieux vinrent s'appuyer contre les colonnes, un riche septum y limita l'enceinte; un jubé, non encore développé comme il le fut plus tard, le termina vers sa partie occidentale. Ces clôtures, devenues fort rares, étaient construites en pierre, ornées d'arcades et de statuettes : on en voit une à Trèves. Dans les contrées méridionales de l'Europe, le septum latin servit encore de modèle : des tables de marbre couvertes d'ornements sculptés furent maintenues dans leur position verticale au moyen de pilastres saillants; l'église de Saint-Pierre, à Toscanella, en montre un exemple. (N° 378.)

Nº 378. Chancel à l'église de Saint-Pierre de Toscanella.

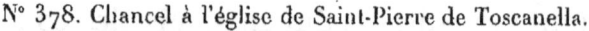

Ce système de clôture du chœur, vers sa partie occidentale, à l'extrémité de la grande nef, ne fut pas seulement admis dans le nord de l'Italie et dans ses contrées moyennes; en effet le pavé de la basilique de Sainte-Marie du Transtevère, reconstruite en 1139 par le pape Innocent II, à Rome, montre les restes d'un beau septum roman, détruit aujourd'hui. La page suivante en reproduit quatre panneaux. (Nº 379.)

ARCHITECTURE MONASTIQUE.

N° 379. Clôture de chœur à l'église de Sainte-Marie de Transtevère.

Durant cette période de l'architecture que nous examinons, le chœur renfermait quelquefois le maître-autel dans son enceinte, et n'était plus séparé du sanctuaire, comme il l'était aux basiliques latines.

DÉCORATION.

1re disposition. — L'église de Germigny-des-Prés, dans laquelle on trouve les rudiments des principales innovations qui s'opérèrent dans le chœur des temples romans, offre, par sa décoration, des relations aussi importantes que par son architecture, avec le dôme que Charlemagne fit élever à Aix-la-Chapelle. Nous rappellerons ici en peu de mots ce que disent les auteurs qui décrivent cet édifice, dans lequel l'empereur eut l'intention de reproduire, autant que possible, le temple d'or consacré à la mère de Dieu, dans la ville d'Antioche, par Constantin le Grand.

Les historiens disent d'abord que la frise située entre les deux étages des arcades intérieures, par conséquent au-dessus de celles du rez-de-chaussée, contenait une inscription en mosaïque rouge (*epigramma sinopide scriptum*), rappelant le nom et les titres du fondateur; elle était en vers et se terminait par ces mots : KAROLVS PRINCEPS.

La voûte centrale ou coupole qui couvrait la plus haute construction du temple était en mosaïque et représentait, dans la zone principale, un ciel d'or parsemé d'étoiles rouges; au milieu, et vis-à-vis l'entrée de l'édifice, était figuré le Christ assis; un nimbe crucifère ornait sa tête; de la main gauche il tenait un livre, de la droite levée il donnait la bénédiction. Une longue tunique (*talaris*) couvrait la totalité du corps; un *paludamentum* rouge fixé par une fibule en pierreries était placé par-dessus. Sur une zone lumineuse partant du sommet de la voûte et répandant des rayons autour de la tête du Christ, étaient figurés deux anges tenant des livres ouverts et se groupant auprès des épaules de leur roi. Une sphère était tracée autour du trône; elle contenait plusieurs cercles colorés : le plus près du Christ était blanc, le second bleu turquin, le troisième vert de mer, le quatrième violet, etc.

Dans la région située au-dessous du Christ étaient figurés douze vieillards vêtus de blanc, portant à la main des couronnes d'or, qu'ils lui présentaient, après s'être levés de leurs siéges. Charlemagne avait sans doute voulu représenter ici les douze apôtres, bien que, pour composer cette décoration de la voûte de son église, il se fût inspiré du quatrième chapitre de l'Apocalypse, qui est ainsi conçu : « Sedes posita erat in cœlo, et supra sedem sedens, et qui sedebat similis erat aspectu lapidis jaspidis et sardinis, et iris erat in circuitu sedis, similis visioni smaragdinæ, et in circuitu sedis sedilia viginti quatuor, et super thronos viginti quatuor seniores sedentes circumamicti vestimentis albis, et in capitibus eorum coronæ aureæ... qui procedebant ante thronum, et adorabant viventem in sæcula sæculorum, et mittebant coronas suas ante thronum, dicentes : Dignus es, Domine Deus noster, accipere gloriam... » Au-dessous des vieillards, dans la frise inférieure, était tracé le monogramme du Christ. Cette voûte, curieuse et unique dans le Nord, existait encore au xviie siècle; Ciampini l'a fait graver dans son ouvrage, à la planche 41.

Du sommet de la voûte pendait une vaste couronne d'or, qui fut remplacée par celle qui s'y voit aujourd'hui, ouvrage remarquable d'orfévrerie en cuivre doré orné d'émail. Au-dessous de cette couronne, au centre de l'octogone, un caveau particulier avait été construit pour servir de sépulture à Charlemagne, qui y fut enseveli le jour même de sa mort; on éleva au-dessus de ce caveau un arc doré (*arcus deauratus*), qui ne pouvait être qu'une espèce de ciborium. Anastase se sert souvent du mot *arcus* pour exprimer la décoration qui surmontait les autels et qu'ailleurs il nomme *ciborium* : sous cet arc, porté sans doute par des colonnes, fut placée une figure de l'empereur (*cum imagine*) accompagnée d'une inscription ainsi conçue :

Sub hoc conditorio situm est corpus Caroli magni atque ortodoxi imperatoris, qui regnum Francorum nobiliter et per annos XLVII feliciter tenuit. Decessit septuagenarius anno Dni DCCC XIV. indict. VII calend. februarii.

Ce temple fut considéré comme le plus beau qu'il y eût alors dans toutes les Gaules, et il était tout naturel qu'on s'en inspirât, comme on le verra bientôt; en effet l'auteur anonyme du Catalogue des abbés de Fleury, qui décrit l'église de Germigny-des-Prés, s'exprime ainsi : « Æmulatus in hoc facto magnum Karolum, qui ea tempestate Aquisgrani palatio tanti decoris ædificaverat ecclesiam, ut in omni Gallia nullam habebat similem. Verum memoratus princeps, illud quod fecerat templum, Scæ Dei genitricis Mariæ sub honore præcepit. At vero Theodulphus..... »

La décoration du chœur de l'église de Germigny était due en partie à l'application de mosaïques en émail. Le texte déjà cité dit positivement qu'on en voyait dans la partie basse du clocher qui surmonte le chœur : on y lit : « Porro in matherio turris, de qua signa pendebant, hujuscemodi inseruit versus argenteo colore expressos :

> Hæc in honore Dei Theodulphus templa sacravi
> Quæ dum quisquis ades, oro, memento mei. »

Cette inscription, exécutée en argent, ne pouvait l'être qu'avec des cubes argentés, à la manière byzantine, comme une partie de celle qui se voit encore dans l'abside orientale; de plus il fallut lui faire un fond d'émail, et l'on ne peut admettre que cette frise portant la dédicace fût sans quelque accompagnement de décor. Pour que ces vers, qui rappelaient la consécration par Théodulphe, pussent se lire facilement, ils avaient dû être placés au-dessus des arcs inférieurs, entre les deux étages de cintres; c'était précisément à cette place qu'était tracée, aussi en vers, l'inscription qui rappelait la fondation de l'église d'Aix-la-Chapelle par Charlemagne, et qui se terminait par ces mots : *Karolus princeps.* La place donnée à la dédicace du temple de Germigny par Théodulphe était donc aussi un point de ressemblance avec l'autre édifice.

Les parties hautes de la tour centrale de l'église de Germigny, qui complètent l'ensemble du chœur, comme la haute nef d'Aix-la-Chapelle constitue le complément du centre de l'édifice, sont éclairées, sur chacune des quatre faces, par une fenêtre; c'est là que se voient les *flores gypsei* ou stucs ornés que mentionne le texte déjà cité; ils contribuaient à la décoration de la tour et purent s'étendre au delà des encadrements de ces baies; nous les comparerons plus loin à ceux de Cividale del Frioul, dans lesquels des perles en verre de couleur et des fonds en même matière, donnés à la sculpture d'ornement, indiquent assez l'harmonie qu'on savait établir alors entre les stucs ornés et les mosaïques dont on faisait encore usage dans la décoration des temples.

2e *disposition.*—Lorsqu'au xie siècle le nouvel arrangement du chœur, ébauché par Théodulphe à Germigny, et modifié, ainsi que nous l'avons indiqué précédemment, eut prévalu sur les dispositions anciennes, l'emploi des mosaïques n'était plus en usage, au moins dans les régions moyennes de l'Europe; la peinture murale, moins dispendieuse et plus à la portée des religieux, après les désastres des ixe et xe siècles, fut généralement appliquée à la décoration du chœur des églises; la sculpture vint s'y joindre, plus brillante ordinairement dans cette région de l'édifice que dans les nefs; elle y fut motivée par la multiplicité des colonnes engagées, des colonnettes placées dans les pendentifs et sur les régions internes des tours centrales, dont elles ornaient les fenêtres. Le chœur commençait alors à se relier au sanctuaire, on les enveloppait l'un et l'autre de colonnes qui les isolaient de la circulation nouvellement pratiquée dans le pourtour; elles amenaient, sur ce point, tout le luxe de la décoration. Le septum ou clôture, devenu plus que jamais indispensable pour protéger cette partie réservée du temple, contribuait aussi, par ses ornements, à l'ensemble décoratif. Au XIIe siècle cette propension à enrichir le chœur par tous les moyens que fournissaient les arts prit plus de développement encore que par le passé; des statues appuyées contre les colonnes du pourtour ajoutaient à la magnificence de la décoration murale; on en voyait à l'abbaye de Cluny : elles étaient accompagnées d'attributs, d'armoiries et de tout ce que le luxe pouvait y joindre.

MEUBLES DU CHOEUR.

Autels. — Des autels étaient placés dans le chœur; on les nommait conventuels, *altaria conventualia.* (Du Cange, *Altare conventuale quod est intra chori septa.*)

Stalles. — L'abbatiale de Saint-Gall, que plus d'un détail peut faire considérer comme placée dans la voie de transition qui s'opérait entre le style latin et le roman, fait voir des stalles, *formulæ,* placées en travers de l'axe du chœur. Cette disposition, contraire aux premiers usages (voir à la page 188, Ire partie), ne paraît pas avoir été conservée. On les appliqua généralement, au moyen âge, contre les parois latérales du chancel qui entourait le chœur, fréquemment même le dossier de ces stalles forma la seule clôture qu'il y eût entre les colonnes. Aux églises romanes de Toscanella les bancs du chœur sont en pierre, et des fragments antiques se mêlent à leur construction. Le bois devint dans la suite la seule matière qu'on employa dans la construction de ces siéges, et, pour cette raison, ils ont généralement disparu de nos églises romanes. L'église de Ratzburg, en Allemagne, conserve encore des fragments, hors de service, d'une suite de stalles romanes, remarquables par leur style et la sculpture qui les décore; c'est le seul exemple qui soit connu aujourd'hui. (Voir le n° 380.)

ARCHITECTURE MONASTIQUE. 135

N° 380. Stalles de l'église de Ratzburg.

Lectrum, Aquila, Lutrin. — On lit dans Grégoire de Tours, à l'article de saint Cyprien de Carthage, ces mots : « Cyprianus beatissimus Carthaginensis et antistes et martyr.....

in cujus basilica analogius in quo libro supra posito cantatur et legitur... [1] » Ce meuble cité par Grégoire servait simultanément à la lecture et au chant; c'était donc le lutrin de la primitive église, ce qui est confirmé par l'inscription gravée sur le *lectorium* de l'ancienne basilique de Saint-Pierre de Rome et citée par Mabillon :

> Scandite cantantes Domino Dominumque legentes,
> Ex alto populis verba superna sonent[2].

(Voir la Ire partie, pages 189 et 190.) Lorsqu'on renonça, vers l'époque carlovingienne, à placer ce meuble de grande dimension dans le chœur et qu'il fut remplacé, pour les lectures, par de simples pupitres placés au chancel, comme on le voit au plan de l'abbaye de Saint-Gall, on dut songer aussi à établir un pupitre isolé pour les chants religieux; le chœur de l'oratoire de Cividale del Frioul en possède un en marbre placé sur une colonne de granit. C'est bien la transition de *l'analogius* monumental au lutrin mobile qui fut exécuté en métal ou en bois durant le moyen âge. (Voir ce lutrin à la pl. 314.)

On a vu dans la première partie, page 341, que l'aigle de saint Jean sert fréquemment de support au pupitre des anciennes chaires; cet emblème remonte aux premiers temps du christianisme : il est déjà dans les peintures des catacombes. (Voy. *Roma subterranea*, t. II, page 451.) Cet aigle fut reproduit au sommet de la colonne qui portait le lutrin; on l'exécuta généralement en cuivre, et sur ses ailes ouvertes un léger pupitre en fer servit à maintenir le livre. L'aigle devint si ordinaire dans la composition de ce meuble qu'on lui donna le nom d'*aquila*, « aquila, lectrum seu analogium in modum aquilæ

---

[1] Grégoire de Tours, *Gloria martyrum*, lib. I, p. 826.
[2] *Vetera analecta*, J. Mabillon, p. 359, Paris, 1723.

alas expansas habentis [1]; » aussi, dans les Us et coutumes de l'abbaye de Saint-Germain-des-Prés, l'abbé Guillaume ne se sert-il pas d'autre expression pour désigner le lutrin du chœur. On le dora, on le décora d'émaux, de peintures, ainsi que son pied [2]. Villars de Honnecourt, architecte du xiiie siècle, qui nous a laissé un album de dessins, aujourd'hui à la Bibliothèque impériale (S. G., latin, 1104), fait voir au folio 7 recto, et au folio 22 verso, des dessins d'aigles et de lutrins. L'un d'eux fait connaître un mécanisme au moyen duquel on faisait tourner la tête de l'oiseau vers le diacre, lorsqu'il lisait l'évangile; il suffisait de tirer une ficelle pour faire jouer la machine.

Lampes, phares, couronnes, roues. — Depuis l'origine de l'Église, des lampes étaient suspendues dans le chœur et dans le sanctuaire. Grégoire de Tours en parle quand, à propos d'une église de l'Auvergne, il dit qu'une alouette passant dans le sanctuaire, par-dessous le voile, faillit éteindre la lampe. Déjà, avant cet auteur, on avait donné un grand développement au luminaire des temples, en réunissant sur des couronnes de métal, comme en avaient les anciens, un grand nombre de lampes ou de cierges. L'ensemble prit les noms de *phare*, de *roue*; on lit dans Anastase que le pape Sylvestre fit faire un phare d'or pur; que sous le pape Adrien Ier on en exécuta un qui avait la forme d'une croix : on y plaçait 1370 cierges. Le même auteur dit que Grégoire IV donna une couronne en argent, ornée de douze dauphins, à l'église de Saint-George au Vélabre. Nous avons cité précédemment le phare d'or qui était suspendu à la voûte du dôme d'Aix-la-

---

[1] Du Cange, au mot *Aquila*.

[2] *Aquilam vero in medio chori ammirantium tactu frequenti deauratum, reaurari fecimus.* (Du Cange, au mot *Aquila*.)

Chapelle, et celui qui le remplace aujourd'hui est le plus bel exemple de ce genre de couronne qui ait survécu depuis la fin du XIIe siècle, époque à laquelle on l'a exécutée; il se compose d'un grand cercle doré et émaillé, portant une inscription et seize tours rondes ou carrées, entre chacune desquelles il y a place pour trois cierges. Léon d'Ostie, dans sa Chronique du mont Cassin, dit de l'abbé Didier : « Il fit faire un phare ou une grande couronne d'argent du poids de cent livres, d'où s'élevaient douze petites tourelles; trente-six lampes y étaient suspendues. » On voit dans une peinture du Xe siècle. qui représente Augustin, évêque de Cantorbéry, figuré dans son église, et que R. de Spallart a publiée [1], deux roues avec tourelles. Un dessin du XVIe siècle, exécuté par Sellier, graveur, et déposé aux manuscrits de la Bibliothèque impériale, représente le phare de l'abbaye de Saint-Remy, à Reims; il porte aussi douze tourelles et indique la généralité de cette décoration : quatre-vingt-seize chandeliers y étaient joints. Une immense couronne en bronze, en or et en argent, d'un travail plus précieux que la matière, se voyait au milieu du chœur de l'abbatiale de Cluny [2]. La cathédrale de Paris avait deux roues qui portaient chacune cent cierges; il y en avait une très-belle à la cathédrale de Bayeux; elle avait seize pieds de haut sur dix-huit de diamètre. Saint Bernard reproche en ces termes le luxe de ces ornements aux religieux de Cluny : « Puis on expose dans les églises, non plus seulement des couronnes précieuses, mais des roues entourées de lampes ardentes, plus éclatantes encore par l'éclat des pierreries. »

[1] Tableau historique des coutumes, des mœurs, etc. pl. XX du 4e cahier (Robert de Spallart, Vienne).

[2] Bibl. Clun. col. 1368. *Statutum*, LII.

ARCHITECTURE MONASTIQUE.

N° 381. Phares du prieuré de Cantorbéry, dessin du x° siècle.

N° 382. Phare de l'abbatiale de Saint-Remy.

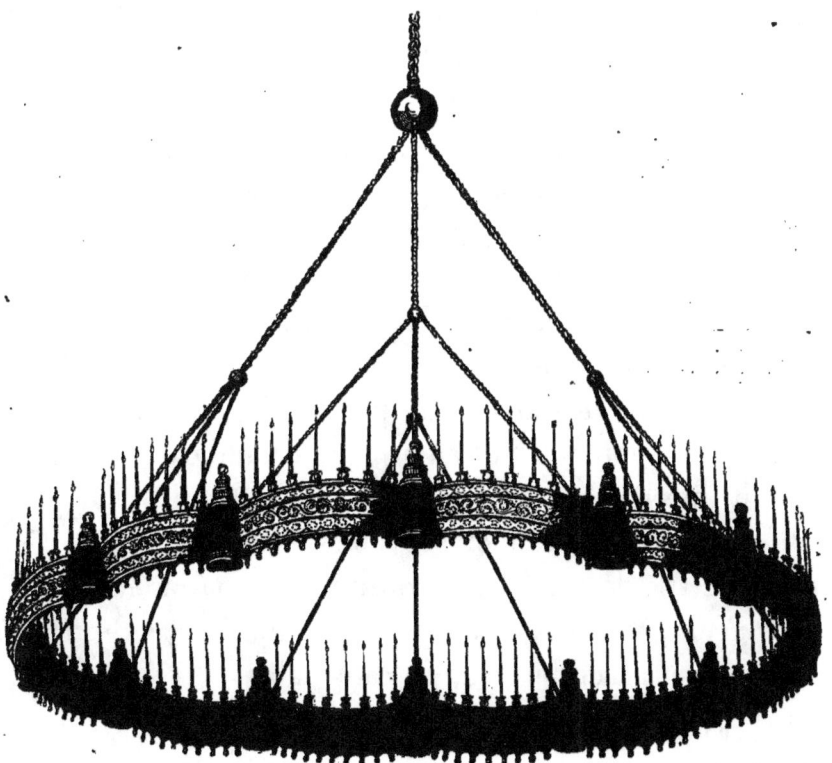

Candélabre. — Moïse, par l'ordre du Seigneur, fit pour le tabernacle un chandelier de l'or le plus pur : six branches sortaient des côtés de sa tige principale, sept lampes se plaçaient au sommet de ce candélabre. Le prophète Zacharie dit que les sept lampes sont les sept yeux du Seigneur. Les chrétiens reproduisirent le chandelier à sept branches et le placèrent dans le chœur, devant le sanctuaire; ce meuble, généralement exécuté en bronze ou en fer, reçut de riches ornements ciselés, des figurines, des animaux. La dorure et les pierreries vinrent encore enrichir ces candélabres; on en voit un très-remarquable par ses belles ciselures dans la cathédrale de Milan; l'abbaye de Saint-Remy, à Reims, en offrait un dont on connaît la riche décoration dorée par des fragments. L'abbatiale de Cluny possédait un admirable candélabre doré, enrichi de cristaux et de pierres précieuses; il avait dix-huit pieds de hauteur; c'était un don de la reine Mathilde de Normandie. On y lisait ces vers :

>   Ad fidei normam, voluit Deus hanc dare formam,
>   Quæ quasi præscriptum doceat cognoscere Christum :
>   De quo septenæ sacro spiramine plenæ
>   Virtutes manant, et in omnibus omnia sanant[1].

Saint Bernard complète les notions que nous avons sur ces candélabres quand il dit : « Nous voyons s'élever des candélabres comme des arbres de pesant airain, d'un admirable travail, bien moins étincelants par les flambeaux qui les surmontent que par les diamants qui les décorent. »

On allumait le candélabre aux fêtes solennelles : l'abbé Guillaume III, dans les Us et coutumes de Saint-Germain-des-Prés (page 142), s'exprime ainsi : « Dum incipietur *Placebo*, sacrista debet accendere cereos candelabri. »

[1] Bibl. Clun. col. 1640. C. D.

ARCHITECTURE MONASTIQUE. 141

N° 383. Candélabre de l'abbatiale de Saint-Remy.

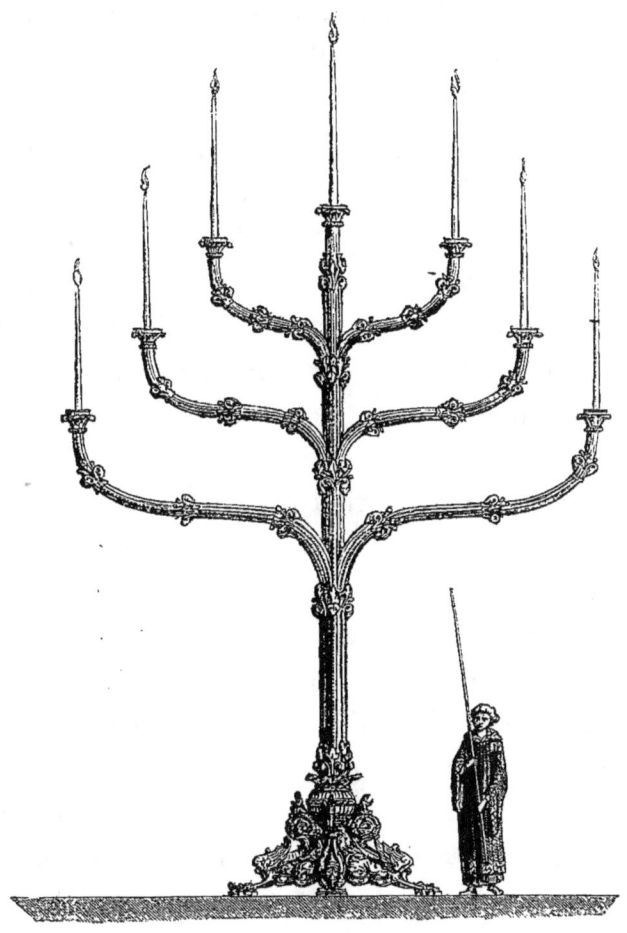

SANCTUAIRE.

Les plans byzantins des églises de Sergius et de Sainte-Sophie, à Constantinople, celui de Saint-Vital, à Ravenne, publiés dans la première partie, aux planches, 167, 168, 283, démontrent que, sous Justinien, le sanctuaire des Grecs avait pris plus de développement que celui des Latins, et offrait sur ses faces latérales des portes conduisant aux sacristies; les églises du monastère de Daphni et de celui de la Vierge, à Mistra, gravées aux planches 171 et 172 de la première partie, font voir chez les Grecs la persistance de cette disposition, plus commode que celle des basiliques de l'Occident. Le plan de l'abbaye de Saint-Gall montre déjà dans le Nord la tendance à se conformer aux mêmes distributions, soit que l'influence byzantine y eût pris part, soit que cette idée fût née d'elle-même dans nos contrées; sur ce plan, toutefois, le sanctuaire en se développant n'a pas reçu de communication directe avec la sacristie, dont la seule entrée est dans le transept méridional de l'église. Ce sanctuaire est clos latéralement par les murs qui forment les parois de cette sacristie, d'une part, et du scriptorium, de l'autre.

L'abbatiale de Saint-Généroux, à peu près contemporaine du plan de Saint-Gall, fait voir déjà un progrès dans le sens que nous indiquons ici. L'abside, reculée loin de la croisée du chœur, laisse devant elle un vaste espace pour le sanctuaire, puis de petites arcades sont pratiquées dans les parois latérales. On doit remarquer ici, dès la période carlovingienne, le rudiment de la disposition qui fut complétée au xie siècle, lorsqu'on multiplia les arcades latérales du sanctuaire, au point de l'ouvrir dans tout son pourtour, de faire porter les arcs par des colonnes, l'isolant complétement d'une galerie de circulation, qui n'était que la suite des nefs latérales de l'église, prolongées au delà des transepts. Les grandes abbatiales de Cluny, de Saint-Savin, de Saint-Germain-des-Prés, de Saint-Hilaire-le-Grand, presque toutes celles enfin qui s'élevèrent à cette époque de renouvellement général, furent disposées de la sorte; des colonnes en marbre ou en pierre soutinrent les arcs nombreux qui s'ouvrirent simultanément sur le sanctuaire et la galerie; des fenêtres, égalant en nombre les arcades du rez-de-chaussée, les surmontèrent et répandirent un jour direct et abondant sur le sanctuaire, qui, ainsi arrondi, faisait suite à la grande nef et à ses colonnades; une voûte en demi-coupole s'élevait sur la partie orientale du nouveau plan, s'il se terminait par un demi-cercle; quelquefois, l'allongeant en forme de cirque, on reliait la voûte en abside à un berceau simple ou orné d'arcs-doubleaux. On a vu ces dispositions diverses des voûtes, sur les sanctuaires des églises byzantines, dont les coupes sont gravées aux planches 226, 228, 232 de la première partie.

Le sanctuaire roman, dont on vient de suivre la transformation, se trouva relié ainsi avec le chœur et ne forma plus, comme dans les précédents styles, une partie séparée. Un sol plus élevé, précédé de quelques marches, établit généralement la distinction; souvent même les stalles du chœur, franchissant les degrés du sanctuaire, s'étendirent autour du rond-point.

Décoration. — On a vu précédemment que Théodulphe orna l'église de Germigny d'un pavé en mosaïque qu'il dut étendre jusqu'au sanctuaire. Au xie siècle plus d'une abbatiale romane offrait, sur le sol de cette partie, une riche décoration de pavé mosaïque, exécuté à peu près comme ceux que fabriquaient les Romains; les pâtes de verre, la terre cuite, s'y mêlaient au porphyre et au marbre, qui étaient employés sans la régularité précise qu'on remarque dans les pavés antiques; quant à la liaison des cubes, elle était faite de même par un dur ciment. Ces mosaïques représentaient fréquemment des zodiaques (on en voit à l'abbatiale d'Ainay, de Lyon), quelquefois aussi des personnages de l'Ancien ou du Nouveau Testament, les saisons, les arts libéraux, etc. Le pavé du sanctuaire se composa plus tard, comme celui des nefs, de dalles gravées et colorées par des mastics; enfin la terre cuite vernissée y forma de riches enlacements de feuillages, d'attributs et de figurines.

Le sanctuaire de l'église de Germigny, que sa disposition particulière place sous la ligne de transition de l'architecture latine à celle de la période romane, offrait encore, dans sa décoration, un souvenir du mode employé précédemment; en effet son abside orientale conserve une mosaïque, le seul exemple que possèdent les régions moyennes de l'Europe : elle représente l'arche mystique, auprès de laquelle veillent deux anges debout; deux autres, plus petits, volent au-dessus de l'arche; la main de Dieu, placée dans l'axe de la composition, sort d'un nuage dont le sommet est occupé par l'arc-en-ciel.

Toute cette mosaïque est exécutée sur un fond d'or; l'arche se décore de caissons carrés dans lesquels sont des rosaces peintes. Les deux grandes figures portent des robes d'argent bordées de rouge, les petits anges se dessinent sur le ton gris du nuage par des vêtements d'or; leurs nimbes sont d'argent, les ailes noires et bleues. L'arc-doubleau de l'abside est couvert de caissons octogones, à facettes courbes, dont l'intérieur présente des cercles d'or d'où rayonnent, vers les angles, des pointes d'or et d'argent; cet arc, de trente-trois centimètres de largeur, est accompagné d'une bande décorée de pierreries et portant huit centimètres; une frise bleue, placée à la base de la composition générale, contient en grands caractères d'argent l'inscription suivante, sur une hauteur de dix-sept centimètres :

Oraculum sanctum et cherubim hic aspice spectans
Et testamenti en micat ara Dei :
Hæc cernens precibusque studens pulsare tonantem
Theodulphum votis jungito, quæso, tuis.

Le développement de l'arc-doubleau est de trois mètres deux centimètres; la base de la mosaïque est de six mètres trente-sept centimètres.

Cette peinture précieuse, qui remonte évidemment à l'époque carlovingienne, est d'un style grandiose et religieux, bien que sans correction; elle est exécutée avec soin, les cubes ayant été placés presque généralement d'une manière symétrique, dans les parties qui se répètent, comme les figures des anges, les caissons de l'arc-doubleau, les lettres de l'inscription.

Tous les traits du dessin, qui manque de pureté, sont tracés par des cubes noirs; les chairs sont faites avec de la pierre blanche pour les clairs, un marbre rosé pour la teinte générale, et de la brique ou fragments de poteries pour les ombres; l'effet de ces chairs est terne et mat à côté du brillant des métaux et des émaux qui les environnent. Les cubes d'argent et d'or sont exécutés avec des feuilles très-minces de ces métaux, placées sur des morceaux d'émail recouverts d'un fondant vitreux et transparent. Les premiers ont généralement noirci et ne présentent qu'un ton gris sale et métallique; ceux d'or ont conservé tout leur éclat, mais beaucoup ont perdu leur couverte et l'or a disparu. L'église de la Daurade, à Toulouse, qui appartenait aux Bénédictins de la congrégation de Saint-Maur, quand dom Martene la visita à la fin du XVIIe siècle, offrait sur toutes les parois du sanctuaire des mosaïques à fond d'or[1].

Ce système de décoration étant abandonné, le XIe siècle employa la peinture murale, à la fresque ou simplement à la colle. Nous avons déjà renvoyé à la belle publication des fresques de l'abbaye de Saint-Savin pour qu'on puisse avoir

---

[1] Dom Martene, *Voy. litt.* IIe partie, p. 47.

146 INSTRUCTIONS.

une idée précise de la manière dont les murailles, les voûtes, les colonnes et les moulures étaient décorées.

N° 384. Peintures qui décorent l'abbatiale de Saint-Savin.

Quelques autres édifices, moins importants que cette abbatiale, en conservent aussi des restes : les absides des deux églises romanes de Toscanella sont du nombre, et présentent de vastes compositions peintes, analogues à celles des absides latines. (Voir la planche n° 378.) Celle de l'église de Sainte-Marie est surmontée d'un jugement dernier figuré sur le mur de fond du sanctuaire. (Voir la planche 388.)

Dans la nouvelle disposition qui fut admise au xie siècle, et qu'on n'abandonna plus durant tout le moyen âge, nous voulons parler de l'isolement produit par la galerie de circulation, les colonnes, si elles n'étaient de marbres précieux comme celles du sanctuaire de la grande abbatiale de Cluny, se décoraient aussi par la peinture; tout ce que le ciseau pouvait produire de plus varié, de plus brillant, était réservé aux chapiteaux des grandes colonnes et à ceux qui formaient la décoration des fenêtres supérieures; la voûte absidale recevait une grande peinture religieuse, complétant l'ensemble, et se reliant aux nombreuses figures et aux reliefs coloriés ou dorés qui les encadraient.

MEUBLES DU SANCTUAIRE.

Autel. — Les autels de l'époque primitive de l'art roman ont été généralement détruits; on ne pourrait dire d'une manière précise comment ils étaient fabriqués. On en voit un à la bibliothèque de Valogne qui fut dédié en 693; il peut donner une idée de ce qui se fit un siècle plus tard : il est composé d'une table carrée en pierre et ornée de croix gravées; quatre pilastres la portaient. Le plan de l'abbaye de Saint-Gall offre, dans l'église principale et dans les chapelles de l'infirmerie et du noviciat, des représentations d'autels : tous sont carrés; il est probable qu'ils étaient massifs; les autels du xie siècle l'étaient de même et ceux qui nous restent du xiie, à Saint-Germer, à Ségovie dans l'église des Templiers, à Avenas et ailleurs sont des massifs de pierre, ornés, soit de colonnettes engagées portant des arcs sculptés, soit de bas-reliefs dans le style de l'époque. Ils étaient décorés, dans les fêtes solennelles, comme ceux des Latins, de devants d'autels dits *Tables de dessous,* en métaux précieux; des lames d'or furent placées sur celui de l'abbaye de Saint-Denis, après la mort de Charles le Chauve. On voit aujourd'hui au musée de Cluny le magnifique devant d'autel en or que l'empereur Saint-Henri donna à l'église de Bâle, au XIe siècle.

N° 385. Autel à Avenas.

N° 386. Autel à l'abbaye de Saint-Germer.

ARCHITECTURE MONASTIQUE. 149

Le plan de Saint-Gall démontre qu'au commencement du
IXᵉ siècle on plaçait des croix sur les autels; on y mit les flambeaux, qui étaient posés, comme chez les Grecs, directement sur la sainte table. Déjà vers la fin de la période romane on voit paraître les retables, dits *Tables de dessus*, qu'on dressait sur l'autel pour en décorer le fond. Nous en publions ici un qui se voit à l'abbaye de Saint-Denis. Les flambeaux furent placés au-dessus.

N° 387. Table de dessus ou retable, à Saint-Denis

Ciborium. — L'usage du ciborium qui, dans la primitive Église, surmontait l'autel, se retrouve au commencement de l'art roman. On lit dans l'Histoire de l'abbaye de Saint-Denis par Félibien, à l'année 802 : « L'abbé Fardulfe orna son église d'un ciboire, c'est-à-dire d'une espèce de petit dôme en forme de baldaquin soutenu de colonnes, qu'on avait accoutumé d'élever au-dessus des autels ou des tombeaux des martyrs. » Alcuin l'en loue dans ses poésies; dans le nord de l'Italie, chez les Lombards, qui déjà subissaient l'influence de l'art septentrional, on voit le même usage du ciborium dans deux inscriptions publiées par S. Maffei dans son *Museum Veronense* (page 181); elles sont ainsi conçues :

```
    + IN N DNI IHV XPI DE DONIS
      SCI IVHANNES
      BAPTESTE EDI                    + VRSVS MAGESTER
      FICATUS EST HANC                  CVM DISCEPOLIS
      CIVORIUS SUB TEMPORE              SVIS IVVINTINO
      DOMNO NOSTRO                      ET IVVIANO EDI
      LIOPRANDO REGE                    FICAVET HANC
      ET VB PATERNO                     CIVORIVM
      DOMNICO EPESCOPO                  VERGONDVS
      ET COSTODES EJUS                  TEODOAL
      VV VIDALIANO ET                   FOSCARI.
      TANCOL PRBRIS
      ET REFOL GASTALDIO
      GONDELME INDIGNUS
      DIACONVS SCRIP
           SI
```

Ces deux inscriptions curieuses sont gravées en caractères informes sur un fût de colonne qui fit partie du ciborium de l'église lombarde.

On trouve le ciborium roman au-dessus de deux autels de l'église de Saint-Pierre, à Toscanella; il est formé de quatre arcs surmontés d'une pyramide, et portés par les chapiteaux des colonnes; sur celui qui accompagne le maître-autel gravé à la planche 377, on lit cette date :

```
           MILLENO NONAGESIMO III
        + PETRVS PBR BLEDAN' +
        + RAINERIVS PBR VRBIVETAN'. +
```

Les documents sont plus nombreux pour les ciboires du xiiᵉ siècle : on en voit dans quelques manuscrits; la châsse de Saint-Calmine en montre un au-dessus de chacun des autels que le saint consacre; enfin la belle église romane de Sainte-Marie de Toscanella en possède un très-remarquable, qui ne fut terminé probablement qu'à la fin du xiiᵉ siècle ou au commencement du xiiiᵉ, l'église n'ayant été consacrée qu'en 1206, comme on l'apprend d'une inscription moderne qui s'y lit.

D. O. M.
TEMPLVM HOC LICET PER DECEM SECVLA CIRCITER
ANTE, IN HONOREM VERI DEI FVERIT ÆDIFICATVM,
CONSECRATVM TAMEN FVIT ANNO DOMINI MCCVI
DIE VI OCTOBRIS, A RAYNERIO HVJVS CIVITATIS
ÆPISCOPO, VNA CVM ÆPISCOPIS, PETRO SVTRINO,
ROMANO FESCENNIENSI, GIRARDO NEPESINO,
MATTHÆO VRBEVETANO, JOANNE ORTANO,
VIVIANO SVANENSI,
BVRGUNDIO BALNEOREGIENSI,
ET ROLANDO CASTRENSI.

Ce ciborium, comme celui de l'église de Saint-Pierre de la même ville, se compose de quatre arcs portant une pyramide, et reposant sur des chapiteaux dans le style roman; l'arc de face et ceux des côtés sont découpés en contre-lobes; des peintures représentant de saints évêques occupent tous les angles des faces, au-dessus des colonnes : ils se détachent sur un fond rouge orné. L'intérieur, qui est voûté, comporte aussi de nombreuses peintures, parmi lesquelles sont les attributs des évangélistes. Le ciborium de l'église de Saint-Ambroise de Milan est plus remarquable encore par sa riche décoration, et plus connu que celui de Toscanella, resté inédit, et que nous produisons à la page suivante sous le n° 388; on trouve des gravures de celui de l'église de Saint-Ambroise dans le grand ouvrage d'Allegranza intitulé *Sacri monumenti di Milano,* ainsi que dans les planches du Moyen âge pittoresque, publication française exécutée en lithographie.

Le ciborium roman portait, comme celui des Latins, des voiles suspendus dans les arcades; les rares peintures sur vélin ou en émail qui représentent ces décorations de l'autel, y montrent généralement de courts rideaux drapés dans l'intrados des cintres; une lampe ou le vase contenant les hosties étaient suspendus à la voûte.

N° 388. Ciborium de l'église de Sainte-Marie de Toscanella.

ARCHITECTURE MONASTIQUE.

Châsses. — Les églises romanes de première ou de seconde époque, offrant encore au fond de leur sanctuaire l'abside primitive des Latins, comme on en voit à l'abbatiale de Saint-Gall, aux églises de Germigny et de Toscanella, pouvaient présenter encore l'exèdre et la cathédra. On en voit à tous les monuments que nous citons ici, excepté à celui de Germigny-des-Prés. Mais lorsque le chœur, entouré de colonnes isolées, admit la circulation dans son pourtour, on renonça généralement à placer le clergé sur un exèdre et l'abbé dans une cathédra; leur place fut marquée dans les stalles du chœur, et sur un trône établi en tête de ces stalles. Alors, derrière le maître-autel, au fond du rond-point, s'éleva l'autel matutinal; puis on l'accompagna d'une espèce de ciborium, plus élevé que le premier, pour qu'on pût le découvrir de loin. Il fut destiné à porter les corps saints renfermés dans des châsses; on donna le nom de *muche* à ce meuble. Des grilles, ordinairement dorées, fermaient les quatre faces de la muche et ne s'ouvraient que pour descendre les châsses aux fêtes durant lesquelles on devait les porter en procession. On voyait d'anciennes muches romanes aux abbatiales de Saint-Germain-des-Prés et de Sainte-Geneviève, à Paris. Lorsque ce meuble manquait au fond du sanctuaire, les châsses étaient placées isolément de diverses manières, sur des consoles, sur des colonnes seules, etc. et en général à une hauteur suffisante pour qu'on les vît en entrant dans le temple, dont elles contribuaient à orner le sanctuaire.

La page suivante contient le plan du sanctuaire de l'abbatiale de Saint-Germain-des-Prés, n° 389.

A. Maître-autel.   B. Muche contenant les corps saints.
C. Autel matutinal.   D. Puits sacré.

N° 389. Plan des autels et de la muche de Saint-Germain-des-Prés.

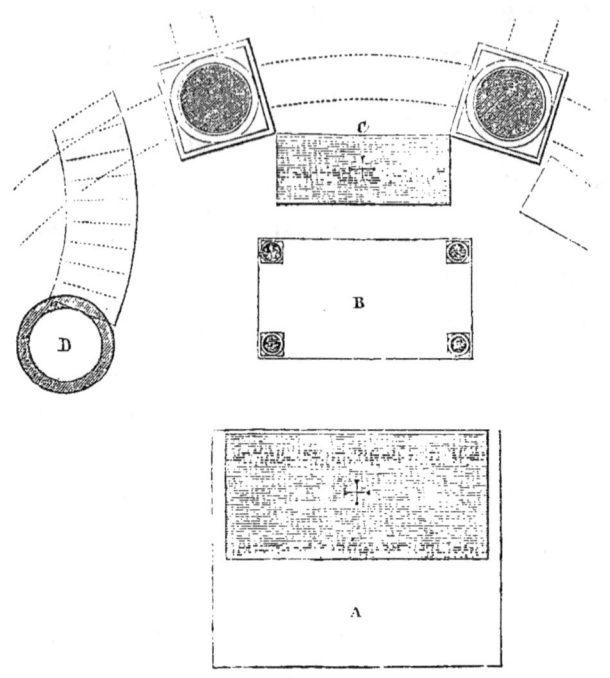

Crédences, armoires. — Les petites absides des premières basiliques servaient à déposer les vases sacrés et les livres (voir la *1re partie,* page 111). La nouvelle disposition du plan n'admettant plus ces deux absides secondaires, elles furent remplacées par des armoires prises dans l'épaisseur des murs du sanctuaire, ou construites en saillie et décorées avec tout le luxe de l'architecture. On voit aussi, dans quelques églises romanes, de ces crédences en forme de niches; aux églises de Toscanella, elles sont décorées à l'intérieur d'arabesques peintes parmi lesquelles figurent des vases sacrés, indiquant bien le but qui les avait fait établir. Au fond de la crédence était une cavité, quelquefois deux; un trou percé au fond permettait l'écoulement de l'eau après l'office. D'autres armoires analogues à celles-ci étaient disposées pour recevoir des livres de chant, des bréviaires, etc.; une grille en fer protégeait ces livres, l'espacement ménagé entre les barreaux permettait de passer la main pour tourner les feuillets.

CHAPELLES.

Le plan de l'abbatiale de Saint-Gall, indépendamment de ses deux absides, qui forment les chapelles de Saint-Pierre et de Saint-Paul, et dont nous avons essayé d'expliquer la disposition en examinant les plans, en présente quatre dans chaque nef latérale; elles sont formées toutes d'un petit mur à l'orient, et d'un chancel entourant l'espace nécessaire au service de l'autel. Deux chapelles sont également établies dans les transsepts de l'église. Ainsi qu'on l'a vu précédemment, les chapelles isolées dans les collatéraux furent supprimées comme gênant la circulation. Rarement dans l'architecture romane on en établit contre les murs latéraux des temples; on préféra les porter autour du sanctuaire. Leur ensemble y formait une espèce de couronne d'absides que Guillaume III, abbé de Saint-Germain-des-Prés, nomme *chorea* [1]. Il est difficile de ne pas voir de l'analogie entre cette disposition et celle des chapelles rangées circulairement autour des édifices byzantins dont les plans sont gravés aux n°s 162 et 163 de la première partie; toutefois cette idée put venir en Occident sans l'inspiration byzantine: la crypte de Saint-Laurent de Grenoble et l'église de Germigny-des-Prés offrent par leurs trois absides une disposition peu différente. Quoi qu'il en soit de cette origine, le principe une fois admis dans la construction des églises romanes, on forma de chacune des chapelles ainsi disposées circulairement autour du rond-point, un petit sanctuaire à part qu'on décora avec luxe; de beaux

---

[1] *Usus et consuet. Sancti-Germani a Pratis*, p. 144.

pavés en mosaïque ou en terre cuite s'y établirent, de riches autels s'élevèrent dessus, des arcatures sculptées et peintes occupèrent les parties basses, comme on en voit aux abbatiales de Saint-Savin, de Saint-Germain-des-Prés, de Saint-Martin-des-Champs. Les fenêtres se décorèrent de colonnettes et de verrières comme celles de l'église; des voûtes avec ou sans nervures, selon l'époque de la construction, surmontèrent l'ensemble, et l'on trouve dans les textes et sur quelques monuments, la preuve que la peinture orna leurs murailles. Ainsi Amalbert, abbé de Saint-Florent de Saumur, orna de peintures les voûtes du plus grand nombre des chapelles de l'église abbatiale [1]; on voit encore des restes de décoration peinte dans la chapelle de Saint-Marin, à l'abbaye de Saint-Savin.

La galerie de ceinture qui environnait le chœur permettant la circulation devant l'entrée de toutes les chapelles, elles furent closes avec des grilles de fer ou des clôtures en bois chargées d'ornements et de dorures.

Des dispositions parfaitement semblables à celles qui viennent d'être indiquées furent prises pour la décoration et l'ameublement des chapelles semi-circulaires, comme les précédentes, qui s'élevèrent dans les transsepts, sur le mur oriental, et dont nous avons fait voir le principe dans le plan de l'abbatiale de Saint-Gall, et les diverses modifications dans l'examen des plans romans.

CRYPTES.

1re disposition. — Les églises de la période carlovingienne et transitoire de Germigny-des-Prés, de Saint-Martin d'Angers et de Saint-Généroux n'ont point de cryptes; on a vu, à la page 214 de la première partie, que celle de l'abbatiale de

---

[1] *Apud Martenne*, Hist. monast. Saint-Flor. Salm. t. V, col. 1097.

Saint-Gall est parfaitement analogue aux cryptes latines de l'Italie; c'est dans la vieille église de Saint-Front, à Périgueux, monument que, par la décoration de la façade et les voûtes transversales de ses nefs latérales, nous avons déjà classé au nombre de ceux qui sont dans la voie de transition du style latin au roman, que se voient des caveaux appartenant à la période transitoire. Cet édifice présente trois cryptes, l'une sous l'emplacement approximatif de l'ancien sanctuaire, détruit pour la construction de la grande église à coupoles, les deux autres sous les ailes qui donnaient à l'ancien temple la forme d'une croix. Ces divers caveaux sont voûtés; mais ce qui les distingue particulièrement des cryptes latines, c'est qu'ils ont plusieurs nefs réunies par des arcades : de plus, les impostes des arcs ont des moulures à biseau qui ne sont plus latines; la brique paraît dans la construction comme aux églises de Saint-Martin d'Angers, de Vieux-Pont-en-Auge, de Saint-Généroux.

La crypte de Saint-Laurent de Grenoble offre aussi des traces de transition : quatre absides y sont disposées en croix, éléments réunis des plans de l'abbatiale de Saint-Gall et de l'église de Germigny. La place donnée aux colonnes auprès des murs, les lourds tailloirs des chapiteaux, sont contraires à tous les principes latins. Des stucs décorent ses voûtes, et leurs formes sont encore établies suivant le style antique, suite de l'influence romaine qui se maintint longtemps au delà du Rhône et s'y prolongea jusqu'au XIIe siècle; mais de là naît un désaccord entre les diverses parties de la décoration de la crypte, ce qui indique suffisamment une période transitoire. (Voir le plan à la page suivante, n° 390.)

N° 390. Plan de la crypte de Saint-Laurent de Grenoble.

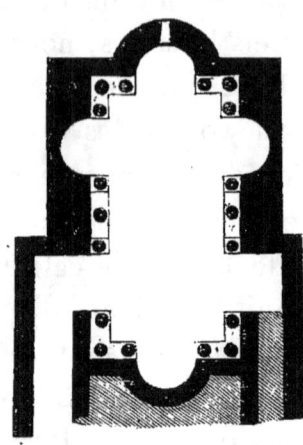

Si le plan de la crypte récemment découverte à Orléans n'offre pas des caractères de transition aussi marqués que le précédent, les bases et les couronnements des piliers montrent, par leurs arêtes et leurs angles abattus, l'abandon des formes latines. (Voir les planches 391, 392 et 393.)

N° 391. Plan de la crypte d'Orléans.

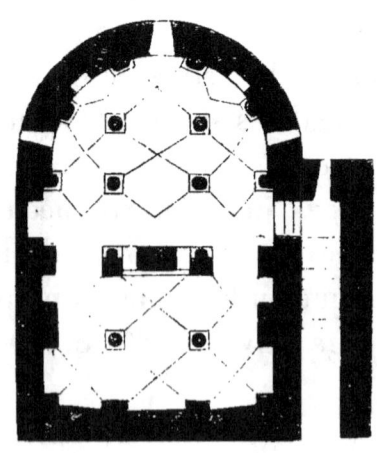

N° 392. Coupe de la crypte d'Orléans.

N° 393. Détails de la crypte d'Orléans.

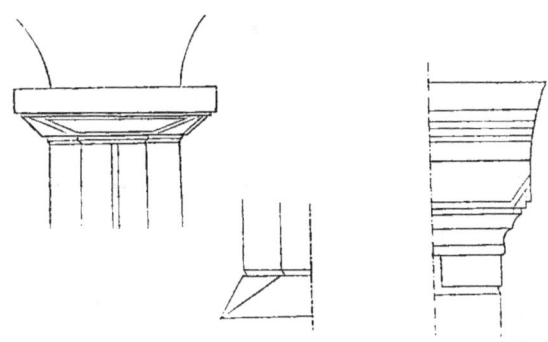

Les cryptes romanes construites après l'an 1000 sont très-variées dans leurs formes; on peut dire qu'en général elles offrent plusieurs nefs divisées par des arcades dont les colonnes ou les piliers portent chapiteaux, qu'elles sont surmontées de voûtes en berceau dans lesquelles sont de nombreuses pénétrations motivées par les arcades latérales, qu'on en voit quelques-unes qui sont plafonnées sur leurs nefs étroites : celle de Vic, département de l'Allier, est du nombre. (Voir à la page suivante, sous les n°s 394, 395, 396, le plan et les coupes de cette crypte, qui offre cette particularité assez rare, d'avoir son entrée au milieu du sanctuaire.)

N° 394. Plan de la crypte de Vic.

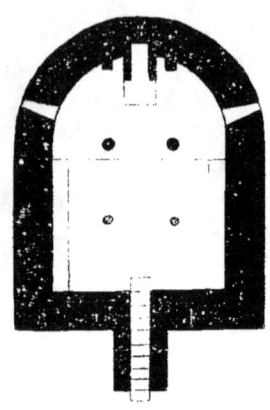

N° 395. Coupe transversale de la crypte de Vic.

N° 396. Coupe longitudinale.

Ordinairement placées sous le sanctuaire, les cryptes prennent ses formes courbes à l'orient et s'arrêtent d'une manière brusque et carrée à ses limites occidentales; on y arrive, à peu près comme dans les cryptes latines tracées aux plan-

ARCHITECTURE MONASTIQUE. 161

ches 132, 133, 134 de la première partie, par des escaliers placés dans le voisinage du sanctuaire. Lorsque l'art roman prit plus de développement, les cryptes s'étendirent au point de devenir de véritables églises souterraines. Celle qui se voit sous l'église de l'Abbaye-aux-Hommes à Caen est déjà très-vaste, comme l'indique le plan ci-joint, n° 397.

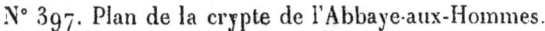
N° 397. Plan de la crypte de l'Abbaye-aux-Hommes.

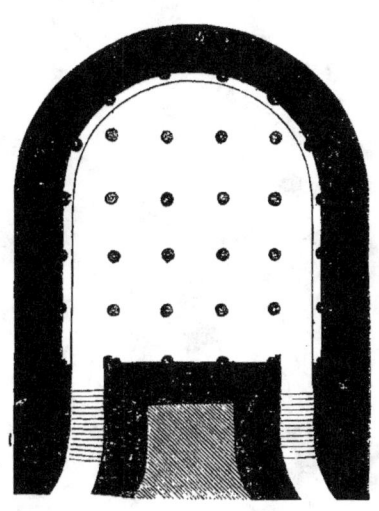

A Cantorbéry, elles sont considérables; dans cette abbaye elles offrent cinq nefs presque aussi étendues que celles de l'église qui les surmonte; elles ont doubles chapelles de transsepts et de rond-point; enfin on y a ajouté un immense chœur à trois nefs avec un sanctuaire arrondi, qui supporte la chapelle nommée la Couronne de Thomas Becket. Toutes ces constructions ne datent pas de la même époque, elles ont été ajoutées successivement à la crypte romane, qu'il est facile de reconnaître en examinant le plan général gravé à la page suivante, sous le n° 398.

162 INSTRUCTIONS.

N° 398. Crypte du prieuré de Cantorbéry.

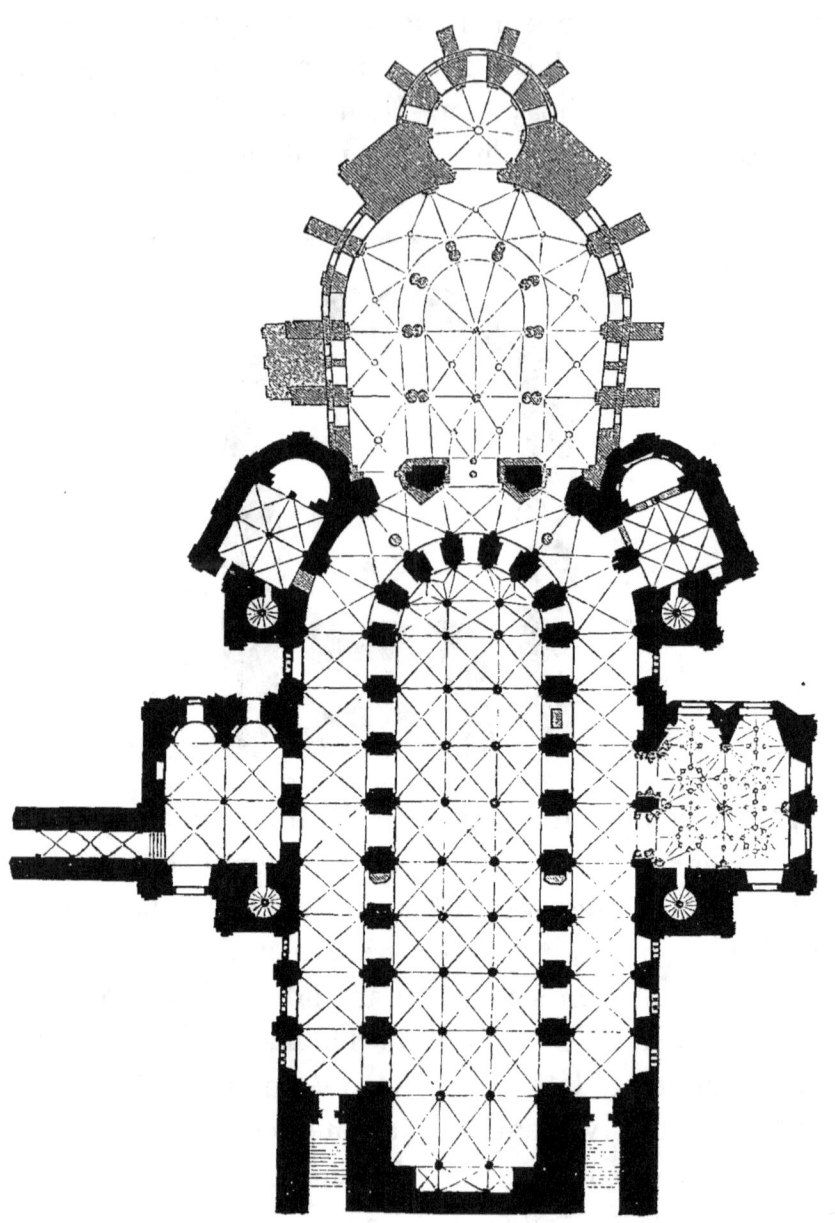

Les cryptes de l'abbaye de Saint-Germain, à Auxerre, étaient remarquables par leurs deux étages superposés et le nombre de corps saints qu'elles contenaient. Les caveaux de l'abbaye de Saint-Denis, qui sont dus au style roman très-avancé, contiennent de vastes galeries, des chapelles égales en nombre à celles du rond-point de l'église, et de nombreuses cryptes, dont une, fort étendue et située sous le sanctuaire, est plus ancienne que les autres; elle servit de sépulture aux rois de la famille des Bourbons. On peut en restituer approximativement les dispositions premières, comme le plan ci-joint l'indique, en cherchant, dans les substructions actuelles, les restes de l'église antérieure à Suger, et en traçant cette crypte à l'extrémité de son abside.

N° 399. Ancienne crypte de l'abbaye de Saint-Denis.

En Italie les cryptes romanes sont rares et disposées autrement que celles du Nord; aux églises de Saint-Ambroise de Milan et du monastère de San-Miniato, à Florence, elles ne sont qu'à demi souterraines, s'ouvrant par des arcades situées au delà du maître-autel ; elles élèvent à une grande hauteur le sol du chœur et du *præsbyterium* : l'intérieur est divisé en nombreuses nefs séparées par de minces colonnes en marbre portant des arcs; la crypte de l'église de Saint-Pierre, à Toscanella, est disposée de la sorte, mais elle est entièrement souterraine; notre crypte mérovingienne de l'abbaye de Jouarre offre de l'analogie avec celles de l'Italie.

N° 400. Crypte de l'église de Saint-Pierre, à Toscanella.

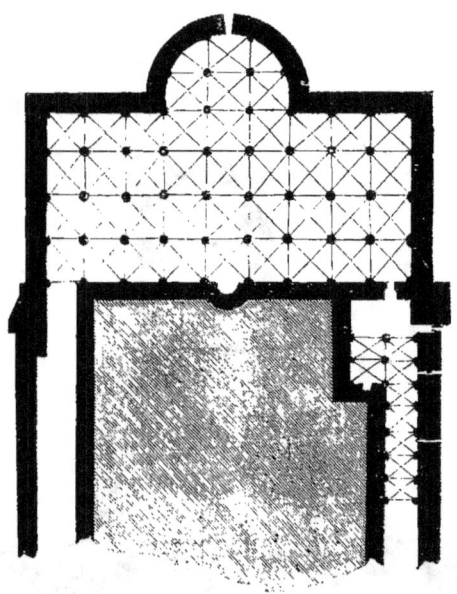

Des chapiteaux sculptés, des autels et des tombeaux, plus ou moins ornés, des peintures répandues sur les parois, formaient la décoration des cryptes romanes; celles de la vieille église de Saint-Front, de l'abbaye de Saint-Savin, de Saint-Pierre de Toscanella, offrent des tableaux de légendes et d'autres sujets religieux.

DÉTAILS D'ARCHITECTURE ET D'ORNEMENT.

Détails divers. — La transition qui s'établit durant le siècle de Charlemagne, entre le style latin et celui qu'on vient d'étudier dans son ensemble, peut se suivre de même sur les détails de l'architecture et de la sculpture. Le portique du monastère de Lorsch, construit en 776, la cathédrale d'Aix-la-Chapelle, commencée en 798, font voir dans leurs moindres parties une imitation évidente de l'art romain, imitation subordonnée toutefois aux différences que devaient produire dans les formes, les siècles qui s'étaient écoulés depuis les beaux temps de l'architecture. Charlemagne avait contribué lui-même à ramener le goût dans cette voie; il avait visité l'Italie lorsqu'elle était toute latine par instinct et par souvenir, comme nous l'avons démontré dans la Ire partie; voulant donc dans le Nord une renaissance, il ne crut mieux faire que d'appeler des États du pape les artistes qui contribuèrent à embellir Aix-la-Chapelle de l'église du Palais, qui existe encore aujourd'hui. Dans ce temple, dont le plan et la coupole sont seuls byzantins, tous les détails d'art, tels que profils de moulures, chapiteaux, grilles et portes de clôture, indiquent le style latin de l'Italie centrale dans toute son intégrité. Ils disent où en était l'art de cette contrée et complètent ce qu'on a déjà vu dans la Ire partie. Quant au Nord de l'Italie, il avait déjà subi alors, comme on le voit par l'oratoire et le baptistère de Cividale-del-Frioul, par les édifices romans qui s'y élevèrent successivement dans la suite, il avait subi, par le mouvement des peuples septentrionaux qui y affluèrent, ces influences du Nord qui modifiaient les formes nationales. C'est contre ce courant d'idées nouvelles que lutta vainement et trop tard Charlemagne; tous les souvenirs de l'art païen devaient bientôt disparaître devant un autre style plus en rapport avec la civilisation qui se développait en deçà des Alpes.

Ainsi qu'on le reconnaît dès l'année 806 à l'église de Germigny, une alliance s'établit entre les profils encore latins des couronnements de pilastres situés au centre du chœur, et les formes nouvelles des décorations de la tour : en effet, les chapiteaux des colonnettes situées au premier étage de cette tour, les stucs placés aux fenêtres du second étage, ne sont plus des imitations de l'art romain ; l'artiste s'y est livré à son caprice, il s'est placé dans la voie qui se développa bientôt dans l'Europe moyenne et dans le Nord, pour créer l'architecture romane. Ces chapiteaux n'offrent plus la distribution de feuilles du corinthien, les volutes manquent, les tailloirs sont formés de plusieurs rangs de biseaux, les bases des colonnettes offrent aussi des profils nouveaux, c'est une transformation complète.

N° 401. Colonnettes du clocher de Germigny.

Aux *gypsei* ou stucs placés auprès des fenêtres de la même tour, les chapiteaux s'éloignent encore plus que les précédents des formes antiques, et l'archivolte qu'ils portent est d'un aspect et d'un galbe entièrement nouveaux. (Voir les *gypsei*, n° 359.) Les peintures des manuscrits carlovingiens démontrent combien les artistes tendaient alors à modifier les formes architecturales; on les voit renoncer, pour les chapiteaux, à la distribution des feuilles établie par l'antiquité, les figures humaines, les têtes d'animaux, viennent s'y mêler à une flore qui n'est plus celle de la Grèce ou de l'Italie; la voie romane s'ouvrait donc et les chapiteaux de Germigny indiquent l'époque de cette transformation, malgré les efforts qu'avait faits Charlemagne pour ramener l'art dans la voie antique, et lutter contre l'invasion des idées nouvelles.

A l'église monastique de Saint-Généroux, la corniche qui couronne, à l'extérieur, les petites absides et se continue vers le milieu de la grande, présente un profil très-simple accompagné de modillons carrés surmontés d'un tore; ici se présente déjà l'altération des formes antiques du couronnement, par l'absence de la moulure supérieure. Le chambranle qui encadre la fenêtre de l'abside principale contient aussi des modillons inusités dans l'art romain, et dont on retrouve les analogues dans la corniche du baptistère de Saint-Jean, à Poitiers.

N° 402. Archivolte à Saint-Généroux.   N° 403. Plan et coupe.

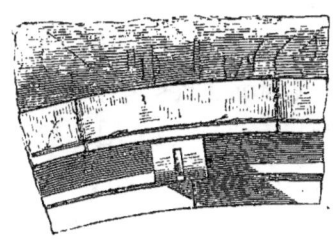   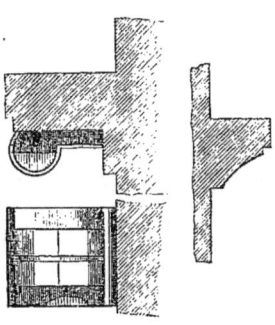

N°ˢ 404 et 405. Modillons du baptistère de Poitiers.

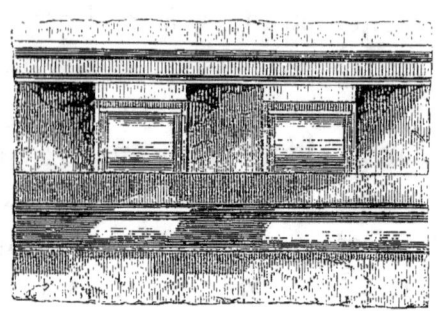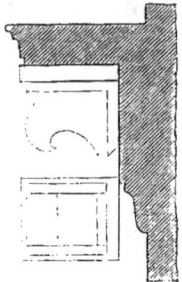

Ces modillons, comme ceux qui se voient à la Maison carrée de Nîmes, offrent à leur partie antérieure plus de volume qu'à leur base, principe qui paraît avoir été adopté volontiers dans les Gaules : on le trouve à l'arc d'Orange. Ici donc reparaissent au monument de Saint-Généroux les idées indigènes.

Sur les faces latérales de la même église de Saint-Généroux règne un bandeau qui porte les frontons que nous avons déjà fait remarquer précédemment, page 51; il se courbe ensuite pour encadrer le cintre des fenêtres, puis est soutenu dans toute sa longueur par des corbeaux semi-cylindriques chanfreinés sur leurs arêtes, et qui ne semblent être que des portions de modillons analogues à ceux qui encadrent la fenêtre principale de l'abside. (Voir la planche 406.)

Une décoration analogue se remarque sur deux des piliers intérieurs de l'église de Germigny-des-Prés; l'archivolte de la porte et les parties anciennes de la chapelle de Vieux-Pont-en-Auge, gravée à la page 11, planche 313, en montrent aussi des exemples.

N° 406. Bandeau latéral à Saint-Généroux.

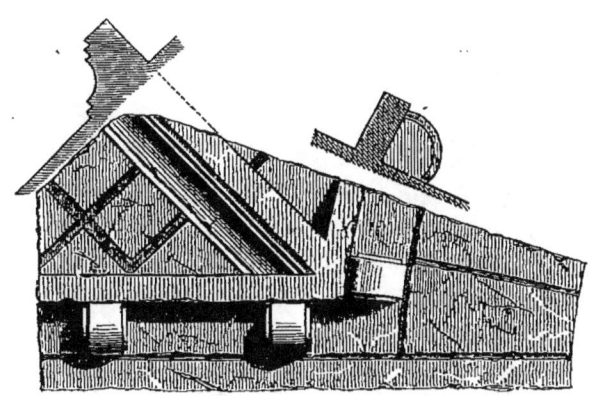

Cette réduction du modillon serait l'origine d'un ornement qui fut employé à profusion dans l'architecture romane et qu'on nomme *frette;* la vieille église de Saint-Front, à Périgueux, en présente de même.

Ainsi, sur tous ces édifices carlovingiens, à des profils encore dans le galbe antique, se mêlent des innovations, premiers essais de l'architecture qui se formait dans l'Europe moyenne.

Un autre ornement, contemporain de celui qui vient d'être examiné, est une imitation plus ou moins compliquée des tresses de la passementerie; nous l'avons déjà signalé dans l'oratoire de Cividale-del-Frioul : il y est fort simple. Les Chrétiens grecs en ont fait usage; mais à une époque qui correspond à notre période romane, nous ne l'avons trouvé, en Orient, sur aucun des temples couronnés de cintres, troisième système de disposition des façades, en faveur jusqu'au xie siècle; chez nous, au contraire, il se montre déjà sur un des piliers de l'église de Germigny-des-Prés. Il paraît à profusion dans nos édifices de style roman; c'est ainsi aux chapiteaux ajoutés à l'église de Saint-Martin d'Angers pour porter la tour, aux modillons extérieurs de Saint-Germain-des-Prés, aux chapiteaux

N° 407. Modillons à l'abbatiale de Saint-Germain-des-Prés.

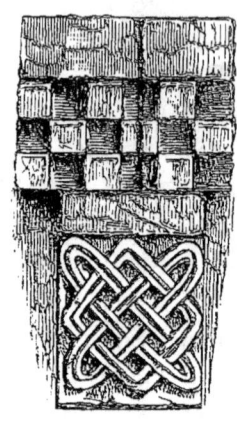
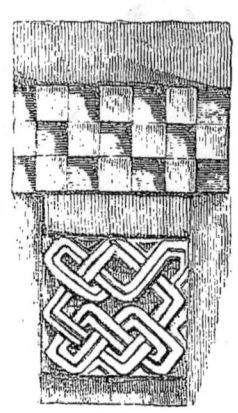

de la nef de l'abbatiale de Sainte-Geneviève, de celle de Saint-Savin; cette combinaison d'entrelacs, se développant à l'infini, couvrit des panneaux entiers de clôtures de chœur, des tympans de portes, etc. Il est très-commun dans les vignettes des manuscrits carlovingiens, et ne paraît pas plus sur les ivoires que sur les anciennes peintures des Grecs; il aurait donc été porté d'Occident en Orient.

A ce système d'ornement s'en rattache un autre dont l'origine paraît aussi occidentale, c'est celui qui, à des entrelacs moins compliqués que les nattes, mêle des figures chimériques d'hommes et d'animaux. On sait combien il est commun dans les manuscrits carlovingiens; les monuments attribués aux Anglo-Allemands et aux Saxons par les Anglais, les églises en bois de Borgund, d'Urnès, d'Hitterdal, en Norwége, font voir, sur leurs colonnes, les plus compliqués de ces ornements : ce sont des serpents, des monstres chimériques en-

ARCHITECTURE MONASTIQUE. 171

lacés dans de nombreux replis, et d'une façon beaucoup plus complexe que tous les exemples qui se voient dans l'Europe moyenne.

N°s 408 et 409. Colonnes en Norwége.

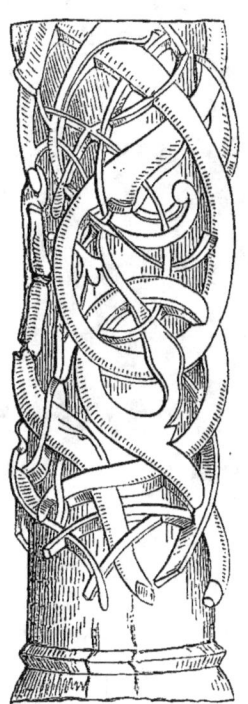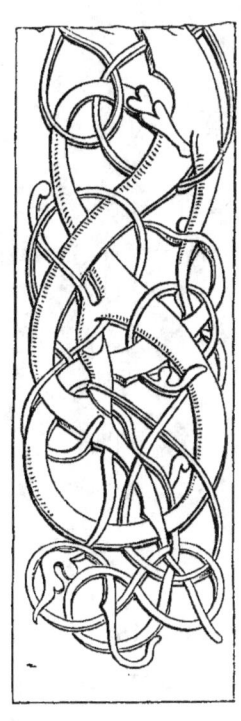

Ne peut-on voir ici des créations fantastiques du Nord? Cet ornement eut du succès au XIIe siècle, il se répandit jusqu'en Italie; on en voit un exemple curieux à une porte d'église à Côme. (Voir le dessin de cette porte à la page suivante, n° 410.) Asti en montre quelques fragments; l'église de Sainte-Marie de Toscanella présente, dans les tympans de ses portes, des sculptures qui offrent quelque analogie avec celles-ci, bien qu'on y retrouve l'art italique. De là sont nées les riches colonnes ornées qui s'exécutèrent, en France, au XIIe siècle, et dont la façade de l'abbatiale de Saint-Denis fournit un bel

N° 410. Porte d'église à Côme.

exemple. Partout ailleurs, en Italie, ce système fut remplacé sur les colonnes, dans les tympans, etc. par de riches combinaisons de rinceaux et autres ornements inspirés de l'antique; c'est ainsi à Saint-Marc de Venise, aux cathédrales de Pise, de Sienne, etc. il ne peut donc être considéré comme italien. La Grèce n'en montre aucun exemple.

Les damiers, si communs dans l'ornementation des bandeaux et des modillons de l'architecture romane, paraissent sur la façade de la vieille église de Saint-Front, à la corniche qui couronne les arcatures de la balustrade, ainsi qu'au clocher de l'église de Pont-en-Auge (Calvados), et aux modillons de Saint-Germain-des-Prés.

N° 411. Modillon de Saint-Germain-des-Prés.

Ce serait encore un ornement d'origine septentrionale et carlovingienne; nous n'en connaissons pas dans le midi de l'Europe. A nous aussi appartiennent les modillons ornés de têtes chimériques, d'emblèmes de tous genres; l'Orient ne les vit jamais, et ils sont aussi rares en Italie que communs en France.

L'art roman présente l'emploi fréquent de chevrons brisés pour décorer les arcades; cet ornement paraît avoir une origine orientale.

N° 412. Chapiteau byzantin à Athènes.

174 INSTRUCTIONS.

Athènes nous a fourni un chapiteau fort ancien, à en juger par les monogrammes qui y sont sculptés; il est couvert de chevrons brisés.

Venise put être l'intermédiaire de cette importation; on rencontre de ces chapiteaux à chevrons à Saint-Marc.

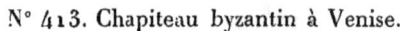
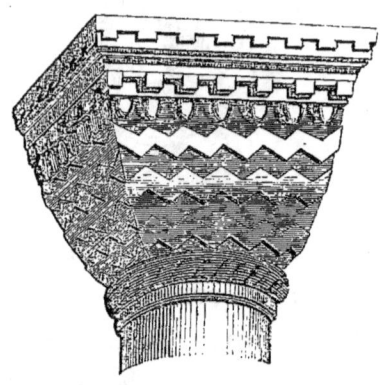

Ainsi donc, en poursuivant cet examen de détail, on arriverait à rendre au Nord ce qui lui appartient. La part de l'Orient est assez belle pour qu'on laisse à nos artistes ce qui leur est véritablement dû dans l'ornementation si variée de la période romane. Le second cahier des Instructions du comité des arts a fait connaître, aux pages 50 et 51, les principaux détails qu'elle présente.

Chapiteaux. — On a vu dans la première partie, page 361 et suivantes, que la forme cubique fut adoptée dès l'origine par les Byzantins pour les chapiteaux; elle s'introduisit en Occident par l'Istrie et l'exarchat de Ravenne; mais il semble qu'elle ne fut admise en France et dans le Nord qu'après la période carlovingienne.

Les chapiteaux cubiques de l'architecture romane ne sont pas précisément semblables à ceux des Byzantins; une partie

ARCHITECTURE MONASTIQUE. 175

sphérique les relie au fût de la colonne : ce fut généralement dans cette disposition qu'ils se répandirent jusqu'aux contrées les plus éloignées dans le Septentrion, en Suède, en Norwége, etc. Ils se maintinrent jusqu'au XIII° siècle dans les belles églises des bords du Rhin. Toutefois des modifications furent faites fréquemment à cette forme; des godrons et autres ornements singuliers en couvrirent les faces qui, dans plus d'un édifice, reçurent aussi des sujets de peinture comme on en a trouvé récemment aux abbayes de Jumiége et de Saint-Georges de Bocherville. L'abbatiale de Saint-Remy, à Reims, fournit un exemple de stucs sur des chapiteaux.

N° 414. Chapiteau peint à l'abbaye de Saint-Georges de Bocherville.

L'Égypte, la Grande-Grèce et Rome font voir plus d'un chapiteau décoré de figures sculptées; nous en avons montré chez les Sassanides (*1re partie*, page 362), puis chez les Byzantins (page 402). Ce n'était donc pas une création nouvelle lorsqu'à l'époque carlovingienne on en dessina un grand nombre dans les vignettes des manuscrits; et ces dessins nombreux démontrent, à défaut d'exemples sculptés, qu'on en exécutait alors. Quant au style roman, il fit de ce genre de décoration un usage des plus fréquents; ce qui faisait dire à saint Bernard : « A quoi bon ces ridicules monstruosités, ces admirables beautés difformes ou ces difformités si belles? Que font là ces figures de singes immondes, de lions féroces, de monstrueux centaures, de moitié d'hommes, de tigres tachetés, de guerriers combattants, de chasseurs sonnant de la trompette? Vous pourriez y voir plusieurs corps sous une seule tête, puis plusieurs têtes sur un seul corps; là un quadrupède avec une queue de serpent, ici un poisson avec une tête de quadrupède : là une bête affreuse, cheval par devant, chèvre par derrière; ici un animal à cornes qui porte la croupe d'un cheval. C'est enfin un tel nombre, une telle variété de formes bizarres ou merveilleuses, qu'on a plus de plaisir à lire dans les marbres que dans les livres, et à passer tout le jour à admirer ces œuvres singulières qu'à méditer la loi divine. » Les bestiaires nous apprennent que la plupart de ces compositions singulières avaient un sens symbolique.

Enfin une troisième catégorie se présente dans les chapiteaux romans; car nous ne devons pas tenir compte de ceux sur lesquels on reconnaît une imitation libre ou servile de l'art païen; cette troisième classe est celle qu'on voit poindre à l'église de Germigny, et dans laquelle nos artistes de la France particulièrement s'affranchirent de toutes les données antérieures pour créer des dispositions nouvelles; cherchant dans la flore de nos provinces des inspirations qui missent leurs nombreuses et riches compositions en rapport avec la gravité de l'architecture romane, ils prirent, particulièrement dans les amples modèles que fournissent les plantes aquatiques, les larges contours des feuilles, les courbes arrondies, les oppositions heureuses qui distinguent ces chapiteaux de tous les autres, et y font voir un art véritable, car on y trouve à la fois imagination, beauté de formes, harmonie. On a faussement attribué aux Byzantins cette belle ornementation romane du XIIe siècle; nous n'avons rien trouvé en Orient qui présente la moindre analogie avec elle. Les produits de Constantinople, tels que la pala d'oro de Venise et les portes de la basilique de Saint-Marc, celles de Saint-Paul à Rome, de Saint-Angelo au mont Gargano, exécutées en Orient, aux XIe et XIIe siècles, sont autant de monuments de fonte ou d'orfévrerie dans lesquels on ne trouve aucun indice de ce genre de compositions; tous les chapiteaux y sont en pyramides renversées. L'Italie et le midi de la France étaient alors dans une voie païenne; le Rhin ne montre que ses chapiteaux massifs, l'Angleterre de même ou à peu près; à la France moyenne et septentrionale appartiendrait donc tout l'honneur de ces riches inventions.

Colonnes. — Dès le règne de Charlemagne, les proportions de la colonne, établies par l'antiquité, n'étaient plus observées rigoureusement; celles qui se voient au portique du monastère de Lorsch sont trop longues; au clocher de l'église de Germigny, au contraire, elles sont singulièrement raccourcies. Dans le Nord, ce fut dans cette dernière voie que se placèrent les religieux architectes à l'égard des proportions qu'ils donnèrent aux colonnes; dans le centre et dans le midi de la France, ils se rapprochèrent davantage des règles antiques.

Au XIIe siècle, lorsqu'on groupa les colonnes en faisceaux, on allia les formes pesantes du Nord à des proportions exagérées en longueur, pour conduire une partie de ces fûts réunis jusqu'aux voûtes des nefs, du chœur ou du sanctuaire. Quant à la forme, à la disposition et aux ornements de la surface de la colonne, nous renvoyons aux pages 29 et 30 du second cahier des Instructions du comité des arts.

Bases. — Nous agirons de même à l'égard des bases de colonnes, en faisant observer de plus : 1° que leur forme attique se dénature dès le règne de Charlemagne, comme on le voit au clocher de Germigny; 2° que les religieux artistes surent donner à cette partie importante des colonnes les profils les plus variés, et cependant en harmonie parfaite avec les proportions de l'ensemble. On en trouve un exemple remarquable au porche de l'abbatiale de Saint-Benoît-sur-Loire, où se montrent dix-huit bases diverses et toutes parfaitement conçues[1].

N° 415. Bases du porche de l'abbatiale de Saint-Benoît-sur-Loire.

[1] Voir la 22ᵉ livraison de l'ouvrage intitulé : *l'Architecture du Vᵉ au XVIᵉ siècle*, par J. Gailhabaud (Gide et Baudry).

CONSTRUCTION.

Les premiers essais de l'ornementation romane que nous signalions ci-dessus, tels que frettes, damiers, tresses, etc. sur des édifices de la période carlovingienne, se mêlent encore à la construction en moellons, dans laquelle des assises de briques forment des liaisons, encaissements nécessaires pour maintenir le béton ou blocage qui constitue la masse des murailles; le petit appareil de moellon forme un parement ou enveloppe qu'on couvrait ensuite d'un enduit en stuc; c'était le système antique et particulièrement du Bas-Empire, et il s'était maintenu durant la période latine, qui par transition le transmettait à la nouvelle architecture. Sur les églises de Pont-en-Auge, de Savenières, on trouve même encore l'*opus reticulatum* employé dans des triangles placés aux pignons.

Quelquefois ces parements mêlés de briques furent faits avec assez de soin et une recherche de combinaisons assez variées, pour qu'on puisse admettre que la construction servît de décor sur les façades; nous pouvons citer à l'appui de cette opinion l'église de Saint-Généroux, qui, sur tous les pieds-droits séparant les fenêtres, présente, au milieu d'un grand appareil, de petits moellons piqués disposés en pyramides; au-dessus des cintres de fenêtres, et dans les frontons placés entre eux, se développe un réseau en briques mêlées à la pierre et qui forme une décoration réticulée; enfin au-dessus de cette zone, le constructeur a établi une frise dans laquelle les moellons mêlés à la terre cuite représentent un épi continu; il est difficile d'admettre que toute cette recherche ait été destinée à se perdre sous un enduit : c'était le prélude des riches incrustations en lave si communes en Auvergne et aux bords du Rhin.

Lorsque, après l'an 1000, l'art de construire se replaça dans la voie tracée aux belles époques de l'architecture, on abandonna généralement le système des bétons pour y substituer celui du grand ou du petit appareil. Les voûtes seulement furent exécutées d'abord en blocage; un modèle célèbre dans tout le Nord avait survécu aux ruines du IXe siècle, c'est le dôme d'Aix-la-Chapelle, dans lequel Charlemagne, n'épargnant rien pour le rendre durable, avait employé ces divers modes. La stabilité de cet édifice dut certainement avoir sa part dans le progrès qui s'établit alors. Bientôt donc, par l'emploi des procédés connus, et par la création de combinaisons nouvelles, l'art du constructeur s'éleva à un point qu'il n'avait pas encore atteint depuis l'antiquité; il alla même au delà des modèles laissés par elle, lorsqu'il éleva les tours immenses et suspendues sur des arcs, les belles absides, les galeries légères que nous admirons encore, et dans l'exécution desquelles les sciences mathématiques furent appliquées et se développèrent elles-mêmes par la pratique et l'expérience.

Ainsi dans les contrées méridionales on fit usage du grand appareil suivant le mode antique; de nombreux édifices romains pouvaient servir de guides. On agit de même dans les contrées moyennes, en diminuant toutefois l'étendue des matériaux, lorsqu'ils s'élevaient à une grande distance du sol, parce que les moyens mécaniques étaient bornés; c'est ce qu'on observe à la grande abbatiale de Périgueux. Dans le Nord, un système mixte fit employer des matériaux de moyenne grandeur, enveloppant des massifs de blocages formant le noyau des murs et des piles épaisses; c'est ce qu'on observe dans les abbayes situées en deçà de la Loire. Ces derniers édifices, si riches en nouveautés, virent la stéréotomie conduire à l'invention des nervures en croisées d'ogives, pour couvrir les grandes nefs, des pénétrations dans les voûtes cylindriques des bas-côtés, pour augmenter les dimensions des fenêtres inférieures et du triforium, des fenêtres placées à la hauteur des voûtes du vaisseau principal, pour l'éclairer directement, solutions de problèmes qui préparaient l'avenir de l'architecture du Nord.

De l'examen de détail qui vient d'être essayé dans les précédents chapitres résultent quelques faits importants qu'il faut préciser. Les Gaulois, qui, depuis l'antiquité, se distinguaient parmi les nations de l'Europe par leur esprit inventif et leur industrie [1], qui, à l'époque de la décadence romaine, avaient apporté dans l'architecture tant d'innovations de détail, ce que démontrent les nombreux fragments qui se découvrent sur notre sol, n'avaient pas perdu cet esprit ingénieux par la conquête des Francs : nous avons vu saint Germain, au VIe siècle, apportant à Paris les premières modifications au plan de la basilique latine ; plus tard, Théodulphe modifiant plus entièrement, à l'église de Germigny, les dispositions du chœur, et jetant les bases de la grande innovation qui changea complètement les plans des édifices sacrés; un architecte de la cour de Charlemagne traçant le plan de l'abbaye de Saint-Gall, et y produisant les nombreuses modifications de la basilique primitive que nous avons fait connaître et qui se maintinrent, depuis lors, dans l'architecture religieuse; pour ce qui concerne les détails de l'ornementation, les églises carlovingiennes de Vieux-Pont-en-Auge, de Saint-Généroux, la vieille abbatiale de Saint-Front, donnant les premiers rudiments du décor architectural de la période romane; quelle conséquence tirer de tous ces faits réunis, et qu'aucune autre

---

[1] Pline, cap. XXXVI, § 66; Vitruve, liv. II, chap. III; Philostrate, *Icon.* lib. I, cap. XXVIII.

contrée de l'Europe ne présente, si ce n'est que cet art serait né dans nos provinces? Charlemagne soumettant les Saxons et les convertissant au christianisme, ainsi qu'une partie de l'Allemagne[1], organisant leur Église[2] et fondant de nombreux monastères dans cette contrée[3]; les innovations qu'on trouve sur le plan de l'abbaye de Saint-Gall, exécuté à sa cour, et à l'église de Germigny, édifices contemporains qui fixent déjà des caractères du style roman, durent pénétrer en Allemagne. Cet art, ainsi exporté, se serait développé depuis dans cette contrée, sous les *Othon*[4], en prenant un caractère local dérivé de celui de France. Les Anglais attribuent aux Anglo-Saxons tous leurs édifices romans antérieurs au milieu du xie siècle, ils les devraient donc aussi à l'influence française en Allemagne. Après l'an 1000, on voit l'église du prieuré de Cantorbéry, en Angleterre, sortir des mains du célèbre Lanfranc, abbé de l'abbaye du Bec, en Normandie, et toutes les constructions romanes des îles britanniques prendre le nom d'*architecture normande* après la conquête; là paraît encore la France.

En Italie, la marche du style roman, du Nord au Midi, est évidente; on a vu au pied des Alpes, à Cividale-del-Frioul, un oratoire et un baptistère portant, dès le viiie siècle, les premières empreintes de cet art. Les églises romanes qui se voient à Côme, à Bergame, à Milan, à Padoue, sont contemporaines de nos monuments de France; on y trouve, unies au

---

[1] Concile de Paderborn en 777, où un grand nombre de Saxons reçurent le baptême. (*Conc. Germ.* t. I.)

[2] Assemblée de Paderborn, en 780.

[3] Huldricus Mutius, *Chronic. rerum Germanic.* lib. VIII; 1584. *Glossateur Saxon*, liv. III, art. 82.

[4] Les plus anciens types sont à Frose et à Gernrode, en Saxe, et datent du milieu du xe siècle, le premier de 956 à 958, le second de 968.

plan latin, des voûtes basses et obscures, qui démontrent que nos constructeurs et nos artistes étaient en avance sur ceux de cette contrée. Arrive-t-on aux États de Toscane, l'abbatiale de San-Miniato, à Florence, le baptistère de la même ville, la cathédrale de Pise, montrent bien quelques éléments puisés dans notre architecture du Nord, mais tous les détails sont dans la voie antique; plus rares encore dans les États du pape, les édifices romans se bornent, dans la région moyenne et méridionale, aux églises de Corneto et de Toscanella; là, plus qu'ailleurs peut-être, on suit la marche tardive de cet art : l'église de Saint-Pierre, consacrée en 1093, comme on le voit par une inscription gravée sur le ciborium, et reproduite à la page 150, est encore toute latine par son plan, sauf l'épaississement des piliers voisins du sanctuaire. La porte principale et celles des collatéraux offrent bien des arcs épais et renfoncés, appuyés sur des colonnettes, comme on les faisait dans le Nord; une rose ornée de lourdes sculptures est à la façade; mais aux arcs nombreux des hautes murailles latérales de la nef, se mêlent des briques disposées en triangles, comme on en a vu dans l'architecture latine de l'Italie (voir la planche 74, *1re Partie*), puis la mosaïque joue un grand rôle dans la décoration de la façade occidentale. A l'intérieur, les colonnes des nefs, raccourcies déjà dans leurs proportions, portent toutes des chapiteaux antiques; le trône élevé dans l'abside rappelle à tous égards ceux des basiliques latines publiés dans la première Partie. Ce monument, de la fin du xie siècle, est sur la ligne de la transition qui s'opérait chez nous au viiie.

A l'église de Sainte-Marie de Toscanella, consacrée en 1206, suivant l'inscription moderne qui s'y lit (voir page 151), on reconnaît l'influence romane plus complète, sauf dans le plan, qui seul est resté presque latin. La façade offre trois belles portes ornées de feuillages, de colonnes, de statuettes et d'animaux chimériques, d'arabesques et de bas-reliefs, d'un style roman bien caractérisé, mais italique cependant; au sommet une grande rose décorée de colonnettes, formant roue comme celles du nord de la France, est accompagnée des attributs des évangélistes; les arcatures, si communes dans le Nord, surmontent cette façade auprès des combles; il en est de même sur les façades latérales. A l'intérieur tous les chapiteaux de composition et de sculpture romane sont variés, les arcs qu'ils portent s'encadrent de fortes moulures dont les profils sont ceux du Nord; les modillons les plus divers supportent les corniches, les arcatures se reproduisent dans les nefs latérales, la chaire et le ciborium sont dans le style septentrional; mais les voûtes manquent encore à cette église, et cela au XIIIe siècle, lorsqu'elles étaient en usage chez nous depuis quatre cents ans et y avaient pris un développement déjà si remarquable.

Rome n'eut de l'art roman que quelques détails sans importance; on y a vu précédemment un puits, gravé à la page 20, sous le n° 321; puis des clôtures de chœur au n° 379, page 129. Une porte s'éleva, en 1191, à la façade de l'église de Saint-Antoine-Abbé; mais le style antique des colonnes et de leurs chapiteaux, les sphinx égyptiens qu'on trouve mêlés aux cintres multiples du roman, indiquent assez que dans cette ville vint s'éteindre l'influence de l'art septentrional, parce que là dominait encore une école basée sur les principes de l'art antique et national de l'Italie; école latine qui, dans les premiers siècles de l'Église, s'appuyant sur les prescriptions apostoliques, avait, par la voie des évêques, donné à toute la chrétienté les premières basiliques, mais se trouva, au moyen âge, refoulée vers son berceau par les innovations septentrionales, qui se propageaient du nord au midi.

ARCHITECTURE MONASTIQUE.

N° 416. Porte de l'église de Saint-Antoine à Rome.

Il résulte de l'ensemble des faits qui précèdent que l'art roman, déjà bien apparent en Neustrie aux VIIIe et IXe siècles, se serait de là répandu en Allemagne, puis en Angleterre; que, franchissant la Loire et s'étendant sur l'Aquitaine et la partie septentrionale de l'Espagne, il aurait gagné le Rhône, en exerçant peu d'influence au delà de ce fleuve; que, par les fréquentes relations qu'établirent, à l'époque carlovingienne, la France et l'Allemagne avec l'Italie, il aurait franchi les Alpes, au pied desquelles on en trouve les plus anciens exemples, ce qui l'aurait fait attribuer aux Lombards. Après y avoir pris, pendant deux siècles, peu de développements en comparaison de ceux qu'il recevait dans le Nord, il aurait laissé quelques traces en Toscane, puis dans les États du pape, pour s'arrêter à Rome devant le style latin, toujours en faveur dans la capitale chrétienne. Enfin les conquêtes françaises et allemandes dans le royaume des Deux-Siciles l'y auraient amené, comme naguère au nord de l'Italie, mais cette fois sans avenir, parce qu'alors chez nous il disparaissait déjà devant le style gothique. Les croisés en auraient laissé un exemple en Grèce à Patras, le seul que nous ayons vu dans cette contrée.

N° 417. Porte romane à Patras.

L'art roman ne serait pas une dégénérescence de l'architecture romaine; il a complété, au contraire, et fait progresser les combinaisons de l'arc en plein cintre, qu'il a entièrement affranchi de l'architrave. Il a revêtu de formes inconnues au paganisme les grandes conceptions qu'il substitua aux timides et premiers essais des chrétiens occidentaux; il a osé beaucoup plus que l'art byzantin; le premier il sut donner à nos temples une distribution et une physionomie en rapport avec leur but, avec la grandeur du culte; il a trouvé les moyens pratiques de réaliser ces effets, et les études les plus récentes sur cet art ont démontré qu'il était basé sur des règles établies d'après un module au moyen duquel l'architecte préparait l'ensemble et les subdivisions d'un même édifice [1]. On peut donc le considérer comme représentant la grande période d'invention et de progrès de l'art du Nord.

STYLE GOTHIQUE.

Les artistes de l'époque romane, après avoir substitué l'arc en plein cintre aux dernières architraves dont les premiers chrétiens avaient hérité de l'architecture romaine, semèrent bientôt le germe d'un nouveau progrès réservé à l'art du Nord. L'expérience, et plus d'une ruine anticipée peut-être, leur avaient appris que l'arc en plein cintre pouvait être avantageusement remplacé, pour porter les constructions pesantes, par un arc brisé, qui, selon toute apparence, et après examen des plus anciens monuments, avait été le premier en usage dans l'architecture. L'arc aigu, en effet, vient d'être reconnu

---

[1] On doit à M. Jules Jolivet et à M. le docteur Henzlman cette importante découverte; le premier la fit en exécutant un travail très-approfondi sur l'abbatiale de Jumiéges, le second, en étudiant des édifices romans de l'Allemagne.

dans les ruines assyriennes; on le voit sur la plupart des constructions cyclopéennes de l'Asie, de la Grèce et de l'Italie; il se retrouve jusque chez les anciens peuples de l'Amérique; mais il n'a jamais été, sur aucun de ces divers points du globe, admis par l'antiquité autrement que comme une construction facile et énergique.

Les Arabes, donnant à leur architecture une physionomie nationale, reprirent cet élément ancien; mais, tout en étendant ses applications plus que ne l'avaient fait leurs devanciers, ils ne lui donnèrent pas d'autre emploi que celui de remplacer l'arc en plein cintre sur des colonnes ou des piliers de proportions antérieurement admises. Il était réservé aux chrétiens de l'Occident, et d'abord, selon toute apparence, à ceux de la France moyenne et septentrionale, de faire successivement passer de nouveau cet élément primordial par les divers degrés qu'il avait déjà parcourus dans l'antiquité et chez les Arabes, puis d'en trouver les véritables lois statiques, découverte qui leur permit de l'élever sur des vides de proportions nouvelles, et qui devinrent bientôt illimitées en hauteur, ses piliers de support prenant aussi une légèreté sans exemple dans les annales de l'art.

En voyant ainsi chez nous paraître l'arc brisé, d'abord dans les mêmes conditions que chez les plus anciens peuples, puis passer de là par la phase que présentent les monuments arabes, pour se développer ensuite d'une manière encore inconnue jusqu'alors, n'est-on pas conduit à penser que cet élément a pris naissance dans nos contrées, comme on l'a vu naître dans presque toutes les régions de l'ancien monde, et que l'influence étrangère n'entra ici pour rien dans cette invention, commune à tous les constructeurs; la marche non interrompue qu'elle a suivie chez nous depuis son principe semble en être la preuve, et les effets brillants qui en dérivèrent, leur harmonie parfaite avec les besoins et la grandeur du but qu'on se proposait, suffirent comme mobile du développement donné à cette direction nouvelle de l'architecture.

Les édifices des xie et xiie siècles qui nous montrent les premiers exemples de l'arc aigu, le reçurent précisément dans les mêmes conditions que les monuments de la plus haute antiquité, c'est-à-dire épais et lourd, dépourvu de tout ornement, et ne jouant que le rôle de porteur des grands fardeaux. Il y a donc tout lieu de croire qu'il eut ici la même origine que dans l'Asie ou dans l'Italie primitive, et qu'il n'y fut pas imité des Arabes, dont les monuments ne le présentent point sous cet aspect, mais seulement sous celui de la seconde période de son développement.

La science moderne a constaté que l'arc aigu est celui dont l'exécution est la plus simple, dont la stabilité est la plus grande, dont la poussée est la moindre[1].

En inventant, durant la période romane, les nervures de voûtes ou croisées d'ogives, dont on forma l'ossature supérieure des églises, on reconnut qu'en se limitant à la hauteur du plein cintre pour les arcs latéraux, ces diagonales prenaient des formes surbaissées peu agréables à la vue et d'une poussée dangereuse; on en éleva le sommet en faisant des arcs brisés. La conséquence fut la même pour les doubleaux et les formerets. Cette combinaison d'arcs aigus apprit que les voûtes d'arêtes ainsi construites avaient une poussée infiniment moindre que la construction analogue dont le plein cintre est le générateur : la proportion est de 3 à 7. On diminua encore la charge de ces nouvelles voûtes, en remplissant par de la

---

[1] Rondelet, t. III, page 284.

maçonnerie légère les panneaux courbes que séparent les nervures.

Précisément à l'époque où cette invention si pleine d'avenir pour l'architecture chrétienne naissait des observations et de la pratique, on donnait au plan des églises les développements que nous avons fait précédemment connaître ; le rond-point du chœur s'entourait de colonnes rapprochées, se surmontant d'arcs destinés à se lier aux voûtes de la galerie circulaire et des chapelles de la *Choréa*. Ces arcades devaient en outre, pour l'harmonie intérieure du temple, garder la même hauteur sous clef que celles de la grande nef, beaucoup plus larges qu'elles ; l'arc aigu pouvait seul satisfaire à toutes ces conditions variées.

Ce fut sans doute en construisant au fond du chœur des églises ces arcades allongées, qu'on reconnut aussi, soit par l'application des sciences mathématiques, soit par l'instinct de la pondération, que l'arc aigu peut surmonter statiquement un vide au moins trois fois égal à sa largeur, tandis que le plein cintre n'en peut couronner un que de deux fois son diamètre : de là naquirent les proportions élevées de l'arcade. L'emploi de l'arc aigu, qui offrait tant d'avantages réunis, se remarque dans quelques rares monuments, dès le xie siècle ; mais tout le travail d'inventions successives que nous venons d'indiquer est dû particulièrement au xiie. On voit naître d'abord ce système dans les parties basses des édifices : c'était la première place qu'il avait à remplir en raison de sa stabilité ; puis de là, s'étendant successivement sur toutes les parties hautes, il conduisit insensiblement l'artiste à mettre tous les membres de l'architecture en rapport avec les formes élancées qu'admettait le nouvel élément, et de cette étude successive sortit une architecture ascendante, hardie dans ses résultats, faite par cela même pour impressionner les esprits, et dans laquelle tous les détails nés des combinaisons premières devaient nécessairement s'harmoniser avec l'ensemble.

Une lutte s'ouvrit d'abord entre le plein cintre et l'arc aigu, ce dernier ne se plaçant que là où il était utile au constructeur, l'autre persistant où il ne fallait que du décor. Cette fusion, qui s'établit entre les deux styles chrétiens les plus brillants à tous égards, est une période transitoire. Nous avons indiqué déjà des luttes entre l'art des premiers âges du christianisme et celui des païens; puis, au siècle de Charlemagne, entre celui-là et le style roman, qui tendait à se former; la troisième et la plus importante transition est celle qui s'établit au XIIe siècle.

Nous n'entrerons pas, à son égard, dans tous les détails tracés aux précédents chapitres : il est facile, après les développements qui y sont donnés à l'architecture romane, de voir, par la pensée, l'arc aigu s'emparant successivement de toutes les places occupées d'abord par le plein cintre, et la substitution sera d'autant plus facile, que, dans l'origine, cette innovation agit peu sur les détails de l'art précédent, lui laissant, en général, les combinaisons d'ensemble, les profils de moulures et les décorations plastiques. L'arc aigu ne paraît donc d'abord dans l'architecture que comme le germe d'un progrès qui devait se manifester un jour; mais ce germe n'étant pas le fruit du caprice, et se basant sur de nouveaux besoins, puis favorisant la marche expressive de l'art, le succès du nouveau style chrétien qui en découla était inévitable.

Quand le XIIIe siècle, grande époque de perfectionnement des larges ébauches du XIe, profitant des inventions romanes et de ce que l'arc aigu pouvait y ajouter de nouveau, vint harmoniser toutes les combinaisons, et leur donner une nouvelle vie plus en rapport avec une société réorganisée, le culte était arrivé au grand développement entrevu dès son origine. Tous les efforts tendaient à l'entourer de splendeur : les moines, qui déjà cédaient le compas aux laïques, contribuaient encore aux progrès de l'art et de la science. La séve rajeunie des associations maçonniques poussait l'étude des formes et des moyens pratiques dans une voie sur laquelle l'émulation et la foi aplanissaient les difficultés. C'est de la réunion de toutes ces forces qu'est sorti complet l'art chrétien du Nord; jusqu'à la fin du xive siècle, il conserva sa verve et sa pureté; le xve le vit décliner jusqu'au retour de l'art méridional, à l'époque de la Renaissance.

On a vu dans les divers chapitres sur l'architecture romane, que l'Europe dut en grande partie au génie inventif de la France, à l'affranchissement de ses communes, au mouvement d'art et d'industrie qui en fut la conséquence, la plupart des innovations successives, des améliorations toujours croissantes qui avaient imprimé, jusqu'à la fin du xiie siècle, une marche nouvelle à l'architecture religieuse ; ce fut aussi dans nos provinces septentrionales, et comme conséquence de ces antécédents, que se développa plus brillant que partout ailleurs, le nouveau style chrétien, né de celui qui l'a précédé. De là sortirent tous les grands artistes qui, après avoir enrichi le sol natal des beaux monuments qui nous restent, furent appelés en Angleterre, en Allemagne, en Hongrie, et jusque dans la Suède, pour y construire de vastes églises rivales des nôtres.

ARCHITECTURE MONASTIQUE.

ORATOIRES ET CHAPELLES.

PLANS.

Les oratoires romans, dont on a vu les plans se caractériser d'abord par d'épaisses murailles, puis admettre ensuite de simples pilastres aux points où retombaient les voûtes d'arêtes ou les arcs doubleaux, se munirent dans leur pourtour, à l'époque transitoire, de contre-forts déjà saillants et destinés à maintenir la poussée des nervures qui tendaient à s'élever. Les absides offraient, comme la période précédente, les formes arrondies ou en polygone; quelquefois même elles étaient supprimées, le sanctuaire étant terminé carrément. Les fenêtres, déjà plus développées que dans la période précédente, gardaient encore des dimensions restreintes.

N° 418 Plan de la chapelle du prieuré de Corelli (Côte d'Or).

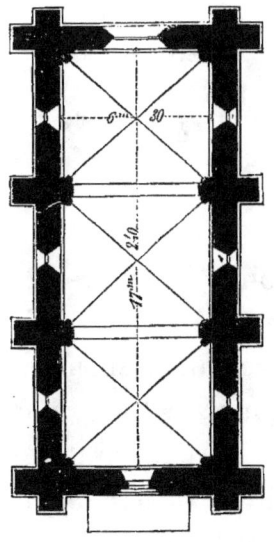

Dès le XIIIe siècle, à la légèreté relative des constructions, vint se joindre l'étendue extraordinaire donnée aux ouvertures ; les plans des chapelles isolées et des oratoires de cette époque ne présentent plus, pour ainsi dire, qu'une suite symétrique de contre-forts ou piliers, saillants au dehors, soutenant des colonnettes destinées à porter à l'intérieur les retombées des nervures ; les murs latéraux disparaissent en quelque sorte pour faire place aux fenêtres ou *formes*. Cette disposition est celle de toutes les légères chapelles de cette époque et des périodes suivantes : nous citerons pour exemples les plans de la célèbre chapelle de la Vierge, à l'abbaye de Saint-Germain-des-Prés, et celle qui se voyait dans l'enceinte du prieuré de Saint-Martin-des-Champs, sous le vocable de Saint-Michel.

N° 419. Plan de la chapelle de Saint-Michel.

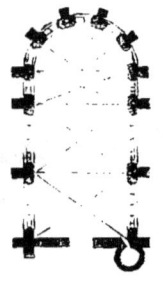

FAÇADES.

Les façades d'oratoires présentent, durant la période de transition, l'arc aigu se mêlant au plein cintre : c'est à la porte d'entrée ou à la fenêtre qui la surmonte que cette innovation se manifeste d'abord ; mais cet arc, mêlé aux formes, aux dispositions antérieures, offre à peine à son sommet la brisure qui le caractérise ; on le trouve même parfois établi seulement en décharge au-dessus d'une porte dans laquelle le plein-cintre domine encore.

N° 420. Chapelle du prieuré de Corelli.

Quelquefois, comme la chapelle de Saint-Gabriel, auprès de Tarascon, en montre un exemple, on trouve l'arc aigu placé au sommet de la façade, pour indiquer la disposition réelle ou projetée des voûtes intérieures.

A partir du XIIIe siècle, les façades d'oratoires présentent déjà de sensibles modifications apportées dans l'art : la porte principale se divise par un meneau portant une statue; les moulures d'encadrement, plus déliées que celles du style roman, se décorent de légers feuillages; au-dessus de cette porte s'ouvre une rose, fermée par de minces et gracieux meneaux portant un vitrail; aux angles de la façade, que surmonte une galerie à jour, s'élèvent de sveltes contre-forts à redans multipliés, et surmontés de pinacles; de longues gargouilles jettent au loin les eaux de la couverture. Ces nouveaux caractères de l'art se continuent durant le xive siècle sans subir de grandes variations; au xve, les arcs s'abaissent, les formes se contournent, perdent leur gravité; les cintres surbaissés paraissent bientôt s'éteindre sous les détails de l'architecture classique ramenée par la Renaissance.

INTÉRIEUR.

L'intérieur des oratoires de la période de transition présente encore l'aspect vigoureux de l'époque romane. Si les parois se décorent d'arcades feintes, elles sont de proportions courtes; l'arc aigu qui les surmonte s'encadre de moulures simples dans leurs profils; les fenêtres, plus développées que celles du style antérieur, n'occupent cependant pas encore toute la surface située entre les faisceaux de colonnes qui s'élèvent jusqu'aux nervures; les voûtes, qui ne sont plus en plein cintre, sont soutenues par des arcs plus sveltes que dans le roman, et dont les moulures changent leurs profils.

Après ces transitions préparatoires, le xiiie siècle complète le changement des formes; les arcatures qui décorent les parois deviennent légères et trilobées, au-dessus s'ouvrent des baies de fenêtres qui ne laissent entre elles que la place indispensable aux colonnettes qui s'élèvent jusqu'à la naissance des voûtes. De minces réseaux en pierre soutiennent, dans leurs formes rosacées, une brillante vitrerie; des voûtes élancées couvrent cet ensemble, qu'enrichit une décoration peinte ou sculptée, dans laquelle règne un goût fin et délicat.

Le xive siècle modifie peu les dispositions et même les formes du xiiie: moins de sévérité, plus de subdivision et de recherche dans les détails, tels sont ses principaux caractères. La période suivante, au contraire, apporte de notables changements dans la décoration intérieure des chapelles et oratoires; elle contourne les arcs, donne aux meneaux des verrières les dispositions les plus capricieuses, supprime les chapiteaux des colonnes, pour prolonger jusqu'au bas les nervures des voûtes et des formerets, couvre ces voûtes de réseaux et de clefs pendantes, détails infinis d'une richesse prodigue, nuisibles à la gravité du sanctuaire.

ÉGLISES.

PLANS.

La période de transition montre déjà, dans les plans d'églises monastiques, des modifications qui font entrevoir que bientôt on devait y apporter des changements notables, et toujours dans le but d'améliorer les dispositions antérieures : la façade et les nefs restèrent en général comme elles étaient dans le style roman; mais les transsepts perdirent leurs chapelles, qui se portèrent à l'occident de la *choréa*, entre cette réunion de sanctuaires groupés circulairement autour du chevet et les nefs transversales; l'addition de ces chapelles vers le fond du temple dut nécessairement allonger le chœur et le sanctuaire : c'est ce qu'on observe à l'abbatiale de Saint-Germain-des-Prés, dont toute la partie orientale présente l'alliance du plein cintre et de l'arc aigu, et fournit un exemple curieux des modifications qui s'opéraient vers cette région des temples à l'époque de la transition. Ce plan a conservé d'ailleurs les précédentes dispositions de la *choréa*, composée de nombreuses chapelles circulaires et toutes semblables. (Voir le plan de l'église de Saint-Germain-des-Prés à la page suivante, n° 421.)

N° 421. Plan de l'abbatiale de Saint-Germain-des-Prés.

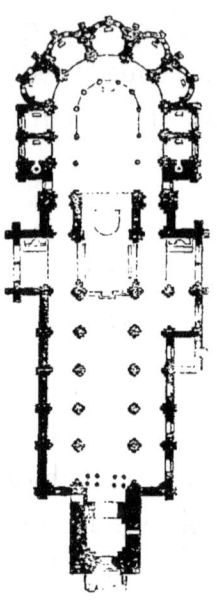

La position donnée à ces chapelles, en deçà de la partie arrondie du chevet, y fit adopter la forme quadrangulaire plutôt que courbe, et cela, pour arrêter d'une manière plus convenable les formes de la partie orientale du temple, les chapelles rondes ne pouvant se reproduire indéfiniment au-delà du cercle tracé par le chevet. L'intérieur du sanctuaire, ramené vers ce point à des lignes parallèles, indiquait à l'avance cette disposition carrée. C'est de là, sans aucun doute, qu'est venue plus tard l'idée de mêler d'abord des chapelles quadrangulaires à des chapelles rondes ou en polygone vers le chevet, comme on en voit un exemple par le plan de l'abbatiale de Fontenelle, placé à la page suivante, sous le n° 422. Cette dernière modification correspond aux XIIIe et XIVe siècles.

N° 422. Plan de l'abbatiale de Fontenelle.

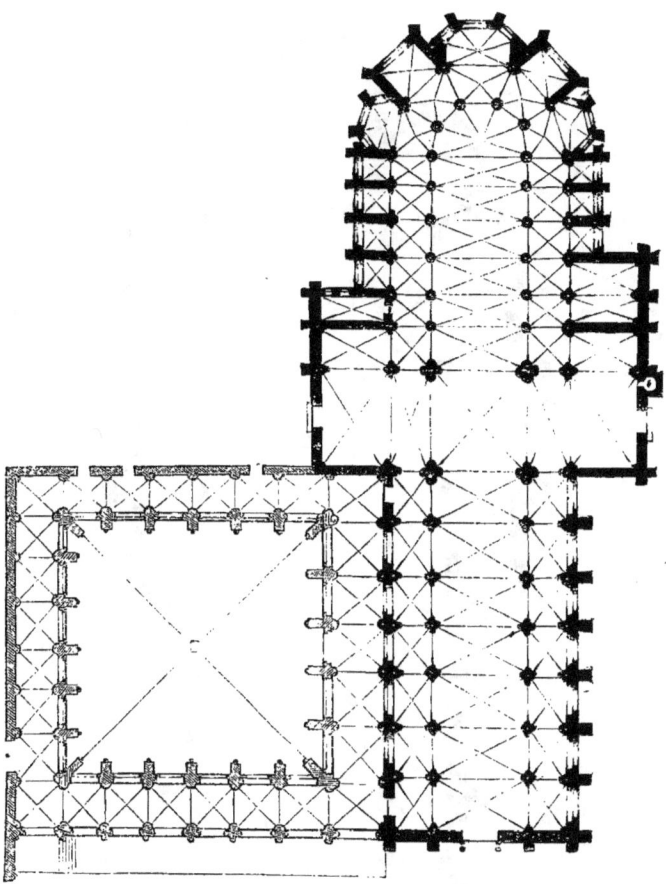

Enfin on adopta le polygone pour le plan de toutes les chapelles de la *choréa*, c'est un caractère particulier aux abbatiales des XIIIe, XIVe et XVe siècles. La plupart de nos églises monastiques construites durant cette longue période de trois cents ans présentent, sauf quelques exceptions, ces formes en polygone aux chapelles du chevet; ce fut, comme on le verra plus loin, une disposition particulière à l'école française. (Voir le plan gravé à la page suivante, n° 423.)

N° 423. Plan de l'abbatiale de Saint-Nicaise, à Reims.

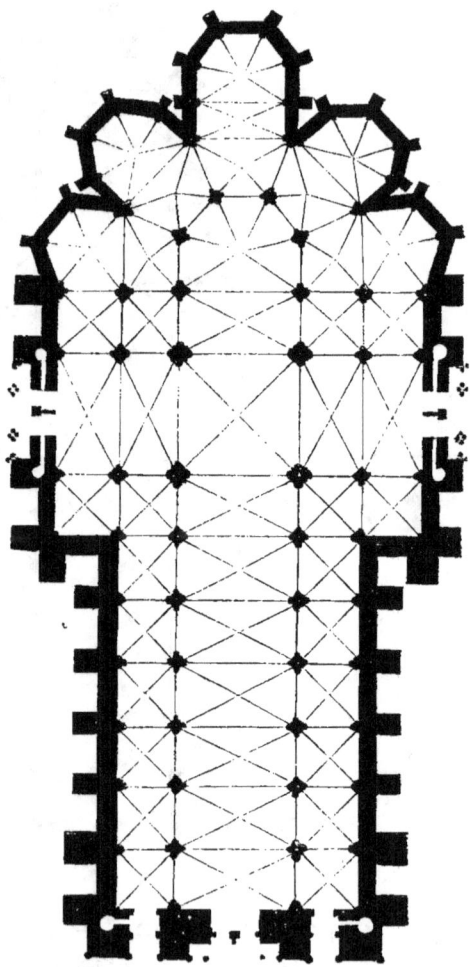

Vers l'époque de la transition qui nous occupe, le culte de la Vierge prenait un développement qu'il n'avait pas reçu d'abord; la chapelle qui lui était consacrée dans les abbatiales romanes était quelquefois située au fond du sanctuaire, mais semblable à tous égards à celles qui complétaient la *choréa*. (Voir le plan de Saint-Germain-des-Prés, n° 421.) L'église du

ARCHITECTURE MONASTIQUE. 201

prieuré de Saint-Martin-des-Champs, à Paris, dont tout le sanctuaire est d'une transition bien marquée, et présentant déjà au chevet des chapelles construites sur des plans anguleux, mêlés à des demi-cercles, en fait voir une au fond dans l'axe, beaucoup plus importante que les autres; elle indique ce qui allait bientôt se produire à l'égard du sanctuaire particulier à la Vierge. Au XIIIe siècle, cette chapelle étant insuffisante, on en établit une grande au nord de l'église, mais entièrement isolée; on en voit encore aujourd'hui quelques vestiges, et le plan ci-joint en indique complétement les dispositions générales et l'emplacement relatif. (Voir le plan à la page suivante, sous le n° 424.)

Ainsi placée, cette chapelle put prendre tout le développement qui était nécessaire au service d'un culte qui s'étendait alors beaucoup plus que par le passé; la place ainsi déterminée, latéralement au chevet de la grande église du monastère, avait l'avantage de ne pas obliger à détruire l'ancienne chapelle centrale de la *choréa*, devenue trop petite; mais cette addition ne pouvait être qu'une mesure transitoire, la chapelle de la Vierge ainsi placée ne faisait pas partie de l'église, on n'y entrait point d'une manière convenable, elle ne participait en aucune façon à l'effet de l'ensemble, et ne s'indiquait pas d'elle-même, dans la conception générale du plan, de sorte que les fidèles la vissent en entrant dans l'église et pussent s'y rendre sans la chercher. Il fallait donc songer à une combinaison plus en harmonie avec le but qu'on se proposait, ainsi qu'avec les grandes dispositions architecturales que l'art du XIIe siècle laissait en exemple; le nouveau style, si fécond en innovations, trouva bientôt les moyens de combiner le plan d'ensemble d'une manière convenable.

N° 424. Plan de l'église du prieuré de Saint-Martin-des-Champs.

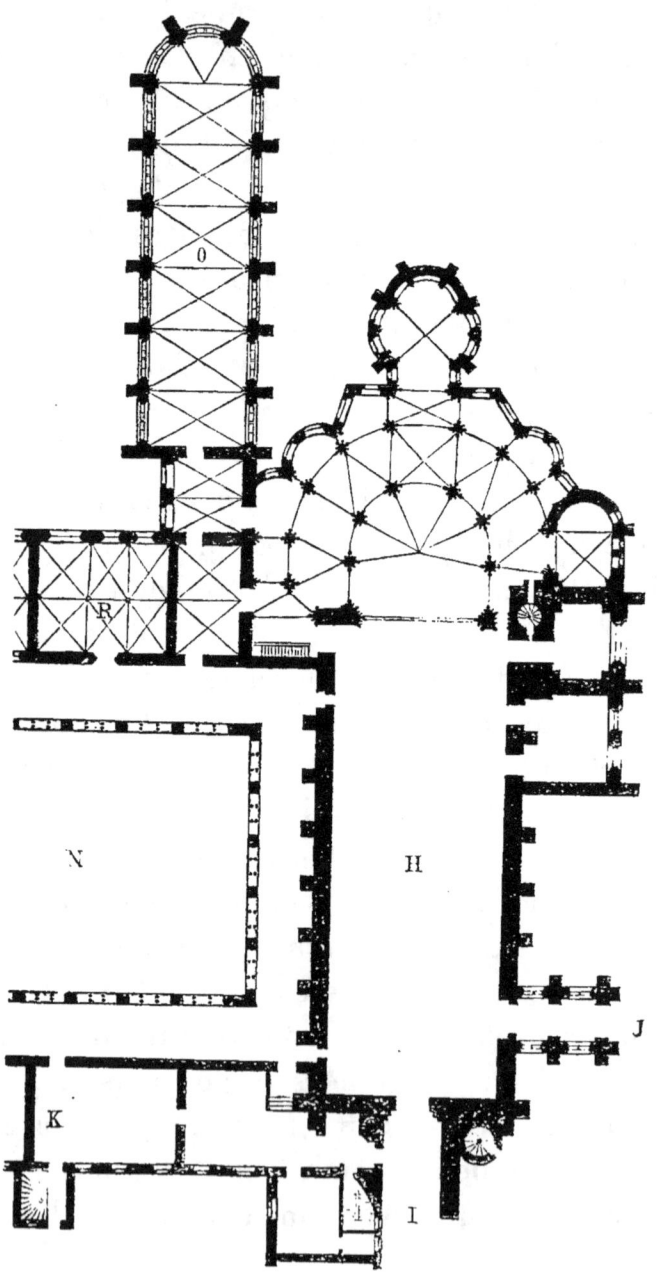

ARCHITECTURE MONASTIQUE. 203

Ce fut dans une position analogue à la précédente, mais plus espacée, que le célèbre Pierre de Montreau construisit la belle chapelle de la Vierge auprès de l'abbatiale de Saint-Germain-des-Prés, à Paris.

Enfin cette position isolée, gênant le service et n'offrant pas la dignité convenable au culte de la Vierge, on établit définitivement sa chapelle réservée à l'extrémité du chevet, et de manière à faire partie de l'ensemble du monument; l'église abbatiale de Saint-Germer, de la période transitoire, en montre une très-remarquable, ajoutée au xiiie siècle à son plan d'ensemble.

N° 425. Plan de l'abbatiale de Saint-Germer.

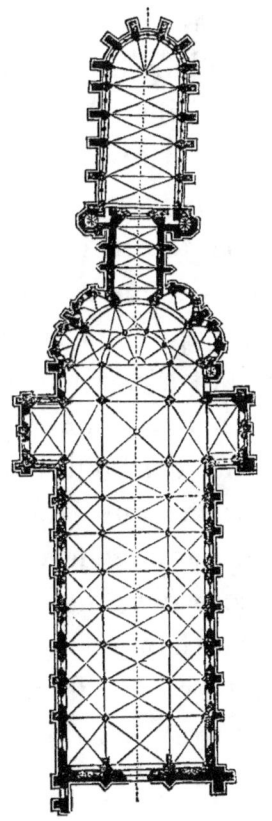

Les églises des maisons religieuses construites après la période de transition reçurent donc, dans la conception intégrale de leur plan, une chapelle de la Vierge placée au chevet; puis, à la même époque, les murs latéraux des nefs secondaires s'ouvrirent pour donner accès dans des chapelles établies longitudinalement devant chaque travée, entre les contre-forts : c'était le complément de toutes les améliorations successives qui devaient être apportées au plan des grandes églises monastiques. (Voir le plan gravé, au n° 426.)

ÉGLISES DES ORDRES SECONDAIRES.

La plus grande simplicité régnait dans la disposition du plan des églises construites pour les couvents ou maisons des ordres mendiants et secondaires, la plupart créés au XIIIe siècle. Les franciscains, les capucins, les augustins, les cordeliers, les carmes, les célestins et autres religieux de ce genre n'avaient, en général, que des temples construits avec une seule nef; les voûtes en charpente qui les couvraient permettaient, malgré cette disposition, de leur donner des dimensions assez étendues en largeur pour que le service intérieur n'eût point à en souffrir. L'abside était généralement carrée ou polygone; des chapelles s'établissaient autour de la nef, mais simples comme elle, et dépourvues des voûtes de construction difficile et dispendieuse qu'on voyait aux églises des autres ordres.

Nous citerons ici trois temples élevés par les jacobins, et qui offraient ou offrent encore deux nefs au lieu d'une : ce sont ceux de Paris, d'Agen et de Toulouse. La première de ces trois églises, dont le plan est gravé à la page suivante, n° 426, a été détruite depuis la révolution de 1789. Les deux autres sont encore debout.

N° 426. Plan de l'église des Jacobins, à Paris.

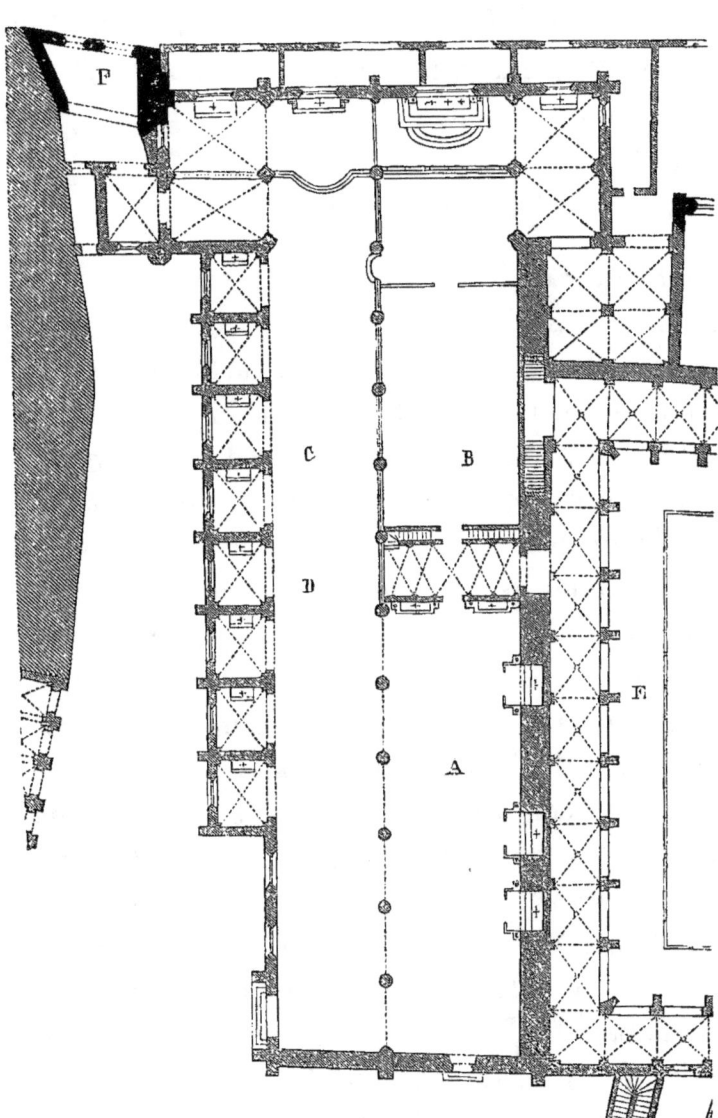

Était-ce une disposition particulière à cet ordre? L'église des jacobins de Toulouse est couverte par des voûtes construites à la manière ordinaire et s'appuyant, d'une part, sur les murs latéraux, de l'autre, sur les piliers isolés qui s'élèvent dans l'axe longitudinal de l'édifice. Toutes les constructions accessoires des maisons religieuses des ordres secondaires étaient en harmonie avec cette simplicité de l'église.

ÉCOLES DIVERSES.

École française. Si l'art roman présente, ainsi qu'on l'a vu précédemment, des nuances déjà variées en raison des lieux où s'élevèrent les différents édifices, l'art gothique en montre de non moins apparentes, et qui se dessinent par l'étude et la composition des plans. Dans le nord de la France, les principaux caractères de l'école résident, 1° dans la variété des formes polygonales, admises dès le XIIIe siècle pour établir le plan des chapelles de l'abside ; 2° dans le peu d'étendue de la place occupée par les piliers intérieurs, relativement aux vides qui les environnent, preuve évidente de la hardiesse des constructions et de l'état d'avancement de l'art et de la science dans l'école française. C'est particulièrement dans l'Ile-de-France que ces divers caractères sont bien déterminés. Toutefois on les trouve aussi au nord de cette région dès le XIIIe siècle, et dans la période suivante ils se répandirent vers la Loire et même franchirent ce fleuve dans quelques localités qui font exception. Ainsi qu'on le voit par le plan ci-joint de l'abbatiale de Lagny, auprès de Paris, construite au XIIIe siècle, l'architecte combinait les formes polygonales du chevet de manière à les harmoniser avec celles des piliers isolés qui terminaient le sanctuaire, puis donnant, selon les besoins locaux, plus ou moins d'extension aux chapelles, il en faisait un ensemble symétrique et d'une forme nouvelle.

N° 427. Plan de l'abbatiale de Lagny.

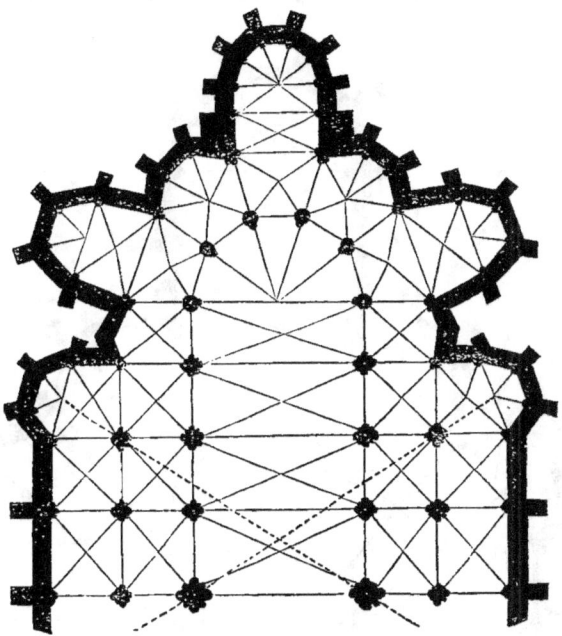

Ces divers caractères peuvent servir à reconnaître les monuments qui seraient dus à nos artistes, lorsqu'ils furent appelés à construire dans les régions étrangères les plus éloignées. Ainsi la ville de Kaschau, en Hongrie, possède une église qu'on attribue à Villars de Honnecourt, architecte de la Picardie, appelé dans cette contrée au XIIIe siècle, et l'édifice présente, dans la composition de son plan, tous les caractères de l'école de l'Ile-de-France. Nous le mettons ici en parallèle avec le plan de l'abbatiale de Lagny, auprès de Paris. (Voir le plan n° 428.) Si, chez les diverses nations de l'Europe, on rencontre dans la disposition des plans, vers le sanctuaire, une composition analogue à celle qu'on remarque ici, on doit y voir une influence directe ou indirecte de notre école nationale, qui se caractérisa ainsi dès l'origine de l'architecture gothique.

N° 428. Plan de l'église de Kaschau (Hongrie).

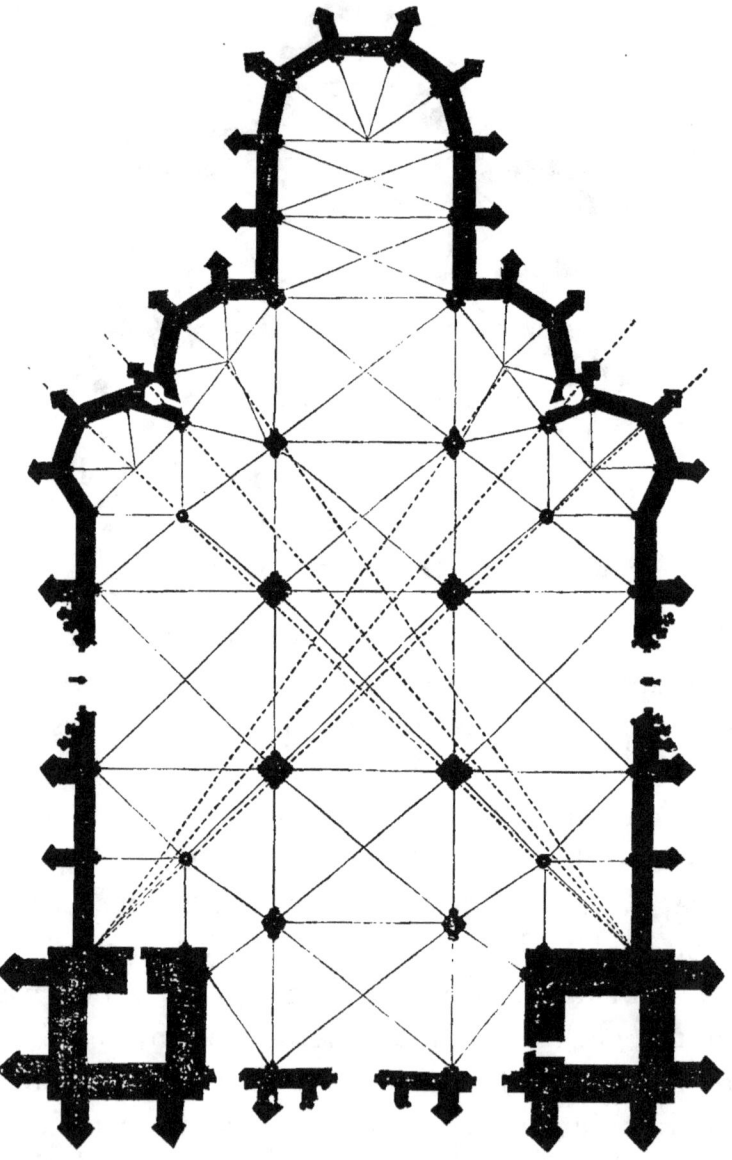

Au XIIIe siècle, ces caractères de l'art du Nord se perdent en s'éloignant de l'Ile-de-France et en s'approchant de nos provinces de l'ouest ou du midi. Dans cette dernière contrée, les absides conservent en général les dispositions romanes, les piliers n'y prennent point les formes légères et fines que nous indiquions tout à l'heure dans nos régions septentrionales. Toutefois, là comme dans l'Ile-de-France, leurs dispositions de détail sont assez simples au XIIIe siècle : ils se composent de colonnettes que séparent les angles saillants des pilastres carrés contre lesquels elles sont appuyées. Au XIVe, les précédents caractères des absides et des piliers légers restent aux plans, mais les détails de ces derniers se modifient: les arêtes saillantes qui séparent les colonnettes disparaissent pour faire place à des scoties ou cavets plus ou moins profonds; les colonnes elles-mêmes s'ornent fréquemment d'un filet plat et prononcé sur la partie antérieure du fût. Au XVe siècle, les colonnes sont supprimées des piliers pour faire place aux moulures des archivoltes et des nervures qui descendent jusqu'au socle du support; alors le plan du pilier présente une combinaison très-compliquée par le nombre infini des moulures.

École allemande. L'Allemagne, en retard sur la France septentrionale, présente, dans la disposition des plans de ses églises du XIIIe siècle, très-peu de différences avec celle de l'époque romane; les absides y conservent les formes du cercle ou du polygone régulier, à peu près comme on les faisait au XIIe siècle ; les piliers ou contre-forts extérieurs sont plus saillants en général que ceux des édifices français, bien que les supports intérieurs des voûtes soient moins espacés entre eux que chez nous, et que leur grosseur relative, plus importante, occupe plus d'espace dans l'église; il y a évidemment ici une surabondance de force, qui indique moins de hardiesse et d'expérience, moins d'étude de la statique.

N° 429. Plan de l'église de Bude.

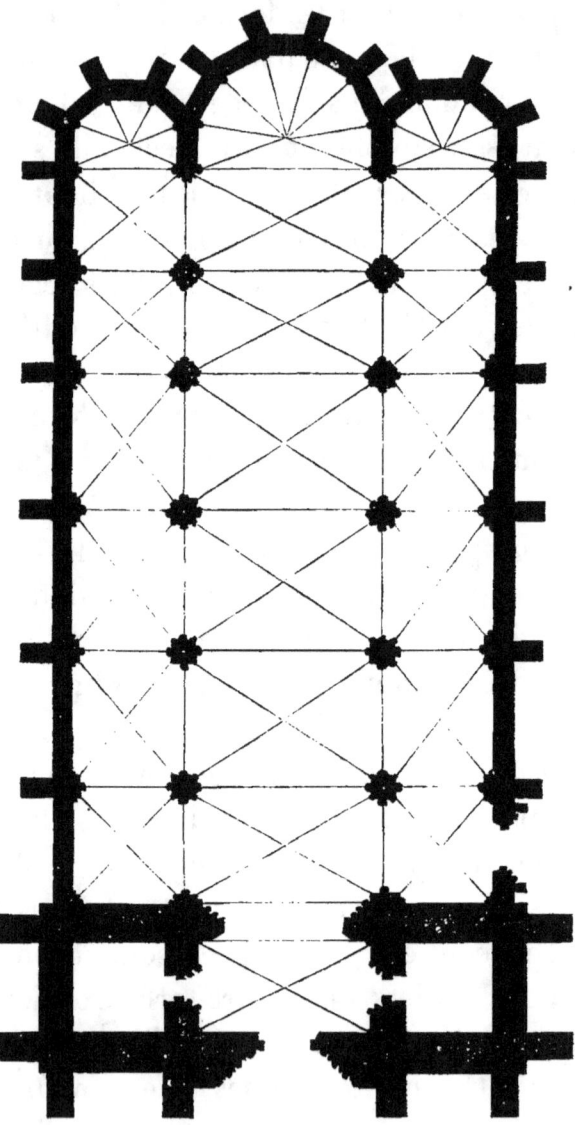

Les architectes allemands étaient donc moins avancés que ceux du nord de la France dans l'art de bâtir, puisque ceux-ci étaient arrivés avant ceux-là, par l'application des lois mathématiques au but qu'on se proposait depuis des siècles, celui de construire les édifices les plus vastes, les plus aérés, avec le moins de matériaux possible. Pour ce qui concerne les formes, l'imagination française, toujours active, avait fait progresser non moins heureusement toutes les questions relatives aux proportions générales et au décor.

École anglaise. Les plans des abbatiales de l'Angleterre présentent des différences très-marquées avec celles du continent septentrional; ordinairement l'abside est de forme carrée; on y a donc supprimé toute la complication des chapelles absidales, des voûtes arrondies et multipliées ainsi que tout le luxe de construction qui se déployait dans cette partie de nos temples. Les transsepts étant ouverts d'un grand nombre de fenêtres, comme les nefs latérales et le chœur, le plan reçoit, de cette disposition, un caractère d'unité, de facilité pour la conception et l'étude des diverses parties. Ces nefs transversales sont fréquemment placées à égale distance, ou à peu près, de la façade occidentale et de l'abside, de sorte que la tige et la tête de la croix n'offrent pas de différences bien notables. Les transsepts se doublent quelquefois vers le chœur; le plan prend alors la forme d'une croix archiépiscopale, mieux caractérisée encore qu'en France, parce que le chevet est carré. Si de l'ensemble des plans on passe à l'examen de leurs détails, on remarque qu'en général les clochers de la façade occidentale sont moins importants qu'en France et en Allemagne; en revanche la tour du centre de la croix s'étant maintenue plus longtemps dans cette contrée qu'ailleurs, les piliers *toraux* (*arcus toralis*, Ducange) qui la supportent ont plus d'importance dans les plans anglais que dans les nôtres. (Voir le plan de l'abbatiale de Tainchester à la page suivante, n° 430.)

N° 430. Plan de l'abbatiale de Tainchester.

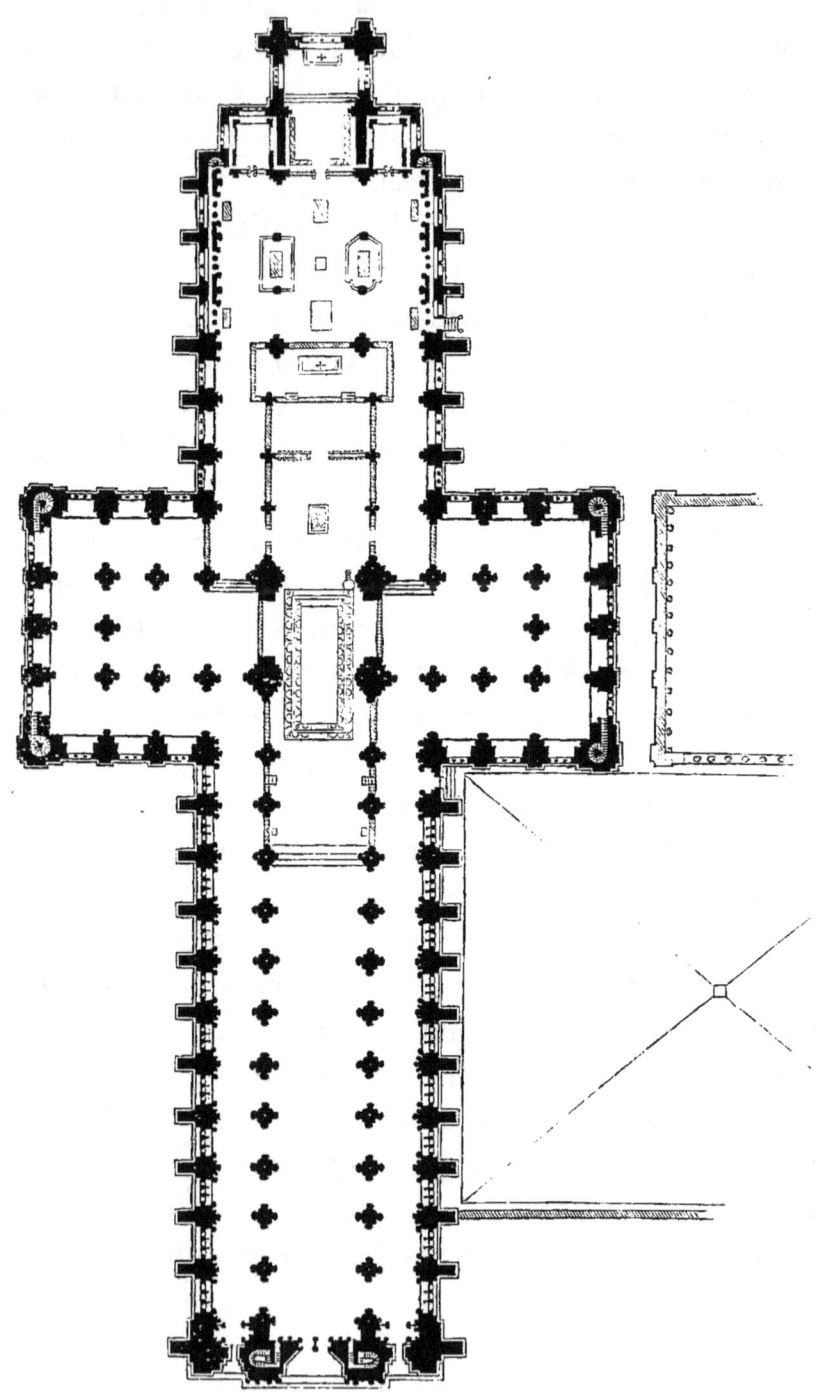

École italienne. L'Italie présente, à l'égard de l'architecture gothique, de l'analogie avec ce qu'on y a vu durant la période romane : pas d'invention dans la forme des plans, souvenirs des distributions incommodes de la basilique latine, absence de tout l'appareil de circulation facile établi chez nous au delà du chœur, pas de chapelles absidales et de la Vierge. Le nord de cette contrée montre bien parfois quelques importations de notre art septentrional, emprunts qui ne s'appliquent qu'à des détails de piliers, en désaccord le plus souvent avec l'ensemble; on n'y voit que des tours isolées ou mal reliées à l'édifice, des dispositions mesquines comparativement à celles qui avaient été conçues dans le nord de l'Europe; on n'y trouve ni la forme de nos tours et de nos nefs soutenues à l'extérieur par des contre-forts multipliés, ni de nos absides en polygone; aussi les plans incomplets, dépourvus des proportions grandioses de nos abbatiales, dénotent-ils toujours les souvenirs de la distribution des églises primitives dont le Nord s'était affranchi depuis longtemps. L'église du couvent d'Assisi offre, plus qu'une autre, des relations avec la disposition septentrionale, bien que dans des dimensions fort restreintes, puisqu'elle n'a qu'une nef. Si l'examen s'étend jusqu'à Rome, on y voit que l'art gothique n'y a pas pénétré pour ainsi dire. Le seul plan de l'église monastique de la *Minerva* présente quelque analogie dans ses nefs : les causes furent les mêmes que pour le style roman. Dans le royaume des Deux-Siciles, l'observation produit des résultats analogues, si ce n'est que, dans les transsepts et le sanctuaire, le plan présente des proportions et des formes inspirées de l'art chrétien oriental. La belle église monastique de Monréal et toutes celles de la Sicile qui ont été construites aux XIIe et XIIIe siècles offrent ces caractères. (Voir le plan de l'abbatiale de Monréal, n° 431.)

N° 431. Plan de l'abbatiale de Monréal

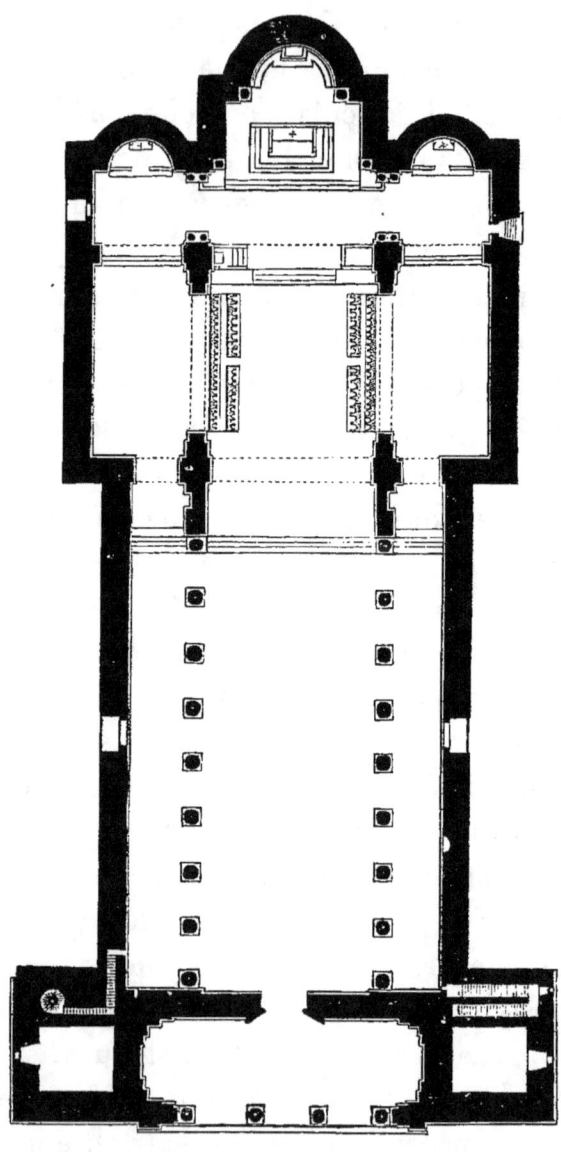

Les plans des édifices de la Sicile, construits par les rois normands, à cette époque, montrent dans les dispositions de leurs diverses parties les nuances variées que présentaient alors, dans cette île, les civilisations opposées, les influences rivales qui s'y trouvaient en présence : ainsi, le sanctuaire dont les proportions et les formes sont byzantines, indique combien étaient puissantes encore les traditions grecques; les rois normands rétablirent dans ce royaume la suprématie pontificale, les nefs sont disposées comme celles des basiliques de Rome; l'art septentrional avait établi sur les façades de nos églises deux tours inconnues aux Latins et aux Byzantins, les édifices de Monréal, de Céphalu, en Sicile, offrent à l'occident les clochers normands; on verra plus loin que la civilisation africaine, alors encore présente en Sicile, se montre aussi dans quelques détails de ces monuments.

FAÇADES.

Les façades des églises monastiques de la première période de transition présentent en général la plupart des éléments qui caractérisent celles de l'architecture romane avancée; l'arc brisé n'y paraît seulement que dans quelques parties, où il était d'abord utile de l'employer; ainsi, comme on le remarque à l'ancienne abbatiale de Notre-Dame-la-Grande, à Poitiers, gravée au n° 345, cet arc a été placé aux deux angles inférieurs, pour y faire arc-boutant en quelque sorte, et maintenir tout le poids des constructions supérieures; il occupe la même place, avec des dispositions différentes, à l'église de Saint-Nicolas-de-Civray, en Poitou, à celle de Laitre-sous-Amence, arrondissement de Nancy, etc. Dans ces divers édifices, la porte principale est encore construite en plein cintre. A la deuxième période de transition, les portes principales ou secondaires se surmontent d'arcs brisés, plus ou moins caractérisés, comme on les voit aux abbatiales de Saint-Germain-des-Prés à Paris, de Saint-Denis, d'Ainay à Lyon, etc. Toutes les autres ouvertures gardent encore la forme cintrée du style roman ; ce désaccord s'explique, 1° parce qu'on avait reconnu l'heureux emploi de l'arc brisé pour soutenir les charges pesantes ; 2° parce que, présentant moins de poussée que le plein cintre, il devait trouver d'abord sa place dans les plus grandes ouvertures, où les arcs poussent plus que dans les petites ; des portes il passa aux fenêtres voisines, puis il s'éleva jusqu'à celles du sommet. L'ornementation architecturale de cette époque consiste particulièrement dans l'emploi de pointes de diamants, de frettes et de chevrons brisés, qui se lient aux arcs aigus. La forme et la sculpture des chapiteaux n'offrent encore que des nuances peu différentes de celles de la période romane : on y remarque cependant une propension à plus de finesse, à une exécution plus précise des détails, à des profils délicats et d'un galbe plus refouillé.

Lorsqu'au XIIIe siècle l'arc aigu se répandit en système complet sur l'étendue des façades d'abbatiales, l'aspect général se modifia, tant par sa présence que par les changements qu'il apporta dans les proportions de l'ensemble et de ses subdivisions, dans la forme des moulures et de leurs ornements. Sans doute les tours et leurs contre-forts, les portes et les voussures renfoncées, la galerie destinée au *Gloria laus*, la rose ou *Oculus*, se reproduisaient à peu près aux mêmes places que dans l'art roman, parce qu'ils étaient nécessités par les mêmes besoins de la construction ou du cérémonial, mais leur aspect était tout autre.

TOURS.

Les tours du XIIIe siècle, plus élevées que celles de la période précédente, étaient en général soutenues par des contre-forts simples, à redans multipliés, entre lesquels étaient de longues fenêtres réelles ou feintes; au sommet s'élevait une flèche portée par une lanterne souvent octogone; les angles de la tour quadrangulaire donnaient place, soit à de hautes lucarnes se reliant à la flèche, comme on en voyait à Saint-Denis il y a peu d'années, soit à des phiales ou pinacles en pierre. La grande saillie donnée aux contre-forts, la forme pyramidale adoptée dans l'ensemble de ces tours, provenaient du besoin d'augmenter la solidité pour porter les cloches nombreuses et pesantes qu'on introduisait alors : la façade de l'abbatiale de Saint-Nicaise à Reims en donnait un bel exemple. (Voir la planche 432, à la page suivante.)

Au XIVe siècle, les contre-forts qui soutenaient les tours perdirent leur simplicité première; on leur donna dans les régions basses des formes anguleuses et saillantes pour porter des statues surmontées de dais et de pinacles; les parties hautes, ramenées à des plans droits et simples, furent ornées de rosaces, de reliefs découpés et de trèfles enveloppés sous un pignon ou un arc aigu; de légères galeries à jour, de grandes fenêtres fermées par des meneaux, donnèrent à ces tours de riches effets d'ombre et de lumière; de belles flèches en pierre, évidées sur leurs nombreuses faces et enrichies de feuillages sur leurs arêtes, terminèrent ces clochers.

Le XVe siècle présente des tours de formes moins sévères que les deux siècles précédents; les contre-forts y sont plus contournés, les fenêtres s'ouvrent au milieu d'une ornementation compliquée, de nombreuses niches surmontées de pinacles s'y établissent à divers étages. Le toit, décoré de lucarnes en bois, se termine par des crêtes à jour. L'abbatiale de Saint-Ouen nous montre une tour surmontée de terrasses. (Voir les Instructions précédentes du comité des arts, pages 97 et suivantes, pour ce qui concerne les clochers.)

N° 432. Façade de Saint-Nicaise, à Reims

PORTES.

Les premières portes de l'architecture gothique offrent à peine, dans leurs grands arcs, la brisure qui caractérise l'art du XIIIe siècle; elles sont ainsi à Saint-Denis, l'un des plus anciens exemples que présente l'Ile-de-France, et où se développa plus tôt et plus grandement qu'ailleurs ce nouveau style du Nord. Le portail du milieu domina généralement les deux autres; les moulures externes de la voussure offrant peu de saillie sur les murs, on les encadra quelquefois d'un pignon ayant lui-même peu de relief. De nombreuses colonnes portèrent les arrière-voussures; on plaça des statues entre ces colonnes, quelquefois même elles les remplacèrent; un vaste sujet sculpté, emprunté généralement au Nouveau Testament, occupa le tympan du milieu; ceux des portes secondaires furent consacrés soit à la vie du patron, soit à une légende locale, quelquefois aussi à l'Ancien Testament. Lorsque ces sujets manquaient, ils étaient remplacés par de riches combinaisons de lignes en trilobes et en roses. Un solide pied-droit isolé portant des statues du Christ, de sa mère ou d'un saint local, occupa le milieu de la porte, pour soutenir le linteau qui séparait le vide et le tympan.

Au XIVe siècle, l'ensemble du portail principal et de ceux qui l'accompagnent s'avance légèrement sur la façade; de véritables pignons isolés les surmontent; les cintres, plus aigus que dans la période précédente, s'ornent de moulures plus fines, plus richement décorées; de petits dais s'y accrochent et couronnent des statuettes. L'ornementation la plus variée décore le fond des entre-colonnements.

GALERIE.

La galerie destinée, durant la période romane, au chant du *Gloria laus*, pour la fête des Rameaux, manque rarement aux façades de l'architecture gothique; ne se bornant plus, comme précédemment, à quelques fenêtres rapprochées, elle est nettement exprimée entre les deux tours, soit par de nombreuses arcatures aveugles, soit par une galerie réelle facilement accessible des clochers. Si elle n'occupe la partie de l'édifice située immédiatement au-dessus des portes, elle se produit plus haut, dans le voisinage de la rose, ou à la base du pignon; ce motif de décoration est rarement abandonné, dans les façades offrant quelque richesse, et particulièrement dans les édifices de la France septentrionale, où l'art conserva des lignes horizontales exprimant les grandes divisions de l'architecture. C'est en s'éloignant de l'Ile-de-France, où cet art conserva les bonnes traditions, qu'on le vit s'écarter de ces principes, pour se livrer sans mesure à une tendance verticale qu'on remarque dans l'est de la France, en Allemagne, en Belgique et en Angleterre.

ROSE.

La rose, plus fréquente encore sur les façades gothiques que sur celles de l'art antérieur, s'y montre soit complétement isolée, comme à l'abbatiale de Saint-Denis, soit encadrée par les moulures et les colonnettes d'une vaste fenêtre; elle est ainsi à l'église de Saint-Jean-des-Vignes, abbaye de Soissons. Ordinairement pourvue dans son contour d'un cadre épais, son réseau n'offre plus, comme à la période romane, des colonnettes rayonnant du centre à la circonférence, excepté quelquefois encore au commencement du xiiie siècle; plus ordinairement il se compose d'une rosace légèrement découpée dans la pierre, et servant d'appui à des trilobes dont les supports vont se poser sur le grand cercle. La ferrure qui soutient la riche vitrerie peinte dont se décorent les roses se combine avec la pierre découpée pour consolider le verre, et quelquefois même pour augmenter la richesse des combinaisons variées du meneau. Au xve siècle, les divisions de la rose deviennent très-contournées dans leurs formes flamboyantes; nous renvoyons, pour tous ces détails, aux cahiers d'Instructions publiés précédemment par le comité des arts, pages 69, 73 et 74.

FAÇADES LATÉRALES.

La transition amena sur les faces latérales des églises monastiques, outre l'alliance du plein cintre et de l'arc aigu dans les fenêtres des nefs, l'emploi des arcs-boutants, non encore développés comme ils le furent plus tard, mais offrant déjà les principaux éléments de leurs combinaisons futures. Peu hardis dans cette nouveauté, les constructeurs les allièrent fréquemment encore aux pilastres extérieurs de la période romane. On fit porter la partie la plus élevée de ces grands arcs rampants sur les chapiteaux des pilastres; ils sont ainsi autour du chœur et de l'abside à l'abbatiale de Saint-Germain-des-Prés. Le pied de l'arc ou mur étroit destiné à soutenir la retombée ne s'orna pas encore, comme dans le style du xiiie siècle, de dais, de pinacles et de niches; il garda la sévérité simple, qui était l'un des caractères de l'art qu'on commençait à abandonner. Les corbeaux ou modillons placés sous les corniches ne présentaient plus la physionomie qu'ils avaient précédemment; leurs profils se modifiaient, et l'ornementation y suivait aussi une voie progressive. Au XIIIᵉ siècle, les façades latérales changèrent d'aspect, les baies s'agrandirent considérablement, les arcs-boutants, devenant plus sveltes, plus hardis, s'appuyèrent quelquefois encore à leur partie haute sur des colonnes voisines des nefs, comme on en voit à l'abbaye de Saint-Denis; le mur de support ou pied de l'arc se surmonta de fleurons, de pyramides légères, de flèches, de statues; un étroit chenal, destiné à l'écoulement des eaux pluviales, fut creusé dans les chappes de pierre qui couvraient l'extrados de l'arc, et de longues gargouilles les jetèrent au loin. Aux XIVᵉ et XVᵉ siècles, cette disposition des arcs-boutants fut la même, quant au système de construction; les détails seuls varièrent suivant l'époque. (Voir les précédentes Instructions du comité des arts, p. 62, 63, 64 et 65.)

Les corniches de couronnement des abbatiales perdirent au XIIIᵉ siècle les corbeaux et modillons, pour de grandes moulures concaves ornées de crochets et de fleurons d'une exécution large et d'un bon effet; aux XIVᵉ et XVᵉ siècles, des feuillages découpés et très-refouillés dans leurs contours les remplacèrent généralement.

Les extrémités de transsepts, encore peu ornées à la période de transition, se couvrirent au XIIIᵉ siècle de toute l'ornementation qui enrichissait les façades occidentales, et suivirent les phases que présente l'histoire de l'art.

Le clocher placé sur le centre de la croix participa beaucoup à l'effet des façades latérales; l'art roman l'avait fait vigoureux et d'un aspect sévère, la transition l'allégit; le XIIIᵉ et le XIVᵉ siècle le firent svelte, élégant, riche de colonnettes, de balustrades découpées : celui de l'abbatiale de Saint-Ouen est un chef-d'œuvre dans ce genre; ce fut un des derniers qu'on exécuta en France. L'Angleterre en conserva plus longtemps l'usage. Au xv⁰ siècle, on y avait généralement renoncé pour le remplacer par de légères flèches en bois.

Les façades latérales des églises monastiques étaient quelquefois surmontées de créneaux ou de mâchicoulis, comme de véritables forteresses; elles complétaient ainsi l'ensemble du système de défense établi sur les enceintes extérieures. L'Angleterre, qui a conservé la plupart de ses édifices monastiques, présente plus d'un fait de ce genre; ces fortifications s'étendent même sur plusieurs rangs, et l'on en voit qui se développent du côté des cloîtres, comme dans les parties opposées, bien que les cloîtres eux-mêmes fussent munis de tous les moyens militaires propres à repousser une attaque. (V. n° 433.)

Villard de Honnecourt a transmis une partie de l'ancienne nomenclature des divers membres d'architecture qui se développaient sur les faces latérales : il donne le nom de *filloles* aux tourelles qui surmontent les clochers; le toit pyramidal est à quatre ou à huit *crêtes,* arêtes garnies de crochets. Les bas côtés sont les *acaintes,* et le mur dont ils sont clos se nommait *plain pan* (*planus pannus*). L'entablement qui couronnait ces murailles recevait les *crétiaus,* balustrade en forme de créneaux ou découpée à jour comme le moyen âge nous en offre de si fréquents exemples; ils forment en effet une espèce de crête. L'auteur explique comment derrière cette balustrade et plus haut, vers le *seuil* des *formes* ou grandes croisées, on doit établir des *voies* pour circuler facilement. Il nomme *arc-buteret* l'arc-boutant, *entaulement* la corniche qui surmonte les murailles, c'est presque le même mot qu'*entablement* employé de nos jours pour exprimer un couronnement complet. Les *verrières* ne sont pas, dans sa nomenclature, les peintures sur verre, mais les réseaux de pierre qui les divisent et les soutiennent.

N° 433. Mâchicoulis, à Redon.

CHAPELLES.

Les nombreuses chapelles qui furent établies dans les églises gothiques offraient à l'extérieur des dispositions diverses : elles avaient fréquemment des formes simples et quadrangulaires; annexées après coup à l'édifice principal, elles s'appuyaient contre les murs latéraux, n'offrant aucun lien, aucune harmonie avec les lignes de son architecture. Les églises monastiques de Sainte-Geneviève, de Saint-Jean-de-Latran, à Paris, en possédaient ainsi.

ARCHITECTURE MONASTIQUE. 225

Quand les chapelles élevées latéralement à un grand édifice avaient été conçues dans son ensemble, les lignes de couronnement, les balustrades supérieures, les formes générales et les détails suivaient la loi d'harmonie qui avait guidé l'artiste dans la composition totale; la chapelle n'était alors qu'une partie protubérante, dont la forme carrée, semi-circulaire ou en polygone se reliait en tout point à l'édifice principal.

Ce fut particulièrement au XIVe siècle que les chapelles latérales se multiplièrent; toute leur profondeur vint s'adjoindre aux nefs secondaires des églises, et lorsque celles-ci étaient d'une origine plus ancienne, on enveloppait leurs contre-forts dans les murs de ces nouvelles constructions. Si l'édifice, au contraire, était conçu à l'époque à laquelle ces chapelles étaient en usage, alors, entrant dans le projet général, leurs murs formaient avec les siens une seule et même construction homogène.

En général, quelle que fût l'époque qui vit élever ces constructions secondaires, elles étaient couvertes soit de terrasses, soit de charpentes particulières à chacune d'elles : dans le premier cas, les couronnements extérieurs et leurs balustrades faisaient disparaître la couverture; dans le second, les toits s'élevaient nettement au-dessus de l'architecture extérieure. Si ce toit était pyramidal, devant lui passait l'appui évidé; s'il était en bâtière, c'est-à-dire à double pente, alors un pignon en pierre, orné de sculpture ou de lignes architecturales, indiquait au dehors la couverture de la chapelle. Il résultait de cette disposition, que fréquemment toute la façade latérale d'une église était couronnée par une suite non interrompue de pignons uniformes dans leur ensemble, mais variés par leur décoration.

Les chapelles étant souvent construites aux dépens de

riches prélats, de fastueux seigneurs, des familles puissantes plaçaient là leurs sépultures; l'ensemble de la construction se ressentait de cette origine, et le luxe, l'abondance des ornements contrastaient avec la simplicité des chapelles voisines, élevées par la communauté; non contents de cette distinction, les seigneurs faisaient peindre, en dehors de leurs chapelles, une litre, large bande couverte de leurs écussons de famille, indiquant d'une manière plus apparente encore que par les armoiries sculptées, quels étaient les possesseurs de la chapelle.

Ces constructions secondaires, élevées par les familles puissantes, n'étaient pas toujours limitées par la largeur d'une travée de l'édifice principal; elles s'étendaient souvent de manière à comprendre plusieurs de ces travées dans leur développement longitudinal; c'étaient alors de petites églises privées accolées à la grande et communiquant avec elle par de vastes ouvertures latérales, dont une seule, le plus souvent, leur servait d'entrée, les autres se fermant soit par des claires-voies, soit par des monuments funèbres qui s'élevaient assez pour clore, pas assez pour supprimer toute relation entre les deux monuments. La chapelle de la famille d'Orléans, aux Célestins de Paris, présentait ces dispositions.

Enfin, de magnifiques chapelles, consacrées à la sépulture des rois, s'élevèrent soit latéralement à certaines églises monastiques, soit à leur chevet; ainsi, la belle abbaye de Batalha, en Portugal, fondée en 1385 par le roi Jean Ier, reçut à l'angle de la façade méridionale de son église une remarquable chapelle carrée, prenant la largeur de trois travées de l'édifice principal et contenant le monument funèbre du roi, dans un atrium octogone placé au centre: un autel réservé accompagne le tombeau. (Voir le plan, n° 434.)

N° 434. Plan de la chapelle latérale de l'église de Batalha.

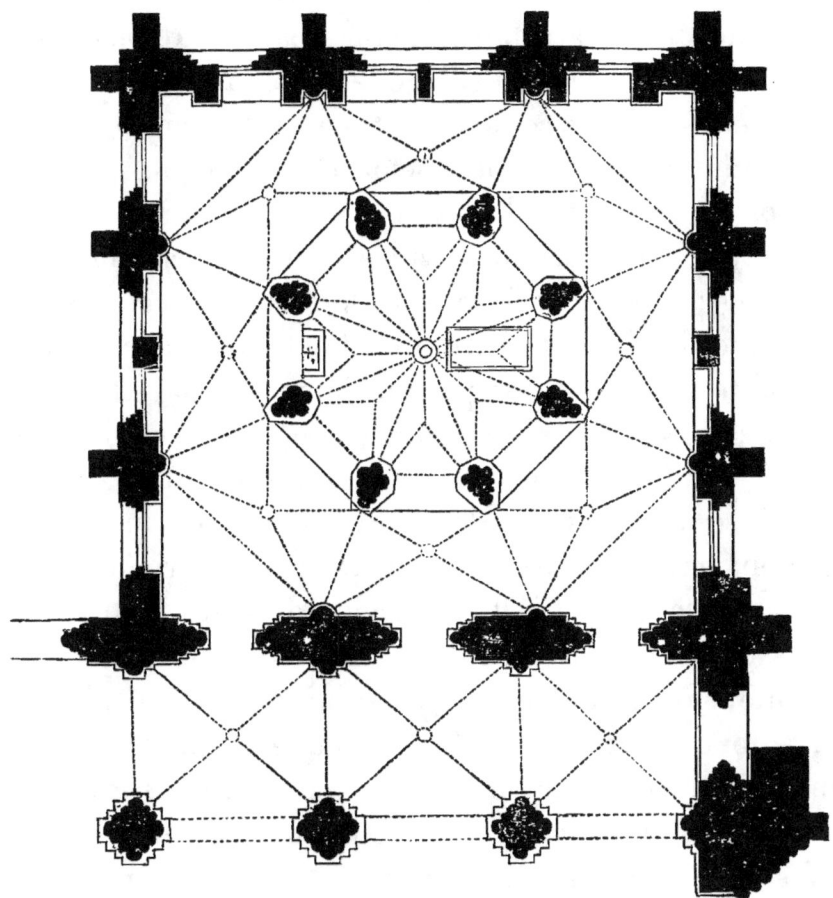

ABSIDES.

Les absides, plus encore que toutes les autres parties des églises de la transition et des périodes suivantes, présentent des différences notables avec celles de l'art antérieur. Là s'offre une variété de lignes courbes ou brisées, de toits de chapelles, d'arcs-boutants et de pinacles, de galeries évidées, qui donnent à cette partie des temples un aspect particulier, et produisent les effets d'ombre et de lumière les plus inattendus.

29.

On a vu précédemment, en suivant les développements progressifs des plans, comment les chapelles du chevet passèrent, des formes arrondies données par l'art roman, aux dispositions carrées et en polygones; ces mutations diverses amenèrent sur leurs contours extérieurs de nombreux contreforts plus ou moins ornés, selon que l'époque de la construction était le XIIIe, le XIVe ou le XVe siècle; il en fut de même pour les balustrades évidées qui les surmontèrent ; les baies s'agrandissant se fermèrent de meneaux légers, qui prirent toutes les formes variées qu'admettait le caprice uni à la possibilité de découper la pierre. Entre ces chapelles, sur les murs de séparation, s'élevèrent de longues et minces flèches ornées, contre-poids et points d'appuis des arcs-boutants; ceux-ci se dirigeant vers les hautes murailles du chœur, en maintenaient les voûtes, et permettaient d'ouvrir d'immenses baies, si favorables à l'effet intérieur de cette partie des édifices sacrés. L'abside de l'abbatiale de Saint-Ouen de Rouen présente, sur un double rang, les supports et les arcs-boutants.

L'adjonction faite au XIIIe siècle d'une chapelle particulière consacrée à la Vierge vint ajouter encore, dans les grandes abbatiales, de nouveaux effets à ceux que présentait le chevet, déjà si riche. Formant d'abord un petit temple à part et relié par une galerie, comme on le voit à l'abbaye de Saint-Germer (voir le plan, n° 425), elle devint ensuite un prolongement de l'église elle-même, en s'y attachant d'une manière directe et intime, sans intermédiaire.

Les dispositions carrées, admises à l'abside des églises de Cîteaux (voir pages 45 et suivantes), furent entretenues durant la période transitoire et celles qui la suivirent. Villard de Honnecourt a dessiné un plan qu'il désigne ainsi : « Voici une église *d'équerre* qui fut projetée pour l'ordre de Cîteaux. »

(Fol. 14 v.) Dans ces édifices tout l'appareil de décoration architecturale indiquée ici disparaissait et se bornait à une grande muraille percée de fenêtres éclairant le sanctuaire et les chapelles voisines. Toutefois le plan de l'abbatiale de Batalha, dont la partie orientale est gravée à la page suivante, au n° 435, démontre que d'autres ordres que celui de Cîteaux, les religieux de Batalha étaient des Dominicains, adoptant des dispositions analogues, s'écartèrent de la sévérité cistercienne, puisqu'ils établirent à chacune des chapelles de leur chevet *d'équerre,* des absides circulaires ou en polygone ornées de contre-forts, de verrières et de galeries.

Enfin le chevet de quelques églises monastiques reçut des chapelles sépulcrales, prenant la place de celles de la Vierge, indiquées ici : l'abbaye de Batalha offre celle qui fut consacrée à la sépulture du roi Emmanuel de Portugal ; elle est considérable, et de forme octogone à l'intérieur; des chapelles secondaires l'enveloppent. Celle de Thomas Becket au prieuré de Cantorbéry est circulaire et occupe la même place (voir le plan gravé à la planche n° 398). La célèbre chapelle funéraire de Henri VII, à l'abbaye de Westminster, est la plus vaste et la plus remarquable de ces constructions accessoires, faites au lieu occupé ordinairement par la chapelle de la Vierge; reliée à l'abside de l'église abbatiale par un vestibule établi et décoré avec luxe, elle s'étend au loin et présente, par les combinaisons de son ensemble et de ses détails accessoires, tout ce que comportait une chapelle royale conçue avec les ressources de l'art du moyen âge; elle est assez connue pour que nous nous abstenions d'en publier ici le plan. (Le plan de la chapelle du roi, à Batalha, est gravé à la page suivante, n° 435.)

N° 435. Plan de la chapelle royale à l'abside de l'église de Batalha.

Les absides reçurent quelquefois des moyens de défense, tels que créneaux et mâchicoulis.

La décoration extérieure des églises monastiques de la période de transition se compléta par la sculpture et la coloration, comme dans les âges précédents; le style des ornements n'était déjà plus celui qu'avait adopté l'art roman dans toute sa vigueur; à ses formes modifiées par une plus grande recherche des détails, venait se joindre l'emploi plus fréquent de la statuaire, qui commençait à prendre largement sa place dans la décoration architecturale.

Au XIIIe siècle la sculpture d'ornement était complétement changée; on n'y trouvait plus aucun souvenir des formes archaïques conservées sous la période romane; la flore indigène devint la source où les artistes prirent d'abord des inspirations, plus tard ils la copièrent d'une façon presque servile. La statuaire du Nord, à peine ébauchée précédemment, atteignit tout à coup, au XIIIe siècle, une élévation de pensée, de sentiment et d'exécution qui, dans son genre, dépasse tout ce que l'art a produit; la fécondité de nos sculpteurs septentrionaux n'était pas moins remarquable que leur talent; aux XIVe et XVe siècles même abondance de productions, mais dégradation successive du style.

La peinture murale, la coloration de la statuaire et de la sculpture d'ornement vinrent compléter l'effet extérieur des édifices monastiques; ainsi, les Chartreux, les Grands Carmes et autres religieux de Paris offraient sur les façades de leurs églises de vastes sujets peints ou des groupes de figures coloriées, se mêlant aux colonnettes, aux vignes, aux chardons sculptés et rehaussés de couleurs qui décoraient les portes ou les pignons.

NEFS.

Les voûtes en berceau exécutées d'abord sur les églises romanes s'étant modifiées par le système de construction à nervures diagonales, chaque travée des nefs dut se surmonter de formerets, ou arcs parallèles à l'axe principal, et dont les dispositions élevées pussent amener leurs clefs au niveau de celles des croisées d'ogives; ce besoin de surélever les formerets conduisit à les tracer en arcs aigus. Sur toute l'étendue de la grande nef s'établit alors une série de courbes nouvelles, nécessitées par la construction.

Des parties hautes, ces arcs passèrent bientôt à la suite continue d'arcades formant séparation entre les nefs; la période de transition présenta donc d'abord l'arc aigu au sommet et au bas des églises, le plein cintre persistant, en général, aux ouvertures des fenêtres, aux arcs des galeries feintes ou réelles qui décoraient les murs.

Le XIIIe siècle fit plus que la période transitoire : il appliqua, en système complet, l'arc aigu à tout cintre de porte, d'arcade ou de fenêtre, de galerie ou d'arc figuré; de là naquirent l'harmonie et l'unité qui caractérisent les édifices de cette période. L'effet qui en résulta fut un exhaussement général des diverses parties des édifices, et conséquemment de leur ensemble.

Le constructeur devenu si habile, si entreprenant, qu'il laissait loin derrière lui tout ce qui s'était fait jusqu'alors, la distribution architecturale dut se plier aux exigences de ces beaux résultats : les voûtes s'élevaient sans obstacles, les baies et les colonnes s'allongèrent, tous les détails d'art entrèrent dans cette voie ascensionnelle demandée par l'harmonie, de là les faisceaux de colonnettes légères, les fines moulures verticales qui caractérisent les nefs de ce style d'architecture.

Le XIIIe siècle, placé dans cette voie novatrice, conséquence de tout ce qui s'était passé dans le Nord depuis le XIe, repoussa donc tout ce que l'art roman avait, dans certaines contrées, conservé encore des proportions et des formes païennes; on n'y vit plus rien de ces dispositions archaïques présentées par l'Italie et le midi de la France à l'époque de transition; plus de ces alliances de formes antiques, de pilastres cannelés, de chapiteaux classiques mêlés à des arcs aigus, comme en offrent l'Aquitaine, la Bourgogne et quelques provinces du centre; ici paraît une création tout entière, et c'est celle du Nord, novateur toujours conséquent avec lui-même, et mettant la dernière main à son œuvre.

Toutefois, dans cette marche progressive de l'architecture chrétienne, on doit remarquer, à l'égard du style intérieur des nefs d'abbatiales, une suite successive d'améliorations réelles qui se produisirent jusqu'au XIVe siècle inclusivement; ainsi, dans la première moitié du XIIIe, les supports des travées sont généralement de fortes colonnes isolées, dont les larges chapiteaux portent simultanément les moulures qui encadrent les arcs et les bases des colonnettes élevées jusqu'aux voûtes, disposition peu étudiée encore et derniers souvenirs de la période précédente; la seconde moitié du même siècle, au contraire, montre à cet égard un progrès réel; les grands faisceaux de colonnettes partent du sol, d'autres faisceaux, plus courts et complétant les piliers, s'étendent jusqu'à l'imposte indiquée par des chapiteaux subdivisés comme eux, les moulures de l'arc s'y reposent et reproduisent, par les profils, le plan de leurs piliers de support; ici commence l'harmonie de détail : l'abbatiale de Saint-Denis en offre un exemple.

Les grands arcs de séparation des nefs, très-bien combinés déjà pour la construction et le décor, restent cependant peu élancés et dans des proportions archaïques; il en résulte, pour l'effet de la travée, que sa partie inférieure n'est pas en rapport avec ses régions élevées, que le triforium ou galerie qui surmonte l'arc est trop près du sol, qu'il prend une trop grande importance pour son rôle secondaire, qu'il laisse trop d'espace entre lui et les voûtes. La fin du XIIIe siècle et le XIVe résolurent avantageusement ces questions d'harmonie intérieure des nefs, en allongeant beaucoup les grands arcs, ce qui ramena l'ensemble à des proportions convenables.

Le plus bel exemple qui nous reste d'un édifice monastique de l'art du Nord est l'abbatiale de Saint-Ouen de Rouen, dont nous reproduisons ici une travée. Construite au XIVe siècle, cette église présente dans ses nefs un résumé de toutes les tendances qui, depuis l'abandon du style roman, devaient amener l'art chrétien à sa perfection. (Voir le n° 436.)

DÉCORATION DES NEFS.

Aux grandes combinaisons des lignes architecturales que présente le style gothique, épuré par l'étude, vint se joindre, pour compléter l'effet général des nefs, une coloration bien entendue des moulures, des chapiteaux, des voûtes et de leurs nervures. Les parties planes des murailles, situées au-dessus des arcs, au fond du triforium et dans les bas-côtés, se couvrirent de sujets religieux, peints avec le goût et l'entente de l'harmonie qui caractérisaient l'art gothique de la fin du XIIIe siècle et de la majeure partie du XIVe. L'éclat des vitraux venait se joindre à cet ensemble brillant. Les fragments de peintures découverts sur toutes les parties des églises de cette belle période de l'art chrétien donnent des idées précises sur l'effet que voulaient y produire les artistes du moyen âge. La grande abbatiale de Saint-Remy, à Reims, bien que d'une construction antérieure au style gothique, celle de Saint-Bertin, à Saint-Omer, ont offert de remarquables échantillons de la peinture décorative des nefs dans les maisons religieuses, aux deux principales époques indiquées plus haut.

ARCHITECTURE MONASTIQUE.

N° 436. Travée de l'abbatiale de Saint-Ouen de Rouen.

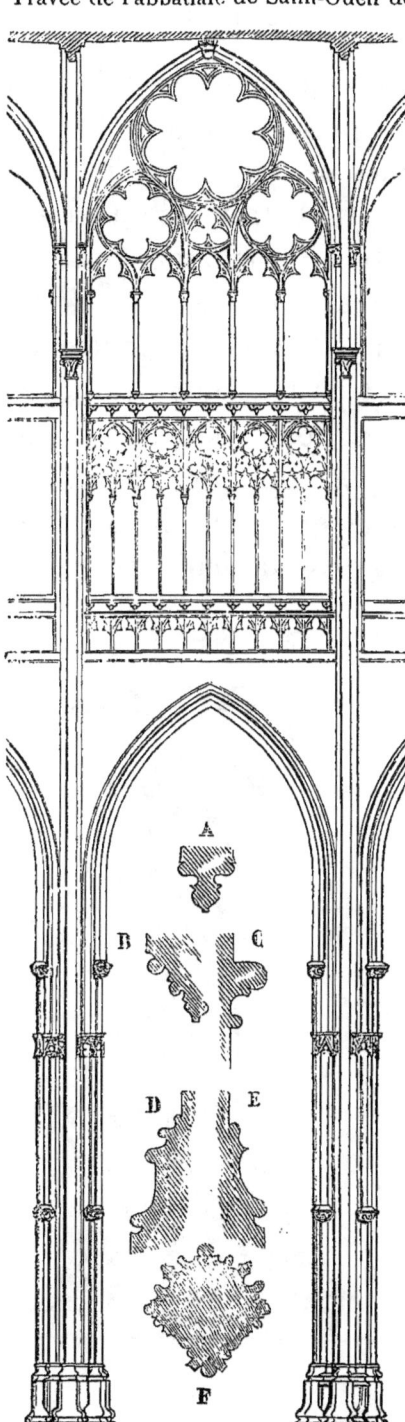

A. Profil des nervures diagonales des voûtes.

B. Profil de l'archivolte des arcs.

C. Profil du cordon situé au-dessus du triforium.

D. Profil des bases.

E. Profil des bases.

F. Plan des piliers de la nef.

MEUBLES DES NEFS.

Bénitier. — Les styles précédents avaient indiqué la meilleure disposition à prendre pour établir les bénitiers dans le voisinage des portes de l'église, à l'intérieur; on plaça la cuvette au sommet d'un fût tronqué ou d'un socle peu élevé, qui s'orna suivant le style de l'époque. Ceux de la transition et du XIIIe siècle sont rares; il en reste du XIVe; ils sont ordinairement composés d'une cuvette en polygone, plus ou moins ornée à l'extérieur, et portée sur un fût de colonne prismatique décoré de moulures. Nous donnons ici celui de Quimper, qui date de la fin du style gothique. La cuve est enveloppée dans des feuillages de chêne; des clochetons flanquent la tige, que supporte une large base de feuillages.

N° 437. Bénitier à Quimper.

On fit aussi des bénitiers appliqués contre les murs et même contre des colonnes simples ou multiples; ils se composaient d'une cuvette à plusieurs faces, se réduisant en pyramide par le bas; un dais semblable à ceux qui surmontent les statues couronnait l'ensemble.

L'église des Grands Carmes, à Paris, offrait un exemple de bénitiers, au nombre de trois, et en forme de coquilles, placés à l'extérieur de la porte; deux étaient appuyés aux pieds-droits, le troisième au meneau de division. Ainsi placés en dehors, ces bénitiers rappelaient l'usage de l'ablution extérieure des premiers siècles chrétiens.

Fonts baptismaux. — Les fonts baptismaux de la période de transition présentent de l'analogie avec ceux de l'art roman ; le cintre y est remplacé par l'arc aigu, soit dans l'ornementation des faces latérales de la cuve, soit dans la liaison des piliers ou colonnettes qui la supportent.

Ceux des XIIIe et XIVe siècles, tout en conservant quelquefois les formes antérieures, ou en s'élevant sur un plan en polygone, se distinguent par une ornementation toute différente. Ce sont de larges frises de feuillages mêlés à des têtes humaines, des panneaux composés de rosaces déliées et de trilobes, des frontons aigus semblables à ceux qui surmontent les dais de couronnement des statues. Au XVe siècle, les fonts prennent les formes prismatiques les plus variées, s'élevant tantôt sur une colonne cylindrique, tantôt sur des pieds divisés en facettes nombreuses.

Le métal, employé dès les premiers siècles du christianisme pour l'établissement des fonts baptismaux, fut sans doute aussi mis en œuvre durant tout le moyen âge; mais, comme tous les monuments de ce genre, ces meubles ont disparu généralement; quelques exemples cependant ont survécu : on en

238   INSTRUCTIONS.

voit des XIIIe, XIVe et XVe siècles, en plomb et en cuivre. C'est particulièrement dans le nord de l'Europe qu'on retrouve des fonts exécutés en métal. Ils ont la forme d'un vase plus ou

N° 438. Fonts en cuivre à Cologne.

moins orné et surmonté d'un ample couvercle, soulevé, pour la cérémonie, par une grue en fer, richement décorée et combinée d'une manière ingénieuse pour l'éloigner. M. J. Gailhabaud, à qui l'on doit deux belles publications relatives à l'art du moyen âge, a fait connaître une série de fonts baptismaux en métal, qui offrent beaucoup d'intérêt; l'auteur s'est particulièrement appliqué à reproduire les machines ingénieuses au moyen desquelles on soulevait facilement le couvercle pour le déplacer au moment de la cérémonie[1].

Chaire. — Les chaires à prêcher de la période ogivale sont

N° 439. Chaire à Nieuport.

---

[1] V. *L'Architecture du Ve au XVIIe siècle et les arts qui en dépendent.*

devenues rares, parce qu'elles furent généralement construites
en bois : quelques-unes, établies en pierre ou en marbre, ont
survécu; on en voit même dans lesquelles le fer et la tôle découpée forment les panneaux de décoration. Ces meubles,
spécialement consacrés aux prédications, comme les ambons
des périodes précédentes, pouvaient être disposés de deux manières : ils étaient complétement isolés, ou appuyés contre les
murs et piliers des édifices; on en plaça même sur les jubés
qui séparaient le chœur de la nef, et quelquefois le préau des
cloîtres ou les façades des églises offraient des chaires élevées
en plein air pour les jours de grandes réunions ou pour des
fêtes particulières, celle des Morts, par exemple.

L'Italie nous montre des chaires isolées de l'époque gothique, construites en marbre, et qui, par leur configuration,
leur stabilité, peuvent être considérées comme servant de transition entre l'antique ambon et la chaire du Nord. La forme
et la disposition des chaires sont trop connues pour qu'il soit
nécessaire d'entrer dans de grands développements à leur
égard; nous donnons (n° 439) la figure de celle que nous
avons recueillie, en Belgique, il y a peu d'années; elle est du
XVe siècle; sa construction en bois offre de l'intérêt, particulièrement à l'égard de l'escalier, qui est d'une grande légèreté.
De charmants bas-reliefs décorent le sommet du meuble et
les panneaux d'appui. Des statuettes rappelant les traits et les
attributs des grands orateurs chrétiens sont placées dans la
partie inférieure du meuble, entre les piliers qui le supportent. La place donnée dans les nefs à la chaire de prédication ne fut pas partout la même; généralement elle occupa
le côté du midi, et s'appuya contre le pilier de l'une des dernières travées; on en porta aussi contre l'un des piliers *toraux*; enfin, lorsqu'elle offrait de l'importance par son éten-

ARCHITECTURE MONASTIQUE. 241

due, on la mettait dans le vide formé par l'une des arcades de la nef; dans ce dernier cas, des balustrades à hauteur d'appui fermaient l'arcade, pour éviter, autour de la chaire, la trop grande circulation qui aurait troublé l'orateur.

N° 440. Chaire à Saint-Pierre d'Avignon.

Les chaires appuyées contre les murs ou les piliers des églises sont d'une forme ordinairement moins compliquée que les autres, puisque leur partie postérieure est supprimée. Quelquefois une colonne engagée supporte la partie inférieure de ces chaires; c'est ainsi que se présente celle de l'église du couvent d'Assisi; ailleurs c'est un pilier prismatique ou toute autre combinaison qui la soutient; celle de l'église de Saint-Pierre d'Avignon est dépourvue de ces supports et repose sur une base. Ordinairement l'escalier est pratiqué dans l'épaisseur de la muraille ou du pilier contre lequel est appuyé le meuble; une porte donne entrée dans la chaire.

N° 441. Chaire extérieure des Grands Carmes.

L'abat-voix ne paraît pas être d'invention antérieure au xv° siè-

ARCHITECTURE MONASTIQUE. 243

cle, les anciennes chaires gothiques en sont dépourvues; celles de Saint-Lô et de Vitré situées en plein air, la chaire qui, à Paris, s'élevait dans le préau des Carmes, sont surmontées d'un abat-voix. C'est peut-être à ces meubles placés à l'extérieur, et qu'il fallait préserver de la pluie, qu'on reconnut l'utilité de cette annexe, pour étendre au loin la voix de l'orateur. (Voir au n° 441, page précédente, la chaire des Carmes.)

Bancs. — Quelques églises présentent dans les bas-côtés, contre les murailles latérales, des bancs continus en pierre, à l'usage des fidèles; on en voit aussi sur lesquels les places sont divisées, à peu près comme des stalles, par des appuis pour les bras. Ce ne fut guère qu'à la fin du xve siècle qu'on plaça dans la nef principale, des bancs en bois, d'une construction simple et légère.

Orgues.—Les orgues ont été inventées par les anciens. Héron, Vitruve et d'autres auteurs en décrivent le mécanisme ; dans les premiers siècles chrétiens on en figura sur la base de l'obélisque de Constantinople. Ces instruments étaient alors infiniment moins développés qu'au moyen âge, et par conséquent de nos jours; leur introduction dans les églises est ancienne; des édifices de l'époque romane démontrent par leur disposition qu'ils contenaient des orgues assez étendues pour contribuer à la décoration de la nef principale. Elles ont été détruites ainsi que celles de l'époque gothique : toutefois, l'église de Saint-Jean, à Perpignan, montre un buffet d'orgue dans lequel le style du xve siècle se remarque; un double volet, peint à l'intérieur et daté de 1504, sert à fermer l'instrument. Les villes de Reims, d'Amiens, conservent, sinon les orgues du moyen âge, au moins les encorbellements gothiques en bois qui leur servaient de supports. Dans la première de ces deux villes, l'ancien existait encore au siècle de Louis XIV.

Jubé. — Entre la nef et le chœur s'élevait une clôture qui n'offrait plus les dispositions adoptées dans l'architecture romane : l'art gothique fit renaître celles que présentaient quelquefois les basiliques latines et toujours les églises néogrecques : c'était le jubé. Rarement établi au xiiie siècle, du moins autant que nous en pouvons juger, il se multiplia aux xive et xve. Son rôle était celui de la *trabes,* qui séparait le clergé des fidèles et portait à son sommet le Christ en croix; il en différait cependant, en ce que, l'arc ayant remplacé l'architrave, toutes les ouvertures étaient des arcades aiguës, plus ou moins élevées, selon les proportions de l'édifice ou les effets que l'architecte s'était donné de produire.

On montait au jubé par de petits escaliers adroitement cachés par les piliers voisins ou disposés pittoresquement pour la décoration; arrivé au sommet du jubé, on était préservé des chutes par de riches balustrades plus ou moins élevées. A l'époque de certaines fêtes on prêchait du haut de ces tribunes, et une chaire spéciale y était quelquefois disposée à cet effet; on y exposait des reliques, on y plaçait des musiciens lorsque le temps ne permettait pas de faire au dehors la procession des Rameaux; en Angleterre on y a établi les orgues, peut-être dans la même intention.

L'arcade du milieu, destinée au service du chœur, était fermée par des grilles mobiles, les autres par des clôtures fixes, quelquefois même par des murs pleins; généralement des autels s'appuyaient contre le jubé; il est probable que celui du Christ en croix, qu'on a vu précédemment figurer sur le plan de l'abbatiale de Saint-Gall, était établi provisoirement devant la porte centrale du jubé à l'occasion de la fête des Rameaux. Le plus beau jubé qui soit connu était celui de l'abbaye de Saint-Ouen, de Rouen, gravé dans le *Monasticon*

Gallicanum, ouvrage non terminé. Quelques édifices de la France, de l'Angleterre, de la Belgique, montrent des jubés remarquables, construits en pierre ou en bois.

CHAPELLES.

L'architecture intérieure des chapelles s'harmonisait avec celle de l'édifice principal; elle n'en différait ordinairement que par des proportions plus fines, en raison de la moindre étendue qu'offraient ces sanctuaires restreints. A l'époque de la transition, c'était un style simple et sévère, empreint des souvenirs de l'architecture romane, des nervures de voûtes d'un profil accentué, de simples tores autour des fenêtres. Les colonnes, plus grêles que celles de l'église, gardaient des proportions courtes encore, mais la forme de leurs bases, les chapiteaux plus finement sculptés et se modifiant dans leur composition, exprimaient la révolution ébauchée. Les chapelles de la *choréa,* aux abbatiales de Saint-Martin-des-Champs, de Saint-Germain-des-Prés, offrent ces différents caractères.

Au XIIIe siècle tout était changé; des colonnettes légères s'élevant du sol jusqu'aux nervures de la voûte ornaient les angles des chapelles, et se reproduisaient dans les trumeaux, si plusieurs fenêtres les éclairaient; les clefs de voûtes s'ornaient de sculptures; l'arc aigu, qui précédemment se mêlait au plein cintre, régnait ici exclusivement. De larges baies latérales ou placées au-dessus de l'autel s'ornaient de nombreuses moulures combinées; des meneaux de pierre découpés en roses y maintenaient les vitraux; le XIVe siècle apporta peu de changements aux chapelles; au XVe siècle, les nervures et leurs clefs prirent des superfétations de pierre sculptée, les fenêtres et leurs meneaux des formes capricieuses qui caractérisent cette époque.

DÉCORATION DES CHAPELLES.

La décoration des chapelles, ébauchée par l'architecture, se compléta par les arts accessoires; de riches pavés, analogues à ceux de l'édifice principal, couvrirent le sol; la peinture orna les parois; la sculpture, la menuiserie, l'orfévrerie, décorèrent les autels, les meubles secondaires et les châsses.

La plupart des chapelles d'églises monastiques appartenant à des familles opulentes et devenant le lieu ordinaire de leur sépulture, de remarquables tombeaux s'élevèrent contre les parois de ces chapelles; des pierres tumulaires y formèrent un riche pavé; le résultat fut, en général, une décoration qui ne présenta pas toujours une grande harmonie dans son ensemble, parce que les sépultures s'y aggloméraient successivement et dans des styles divers; mais cette abondance de sculpture, de marbres, de sujets peints, d'armoiries variées se reliant à l'effet général du grand édifice dont ces chapelles étaient les accessoires, donnait au tout un charme, un intérêt historique et local que rien ne remplacera jamais dans l'avenir.

PAVÉS.

Le pavé des églises abbatiales de la période gothique était de plusieurs natures. Le dallage en pierre fut le plus généralement adopté; on le mit en harmonie avec l'ensemble de l'édifice en y gravant de larges ornements, rehaussés de mastics de diverses couleurs. L'abbatiale de Saint-Denis, la cathédrale actuelle de Saint-Omer, ancienne église monastique, présentent de beaux exemples de cette riche décoration.

Ces deux édifices nous montrent aussi des types précieux de pavés en terre cuite émaillée; mais en général ce second système était employé dans le chœur et les chapelles closes, plus que dans les nefs, parce qu'on ne le considérait pas comme de nature à résister au frottement continu causé par l'affluence des fidèles. Ce pavage offrait les dessins et les tons les plus variés. L'abbatiale de Saint-Denis en possédait de curieux par leur fabrication : ils se composaient de cubes de 3 centimètres de côté, couverts d'une couche brillante d'émail, et qu'on plaçait au centre d'un carreau de dimension beaucoup plus grande, présentant un ton différent, et percé d'un trou égal au cube; c'était une transition entre la mosaïque ancienne et le pavage en carreaux émaillés de diverses couleurs.

A une époque avancée du moyen âge, on fabriqua des pavés qui étaient de véritables peintures et devaient conduire les artistes de la renaissance aux beaux résultats qu'ils obtinrent dans ce genre : l'abbaye de Fontenay, auprès de Caen, présentait un pavé en terre cuite, sur lequel était figuré un chevalier de grandeur naturelle; tableau composé de treize carreaux peints isolément pour former un ensemble; la chapelle d'Écouen contint plus tard deux remarquables tableaux en pavés, fabriqués à Rouen en 1548. Ce genre de pavage serait-il encore au nombre des inventions septentrionales?

Les dalles tumulaires, contenant des inscriptions, des emblèmes et plus généralement des figures gravées et rehaussées de mastics et de marbres, formèrent en grande partie le pavage des églises monastiques. Dans nos contrées elles étaient ordinairement en pierre dure, quelquefois en ardoise; en Italie, le marbre, plus commun, était souvent en usage. Le cuivre était une matière dont on faisait aussi grand emploi pour représenter sur le sol des édifices religieux les personnes de marque ensevelies au-dessous; on y joignait les richesses de l'émaillerie. La nature du métal, la facilité avec laquelle on le grave, admirent plus de finesse de burin, plus de précision dans les détails que la pierre et le marbre; ce fut l'un des degrés qui devaient conduire un jour à la gravure moderne.

Le pavé des églises monastiques présentait des labyrinthes ou méandres, qui étaient considérés comme des emblèmes du Saint-Sépulcre; aussi étaient-ils généralement circulaires comme lui. On en fit encore en polygone; celui de l'abbaye de Saint-Bertin, à Saint-Omer, était carré, et, au lieu d'occuper la nef principale, il était situé dans l'un des transsepts. On y faisait des stations, et on en parcourait à genoux tous les contours, pour simuler le pèlerinage à Jérusalem.

VITRAUX.

La première partie de ce travail a fait connaître comment on employa la vitrerie de couleur dans les premiers siècles du christianisme, et à quelle époque il est question de peinture sur verre. La période de transition nous a laissé à Saint-Denis de précieux exemples du mode employé au XIIe siècle pour la décoration des fenêtres.

Le XIIIe siècle entrant largement dans la voie précédemment tracée, et donnant libre essor à son développement, par les formes et les dispositions de l'architecture, cet art devint général dans le Nord, et particulièrement sur le sol français, où il prit plus d'extension que partout ailleurs.

La vitrerie du XIIIe siècle est remarquable par les grands effets, l'harmonie des tons, et les belles formes des ornements. Le système d'exécution consistait à employer des pièces de verre de petite dimension et à les peindre d'une manière simple, avec des contours fermes. Les verriers ne cherchaient pas encore à figurer des lointains et des perspectives, comme sur des tableaux; l'effet décoratif était franc, monumental et sans confusion. L'armature en fer qui soutenait les vitraux du XIIIe siècle contribuait pour sa part à leur donner un aspect grave et en harmonie avec les édifices, en encadrant les panneaux de verre dans des formes heureusement combinées avec celles des meneaux en pierre qui divisaient les fenêtres.

Au XIVe siècle les verriers compliquaient leurs dessins, en y introduisant une foule de détails d'architecture, pour servir de cadre aux personnages; une certaine confusion était la conséquence des nombreuses colonnettes, des rosaces, des feuillages nécessaires à ce genre de décor, trop analogue à celui de l'architecture réelle du voisinage pour ne pas souffrir de la comparaison avec elle. Au XVe siècle, la peinture sur verre passa à l'état de tableau, les lointains se multiplièrent dans la composition des sujets ainsi que dans celle des fonds accessoires : ce n'était plus une décoration monumentale comme l'était la verrerie mosaïque du XIIIe siècle.

Peinture murale. — La décoration peinte suivit, à la fin du XIIe siècle, une marche analogue à celle de l'époque romane; au XIIIe siècle les formes des détails changèrent ainsi que les effets de couleurs; la dorure vint se mêler encore aux tons fournis par la palette; bientôt les procédés changeant eux-mêmes, ils apportèrent dans la décoration murale des modifications successives; quant aux ornements qui contribuèrent à orner les murailles, ils suivirent la marche de l'art, et les sujets de tableaux furent, comme par le passé, choisis dans les légendes, dans l'Ancien et le Nouveau Testament.

CHOEUR.

Disposition. — Selon que le personnel des maisons religieuses était nombreux ou restreint, le chœur de l'abbatiale s'emparait d'une partie de la grande nef, ou commençait seulement aux gros piliers qui la séparaient des transsepts; il occupait aussi en partie le centre de la croix, comme l'indique dom Martenne, puis, s'étendant parfois au delà de sa surface carrée, les stalles passaient latéralement à l'autel et faisaient le tour du sanctuaire; ailleurs, on le voyait resserré dans l'espace compris entre ce dernier et le rond-point de l'édifice.

Le chœur et le sanctuaire étaient ordinairement clos, dans le pourtour que déterminaient les colonnes, par une enceinte en pierre ou en menuiserie, assez élevée pour que les fidèles qui circulaient dans les galeries latérales, à certaines heures, ne troublassent pas les religieux réunis au chœur. Cette clôture formait un ensemble avec le jubé; des portes latérales fermées par des grilles permettaient la communication entre les cloîtres, les sacristies, les chapelles et le chœur. Les parois de cette enceinte étaient ordinairement décorées avec recherche, soit par des claires-voies fouillées dans la pierre ou le bois, soit par des bas-reliefs taillés et coloriés avec art, et représentant les sujets du Nouveau Testament, car le chœur et le sanctuaire, renfermés dans l'enceinte, étant le *saint des saints* du temple, on devait trouver autour les principaux traits de la vie du Christ; elle se terminait au jubé, qui le montrait au loin mourant sur la croix pour racheter le monde. Tel était l'extérieur sans cesse exposé aux regards des fidèles: c'était l'incarnation, la vie terrestre, qui devait leur servir de modèle et de guide; au dedans de la clôture était la vie du ciel, la résurrection, le triomphe, la transsubstantiation, et autour de l'autel, théâtre de ces mystères, s'élevaient les châsses des martyrs, en souvenir de leurs sacrifices, de leur récompense céleste; plus bas se plaçait le clergé, interprète et ministre, médiateur entre le ciel et la terre.

Dans les grandes abbatiales consacrées à la sépulture des rois et des princes, cette clôture sacrée était formée de leurs tombeaux eux-mêmes : on en comprend et le but et le sens. Ainsi, lorsque saint Louis eut fait reconstruire l'abbatiale de Saint-Denis, il y rétablit les sépultures royales, et ce fut à l'enceinte du chœur qu'il les éleva, marquant à chacun son rang; il y plaça d'abord, dans la première arcade, au midi, le tombeau de Dagobert, fondateur; il voulut qu'ensuite fussent placés du même côté les monuments funèbres des rois de la race de Pépin; les descendants de Hugues Capet tenaient le côté gauche du chœur. La disposition des tombeaux de l'abbaye de Westminster est analogue.

Les voûtes du chœur, soutenues par les gros piliers, dominaient ce bel ensemble et dépassaient souvent en hauteur celles de la grande nef; leur partie carrée s'élevait plus encore que le reste lorsqu'une tour centrale, portée par les quatre gros piliers, comme celles des abbatiales de Saint-Bertin ou de Saint-Ouen, surmontait la croix. Là n'était plus, comme l'architecture romane en offre de nombreux exemples, une coupole sphérique ou en polygone, prise aux dépens de la base du clocher, mais une voûte d'arête plus ou moins riche par les combinaisons de ses nervures et de ses clefs pendantes.

MEUBLES DU CHOEUR.

Stalles. — On a vu paraître les stalles en bois à l'époque romane; les nombreux avantages qu'elles offraient sur les bancs en pierre ou en marbre des périodes précédentes les firent préférer lors des développements progressifs que présentait l'architecture gothique. Les stalles du XIIIe siècle sont devenues fort rares en raison de la matière employée; on connaît celles de Poitiers. Villard de Honnecourt, architecte du XIIIe siècle, déjà mentionné, nous a laissé des dessins de stalles, dans son recueil manuscrit de la Bibliothèque impériale. Au

252   INSTRUCTIONS.

xive siècle elles différaient peu encore des précédentes; ce fut particulièrement au xve qu'elles prirent tous les développements que comportait ce meuble. Nous donnons ici un dessin de stalles que nous avons recueillies dans l'Italie du nord;

N° 442. Stalles à Vérone.

elles sont d'une grande richesse, offrent tous les caractères de l'art septentrional, et peut-être furent-elles exécutées par un de nos artistes, car elles diffèrent de celles que présente généralement l'Italie à cette époque.

Au xve siècle, on surmonta les stalles de dais et de pinacles finement découpés, semblables à ceux que présentent les monuments en pierre de cette époque; la chapelle d'Henri VII à l'abbaye de Westminster offre le plus bel exemple peut-être qui ait survécu.

Lutrins.—Villard de Honnecourt nous a laissé des dessins de lutrins ou *aquila* du xiiie siècle; on en rencontre encore des xive et xve siècles dans quelques localités; ils sont composés d'un socle en bois plus ou moins orné; une tige s'élève au milieu de ce soubassement et supporte l'aigle, dont les ailes ouvertes sont disposées de manière à former un pupitre.

L'*aquila* ou lutrin principal n'étant pas transportable, et occupant le centre du chœur, on avait d'autres meubles plus légers, en bois ou en fer; ils étaient généralement disposés en X, et pouvaient se replier pour le transport; une épaisse basane formait le dessus, et portait le livre qu'on y plaçait. Ces meubles, malgré la simplicité de leur composition, offraient des détails variés et de bon goût, comme toutes les productions du moyen âge. On voit un de ces légers pupitres dans la chapelle du musée de Cluny.

SANCTUAIRE.

Disposition. — Ordinairement compris dans l'enceinte indiquée par les colonnes du rond-point et la clôture qui les unissait entre elles, le sanctuaire se distinguait du chœur, 1° par la différence de niveau de son pavé, plus élevé de quelques marches que celui du reste de l'église; 2° par une balustrade ou chancel particulier, placé antérieurement au maître-autel et formant la table de la communion; 3° par les meubles nécessaires au sacrifice de la messe; 4° par les châsses contenant les reliques, détails variés qu'on mettait en harmonie avec l'ensemble et la sainteté du lieu.

Toujours situé au delà des transsepts, le sanctuaire était entouré par les riches colonnes du pourtour que précédaient des piliers plus ou moins importants; il était couvert par toute la partie des voûtes comprise entre l'arc principal et le chevet; la galerie haute ou *triforium* et les grandes croisées situées au dessus complétaient les dispositions architectoniques du sanctuaire.

Décoration.—Le pavé du sanctuaire était le plus riche qu'il y eût dans l'église; il n'offrait pas, comme durant la période romane, des compositions inspirées, soit de l'*opus Alexandrinum*, comme on en voit à Saint-Benoît-sur-Loire, à la partie primitive de l'abbatiale de Saint-Bertin, et dans les églises anciennes des bords du Rhin; soit de la mosaïque à petits cubes, comme les églises des abbayes d'Ainay, de Moissac, en offraient des exemples; la terre cuite, plus finement ornée que précédemment, la pierre dure, décorée de rinceaux ou de légendes gravées au trait et mastiquées en couleurs, étaient les moyens employés alors pour enrichir le sol.

Indépendamment du luxe qu'apportait le sculpteur dans les chapiteaux grands et petits, dans la décoration des clefs de voûtes et quelquefois de leurs nervures, le peintre ornait les fûts de colonnes, les détails sculptés, les tympans et les murailles, puis, atteignant les moulures des fenêtres et le sommet de l'édifice, il donnait à chaque partie une ornementation convenable, variant à chaque travée les motifs du décor, peignant des sujets sacrés dans les parties lisses, et même sur les panneaux contournés des voûtes.

MEUBLES DU SANCTUAIRE.

Autel. — C'était au maître-autel et dans l'arrangement de ses accessoires que l'art gothique avait déployé toute sa fécondité. La table, ordinairement en pierre, était portée soit sur un massif décoré, soit sur des colonnettes isolées, soit enfin sur deux pierres debout formant supports. La cavité formée sous la sainte table par ces dispositions contenait une châsse à reliques. Une *table de dessous*, devant d'autel en bois ou en métal, se plaçait à demeure, ou seulement pour l'époque des grandes fêtes. Dom Bouillart nous a conservé, par la gravure, celui que Guillaume III fit faire pour le maître-autel de son abbaye de Saint-Germain-des-Prés.

Le retable ou *table de dessus* commença au XIIIe siècle à se développer; les abbayes de Saint-Denis, de Saint-Germer, en montrent de remarquables pour les travaux du ciseau, de la peinture et des arts industriels. Là déjà le milieu du retable s'élève au-dessus du reste; au XIVe siècle l'ensemble prend de l'extension; on sait combien au XVe le retable s'était étendu en hauteur; c'était un monument complet, tant par l'ajustement général de l'architecture que par le nombre des sujets sacrés qu'on y sculptait dans le bois ou dans la pierre. Quelques peintures sur bois et sur vélin nous indiquent d'une manière précise, non-seulement la disposition générale du maître-autel surmonté de la *table de dessus,* ou retable, mais aussi tout l'ameublement de cet autel, la forme et la disposition des flambeaux et des autres accessoires du cérémonial: nous y renvoyons le lecteur.

Ciborium. — Les vitraux de la Sainte-Chapelle contiennent un sujet qui démontre que, dans le Nord, le ciborium se maintint jusqu'au milieu du XIIIe siècle. Cette peinture sur verre indique, au-dessous des colonnes, un arc trilobé établi dans une construction solide et appareillée; un pignon orné de crochets, et dans lequel sont pratiquées trois baies de diverses grandeurs, surmonte l'édicule. (Voir le n° 443, ci-dessous.)

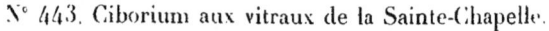
N° 443. Ciborium aux vitraux de la Sainte-Chapelle.

L'Italie, toujours disposée à conserver les anciens usages, montre, particulièrement à Rome, de remarquables ciboires de la période gothique; c'est aux églises de Saint-Paul hors les murs, de Saint-Jean de Latran, de Sainte-Marie-in-Cosmédin, de Sainte-Cécile au Transtevère, que sont les plus beaux. Nous donnons ici, sous le n° 444, celui qui se voit dans cette dernière basilique jointe à un monastère de femmes; il est entièrement construit en marbre blanc; des mosaïques et de délicates sculptures enrichissent les diverses parties de ce meuble précieux, que surmontent de légers clochetons; il est placé

ARCHITECTURE MONASTIQUE. 257

au-dessus du martyrium, dans lequel on voit la belle statue couchée de sainte Cécile, représentée par E. Maderne comme on la trouva dans le cimetière de S. Calixte.

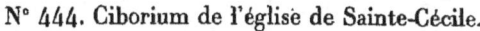

N° 444. Ciborium de l'église de Sainte-Cécile.

A l'abbaye de Gercy, en Brie, le souvenir du ciborium fut conservé par quatre colonnes placées aux angles de l'autel principal, mais ne portant pas de couronnement; elles étaient reliées par des tringles en fer, auxquelles des rideaux, richement ornés de pentes de broderies, étaient suspendus pour envelopper l'autel; c'était un ciborium tronqué, car son but originaire avait été de protéger l'autel tant au-dessus qu'alentour; sa voûte avait porté, par suspension, le vase ou pyxis contenant les saintes hosties, et plus tard une lampe, comme on la voit à la figure n° 443 et à de nombreuses peintures murales et autres qui représentent le ciborium; on remplaça cette disposition importante par une crosse placée au-dessus ou en avant du retable, et on y suspendit une custode en forme de tourelle gothique, ou une colombe contenant le pain sacré. Ce ne fut guère qu'au XVe siècle qu'on remplaça cet appareil par une petite tour, généralement en bois et découpée avec légèreté, se dressant sur l'autel, pour contenir le pain eucharistique : elle donna naissance à nos tabernacles modernes. Son origine et sa forme provenaient sans doute de la disposition adoptée pour la custode, disposée en tour octogone, qu'on suspendait à la crosse. Ce tabernacle, c'était déjà son nom, n'était pas toujours sur l'autel; on en construisait de remarquables en pierre, contre un des piliers du sanctuaire, du côté de l'évangile, les évêques laissant le choix, *supra altare vel juxta*. La possibilité de les établir auprès d'un pilier solide de l'église permit de les surmonter de dais découpés à jour, dont les proportions étaient quelquefois si considérables qu'ils s'élevaient jusqu'aux voûtes du chœur. On en voit même dont la partie supérieure, finement travaillée, se courbe en forme de crosse, rappelant celle à laquelle on suspendait le vase ou custode contenant les hosties.

Le tabernacle, éloigné de l'autel, était accompagné d'un meuble, pour qu'on y pût déposer le saint sacrement avant de le renfermer dans l'armoire; quelquefois même, ainsi qu'on

ARCHITECTURE MONASTIQUE.

le voit à l'exemple gravé ci-dessous, au n° 445, une console était ménagée entre ce meuble et la petite porte, pour une station intermédiaire; quant à la clôture de l'armoire, elle était décorée avec tout le luxe de l'orfévrerie ou de la sculpture en bois.

N° 445. Tabernacle éloigné de l'autel.

Les mutations diverses que nous venons d'indiquer devaient nécessairement se produire, par le besoin de perfectionnement qui s'attache à toute chose; en effet, la colombe ou la custode suspendues à la voûte du ciborium primitif offraient bien une disposition symbolique qu'on devait adopter d'abord: c'était l'idée de faire descendre, au moment de la communion, le pain eucharistique d'une région supérieure; mais l'opération mécanique de cette descente, les accidents qui durent résulter plus d'une fois du mauvais entretien soit de la corde, soit des poulies, durent faire réduire la hauteur; la crosse de suspension fut adoptée, mais elle ne para pas aux inconvénients: on la remplaça par le tabernacle, incomparablement plus sûr et plus commode.

Tables de proposition. — Les meubles secondaires ou tables de proposition, nécessaires au service de l'autel, furent décorées comme lui dans le style des diverses époques; elles se réduisirent quelquefois à de simples consoles ménagées sur un pilier voisin, ou contre le mur de clôture du sanctuaire.

Crédence et piscine. — Le pape Léon IV ordonna que dans le sanctuaire, auprès de l'autel, on établît une cuvette pour jeter l'eau après que le prêtre avait lavé les vases sacrés, et qu'on lui préparât de l'eau et du linge pour se laver les mains et les essuyer après la communion. Nous avons indiqué, page 154, comment étaient disposées les crédences à l'époque romane; ce fut particulièrement au XIIIe siècle qu'elles se multiplièrent et devinrent importantes par leurs dispositions et leur décor architectural. Prises ordinairement aux dépens de l'épaisseur du mur, elles étaient formées de petites niches triples ou géminées surmontées d'arcs plus ou moins riches en moulures d'encadrement, et couronnés même, à la fin de ce siècle, de frontons et de sculpture. Une tablette horizontale en pierre les divisait souvent par moitié; on y plaçait les vases sacrés. Chaque division ou arcade de la crédence contenait, à sa partie inférieure, une cuvette ou piscine percée d'un trou pour l'écoulement des eaux. La crédence étant géminée, il y avait deux piscines, l'une réservée à l'eau des ablutions, l'autre aux eaux ordinaires; au XIVe siècle la crédence ne contint plus qu'une cuvette et cessa généralement d'être géminée.

Le tuyau de conduite percé dans le mur fut porté au dehors par une petite gargouille en pierre, symboliquement décorée; elle jetait l'eau loin du mur et dans un terrain réservé.

Armoire aux saintes huiles. — Le sanctuaire contenait aussi l'armoire aux saintes huiles, ordinairement pratiquée dans l'un de ses piliers et décorée avec recherche. Une porte en métal ou en bois, couverte de riches pentures, en fermait l'entrée. On voit une de ces armoires de style gothique du XIVe siècle dans le sanctuaire de l'église monastique de Saint-Clément, à Rome.

Châsses. — L'art gothique, imitateur toujours en progrès sur les périodes précédentes, reproduisit les *muches* destinées à contenir les châsses des martyrs et des saints, les développant avec le goût qui lui fut propre, et leur donnant une étendue nouvelle. Suger fit faire à l'abbaye royale de Saint-Denis celle qui contenait les reliques des trois martyrs, et un grand nombre d'autres. Elle s'élevait au fond du sanctuaire, derrière et en communication avec un autel spécialement consacré à saint Denis et à ses compagnons. La muche comportait deux étages; elle avait huit pieds de longueur sur sept de large. La partie basse, de cinq pieds et demi de haut, était composée de deux grandes assises de marbre noir, séparées l'une de l'autre par huit piliers de même matière, entre lesquels étaient des treillis en fonte dorée et ornée de feuillages; le bois qui maintenait ces grilles était recouvert de cuivre doré, estampé et orné d'émaux. Une voûte couverte de cuivre doré mettait en communication cet étage inférieur de la muche avec le dessous de l'autel des martyrs.

Sur l'assise de marbre portée par les piliers, s'élevait un grand tabernacle de charpente, en forme d'église à haute et basse nef; elle contenait trois cercueils garnis d'émaux et d'agates sur cuivre doré; le devant de la muche, couvert d'or et enrichi de perles fines et de pierres précieuses, portait de nombreuses reliques; des croix, dont une en or et deux en argent doré, occupaient le sommet des trois pignons.

Après la transition, le XIIIe siècle donna plus de finesse à l'ensemble et aux détails de ces tabernacles à reliques; celui qu'on voit à la Sainte-Chapelle de Paris et qui fut conservé en grande partie au musée des Monuments français, fait connaître quelles furent les améliorations apportées alors; au XIVe siècle, cet usage disparaissant peu à peu, on remplaça les muches par des reliquaires en pierre, ou en bois; les châsses y furent renfermées de manière à être vues du dehors à travers des grilles, comme par le passé, ou à disparaître entièrement derrière des portes sur lesquelles on peignait le chef du saint, ou un épisode de sa vie. Enfin, les châsses furent souvent placées à découvert, soit sur des colonnes qui les tenaient à une grande hauteur derrière l'autel, c'était ainsi qu'on avait placé celle de la patronne de Paris dans l'antique abbatiale de Sainte-Geneviève, soit sur des consoles, ou au milieu d'ornements découpés et dorés, dont on enrichissait les parois du sanctuaire. Plusieurs reliquaires remarquables ont été conservés en France. On en voit un qui l'emporte sur les autres, par son étendue et la richesse de sa décoration architecturale, à l'église de Notre-Dame-de-l'Épine, près de Châlons-sur-Marne; il a été publié dans tous ses détails, et avec le plus grand soin, dans l'ouvrage déjà cité de M. J. Gailhabaud. Nous donnons ici celui de l'abbatiale de Souvigny.

N° 446. Reliquaire à Souvigny.

CRYPTES.

Les cryptes établies durant la période romane sous les abbatiales de Saint-Savin, de Caen, d'Auxerre, à l'église du prieuré de Cantorbéry, etc. font entrevoir ce qu'elles durent être à l'époque du complet développement de l'architecture chrétienne : une partie de celles qui se voient sous le sol de cette dernière église datant de la période gothique (voir le plan au n° 398), nous nous abstiendrons de produire ici de nombreux plans indiquant comment elles étaient construites et disposées. Qu'il nous suffise de dire que, loin de perdre de leur importance, elles s'accrurent plutôt, et que l'église abbatiale de Saint-Denis, par exemple, nous en montre dans lesquelles toutes les chapelles de la *choréa* supérieure se reproduisent, puis se combinent avec de nombreuses dispositions souterraines que relient entre elles de vastes galeries de circulation. L'arc aigu qui les surmonte en tous sens, l'ornementation des chapiteaux dont se couronnent les piliers qui les décorent, indiquent assez l'époque transitoire.

N° 447. Crypte de l'abbatiale de Saint-Denis.

1. Galerie de circulation.

Caveau des Bourbons

Durant la période suivante, on multiplia encore les chapelles souterraines disposées autour de la crypte principale, comme on en avait augmenté le nombre dans les églises supérieures:

c'était la conséquence des développements toujours croissants qu'on apportait au culte des saints.

Les cryptes du xiiie siècle sont décorées de courtes colonnes placées sur des socles carrés; les chapiteaux, vigoureusement dessinés, portent d'épais arcs doubleaux qui séparent les voûtes d'arêtes dans lesquelles continuent à s'établir des nervures diagonales ou croisées d'ogives, dont les profils se modifient.

Le xive siècle offre déjà des différences notables avec le précédent, à l'égard de la décoration des cryptes; les socles de bases et les tailloirs de chapiteaux prennent la forme octogone; l'ornementation devient moins sévère, les profils de nervures plus déliés et moins simples que celles du xiiie siècle. Les rares fenêtres qui éclairent ces salles souterraines sont généralement étroites, élevées au-dessus du sol, et souvent établies comme des soupiraux de caves.

Au xve siècle une crypte remarquable fut construite à l'abbaye du Mont-Saint-Michel par l'abbé Guillaume d'Estouteville; elle contient dix-neuf piliers énormes, de plus de trois mètres de circonférence; les nervures multiples des arcs et des voûtes viennent se fondre sur leur surface, comme dans les églises de cette époque. Cinq chapelles y sont rangées autour du rond-point.

DÉTAILS D'ARCHITECTURE.

La période romane, à laquelle l'Occident doit d'avoir un art qui lui est propre, ayant créé de nombreuses combinaisons ou profils de moulures d'un style original et nouveau, pour décorer les diverses parties des édifices, et ces détails d'architecture étant généralement d'un bon effet et d'une heureuse harmonie dans l'ensemble, l'art gothique dérivé du roman suivit cette voie qui lui était tracée; la transition ne montre encore que quelques variantes légères apportées dans les précédentes moulures; ce sont à peu de chose près les mêmes profils qui encadrent les baies et qui surmontent les grandes divisions des façades ou des travées intérieures. Le XIIIe siècle, plus recherché dans ses détails, plus précis dans ses procédés d'exécution, dénote un grand progrès dans le tracé de ses moulures; les perfectionnements apportés dans l'art de construire, le besoin de protéger certaines parties des édifices contre les eaux, par des corniches et larmiers saillants, amenèrent naturellement les artistes à combiner des formes nouvelles avec les exigences du constructeur; et qui pourrait nier combien sont ingénieuses et habilement dessinées les pentes multiples qui facilitent l'écoulement des eaux, les courbes profondément refouillées qui les empêchent de se répandre sur les façades, les larmiers qui les arrêtent à propos sur les parties les plus saillantes des corniches, pour les faire écouler le plus loin possible des murailles? et ces mêmes formes des profils, évitant de porter trop en avant d'épaisses moulures, que leur propre poids briserait le plus souvent, comme on le remarque dans les édifices de l'architecture classique; ces formes, disons-nous, ne sont-elles pas bien appropriées à notre climat humide, à nos matériaux peu durables devant une atmosphère qui les détruit promptement? Enfin il est facile de juger par l'examen de ces profils, 1° que les architectes du moyen âge se sont proposé de donner aux corniches de couronnement ou d'encadrement des baies le moins de saillie et le plus de légèreté possible, pour éviter les chutes dangereuses; 2° que doués, comme leurs prédécesseurs, du sentiment des proportions, ils ont suppléé ce peu de saillie par de profondes courbures développant une large surface convenable au couronnement de hautes murailles; 3° qu'ils ont fait participer à ces profils de larges glacis fort inclinés pour l'écoulement facile des eaux et des neiges; l'examen de ces seuls détails ne suffit-il pas pour démontrer l'origine septentrionale de cet art? Les contrées de l'Orient ou du midi de l'Europe n'auraient pas donné naissance à de pareilles combinaisons, et tous leurs antécédents nous le prouvent; rien d'analogue ne se montre dans aucune autre architecture.

Les ingénieuses combinaisons des profils du XIIIe siècle furent imitées dans les deux périodes suivantes, avec moins de gravité peut-être dans les proportions, mais non sans de nouvelles recherches de combinaisons utiles; le XVe siècle orna les glacis supérieurs par des moulures à peine accentuées qui, sans nuire à l'écoulement des eaux, supprimaient la sécheresse de ces surfaces planes et inclinées.

L'effet et les proportions des moulures d'encadrement des baies surmontées d'arcs aigus fixèrent particulièrement l'attention des architectes du moyen âge; c'est là, peut-être, qu'ils ont apporté la plus grande étude des profils, pour harmoniser ces baies avec l'ensemble de la composition architecturale, avec les nombreuses saillies, les décorations verticales qui couvrent leurs façades, et combien sont ingénieuses les pentes et contrepentes, les bases simples ou multiples qui terminent et enrichissent les arcs aigus et leurs supports, à l'intérieur des églises gothiques! C'est à l'étude des moulures d'encadrement des baies de communication entre les nefs, qu'est dû en partie l'effet général: de ces moulures proviennent la richesse, la légèreté des arcs, l'harmonie de l'ensemble.

Enfin les moulures jouent un grand rôle dans l'effet des nervures de voûtes; là elles étaient pesantes et rudes dans l'architecture romane, l'art gothique les épura au XIIIe siècle; au XIVe elles devinrent fines et déliées, la période suivante les compliqua à l'infini, les croisant les unes sur les autres, les faisant redescendre en clefs pendantes partout où elles se joignaient, puis les conduisant jusqu'au sol de l'édifice pour unir l'ensemble comme dans un réseau unique.

SCULPTURE D'ORNEMENTS.

La sculpture d'ornement de la période romane a fait voir la transition qui s'opérait, dans le Nord, entre les influences de l'art romain dégénéré et les inventions locales, entre les copies grossières et dépourvues de style, qu'on fit d'abord de l'ornementation léguée par l'antiquité, et les riches productions que nous devons à nos artistes; le XIIe siècle avait mis cette belle branche de la sculpture architecturale sur la voie d'une ère nouvelle, la transition et le XIIIe siècle y entrèrent franchement et créèrent l'art purement occidental. Les précédentes Instructions du Comité des arts ont fait connaître les formes nombreuses et variées adoptées alors pour l'ensemble et les détails des chapiteaux, des frises et autres parties ornées des grands édifices monastiques; la flore indigène y domine seule, et son imitation non servile, mais relevée par un haut sentiment de l'art, s'harmonise au plus haut degré avec l'architecture de cette période brillante. Le sculpteur, bien pénétré des formes de plantes qu'il avait sans cesse sous les yeux, les reproduisait avec une précision, un sentiment du modelé, un effet de relief qu'on n'avait pu saisir dans les âges où les productions exotiques, et inconnues conséquemment des artistes, formaient la base de la sculpture décorative.

Durant la première moitié du XIIIe siècle, ce beau fleuron de notre art occidental resta dans une voie grave et sévère comme l'architecture qu'il avait à enrichir; puis commença bientôt la période légère et gracieuse, et peut-être le célèbre Pierre de

Montreau fut-il l'un des promoteurs de ce changement, car l'un des plus anciens exemples se montrait à la chapelle de la Vierge qu'il construisit auprès de l'abbatiale de Saint-Germain-des-Prés à Paris. Là se remarquaient une grâce de composition, une finesse de ciseau encore inconnues, et dont la Sainte-Chapelle du Palais, qu'on doit au même architecte, offre seul un exemple rival.

Cette nouvelle direction donnée à la sculpture décorative fut celle qu'on suivit en général dans la seconde moitié du grand siècle de l'art occidental; déjà le xive en fait voir l'abus. Les formes y deviennent moins simples, les feuillages commencent à s'enrouler, se mêlant à de nombreuses tiges contournées qui apportent de la confusion et nuisent à l'aspect de l'ensemble; les chapiteaux, divisés par de nombreux rangs de feuilles, n'ont plus cette unité qu'on remarque dans la période précédente.

Enfin au xve siècle s'établit une grande licence dans la sculpture d'ornement de nos contrées. Les artistes s'abandonnèrent aux créations les plus libres, s'inspirant des plantes grimpantes déchirées dans leurs formes légères : la vigne, le houblon, les chardons, les choux frisés furent leurs plus fréquents modèles; ils en étendirent les feuillages contournés sur toutes les parties libres des édifices. L'approche d'un changement de style était facile à reconnaître : on avait épuisé toutes les ressources de la flore occidentale, on revint bientôt à celle de l'Orient et de l'Italie : c'est le caractère de la renaissance.

CONSTRUCTION.

1° Maçonnerie.
2° Stéréotomie;
3° Charpenterie.

1° *Maçonnerie*. — L'architecture, qui est la forme expressive et détaillée donnée par l'artiste aux combinaisons du constructeur, avait fait de notables progrès en Occident depuis le XIe siècle; nous en avons suivi la marche. Les moyens pratiques de réalisation ne firent pas défaut dans ce grand mouvement intellectuel ; les besoins toujours croissants d'une civilisation puissante établirent sur une vaste échelle les exploitations de matériaux et leur approvisionnement, dans les ateliers de construction. Ainsi, dans le livre de la dédicace de l'église de Saint-Denis [1], on lit que Suger, se préparant depuis longtemps à reconstruire cette abbatiale, fit chercher des matériaux jusque dans des contrées éloignées; il avait pensé à faire venir de Rome des colonnes de marbre, en les embarquant sur des bateaux anglais qui auraient remonté la Seine; trouvant auprès de Pontoise une carrière abondante en pierres d'excellente qualité, il en fit extraire en grande quantité et fut aidé, dans ce travail ainsi que dans les autres approvisionnements, par le zèle désintéressé des habitants de toute condition, tant de la ville de Saint-Denis que des lieux environnants.

Les matériaux ainsi réunis étaient distribués ensuite avec ordre par l'abbé fondateur et directeur de l'œuvre, puis livrés aux ouvriers habiles réunis par lui pour l'exécution, *cementariorum, lathomorum, sculptorum et aliorum operariorum solers succedebat frequentia*. Les travaux étant distribués, on commençait les fondations de l'édifice. Nous avons dit précédemment ce qui concerne la pose de la première pierre. Quant aux substructions, elles étaient généralement établies avec soin, en bon sol, et, dans le cas contraire, sur pilotis ou sur béton. (*Revue des architectes de la cathédrale de Rouen*, A. Deville, p. 42.) Quelques exceptions toutefois se sont présentées, et l'abbaye

---

[1] Historiens de France, t. IV, p. 350.

de Saint-Denis elle-même a fait voir à la tour du nord des fondations mal faites.

Arrivée au-dessus du sol, la construction de l'édifice prenait un aspect plus ou moins riche par l'appareil, en raison soit de la localité et des matériaux qu'elle fournissait, soit du plus ou moins de luxe que le fondateur pouvait apporter dans la réalisation de son œuvre. Dans le grand appareil, les constructeurs avaient soin de lier les ouvrages en alternant les joints verticaux des pierres; ils ont même fréquemment exagéré cette façon utile de les superposer en liaison, en cherchant des combinaisons extraordinaires. Dans les murailles de forte épaisseur, continuant les procédés des âges antérieurs, ils ont placé la pierre en parement, l'intérieur du mur se composant d'un blocage de pierrailles jetées dans du mortier; pour les colonnes multiples ou piliers placés à l'intérieur des églises, les tambours des assises qui en composaient le noyau recevaient tour à tour en liaison la queue des assises de colonnettes secondaires qu'on y accolait; on agissait de même pour les chapiteaux des colonnes. Arrivés à la hauteur des voûtes, les constructeurs établissaient d'abord les nervures dans tous les sens, puis dans ce réseau de pierre venaient se placer les remplissages en moellon pour former ce qu'on appelait les *pendants* des voûtes.

Nous avons cité, page 39 de la première partie, les concours ouverts entre les artistes pour les projets de grands édifices monastiques du xiiie siècle; on voit plus tard la preuve que des adjudications avaient lieu entre les ouvriers, pour obtenir la construction au plus bas prix possible. M. Deville a tiré un extrait des registres du chapitre de Rouen qui, en 1479, ordonne à Guillaume Pontifz, son architecte, de donner à *tasche* et *au rabais* l'escalier de la bibliothèque, l'un des ornements de la cathédrale.

2° *La stéréotomie*, science de la coupe des pierres et du bois, au moyen de laquelle on leur donne les formes nécessitées par la construction, est l'une des bases de l'architecture pratique; créée, sans aucun doute, dans l'antiquité et probablement en Égypte, cette mère de la géométrie, qui nous montre sur ses monuments des tracés d'épannelages de pierre, elle dut passer en Grèce, puis en Italie, contrées dont les édifices encore debout n'ont pu s'élever sans le secours de cette science. Jusqu'à ce jour on ne connaît aucun ancien traité qui indique à quel point elle était parvenue alors; Philibert de Lorme pense que les ouvriers se la transmettaient de temps immémorial.

Les moines, qui ont conservé tant de choses, et auxquels cette science était indispensable pour élever leurs édifices, particulièrement aux époques de progrès que nous venons d'indiquer, durent en étendre et en propager les ressources; on a vu précédemment, dans la première partie, que des épures ont été retrouvées sur des dalles de pierre et dans des palimpsestes; le XIIIe siècle nous montre dans l'album de Villard de Honnecourt, architecte déjà cité, non un traité complet, mais la réunion de quelques procédés géométriques employés au moyen âge.

Cet auteur indique d'abord (fol. 20, v.) qu'on exécutait un modèle en terre, de l'arc ou de la voûte qu'on avait à construire, comme on en fait aujourd'hui en plâtre sur une petite échelle, dans les ateliers de construction où quelque difficulté d'appareil se présente. C'était *tailler le moule*, selon l'expression de Villard[1]. Ce dessin et le texte joint à cette première notion donnée par l'architecte indiquent que c'était un modèle en petit et donnant l'aspect général de l'arc ou de la voûte à cons-

---

[1] Voir, pour plus de détails, l'intéressant article accompagné de planches, publié par M. Quicherat dans la Revue archéologique, 6e année, 1849. A. Leleux éditeur.

truire, car il dit que ce modèle peut être fait *dedans III pieds de terre;* le calibre qui servait à l'exécution du modèle est figuré au dessin; ce premier travail terminé, on y traçait les proportions relatives et la direction des voussoirs à tailler. Villard donne ensuite le moyen de trouver le centre d'un arc, en prolongeant les deux joints d'un claveau; puis il entre en matière à l'égard de la coupe des pierres en dessinant, comme tous les traités modernes, les plans de plusieurs baies cintrées : 1° la porte droite dans un mur réglé; 2° la même, pratiquée sur tour ronde; une règle placée devant l'ouverture indique sa disposition régulière relativement à la *machonerie ronde;* 3° la *vosure besloge,* voussure biaise relativement au plan du mur. Ici l'auteur a figuré sur son dessin une équerre et les divisions d'une échelle de proportion, pour faire sentir le degré d'inclinaison du plan de la baie dans la muraille.

Cette classification méthodique des trois espèces de voussures les plus usitées dans la construction en général nous semble démontrer que Villard de Honnecourt avait puisé dans un traité spécial, son album n'étant qu'un memento, et ses légendes explicatives indiquant qu'il ne renferme rien, ou à peu près rien, qui lui soit particulièrement dû.

Après les plans viennent les détails; l'artiste donne le moyen de trouver les voussoirs avec des échelles proportionnelles, puis sans le secours du modèle, au moyen d'une jauge; il passe de là au plan des nervures, à leur naissance au-dessus des chapiteaux, ce qu'on appelait *arrachement* au XIIIe siècle, et trace en abrégé ce qu'il était nécessaire de savoir pour la construction des hautes voûtes gothiques: le tracé des évidements, la forme des nervures, la coupe des *pendants* ou petits voussoirs en moellon formant les remplissages, la taille des clefs d'arcs en *tiers point* et en *quint point.* Il termine par le tracé de la voussure à clef pendante, difficulté stéréotomique dont la période romane offrait déjà des exemples, au cloître de Chrodégand, auprès de la cathédrale de Metz, et à la belle porte encore debout de l'église de Sauveterre (Basses-Pyrénées.)

L'ordre établi dans cet ensemble, depuis les plans jusqu'aux difficultés de la science, puis les exemples que nous citons, confirment ce qui est dit plus haut, à savoir que des traités de stéréotomie devaient exister avant Villard de Honnecourt, qui n'y avait puisé que des indications rapides, tracées dans son album de dessin pour son instruction personnelle, et peut-être pour celle de ses élèves.

3° *Charpenterie.* — Les grands travaux de construction exigeant des approvisionnements de bois, aussi bien que de pierres, on voit, dans l'administration de l'abbé Suger, qu'il parcourut les forêts des environs de Paris pour trouver, non sans peine, les arbres nécessaires à la charpenterie de son église abbatiale de Saint-Denis ; puis Villard de Honnecourt, quelques années plus tard, traçait sur les feuillets de son album plusieurs exemples de combles en charpente pour couvrir 1° une chapelle voûtée ; 2° une nef avec voûte en bois ; 3° un collatéral ou bas-côté d'église en appentis : il donne, en outre, un dessin de pont et une méthode d'étayement, puis enfin des détails d'assemblages, moyens d'allonger les pièces de bois qui seraient trop courtes pour l'usage auquel on les destine.

On sait, par les grands travaux qui furent exécutés au moyen âge, combien l'art du charpentier y était avancé et jouait un rôle important dans les constructions : les nombreuses et grandes églises couvertes en bois apparent, particulièrement dans les couvents ou maisons des ordres secondaires, les réfectoires, les granges immenses des monastères, nous offrent encore quelques beaux exemples de la charpenterie appliquée à la couverture des édifices, et recevant quelquefois des voûtes en planches qu'on décorait de peintures.

Les grands combles des églises voûtées en pierre, les flèches en bois qui s'y élèvent au centre de la croix, celles que supportent les tours, sont des types remarquables de ce que savaient faire les maîtres charpentiers du moyen âge, successeurs de ceux qui, aux précédentes époques, avaient construit des églises et même des monastères entiers avec le bois de nos forêts. Quant aux détails de ces combles immenses, on y voit d'abord que jusqu'au xve siècle chaque chevron formait une ferme complète; on y remarque aussi que les bois étaient travaillés avec beaucoup de soin, les arêtes étant souvent abattues, comme dans la menuiserie, et des ornements ou moulures décorant quelques parties de la charpente; enfin lorsque celle-ci devait être vue de la nef de l'édifice, la sculpture ornait les poinçons de bases et de chapiteaux; des têtes d'animaux, des armoiries et des emblèmes décoraient les entraits sur toute leur étendue, et la peinture en rehaussait les détails par ses tons variés. Les charpentes apparentes des églises monastiques de San-Miniato, à Florence, de Montréale auprès de Palerme, bien que conçues dans un système plus simple que les nôtres, font voir de riches décorations peintes.

La charpente des églises et des grandes salles monastiques de l'Angleterre démontre que, pour la construction des voûtes, les maîtres ouvriers de cette contrée étaient plus habiles encore que les nôtres : les riches et ingénieuses combinaisons des bois, leur taille compliquée et mêlée d'ornements, produisent les effets les plus imposants et les plus pittoresques.

Les grands travaux de charpente exigeaient, ainsi que ceux de la maçonnerie, l'exécution de modèles en petit ou *pourtraits au petit pied,* afin que l'on pût se guider dans l'exécution.

M. Deville, dans sa Revue des architectes de la cathédrale de Rouen, nous fait connaître de précieux documents à cet égard; il y a publié la visite qui fut faite par une commission spéciale, du modèle présenté par Robert Becquet pour la grande flèche en bois à construire sur la tour de la cathédrale de Rouen [1].

INFLUENCE DU STYLE GOTHIQUE DANS TOUTE LA CHRÉTIENTE.

Si l'art roman avait enrichi d'édifices remarquables le sol de la France, de l'Allemagne et de l'Angleterre, s'étendant, comme on l'a vu précédemment, jusqu'aux contrées les plus septentrionales de l'Europe, s'il avait jeté quelques jalons au milieu des nations méridionales, livrées encore aux influences de l'art païen, l'introduction de l'arc aigu dans cette architecture, les avantages qu'il présentait aux constructeurs, la nouveauté des combinaisons qui y étaient attachées, eurent un succès général. En effet, indépendamment de ce que tous les édifices construits alors chez nous et dans toutes les régions moyennes et septentrionales de l'Europe montrent l'alliance de cet arc avec le plein cintre, l'Italie, la Sicile, l'Espagne l'admirent aussi sans retard, le mêlant, soit aux productions de style latin, soit à celles des Maures. Les croisades en Orient y avaient porté le germe des idées occidentales; les Français, qui y jouèrent le principal rôle, introduisirent dans cette contrée notre art transitoire, alors en vigueur chez nous, et l'arc aigu du Nord parut déjà dans la construction de plus d'une église de l'empire de Byzance.

Lorsque notre architecture eut franchi la période transitoire, pour prendre toute l'extension nouvelle que devait lui donner

---

[1] *Revue des architectes de la cathédrale de Rouen.* A. Deville, Rouen, 1848, pièces justificatives, p. 83.

l'emploi complet de l'arc aigu, la France, qui tenait alors le premier rang par ses productions architectoniques, envoya de ses artistes en Angleterre, en Allemagne, en Suède, en Hongrie, pour y répandre la connaissance des progrès qu'elle apportait dans ce nouveau style d'architecture; des écoles variées se formèrent chez les diverses nations européennes, avec les nuances que donnent toujours à cet art le climat et les matériaux particuliers au sol, les mœurs et les tendances locales; de là naquirent les combinaisons variées que présente en général un style qui, à de rares exceptions près, se répandait dans la chrétienté tout entière.

Quant à l'Orient, les dernières croisades y portèrent notre art du xiiie siècle; la chute successive des royaumes de Jérusalem, d'Arménie et des principautés asiatiques, y arrêta sans doute son extension dans ces contrées, mais notre pouvoir prolongé à Chypre, à Rhodes, dans l'Attique et la Morée, y continua jusqu'au xve siècle ses développements successifs. Ainsi l'art du Nord, né chez nous, lorsque l'enthousiasme religieux remplissait les âmes et produisait les plus grandes choses, lorsque la civilisation de l'Europe occidentale se levait pour dominer un jour le monde, porta, jusqu'aux limites de la chrétienté, son influence, comme naguères les anciennes civilisations de l'Asie, de l'Afrique, de la Grèce et de l'Italie, avaient successivement répandu, sur le monde païen, les différents styles qui caractérisaient l'art antique de ces contrées.

Pour l'architecture du Nord, si elle s'était développée dans nos régions, comme on a pu le voir aux précédents chapitres, par une suite non interrompue d'innovations successives, depuis l'origine du style roman jusqu'au xve siècle, dans le Midi, au contraire, on la voit paraître comme un art étranger, sans antécédents suivis. En effet, était-ce dans l'Italie, si pauvre en édifices de la période romane, que pouvait naître et croître le style gothique, son dérivé? Non, rien ne l'y avait préparé, et, quand il y parut, son origine septentrionale l'y fit qualifier d'art *tudesque* et *gothique*. Dans le nord seulement de cette contrée, quelques rares monuments des XIe et XIIe siècles, fort en arrière des nôtres, comme il a été démontré plus haut, offrent quelques rapprochements à faire avec les éléments de ce style; mais, lorsque celui-ci vint à s'y répandre, ce fut toujours mêlé à des réminiscences de l'art païen ou de celui des premiers siècles de l'Église, ce fut encore sur le plan de la basilique latine qu'il s'éleva au-dessus du sol.

Dans les États du pape, où il fut pour ainsi dire ignoré, parce que les dispositions dictées par les apôtres ne devaient pas y périr, c'est, sans intermédiaire et directement sur les edifices de style latin, aux basiliques de Saint-Paul hors les murs, de Saint-Jean-de-Latran et de l'antique abbatiale de l'Ara-Cœli à Rome, qu'on voit paraître les premiers arcs aigus, incomplets et dépourvus de l'allure originale qu'ils présentent dans le Nord.

Au royaume des Deux-Siciles, ce fut sur l'art byzantin que l'arc aigu parut d'abord, à l'église monastique de la Martorana de Palerme, bâtie sous le Normand Roger; puis les successeurs de ce prince, continuant cette importation du Nord, la fusionnèrent avec les styles byzantin et mauresque, comme on le voit au monastère de Montréale, aux églises des Ermites, de Céphalu, etc.

En Espagne, un spectacle analogue se présente, quelque peu différent toutefois, parce que, en raison de la domination des Maures, le style roman y est encore plus rare qu'en Italie; les édifices de ce peuple vainqueur l'y remplacent, et, comme lui, durant les premières périodes, ils offrent l'emploi complet du plein cintre; puis, l'arc aigu venant à dominer dans le nord de l'Europe, il fut se poser dans la Péninsule, sur le style africain, jusqu'à ce que, les princes chrétiens redevenant maîtres, notre art septentrional, là aussi sans antécédent, y pénétrât tout conçu, comme représentant alors, et sans rival, l'art catholique.

Lorsque la croix se tourna vers les régions de l'Asie d'où elle était partie, le style roman était en pleine vigueur dans les contrées septentrionales de l'Europe qui soutinrent la guerre sainte; nous en avons montré un jalon laissé en Grèce par les pèlerins guerriers (n° 417); la lutte en Asie fut longue, et, pendant sa durée, l'Occident, toujours en progrès, avait marché vers la transition qui, un jour, devait produire l'art gothique. Ce fut le style transitoire qu'on vit paraître alors sur les premiers monuments des croisés, lorsque, établis solidement en Terre Sainte, ils purent y construire : les côtes de Syrie, la Palestine, les principautés d'Édesse et d'Antioche, l'Arménie, nous montrent de nombreuses églises sur lesquelles paraît l'arc du Nord, se mêlant, soit aux derniers efforts du style roman, soit au byzantin qui va s'éteindre.

Ainsi, à Beyrouth, la mosquée est une vaste église de l'époque transitoire, voûtée en berceau; la porte est surmontée de l'arc aigu. A Sour, la fin du XIIe siècle vit s'élever un beau temple à transsepts arrondis : les ouvertures aiguës sont ornées de frettes romanes. Saint-Jean-d'Acre, Atlit, Naplouse (Sichem), Abou-Goch (Emmaüs), Ramla (Arimathie), montrent des églises monastiques ou autres, plus ou moins bien conservées, dans lesquelles le style de transition est identiquement semblable au nôtre.

Jérusalem possède de nombreux temples, qui furent reconstruits par les croisés; ceux de la transition sont les églises du Cénacle, de Sainte-Anne et de Saint-Pierre; elles présentent le mélange du style roman septentrional et de l'arc aigu. L'art progressant chez nous, la capitale de la Terre Sainte en éprouva les effets; la façade du Saint-Sépulcre, le tombeau de la Vierge, montrent l'emploi de l'arc aigu; c'était le style du XIIIe siècle qui franchissait les mers.

Au royaume de Jérusalem survécut celui de Chypre; le sol de cette île célèbre se couvrit d'édifices religieux, que les Lusignans, depuis le commencement du XIIIe siècle jusqu'au XVe, se plurent à y élever dans le style d'architecture qu'ils avaient vu dans nos contrées, et qui leur avait semblé le plus convenable à la décoration des temples : Limassol, Nicosie, Famagouste, Paphos, Lapaïs, montrent de nombreux temples chrétiens, de riches monastères, construits dans un style parfaitement semblable à celui du Nord.

A Rhodes, les grands maîtres Foulques de Villaret, Émeri d'Amboise, Villiers de l'Ile-Adam, Pierre d'Aubusson, construisirent, aux XIVe et XVe siècles, les églises de Saint-Jean, de Sainte-Catherine, de Saint-Marc, de Notre-Dame-des-Victoires, de Notre-Dame-de-Philerme, de Saint-Étienne. Là, comme à Chypre, le style chrétien du Nord se montre dans tous les développements d'ensemble et de détails qu'offre notre histoire de l'art.

Enfin les Français, maîtres de l'Attique et de la Morée, y portèrent aussi l'art du Nord. En 1207, Guillaume de Villehardouin fonda, suivant la chronique de Morée, la ville de Mistra auprès de Lacédémone : la principale église de cette ville, dépendance d'un monastère, offre, dans la disposition et les détails de son clocher, des traces de l'architecture occidentale; la puissance d'Othon-de-la-Roche dans l'Attique est indiquée par la disposition latine du cloître de Daphni, dont l'église monastique leur servit de sépulture, et la ville de Kalcis, en Eubée, présente aussi des souvenirs de la présence des princes français, par l'importation qu'ils y firent de l'architecture gothique. Dans ces contrées centrales, où notre occupation fut peu durable, où l'influence de l'art byzantin était plus puissante que dans le midi de l'empire, parce qu'on était moins éloigné de la capitale, l'art du Nord ne se montre que dans quelques parties des édifices, le style national y conservant toujours la prépondérance; mais l'influence occidentale n'y est pas moins caractérisée que si elle s'étendait sur l'ensemble. Enfin l'église de Dighour, en Asie, celle de Sainte-Sophie, à Trébizonde, nous font voir que l'art d'Occident étendit son influence jusqu'aux limites de la chrétienté orientale.

RENAISSANCE.

L'architecture monastique devait subir une dernière transformation, celle que préparait depuis longtemps l'Italie, toujours attachée aux souvenirs antiques, et, comme on l'a vu précédemment, peu influencée par les innovations septentrionales. Nos guerres dans cette contrée, les fréquentes relations qui en furent la conséquence, nous apportèrent cet amour d'un art qui s'y était conservé par de beaux modèles et dont l'élément, né en Orient, s'était modifié à Rome en s'y maintenant plus ou moins durant le moyen âge.

Cependant ce ne fut pas sans lutte entre les formes admises précédemment et celles qui revinrent après des siècles, que la dernière révolution s'opéra dans l'art monastique. L'Italie elle-même nous montre les premières traces de la fusion qui s'établit entre l'art gothique expirant et celui qui reparaissait pour le supplanter.

L. B. Alberti, Baccio Pintelli et autres artistes célèbres qui florissaient dans le cours du xve siècle, allièrent les détails de la renaissance aux dispositions générales consacrées durant le moyen âge, et ils eurent bientôt fait disparaître celles-ci devant leurs combinaisons nouvelles. Chez nous ce fut dans le même ordre que la transition s'opéra; mais la lutte fut plus longue et plus opiniâtre, parce que les grandes dispositions architectoniques de l'art chrétien étaient nées sur notre sol. On y maintint le plan gothique reconnu pour le mieux combiné, les façades occidentales conservèrent les hauts portails et leurs voussures renfoncées, les fenêtres leurs proportions élancées, mais à toutes les baies l'arc aigu disparut pour faire place au plein cintre; aux meneaux de subdivision il subit le même sort. Les pinacles et autres détails de décoration reçurent de délicats pilastres corinthiens ou ioniques; ainsi partout mêmes dispositions que dans le siècle précédent, mais complète modification des détails. Sur les façades laterales, les arcs-boutants étaient reproduits et maintenus dans leurs précédentes fonctions, mais à leurs pinacles étaient substituées des formes nouvelles.

A l'intérieur des églises, les piliers multiples portaient encore des voûtes à nervures ornées de clefs pendantes, mais sur les parois des édifices reparaissait le plein cintre, souvent embarrassé de remplir le rôle de l'arc aigu, aux places qui avaient été combinées pour lui. Les longues colonnes monostyles du système antérieur étaient divisées en plusieurs ordres classiques superposés, dont les bases, les chapiteaux et les corniches rompaient, en s'étageant, les longues lignes ascendantes qui naguères produisaient un effet si imposant. Le mobilier religieux suivit une marche analogue : aux fines et nombreuses compositions de la menuiserie gothique, furent substituées des lignes plus monotones de l'art classique, et d'innombrables balustres identiques, ajustés avec goût sans doute, mais n'offrant plus les combinaisons ingénieuses et libres du style antérieur. De gracieuses arabesques se mêlèrent à ces formes renouvelées de l'art antique, et se trouvèrent quelquefois encore à côté des feuillages indigènes, derniers souvenirs du gothique; puis le besoin de mettre ces meubles en harmonie avec l'ensemble des édifices qui perdaient chaque jour l'aspect que leur avait donné l'art antérieur, changea complétement les formes. Cette période de transition fut de courte durée; on entra bientôt, à l'imitation de l'Italie, dans la voie de l'art classique pur; la réforme et les guerres de religion qui en furent les conséquences portèrent un premier coup aux établissements monastiques; aussi peu de maisons religieuses furent-elles établies durant cette période; plus tard, les jésuites, devenus puissants, élevèrent quelques maisons, dans un style qui offrit certaines nuances particulières à leur ordre, mais sans sortir de la voie dans laquelle on était entré depuis la chute de l'art chrétien.

FIN DE LA DEUXIÈME PARTIE.

ARCHITECTURE MONASTIQUE.

TROISIÈME PARTIE.

INTÉRIEUR DES MONASTÈRES.

SACRISTIE. *SACRATORIUM.*

Les premières sacristies se réduisaient aux petites absides situées aux extrémités des nefs latérales des basiliques latines: on les nommait *pastoforia.* (Voir les plans des basiliques, Ire partie, p. 93.) Fermées par des voiles, comme on en voit encore en Grèce et en Asie Mineure, elles contenaient les vases sacrés d'une part, et de l'autre les livres et les diplômes. La première située au midi, lorsque la basilique était orientée, se nommait *prothesis, vestiarium, sacratorium, thesaurus,* et fut l'origine des sacristies et des trésors.

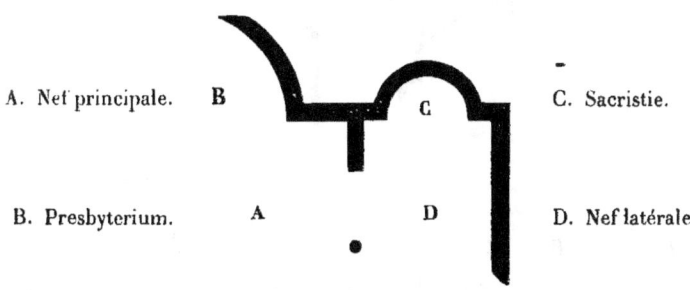

N° 448. Sacristie primitive.

A. Nef principale. B. Presbyterium. C. Sacristie. D. Nef latérale.

Bientôt elle devint insuffisante pour le service; on construisit, en dehors du plan rectangulaire de la basilique, une salle nommée *diaconicon*, diaconique, pour remplacer l'abside méridionale; les plans de l'ancienne basilique de Saint-Pierre de Rome indiquent au midi deux diaconiques de forme circulaire. On y voit de nombreuses niches très-profondes qui servaient à renfermer les objets destinés au culte, les vêtements, les vases, etc. A Pola en Istrie, la diaconique est circulaire de même, et ornée de quatre niches; elle est située, comme celles des basiliques primitives, à l'extrémité de la nef méridionale.

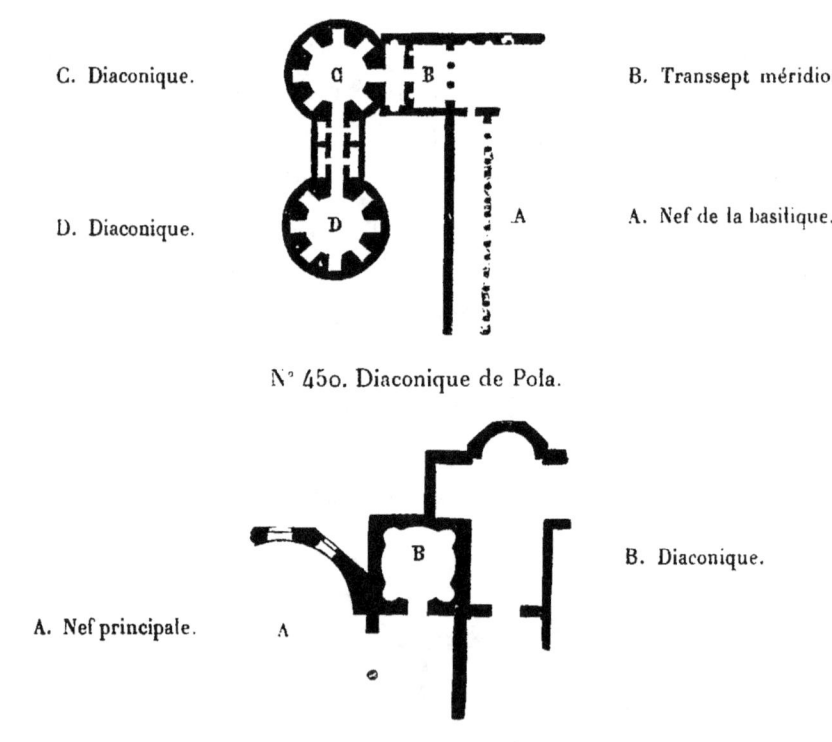

N° 449. Diaconiques de Saint-Pierre de Rome.

C. Diaconique. B. Transsept méridional.

D. Diaconique. A. Nef de la basilique.

N° 450. Diaconique de Pola.

B. Diaconique.

A. Nef principale.

Le dôme de Parenzo, construit au vi^e siècle, a conservé sa diaconique, dans laquelle le constructeur, pour rappeler l'abside qu'elle remplaçait et pour avoir plus d'espace, a établi deux absides aux extrémités opposées de la salle; les deux autres faces contiennent l'une la porte d'entrée, l'autre celle qui conduit à un triclinium dont nous parlerons plus loin.

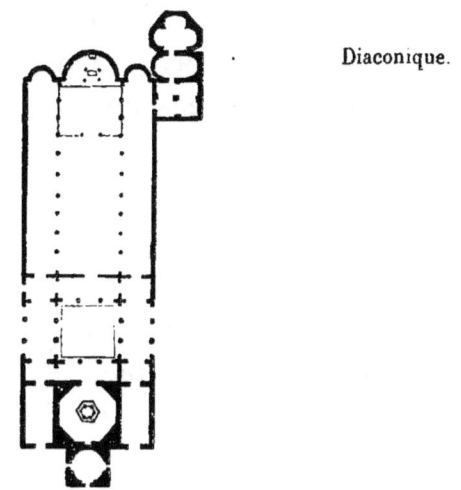

N° 451. Dôme de Parenzo.

Dans le plan de l'abbaye de Saint-Gall, la sacristie, nommée *sacratorium*, est située de même au midi du sanctuaire; au centre est une table où se déposaient les vases sacrés; enfin, pour compléter le service des sacristies primitives, on plaçait auprès une construction particulière dans laquelle on préparait le pain sacré[1] et l'huile d'onction, *domus ad præparandum panem sacrum et oleum exprimendum*. (Voir le plan de Saint-Gall.) Dans cette pièce on remarque un âtre, une table et des bancs. Les prêtres changent de vêtement, avant et après les cérémonies, dans la plupart des sacristies modernes; mais, originairement, une salle particulière nommée *revestiaire* était affectée à

[1] On sait que les abbayes avaient des moules particuliers pour la fabrication des hosties : on trouve dans les Recherches historiques sur Sainte-Geneviève, par G. Wallin, la forme des pains sacrés de cette abbaye à l'effigie de la sainte. Elle a été reproduite dans la 21ᵉ livraison de la Statistique monumentale de Paris. (A. Lenoir.)

ce service et faisait en quelque sorte une double sacristie. La basilique de Saint-Pierre de Rome avait deux diaconiques, dont une pour les vêtements; les légendes du plan de Saint-Gall indiquent le revestiaire au-dessus de la sacristie, *supra restium ecclesiæ repositio*. A Glocester il se compose d'une série de cabinets en pierre, ornés d'arcades gothiques, closes par des treillages de fer; cet ensemble occupe l'extrémité d'un transsept de l'église.

Vers le XI° siècle, lorsque l'architecture romane domina dans toute la chrétienté occidentale, les sacristies eurent la physionomie de toutes les constructions de cette époque, et commencèrent à prendre la forme d'une petite église accolée à la grande. Le plan de l'ancienne abbaye de Saint-Germain-des-Prés, à Paris, publié par dom Bouillart en 1724, nous montre l'ancienne sacristie disposée de la sorte; cet usage se transmit durant la période gothique. Il y en avait une à la Sainte-Chapelle de Paris.

N° 452. Ancienne sacristie de l'abbatiale de Saint-Germain-des-Prés

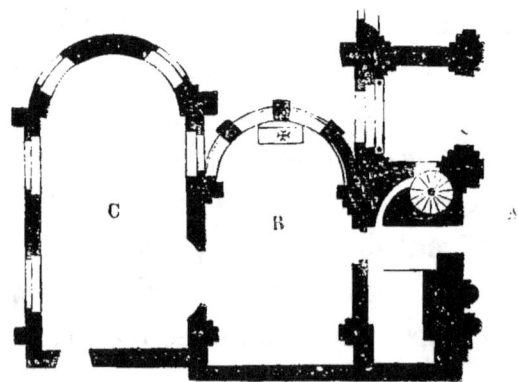

A. Nef latérale de l'église.
B. Sacristie romane.
C. Sacristie plus moderne.

ARCHITECTURE MONASTIQUE. 289

N° 453. Sacristie de la Sainte-Chapelle de Paris.

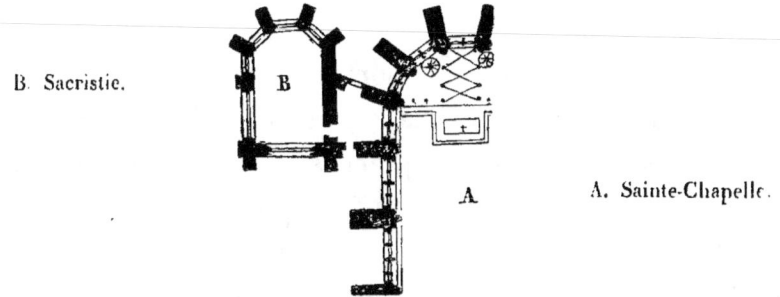

B. Sacristie.

A. Sainte-Chapelle.

Les sacristies n'affectaient pas toujours la forme des églises auprès desquelles le besoin les avait fait construire; on en voit des exemples à la cathédrale actuelle de Saint-Omer, ancienne église abbatiale, et à l'abbaye de Batalha.

N° 454. Sacristie de l'abbaye de Batalha.

Meubles de sacristie. — Les principaux meubles de la sacristie étaient, 1° un autel particulier, dont la présence avait pu conduire à donner fréquemment à la construction la forme d'une chapelle; 2° une grande armoire destinée à contenir les vêtements sacerdotaux; 3° une sonnerie, quelquefois très-importante, placée auprès de la porte, et en dehors, pour annoncer dans l'église aux fidèles la sortie de l'officiant se rendant à l'autel. Ces sonneries, remplacées aujourd'hui par une simple cloche, étaient fréquemment composées d'une roue, autour de laquelle on fixait un grand nombre de clochettes libres, qui s'agitaient bruyamment lorsque, au moyen d'une corde enroulée autour du moyeu de la roue, on faisait rapidement tourner celle-ci sur son essieu. Ces roues, simples d'abord et construites comme celles d'un char, se compliquèrent ensuite par leur fabrication, puis on leur donna la forme d'une étoile, d'un soleil, les clochettes s'accrochant sur toute la surface des rayons. M. Gailhabaud en a publié un exemple curieux dans son ouvrage intitulé, *Architecture du ve au xviie siècle et les arts qui en dépendent;* 4° un meuble en métal sur lequel on pouvait mettre du feu pour préparer les saintes hosties, dans des moules fabriqués exprès; nous en donnons ici un exemple tiré de la sacristie de Beauvais, n° 455, à la page suivante; ce meuble, qui, en raison de sa forme, de ses dimensions, du toit qui le couvre pour éviter la chute de la poussière ou de tout autre corps étranger sur le foyer, nous semble avoir, en cette occasion, remplacé, à l'époque à laquelle on simplifiait les détails du service, la salle voisine de la sacristie tracée sur le plan de l'abbaye de Saint-Gall, et qui était consacrée à la fabrication des saintes hosties, *domus ad præparandum panem sacrum.* (Voir, dans la première partie, au plan de l'abbaye de Saint-Gall, la salle tracée au delà de la sacristie, parallèlement au dortoir.)

N° 455. Réchaud à hosties dans la sacristie de Beauvais.

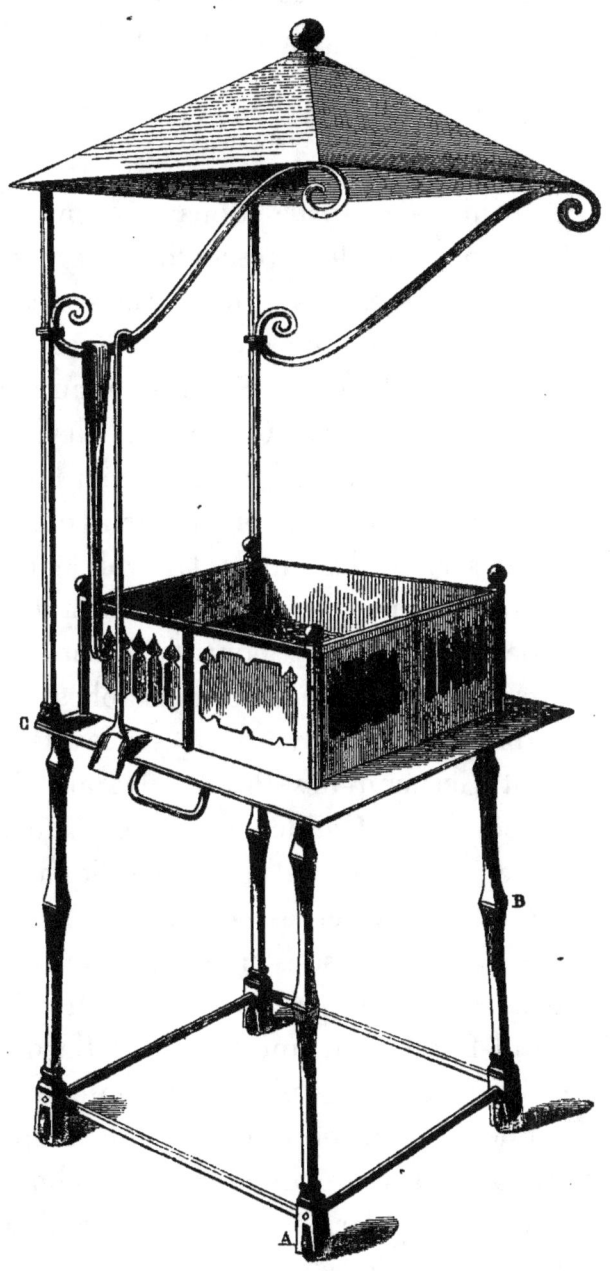

Le sacristain, *sacrista,* prenait soin des vases, des livres et vêtements nécessaires au service divin; il veillait aux offrandes de l'autel, préparait le pain, le vin et l'huile; il dirigeait les funérailles.

TRÉSOR.

Le premier cahier des Instructions du comité, page 93, fait reconnaître l'origine des trésors dans le *pastoforium* ou petite abside du Nord des basiliques latines, destiné à renfermer les vases sacrés, comme on le voit encore en Orient, à l'église de Saint-Démétrius, de Smyrne, et au monastère de Vatopédi, sur le mont Athos. Cet espace devint trop peu étendu lorsque les princes enrichirent à l'envi l'un de l'autre les basiliques et les monastères, en donnant des objets précieux destinés au service des autels. On voit dans le bibliothécaire Anastase combien l'empereur Constantin prodigua l'or et les matières précieuses, pour faire confectionner les vases sacrés. Les rois de France et certains abbés puissants suivirent son exemple, et, dès les vi[e] et viie siècles, les trésors des abbayes de Saint-Germain-des-Prés et de Saint-Denis commencèrent à recevoir de Childebert et de Dagobert Ier, des croix enrichies de pierreries, de précieux reliquaires, origine de ces deux collections célèbres. C'est alors qu'on pensa à construire auprès des sacristies une salle voûtée, entourée d'épaisses murailles, et qui prit le nom de trésor; celui de l'abbaye de Saint-Denis était une grande salle de trente-six pieds carrés et haute de vingt pieds. La voûte était soutenue au milieu par une colonne en marbre; une lampe y brûlait continuellement par respect pour les saintes reliques; les objets précieux y étaient renfermés dans des armoires, d'où on les tirait à l'époque des fêtes solennelles. La salle du trésor était quelquefois fort restreinte et construite dans l'épaisseur du mur de la sacristie; on en voit un exemple à l'abbaye de Batalha. (Voir la planche n° 454.)

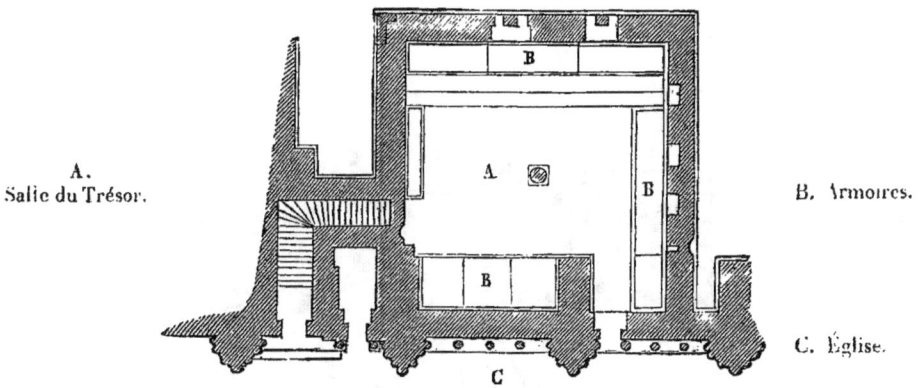

N° 456. Plan du trésor de Saint-Denis.

A. Salle du Trésor.   B. Armoires.   C. Église.

Un trésorier, *thesaurarius,* auquel en était confiée la garde spéciale, avait une clef des armoires; le grand prieur, le sous-prieur et le chantre en avaient aussi une chacun: elles étaient toutes différentes, pour assurer la conservation des objets. On enterrait quelquefois dans le trésor : saint Gradulphe, abbé de Fontenelle, mort en 1048, en est un exemple.

Les trésors ne furent pas toujours placés dans une salle construite *ad hoc;* il est probable que l'une des deux diaconiques circulaires de la basilique de Saint-Pierre servait à garder les vases précieux et les reliquaires; le trésor de l'abbaye de Saint-Germain-des-Prés à Paris était dans la sacristie. Quelquefois on le plaça dans une crypte faisant partie de l'église souterraine. Enfin, il pouvait être exposé à tous les regards au fond du sanctuaire, comme l'étaient ceux de la cathédrale de Metz et de la Sainte-Chapelle de Paris. Dans ce cas des armoires très-solides et bardées de fer assuraient la conservation des objets précieux. Nous donnons ici un exemple de ces armoires; elle provient du trésor de la cathédrale de Noyon. (Voir, pour tous les détails relatifs à cette belle armoire de trésor, les Annales archéologiques et la planche coloriée exécutée par M. Boeswilvald.)

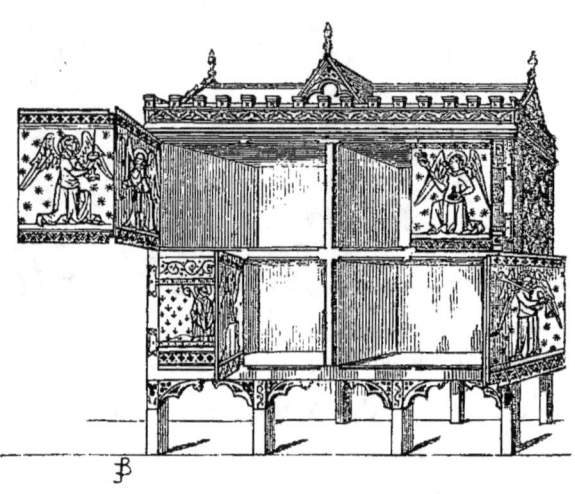

N° 457. Armoire de trésor à Noyon.

Des familles constituaient des trésors particuliers pour les chapelles qui leur appartenaient et étaient, dans une église abbatiale ou autre, consacrées à leur sépulture. On voyait, dans l'église du prieuré de Vernusse en Poitou, la chapelle de la famille de Beauquaire; une armoire placée sur l'autel et formant retable contenait des objets précieux donnés par la famille, dont tous les membres, hommes et femmes, étaient représentés sur les volets de ce trésor particulier; nous en reproduisons le dessin : on y remarque un évêque, des chevaliers, un écolier, une abbesse, des religieuses, une femme en costume civil; des cartouches situés au-dessus de chacun de ces personnages contenaient l'indication de leurs noms et qualités.

N° 458. Armoire de trésor au prieuré de Vernusse.

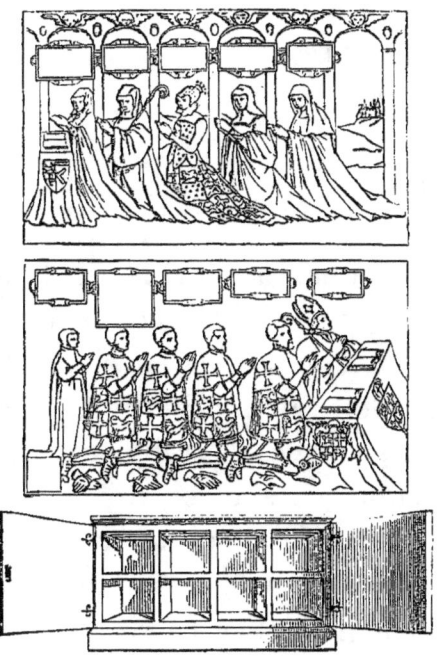

Indépendamment du trésor des reliques et autres objets précieux, on voyait, dans les riches abbayes, une salle placée quelquefois sur un des côtés du cloître, et dont le nom était *cubiculum computatorium,* quoiqu'on l'ait aussi appelée trésor; c'était la salle des comptes, la caisse; on y comptait les recettes et les dépenses de la maison, et à cet effet, le centre était occupé par une table couverte d'un drap divisé par des lignes se croisant en carré et formant échiquier; les divisions servaient aux calculs. Des coffres contenaient les valeurs, et des grilles en fer faisant une cage dans la pièce enveloppaient la table et les caisses.

Quelques abbés ayant frappé monnaie, par des priviléges particuliers, avaient fait disposer un local pour cet usage.

CLOÎTRES, *CLAUSTRA*, *PERISTYLIA*.

A. Dispositions générales.
B. Galeries intérieures.
C. Façades des galeries.
D. Préau.

A. DISPOSITIONS GÉNÉRALES.

Le cloître des monastères de l'Orient est l'enceinte qui enveloppe l'*area* ou surface libre, dont l'église est environnée de toute part, comme le *temenos* enveloppait le temple païen. Cette disposition doit être primitive, parce que dans les laures, ou premiers villages des religieux, les cellules se groupèrent autour d'une place au centre de laquelle s'élevait le catholicon. Les habitations se rapprochant bientôt, on les construisit régulièrement côte à côte, mais d'abord sans portiques communs pour les relier entre elles; c'est ainsi qu'elles sont disposées au monastère de Saint-Luc, au pied du Parnasse, et dans les couvents de l'Égypte. Plus tard, on comprit la nécessité de faire communiquer ensemble toutes ces demeures religieuses par des galeries couvertes : le couvent de la Sainte-Laure, au mont Athos, celui de Saint-Jean, à Constantinople, et que visita Ruy-Gonzalès de Clavijo en 1403, sont des exemples de cette disposition plus complète.

En Occident un autre principe a guidé dans la place donnée au cloître des maisons religieuses : la longue basilique latine était trop vaste pour être entièrement enveloppée dans un préau; puis, d'autres mœurs que celles de l'Orient admettant les femmes dans les églises monastiques aux heures des cérémonies, il fallait une combinaison qui, tout en leur interdisant l'entrée du cloître, leur laissât libre l'accès du temple. Ces deux considérations importantes firent placer, chez nous, le cloître auprès de l'église, au centre des lieux réguliers.

Les maisons religieuses de l'Orient n'avaient qu'un cloître, puisqu'il était formé de l'*area* enveloppant le *catholicon*; en Occident, au contraire, on put en avoir plusieurs, parce qu'ils formaient des cours intérieures. Nos maisons religieuses de dimension ordinaire n'en n'avaient qu'un; les plus étendues en avaient jusqu'à trois ou quatre, mais plus généralement deux, le grand et le petit cloître. Ce dernier était nommé cloître du colloque, parce que les religieux pouvaient y converser[1]. « In claustris etiam certis horis dabatur copia fratribus invicem confabulandi. » (Ducange, *Claustrum*.)

Durant les premiers siècles du monachisme en Occident, les cloîtres présentaient une simplicité en harmonie avec les mœurs de l'époque; on lit dans le *Monasticon anglicanum* qu'à Abington (*Abendonia*), le cloître n'était qu'une enceinte entourée de murailles élevées : « nec habebant clausum sicut nunc habent, sed erant circumdati muro alto qui erat eis pro claustro. » Cela suppose une laure établie sans ordre, et au milieu de laquelle s'élevait cette enceinte destinée au recueillement.

Les cloîtres étaient généralement carrés ou de forme peu allongée, et cela en Orient comme en Occident. Toutefois Béda, dans la Vie de saint Cuthbert, fait la description du cloître bâti par ce saint; il était circulaire et enceint de deux murs concentriques : celui du dehors s'élevait moins que l'autre, parce qu'on avait creusé le rocher qui formait le sol du préau. Les toitures étaient de bois brut et couvertes de chaume.

Dans le siècle dernier, un cloître circulaire fut projeté par M. Destouches, architecte, entre la nouvelle église de Sainte-Geneviève (aujourd'hui le Panthéon) et le monastère des Gé-

---

[1] Dom Martenne, Clairvaux. *Voy. litt.* t. I, p. 102.

novéfins, auxquels elle appartenait. La forme circulaire de ce cloître était motivée par la différence des axes de l'église et de la grande colonnade qui faisait le fond de la cour des abbés. Ce beau cloître circulaire n'a jamais été exécuté, les événements de la révolution de 1789 ayant arrêté les projets et supprimé les Génovéfins; une rue occupe aujourd'hui la place qui lui était réservée.

Nous avons dit dans la Ire partie, à l'article *Enceintes*, page 50, que saint Angilbert, sous le règne de Charlemagne, en faisant construire l'abbaye de *Centula* (Saint-Riquier), donna la forme triangulaire à l'ensemble des constructions pour rappeler la sainte Trinité, en l'honneur de laquelle l'abbaye fut construite; le cloître reçut de même la disposition triangulaire pour qu'il fût en harmonie avec le plan général. L'église abbatiale et deux grandes chapelles dédiées l'une à la Vierge, l'autre à saint Benoît, occupaient les trois points principaux. (Voir à la première partie la planche n° 16, page 27.)

Il arriva quelquefois, particulièrement dans les pays de montagnes, que les cloîtres ne purent recevoir qu'une forme irrégulière, la nature apportant des obstacles insurmontables à la symétrie. Nous en produisons un exemple qui se voit dans les Pyrénées, à l'abbaye de Saint-Martin de Canigo. Le lieu escarpé où cette maison est bâtie, au sommet d'un pic sauvage, « est si étroit, dit dom Martenne, qu'il n'y a pas même de place pour faire un jardin. Tous les lieux réguliers sont fort resserrés et l'église très-petite [1]. » Le plan de cette abbaye, fondée au XIe siècle par Guifroid, comte de Cerdagne, est reproduit à la page suivante, n° 459. L'église et le cloître irrégulier qui l'avoisine existent seuls aujourd'hui; les bâtiments d'habitation sont presque entièrement détruits.

[1] Dom Martenne. *Voyage littéraire*, tom. I, p. 59.

ARCHITECTURE MONASTIQUE.

N° 459. Plan de l'abbaye de Saint-Martin de Canigo.

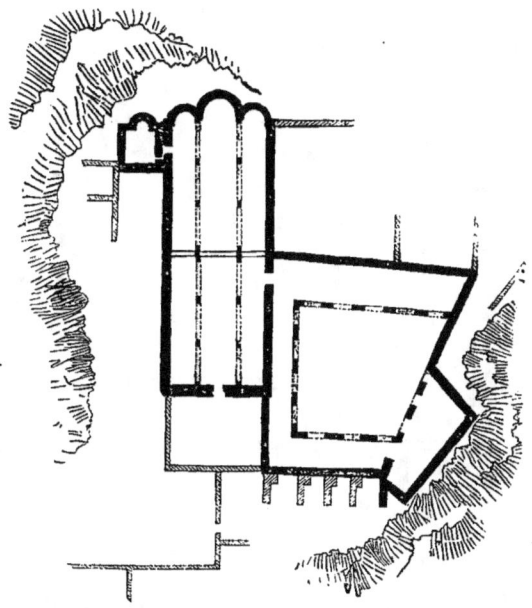

La forme carrée prévalut : « claustrorum forma fuit quadrata :

« Quadratam speciem structura domestica præfert. » (Ducange.)

Cette disposition était plus convenable en effet que toute autre, puisque l'église, le réfectoire, les celliers, le dortoir ou le chauffoir, constructions rectangulaires, environnaient le cloître.

« Atria bis binis inclyta porticibus.
Quæ tribus inclusæ domibus quas corporis usus
Postulat, et quarta quæ domus est Domini,
Quarum prima domus servat potumque cibumque,
Ex quibus hos reficit juncta secunda domus.
Tertia membra fovet vexata labore diurno ;
Quarta Dei laudes assidue resonat. »
(Ducange.)

N° 460. Plan du cloître au prieuré de Saint-Martin-des-Champs.

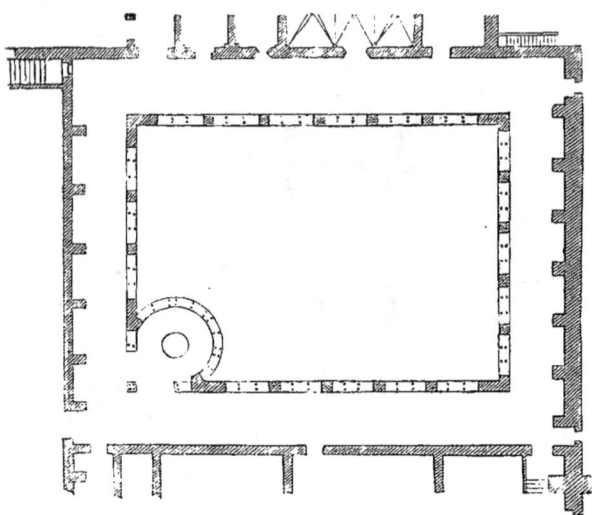

Villard de Honnecourt a donné, dans son album de dessins (folio 20 r.), deux méthodes employées par les architectes du moyen âge, pour tracer le plan d'un cloître ; malheureusement les figures et les légendes qui les expliquent sont très-incomplètes[1]. L'auteur trace des diagonales joignant entre eux les quatre points fixés d'avance comme limites des divers côtés du plan, puis dessinant les galeries ou portiques du cloître parallèlement aux quatre faces de la figure principale, il les arrête aux diagonales, ce qui peut indiquer que la figure inscrite doit être parfaitement semblable à celle qui l'enveloppe, tant par l'ouverture des angles que par le parallélisme des côtés. Des polygones indiqués aux quatre coins de la figure doivent représenter des fausses équerres ou rapporteurs divisés, afin de vérifier si les angles sont identiquement les mêmes. Les diagonales tendant à un centre commun déterminent en outre la direction à donner aux croisées d'ogives placées dans

[1] *Revue archéologique*, 6ᵉ année, 1849. Paris, A. Leleux.

les angles du cloître, et par conséquent de toute la série des voûtes qui couvrent les galeries.

B. GALERIES, PROMENOIRS, *PORTICUS AMBULACRA, AMBULATORIA*.

Quatre galeries disposées symétriquement autour du préau reliaient entre elles, et avec l'une des faces latérales de l'église, toutes les constructions placées autour du cloître; elles servaient de promenoirs couverts aux religieux; les besoins du service en réglaient les proportions; leur plan, ordinairement régulier, était limité, vers le préau ou cour centrale, par les nombreux piliers, les colonnes et les contre-forts qui formaient les façades intérieures du cloître.

C'était sous ces galeries que s'ouvraient les portes diverses communiquant d'ordinaire, au nord avec la nef méridionale de l'église, à l'orient avec le chapitre, le chauffoir et les escaliers conduisant au dortoir, à l'ouest avec les celliers ou magasins des provisions de comestibles, au midi avec le réfectoire, la cuisine et autres dépendances des lieux réguliers. Lorsque le cloître était situé au nord de l'église, ce qui était moins commun qu'au midi, le réfectoire, qu'on plaçait toujours du côté opposé au temple pour éviter le bruit et l'odeur, se trouvait alors au nord du préau; les autres dispositions ne recevaient pas de mutations relatives.

Les galeries étaient éclairées par les arcades percées dans les façades; on en sortait, soit par toutes les ouvertures, soit par quelques-unes seulement, établies dans les axes du préau, ou vis-à-vis les portes de l'église et des salles principales. Le passage des autres arcades était intercepté par une banquette plus ou moins élevée, sur laquelle reposaient les colonnes ou les piliers, ainsi que les vitraux. Durant la période romane, les galeries intérieures des cloîtres étaient fréquemment couvertes par des voûtes ou des plafonds en bois suspendus aux charpentes du comble; en l'absence du plafond on voyait les bois de construction. Lorsque les monastères étaient importants, ces galeries se couvraient avec des voûtes en pierre établies en plein cintre, formant des berceaux et divisées en travées par des arcs-doubleaux correspondant aux piliers et contre-forts des façades. Durant les premiers âges de l'architecture monastique en France, les galeries des cloîtres étaient de la plus grande simplicité, et parfaitement semblables aux graves portiques établis dans l'antiquité romaine : les murs latéraux étaient sans ornements, une ligne de moulures servant d'imposte décorait les piliers des arcades, quelquefois une archivolte encadrait le cintre; c'est avec une simplicité analogue que sont établis les cloîtres de la Grèce; mais, lorsque l'art roman, plus capricieux, vint à se développer en France, le mur latéral de l'église, donnant sur la galerie du cloître, pouvait être décoré d'arcades feintes, reproduisant les ouvertures de la façade correspondante du cloître; cette disposition s'étendait quelquefois à d'autres galeries. Enfin la sculpture d'ornement et la statuaire contribuaient à orner les piliers, les arcs-doubleaux, les chapiteaux et couronnements de toute espèce répandus dans l'étendue des promenoirs. Les beaux cloîtres romans de l'abbaye de Moissac et de Saint-Trophime d'Arles offrent tous les genres de décoration que nous venons de signaler. La peinture ornait aussi à cette époque les galeries des cloîtres comme on le voit dans l'Histoire du monastère de Saint-Florent de Saumur, par dom Martenne. « Robert, y est-il dit, successeur d'Amalbert, fit achever les peintures des cloîtres [1]. »

---

[1] Martenn. *Vet. script. et monum. ampl. collect.* t. V, col. 1106.

N° 461. Cloître de Saint-Trophime, à Arles.

Pendant la durée du style gothique, les voûtes en berceaux disparurent des galeries de cloîtres pour faire place à des voûtes d'arêtes, surchargées de nervures, de clefs pendantes, de rosaces à jour avec ou sans armoiries et attributs, et de toutes les combinaisons qui se trouvaient réunies sur une plus grande échelle dans les églises.

N° 462. Cloître gothique, à Arles.

Les pinacles, les dais, les consoles, s'accrochèrent aux piliers de supports, les portes les plus riches communiquèrent aux différentes salles importantes placées près des galeries, et de capricieux meneaux portant des verrières servirent de clôture aux arcades.

N° 463. Cloître de Fontenelle (abbaye de Saint-Wandrille).

La période de la renaissance modifia les formes en conservant les mêmes dispositions. Le cloître des Célestins à Paris en était un type remarquable. Là, comme dans tous les monuments du XVIe siècle, le plein cintre remplaçait l'arc aigu ; de légères colonnes corinthiennes, surmontées de leur entablement, décoraient toutes les arcades ; des pilastres doriques séparaient les travées à l'intérieur des galeries, ainsi qu'au dehors, vers le préau. Une voûte en berceau, ornée d'arcs-doubleaux et de caissons en bois, couvrait les promenoirs dans toute leur étendue ; le *lavatorium* était enveloppé dans une petite enceinte particulière et décorée dans le même style que le reste du cloître. (Voir le n° 464.)

ARCHITECTURE MONASTIQUE.

N° 464. Cloître des Célestins.

Alors, plus qu'à l'époque romane, de nombreux sujets de peinture, reproduisant l'histoire des monastères ou de leurs fondateurs, vinrent tapisser les murailles de nos cloîtres, comme on en voit encore de nombreux exemples en Italie, particulièrement à Sainte-Marie-Nouvelle, à Florence; au commencement de ce siècle, celui des Grands-Carmes de Paris, détruit en 1812, offrait encore une suite nombreuse de ces tableaux historiques, et le cloître du colloque aux chartreux de la même ville, contenait la belle suite de tableaux de Lesueur représentant la vie de saint Bruno, aujourd'hui au musée du Louvre. Des bas-reliefs prenaient quelquefois la place des tableaux pour arriver au même but; la statuaire y mettait aussi sous les yeux des moines un christ, une vierge, ou un saint honoré dans le monastère. A toutes les époques, des sépultures étant établies sous le sol des galeries de cloîtres, elles motivèrent l'emploi des dalles gravées qui en formaient le pavé, ou l'application contre les murailles de cénotaphes, d'inscriptions funéraires, qui décoraient le pourtour intérieur. Au-dessous de ces divers ornements établis en applique ou gravés dans les murs eux-mêmes, régnait une suite de bancs en pierre, sur lesquels les moines venaient s'asseoir à certaines heures du jour pour y faire des lectures spirituelles. « In eo quod contingit ecclesiam lectio moralis. » (Ducange.)

La galerie voisine de l'église était particulièrement destinée à ces lectures que les Cisterciens nommaient *collationes*. Des armoires disposées au-dessus des bancs ou même dans leur épaisseur contenaient les livres. A l'abbaye de Cruas, sur le Rhône, contre la coutume, l'armoire aux livres était dans l'église. (D. M. t. I, p. 297.) La galerie de l'ouest était de préférence consacrée aux novices, lorsqu'ils n'avaient pas, comme dans l'abbaye de Saint-Gall, un bâtiment particulier à leur usage. Alors de ce côté se trouvaient quelques salles pour leurs différents genres d'études; celle du chant était du nombre. Les bancs placés dans cette galerie du cloître étaient accompagnés de celui du maître; des livres attachés avec des chaînes se plaçaient dans cette galerie pour l'usage des enfants. « In latere claustri occidentali et scholaris subjectio. » (Ducange.)

La lecture des écrivains profanes se faisait dans la galerie de l'orient : « ad orientalem in capitulo materialis lectio. » (Ducange.)

C. FAÇADES.

A toutes les époques de l'histoire de l'art chrétien d'occident, les façades de cloîtres se composaient, soit d'une série non interrompue de colonnes portant des arcs, soit d'un certain nombre de travées contenant deux, trois ou quatre arcs, et séparées entre elles par de forts piliers et des contre-forts; ces derniers servant de points d'appui, 1° à de grands cintres ou formerets, indiquant au dehors les proportions des voûtes intérieures du cloître; 2° aux arcs-doubleaux et aux diagonales de ces mêmes voûtes. Durant les premiers siècles, les séries de colonnes disposées à la manière des péristyles antiques étaient préférées ; chez les Grecs, c'était plutôt une suite d'arcs portés par des piliers carrés.

Si l'on en juge par le plan de l'abbaye de Saint-Gall, on aurait commencé vers le VIIIe siècle à ouvrir, sur les façades de cloître, des arcades de dimensions différentes, celle du milieu l'emportant de beaucoup sur les autres par ses proportions. (Voir le plan de l'abbaye de Saint-Gall, Ire partie.) Les plus anciens monuments de la période romane font voir ces différences; on en trouve des exemples à Saint-Vincent-Saint-Anastase, aux Quatre-Fontaines auprès de Rome, ainsi qu'aux Saints-Apôtres de Cologne. Dans le premier de ces cloîtres, l'arcade plus grande est seule entre deux piles carrées; les travées voisines sont composées chacune de quatre petits arcs, portés par des colonnes et surmontés d'un grand cintre en briques.

N° 465. Façade du cloître de Saint-Vincent-Saint-Anastase.

Dans le second, l'arcade centrale est accompagnée de deux petites arcades pour former une travée.

N° 466. Façade du cloître des Saints-Apôtres

Ces combinaisons des cloîtres romans présentent déjà des variations nombreuses; ceux du prieuré de Cantorbéry, dont un dessin du XIe siècle est publié dans la première partie, offraient, comme dans les premiers âges, des séries d'arcades non interrompues par des piliers. De même que les églises de cette période, les cloîtres romans pouvaient offrir dans la disposition de leurs façades l'emploi d'arcs régulièrement cintrés, surbaissés, exhaussés ou en fer à cheval.

Au-dessus des travées d'arcades décorant les façades de cloîtres romans, se trouvait quelquefois un étage percé de petites ouvertures, éclairant des cellules de moines ou des galeries de communication, entre les diverses parties du monastère situées au premier étage. Le cloître de l'abbaye de Saint-Vincent-Saint-Anastase, auprès de Rome, en est un exemple.

Les façades des cloîtres romans étaient généralement couvertes de toits en appentis, offrant peu d'inclinaison relativement à ceux des périodes suivantes; quelques-uns ont pu conserver des restes d'anciennes charpentes. Ces combles servaient quelquefois de dépôts d'ossements, qu'on enlevait successivement du cimetière de la communauté ou du préau consacré souvent à la sépulture.

Dès la période romane, les cloîtres présentaient déjà un grand luxe de construction; on n'y épargnait ni les matériaux, ni la main-d'œuvre, par la raison qu'une partie de la vie des moines se passait dans ce lieu central et réservé des maisons religieuses. A ce premier luxe vint se joindre celui des plus riches décorations de l'architecture; les détails les plus variés ornèrent les corniches, les archivoltes, les chapiteaux et quelquefois même le fût des colonnes.

C'était contre ce luxe de décoration et de sculpture, qui ne fit que s'accroître avec les richesses des abbayes, que déjà au XIIe siècle s'élevait saint Bernard, dans son Apologie aux Clunistes : « Dans les cloîtres, dit-il, devant les frères occupés de lectures, à quoi bon ces ridicules monstruosités, ces admirables beautés difformes, ou ces difformités si belles?.... c'est enfin un tel nombre, une telle variété de formes bizarres ou merveilleuses, qu'on a plus de plaisir à lire dans les marbres que dans les livres, et à passer tout le jour à admirer ces œuvres singulières qu'à méditer la loi divine..... »

Lorsque la période de transition amena l'arc aigu dans l'architecture, les façades de cloîtres se modifièrent, non dans leurs dispositions générales, qui restèrent ce qu'elles étaient précédemment, mais dans les proportions et la forme des arcades, dans les profils et l'ornementation des moulures. Le cloître de Fontenet, près Montbard, est de la transition et offre ces caractères. Le style gothique se développant bientôt, il apporte dans les combinaisons des colonnettes et des contre-forts, toute la variété qui précédemment a été signalée dans les églises; la décoration de ces cloîtres prit un développement qu'on ne trouve pas dans les périodes précédentes : les arcades reçurent des meneaux découpés en roses, en quatre feuilles, en trèfles, comme les grandes fenêtres des temples;

des vitraux de couleurs fermaient ces arcs avec luxe. Pour mettre la façade en harmonie, les archivoltes, les frises supérieures et les tympans étaient couverts de sculptures; les contre-forts séparant les arcades et nécessaires à la solidité des voûtes prenaient les formes variées des pinacles gothiques et s'enrichissaient d'animaux fantastiques, de masques, de crosses végétales, de colonnettes légères, comme celles qui portaient les meneaux des arcades; depuis le XIIIe siècle jusqu'à la renaissance, on voit des exemples de ce luxe de cloîtres; les différents types donnés plus haut suffisent pour l'indiquer.

Les façades de cloîtres décorées dans le système gothique offraient des exemples d'un étage supérieur dans lequel on rencontrait soit des galeries composées d'arcades moins importantes et moins riches que celles du bas, soit des séries de petites fenêtres éclairant des cellules ou des pièces de dépendance du couvent. On en voit à celui des carmes Billettes, à Paris. Les combles qui surmontaient ces façades étaient construits en appentis; il y en avait aussi qui formaient une suite de pignons en pierre ou en charpente, établis au-dessus de chaque travée, et dont les eaux étaient portées au dehors par des gargouilles placées sur les contre-forts. Ces pignons pouvaient contenir des ouvertures éclairant de petites pièces, ou donnant de l'air à des charniers disposés sous les combles. Ces dispositions étaient celles du cloître de l'abbaye de Saint-Germain-des-Prés à Paris. A l'époque de la renaissance, le style des façades de cloîtres changea complétement; mais les distributions des arcades, des contre-forts, des couvertures, restèrent à peu près les mêmes, motivées qu'elles étaient par des besoins analogues. On remarque que les contre-forts sont souvent décorés de fortes colonnes ou même remplacés par elles; le cloître des Célestins à Paris nous suffira pour indiquer ici les changements apportés dans le style de la décoration; il offrait l'exemple d'une grande croisée ou tribune, décorée de statues cariatides, placées sur la galerie de l'est[1].

D. PRÉAU, *HERBARIUM*.

Le terrain libre et découvert compris entre les quatre galeries du cloître se nommait préau, *herbarium*. Il était semé de gazon toujours entretenu; on y plantait des arbustes et des fleurs; un grand arbre occupait souvent le point central : on le considérait comme un lien entre la terre et le ciel. Le préau était ordinairement divisé en quatre parties égales, par des allées se joignant au centre; on en établissait quelquefois aussi dans le sens des diagonales. La circulation était ménagée encore au pied des façades de galeries; on y facilitait l'écoulement des eaux par des caniveaux, des aqueducs et des puisards. On peut voir, à la première partie, les divisions de l'*herbarium* du grand cloître de l'abbaye de Saint-Gall : elles sont nommées *semitæ*. Au centre, dans un carré, est figuré un grand sapin *savinus* (sapinus). Le plan gravé ici à la page 312, sous le n° 457, est celui des Célestins de Paris; les quatre divisions de l'*herbarium* y sont tracées; au centre du préau s'élève une croix portée par une colonne isolée. A Rome, dans le cloître de l'église de Saint-Laurent hors les Murs, les religieux se sont plu à décorer le centre du préau de beaux fragments de sculpture antique recueillis sans doute aux environs; entourés des fleurs cultivées dans l'*herbarium*, ils donnent à ce préau un aspect particulier, qui se complète par la vue des objets de sculpture romaine réunis sous les galeries du cloître, et en font un musée.

[1] Voir les gravures de la monographie des Célestins dans la Statistique monumentale de Paris. (A. Lenoir.)

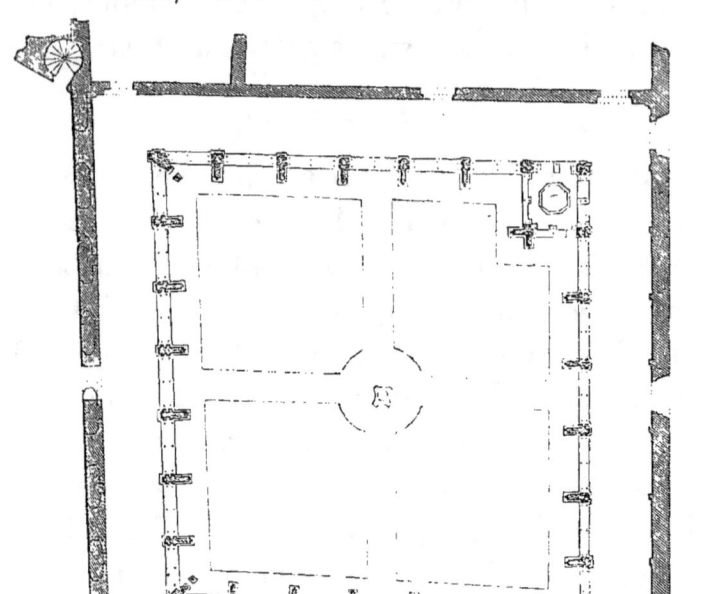

N° 467. Plan du cloître des Célestins, a Paris.

Puits — Les sanctuaires de l'antiquité païenne contenaient des puits sacrés; les premières basiliques chrétiennes en eurent de même : celles de Saint-Barthélemy à Rome, de Saint-Simirien à Nantes, de Saint-Pierre-le-Vif à Sens, de Saint-Irénée à Lyon, de Saint-Jacques à Ratisbonne, montrent des puits sacrés. Il y en eut de même dans les églises monastiques de tous les âges; la basilique de Sainte-Praxède, celle de Saint-Calixte à Rome[1], les abbatiales de Saint-Germain-des-Prés, des Célestins[2], de Sainte-Geneviève à Paris, en possédaient aussi.

[1] In sacello quodam cœnobii sancti Calixti puteus extat, in quem projectum narrant sanctum Calixtum papam. (Montfaucon, *Diarium Italicum*.)

[2] Philippe de Maizières, chancelier de Chypre et conseiller de Charles V, fit faire ce puits à la *fasson de Venise*, où se prent la bonne eau pour les malades de Paris et des environs.

Le préau des cloîtres fut orné de puits plus fréquemment encore que les églises; c'était au centre, ou vers l'un de ses angles, qu'ils étaient pratiqués.

La forme que les Romains donnaient à leurs puits a été reproduite dans le premier cahier des Instructions, p. 66; ils étaient généralement en marbre; les nombreuses et profondes coupures qu'on remarque sur les bords de la margelle indiquent qu'on y appuyait la corde pour puiser. Leur diamètre était petit pour éviter les accidents qu'aurait pu causer ce moyen simple de tirer l'eau. Les plus anciens puits chrétiens offrent les mêmes proportions que ceux de l'antiquité; c'est ainsi que sont établis ceux des églises de Saint-Barthélemy et de Saint-Germain-des-Prés; lorsqu'ils passèrent dans les anciens cloîtres des premières églises abbatiales, on ne changea rien à leurs dispositions premières, mais au moyen âge on les surmonta d'un appareil en pierre ou en bois porté par des colonnes ou des piliers pour y placer une poulie.

Le puits établi originairement au centre du préau, comme on l'a vu précédemment, fut plus tard, pour faciliter le service et donner plus de commodité aux moines qui devaient y faire des ablutions, rapproché d'un des promenoirs, soit vers l'axe de la façade, soit à l'un des deux angles voisins du réfectoire; c'était une amélioration qui devait conduire bientôt à faire remplacer le puits par une fontaine. La France possède encore des exemples de puits; le plus beau qui peut-être ait été jamais fait est à Dijon, dans l'ancienne Chartreuse; il est nommé puits de Moïse, parce que ce législateur y est représenté en sculpture[1].

Fontaine, lavatorium. — Le puits destiné aux ablutions recom-

---

[1] Voir l'atlas de l'ouvrage de M. A. Du Sommerard, intitulé *Les Arts au moyen âge*.

mandées aux moines devenant incommode, il fut remplacé, dès le xiiᵉ siècle, par des fontaines jaillissantes; elles entretenaient la fraîcheur dans ces lieux de retraite et servaient aux ablutions des moines avant et après les repas. C'était aussi à cette fontaine, nommée *lavatorium*, qu'ils devaient se laver les pieds à l'époque de certaines cérémonies, « omnes debent lavare pedes in claustro [1]. » Elle servait en outre à laver les corps des frères qui avaient cessé de vivre; pendant cette opération tous les religieux se rangeaient autour du *lavatorium* dans le même ordre qu'au chœur, pour y réciter des prières.

Les plus anciennes de ces fontaines paraissent avoir été établies simplement contre un des piliers du cloître; on en voit un exemple à l'abbaye de Moissac : l'eau coule à la hauteur de la main, comme d'une borne-fontaine. On renonça bientôt à cette disposition, qui permettait à peine à deux personnes de faire à la fois les ablutions. Le *lavatorium* fut porté à l'un des angles du préau, ordinairement dans le voisinage du réfectoire. Cette fontaine devant servir en toute saison, on la mit, pour la commodité des moines, à couvert sous une voûte, portée par des arcades à jour comme celles des promenoirs du cloître. Cette disposition formait une saillie, soit dans l'un des angles du préau, comme elle est figurée au plan du cloître de l'abbaye de Batalha, gravé à la planche 468 de la page suivante, soit au milieu de l'une des façades du cloître, comme on en voit deux sur la gravure donnée dans la première partie, page 28, et qui représente la vue du Prieuré de Cantorbéry tel qu'il était au xiiᵉ siècle, d'après le dessin exécuté sur les lieux par le moine Eadwin.

[1] Règle de saint Benoît.

N° 468. Place du lavatorium de l'abbaye de Batalha.

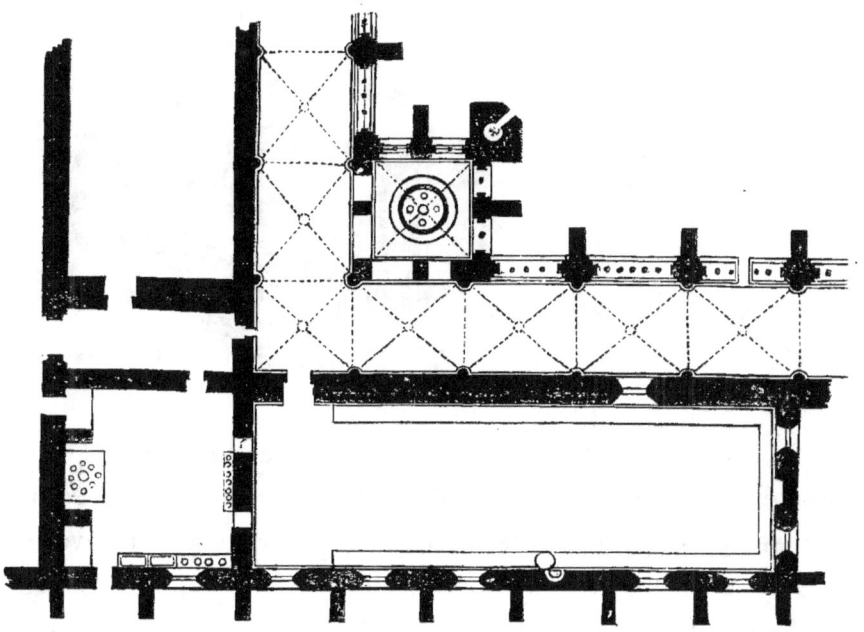

On reconnaît sur le plan du prieuré de Cantorbéry que le pavillon qui couvrait le *lavatorium* était, dès le XIIe siècle, surmonté d'un toit pyramidal ou d'une voûte sphérique; ces deux cas s'y présentent. Les fontaines se composaient ordinairement d'une grande vasque portée sur un pied; elle était percée autour d'un grand nombre de rigoles donnant des filets d'eau pour laver les mains. Une colonne, des statues ou tout autre motif d'ornement placé au centre fournissait de l'eau à la vasque.

Ce dessin du prieuré de Cantorbéry démontre qu'on faisait déjà de ces fontaines au XIIe siècle, puisqu'il en comporte quatre : trois dans les cloîtres, une chez l'abbé; mais toutes les vasques de cette époque ont été détruites; nous reproduisons à la page suivante, d'après un ancien dessin, celle qui ornait le cloître de Moissac.

316 INSTRUCTIONS.

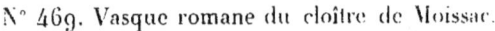
N° 469. Vasque romane du cloître de Moissac.

Le plus bel exemple de ces fontaines de cloître que l'on connaisse était à l'abbaye royale de Saint-Denis; elle fut recueillie au musée des monuments français à l'époque de la révolution de 1789 et se trouve aujourd'hui devant le palais des Beaux-Arts. Le diamètre de la vasque est de 3 mètres 80 centimètres; chaque rigole est accompagnée d'une tête sculptée avec beaucoup de soin; on y voit représentés les éléments personnifiés, des dieux du paganisme, etc. Dom Félibien, historien de l'abbaye de Saint-Denis, le décrit ainsi, page 588 : « Dans le cloître, près du réfectoire, se voit un lave-mains qui est une pièce singulière. Il est fait d'une seule pierre de liais taillée en rond qui a onze pieds huit pouces de diamètre. La voûte sous laquelle il est posé est soutenue de seize colonnes, la plupart de marbre. L'abbé qui le fit faire ou placer dans ce lieu se nommait Hugues, comme on l'apprend par les deux vers suivants, gravés autour d'une espèce de soubassement ou piédestal sur lequel sont quatre petites figures de bronze, au milieu de la pierre destinée à servir de lave-mains :

« Hugoni, fratres, abbati reddite grates;
Hoc manibus fratrum sustulit ille lavacrum »

ARCHITECTURE MONASTIQUE. 317

Le dernier Hugues, abbé de Saint-Denis, étant mort sous Philippe-Auguste en 1204, on peut juger par là de l'antiquité de cet ouvrage.

Le *lavatorium* de l'abbaye de Montréale en Sicile peut donner une idée de ces fontaines.

N° 470. Vue du lavatorium de Montréale. (Sicile.)

Les arcades du cloître qui se reproduisaient autour du *lavatorium*, pour lui faire une enceinte réservée, affectaient ordinairement un plan carré. (Voir, à la page suivante, le plan de l'enceinte qui enveloppe la fontaine du cloître de Montréale.)

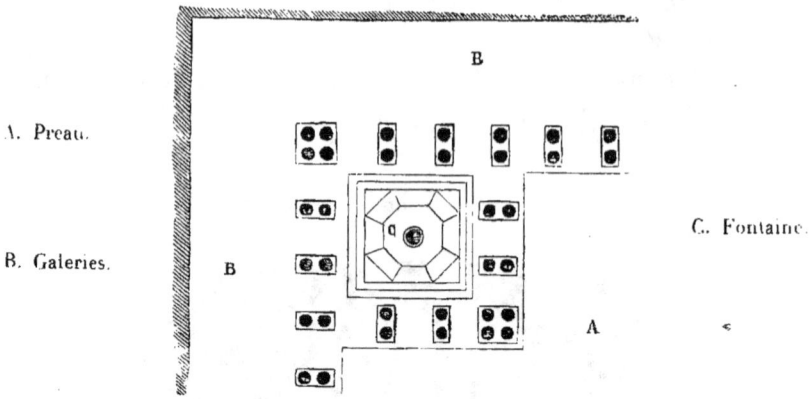

N° 471. Plan du lavatorium de l'abbaye de Montreale. (Sicile.)

A. Preau.
B. Galeries.
C. Fontaine.

Il y en avait aussi de circulaires comme au prieuré de Saint-Martin-des-Champs, à Paris. (Voir la planche 460.) Le polygone était adopté quelquefois aussi; les arcades disposées autour de la fontaine portaient une voûte ou des treilles de verdure pour la mettre à couvert. Dans les couvents grecs, le *lavatorium*, nommé φιάλη, est complétement isolé sur le préau; il est entouré de colonnes portant une coupole, et forme ainsi un petit monument complet. (Voir le dessin du monastère du mont Athos, nommé *Rossicon*, dont la gravure est placée dans la première partie, et la phiale d'un autre monastère, le *Zographe*, dont nous avons donné une reproduction.) On voit en Autriche, à Vienne, une très-belle fontaine de cloître entièrement isolée, ainsi que le pavillon qui la couvre; le cloître de Guadalupe, en Espagne, présente un petit édifice gothique, isolé au centre du préau, et qui contient une fontaine[1]; en Occident, ces exemples, fort rares, sont des exceptions.

La présence d'un *lavatorium* dans le cloître n'excluait pas toujours le puits; on voit, dans le plan du prieuré de Cantor-

[1] Voyage d'Espagne par M. A. de Laborde.

béry, le puits et la fontaine dans le grand cloître. Ce plan fait voir un autre puits dans le cimetière des laïques ; auprès est une pompe qui lance de l'eau ; elle est nommée *calamus*.

Aqueducs et conduites d'eau.—Les eaux du *lavatorium* étaient dirigées dans toutes les dépendances de l'abbaye par des tuyaux ; en outre, des citernes et des puisards recevaient, par des rigoles construites autour des préaux, les eaux pluviales fournies par les combles des galeries du cloître et par ceux des bâtiments divers qui les dominaient. Ces combinaisons d'hydraulique se reconnaissent dans le plan de Cantorbéry ; on y voit que les eaux des gouttières étaient recueillies et conduites par des tuyaux aux réservoirs communs ; tous ces détails sont indiqués ici pour guider dans l'explication des constructions secondaires, telles qu'aqueducs, citernes, gargouilles, caniveaux, etc. etc. qu'on rencontre dans l'étude des ruines d'abbayes ou autres maisons moins importantes.

Sépultures.—Certains ordres religieux, tels que les carmes, les chartreux, les trappistes, les cisterciens, enterraient leurs morts dans le préau des cloîtres. Là on n'élevait pas généralement, comme sous les galeries, des monuments funéraires ; on n'y plaçait pas non plus de pierres tumulaires semblables à celles qui servaient de pavé aux églises et aux galeries de cloîtres ; une simple croix en bois indiquait le lieu de la sépulture, et quelquefois des inscriptions commémoratives étaient gravées sur les murs ou les piliers des façades élevées sur le préau. On a enlevé récemment d'un petit cloître voisin de l'église de Saint-Benoît à Paris une de ces inscriptions, gravée sur une base de colonne. On en voit de semblables au cloître de Saint-Étienne-du-Mont.

Chaires. — On construisait quelquefois dans les cloîtres des chaires appuyées extérieurement contre l'une des galeries, et tournées vers le préau. Comme ce lieu pouvait servir de cimetière aux moines et même à des laïques, ces chaires indiquent qu'on admettait le public dans l'enceinte des cloîtres à certains jours de l'année, pour entendre prêcher, et l'époque de la fête des Morts devait être l'une de ces solennités. Nous ferons connaître, en étudiant l'architecture civile, que dans les cimetières publics on élevait des prêchoirs ou chaires en plein air, précisément dans le même but. La chaire extérieure qui se voyait aux Grands-Carmes de Paris est gravée à la page 247.

La surveillance du cloître était confiée au grand prieur, au sous-prieur claustral, aidés des tiers, quart et quint prieurs claustraux.

SALLE CAPITULAIRE OU DU CHAPITRE. *CONVENTUS, CAPITULUM, CURIA.*

Une salle de réunion où les moines s'assemblaient pour délibérer sur leurs affaires était établie dans le cloître : on la nommait *conventus, capitulum.* « Conventus, locus seu camera ubi conveniunt monachi, de rebus suis invicem deliberaturi. » (Ducange.) Le plan du monastère de Saint-Gall offre une disposition particulière, qui ferait croire qu'au commencement du ixe siècle on ne construisait pas encore une salle uniquement réservée aux réunions du chapitre : en effet, selon la légende de ce plan, les assemblées se tenaient dans la galerie du cloître située latéralement à l'église, et, dans ce but, on lui avait donné plus de largeur qu'aux trois autres galeries; des bancs régnaient sur les deux côtés de cette salle. Dès le xe siècle des salles particulières étaient construites pour les assemblées capitulaires : l'abbé de Fontenelle *Maynard* complétait en 966

ARCHITECTURE MONASTIQUE.

celle qui avait été commencée dans cette abbaye par les soins d'Herlève, femme de Robert de Normandie.

La salle du chapitre était toujours située à l'orient du cloître, « ad orientalem in capitulo... » (Ducange.) Soit qu'elle occupât le milieu de la galerie, ce qui était le plus ordinaire, soit qu'elle s'élevât auprès de l'abside ou du transsept, « juxta absidem basilicæ, » (Ducange) la partie de la galerie orientale située devant le chapitre se nommait *ante-capitulum;* elle était libre de toute construction accessoire ou mobilier qui pût gêner la circulation.

N° 472. Plan du chapitre du monastère de Saint-Vincent.

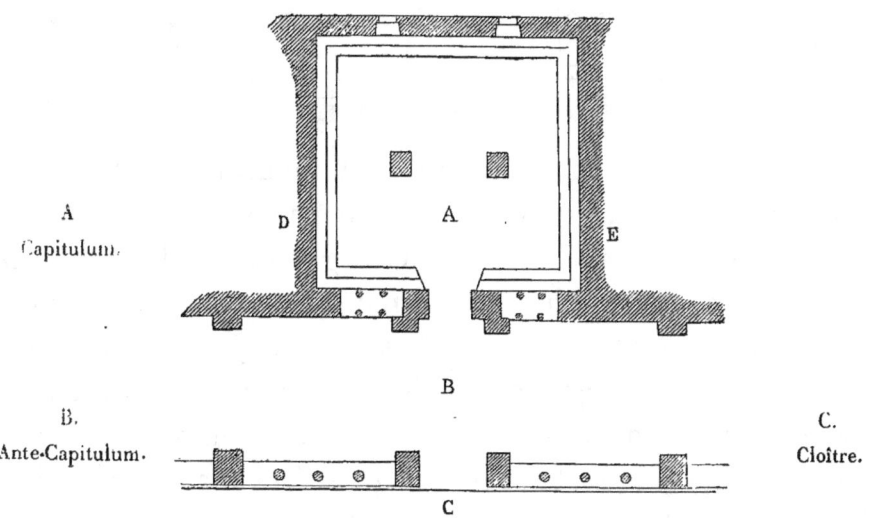

A. Capitulum.
B. Ante-Capitulum.
C. Cloître.

Le plan du chapitre était ordinairement carré ou en parallélogramme peu allongé, afin que de toutes les places on pût facilement se faire entendre de l'assemblée. Nous avons recueilli auprès de Rome, à Saint-Vincent-Saint-Anastase, aux Trois-Fontaines, une salle capitulaire construite probablement lorsque les moines de Cîteaux, qui devinrent propriétaires en 1140, rétablirent l'église et le monastère; elle est située sur la face orientale du cloître; le plan est carré, deux piliers isolés supportent les voûtes en plein cintre, décorées d'étoiles; un banc en pierre avec marchepied en avant règne tout autour de la salle. Deux petites croisées percées à l'orient donnent du jour de ce côté; vers le cloître on a pratiqué deux grandes ouvertures divisées en trois petits arcs portés par des colonnes ioniques.

N° 473. Coupe sur D E du chapitre du monastère de Saint-Vincent.

Au XIIe siècle, lorsque l'arc aigu commençait à s'allier à l'architecture romane, l'abbé Victor fit construire une belle salle capitulaire à l'abbaye de Saint-Georges de Bocherville; elle existe encore aujourd'hui. La forme est un parallélogramme de 16^m,56, sur 7^m,52; les voûtes, d'une grande élévation, sont enrichies de nervures, les baies en plein cintre, dans la partie inférieure de la salle, se décorent de nombreuses sculptures; les fenêtres du haut sont aiguës. Des restes de couleur bleue, rouge et verte qu'on reconnaît dans diverses parties de cette salle, indiquent qu'elle était originairement peinte. Des carreaux en terre vernissée, contenant des rosaces, des arabesques, des figures d'animaux et des fleurs de lis, formaient le pavage; les fenêtres étaient closes par de riches vitraux. L'abbé Victor gouverna le monastère de 1157 à 1211 : « il fut inhumé dans la salle du chapitre qu'il avait bâtie, » disent ses historiens.

N° 474. Vue intérieure du chapitre du monastère de Saint-Georges de Bocherville.

Au XIIIe siècle les dispositions varièrent peu, le style de l'architecture apporta seul des différences.

Dom Bouillart décrit ainsi le chapitre de l'abbaye de Saint-Germain-des-Prés : « Le chapitre fut bâti sous le dortoir; il subsiste encore aujourd'hui, et il peut être considéré comme un des beaux monuments de ce temps-là. Il est soutenu au milieu sur quatre colonnes qui portent une grande voûte ogive très-légère et d'un goût gothique... C'est une chose assez singulière que des colonnes de deux pièces, et qui n'ont pas plus de treize pouces de diamètre, aient pu porter si longtemps une voûte chargée d'un grand dortoir, et qui a six toises ou environ de largeur, sur vingt-cinq pieds de hauteur et cinquante-neuf pieds de longueur. Le parterre est à la mosaïque, orné de divers compartiments composés d'une infinité de petits pavés de terre cuite, qui forment dans des carrés des dessins différents et vernis de diverses couleurs; ce qui ne s'est pu faire qu'avec un travail incroyable. La peine et la même variété éclatent dans les vitres qui éclairent ce chapitre; quantité d'entrelacs et lavis de plusieurs couleurs en font la beauté et marquent le goût du temps. » L'abbé Gérard avait ordonné cette construction en 1273.

Aux XIVe et XVe siècles, les salles capitulaires restèrent à peu près dans les mêmes dispositions, si ce n'est qu'on y ajouta quelquefois à l'orient une chapelle pour les prières qui se faisaient avant et après les réunions chapitrales; on en voit un exemple aux Jacobins de Toulouse : la chapelle est semi-circulaire.

N° 475. Plan du chapitre des Jacobins de Toulouse.

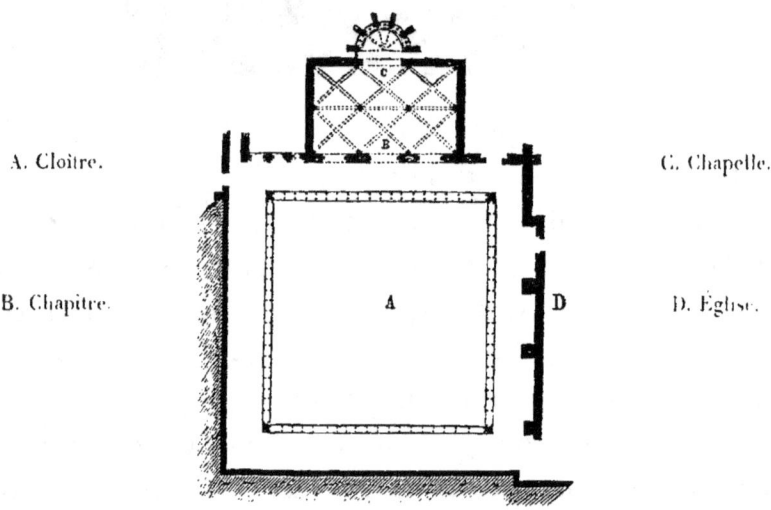

A. Cloître.
B. Chapitre.
C. Chapelle.
D. Église.

A l'abbaye de Batalha, en Portugal, le chapitre contient une chapelle quadrangulaire, à côté de laquelle est une sacristie. Cette salle capitulaire est remarquable par sa voûte, que ne soutient aucun point d'appui; J. Murphy, qui la décrit, la considère comme un chef-d'œuvre de construction, son étendue étant de soixante-quatre pieds anglais sur chacun des quatre côtés[1].

N° 476. Plan du chapitre de l'abbaye de Batalha.

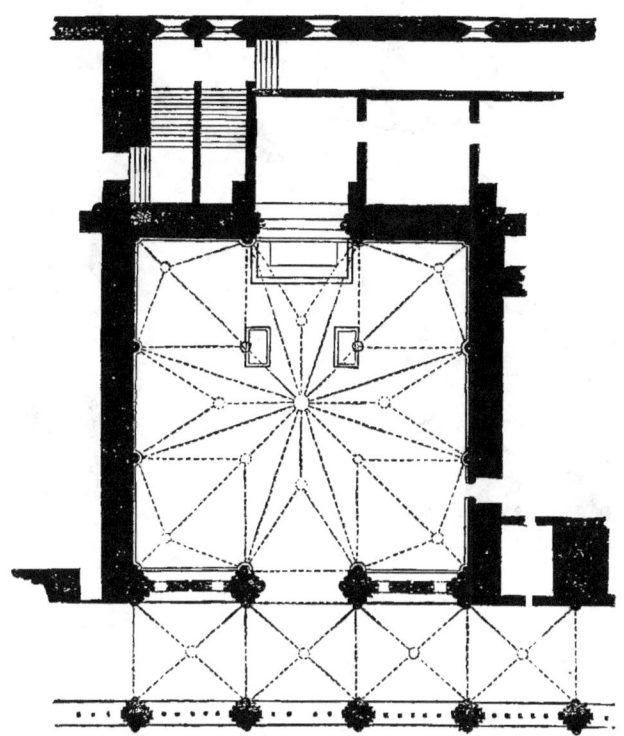

En Angleterre on avait fait à cette époque une grande modification dans le plan des chapitres : on y appliquait la forme circulaire ou en polygone, toutes les portées des voûtes se dirigeant sur une seule colonne située au centre, disposition très-favorable à des assemblées dans lesquelles chacun, parlant de sa place, devait être vu et entendu de tous les points. Nous reproduisons quelques-uns de ces plans curieux à la page suivante. Celui de Lincoln offre en A des arcs-boutants semblables à ceux de l'abside d'une grande église.

[1] Murphy, *Voyage en Portugal en 1789 et 1790*; page 40.

N° 477. Plan du chapitre de Worcester

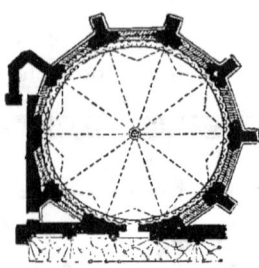

N° 478. Plan du chapitre de Wels.

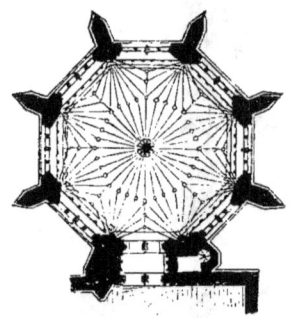

N° 479. Plan du chapitre de Lichfield.

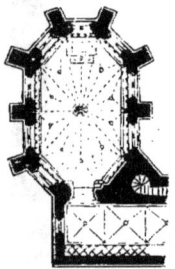

N° 480. Plan du chapitre de Lincoln

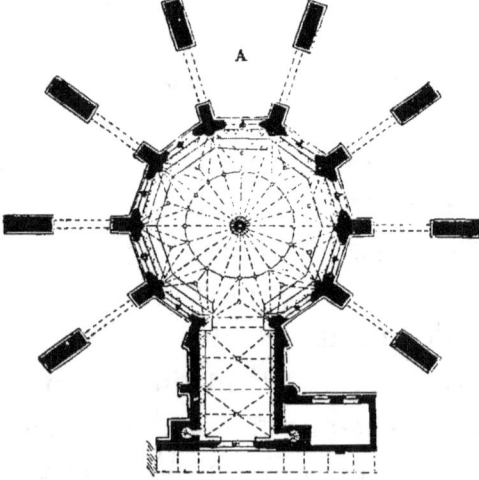

On enterrait quelquefois les abbés dans le chapitre. Ansegise, qui avait construit celui de l'abbaye de Fontenelle, y fut inhumé. On fit d'abord pour lui une exception, mais aux xie et xiie siècles, presque tous les abbés y avaient leur sépulture. Le plan du chapitre de l'abbaye de Batalha, gravé au n° 476, fait voir deux tombes placées vers le milieu, et indique le maintien de cet usage durant le xive siècle.

Le chapitre de l'abbaye de Sainte-Geneviève, à Paris, qui existe encore de nos jours, est de construction plus moderne; des inscriptions funéraires servent de pavé à cette salle capitulaire, et dans le caveau situé au-dessous étaient placés des tombeaux, entre autres celui de l'architecte Soufflot.

PARLOIR, LOCUTORIUM, AUDITORIUM.

Auditorium, domus vel cubiculum in monasteriis, ubi excipiebantur advenientes hospites et salutaturi. (Ducange.)

Ducange dit qu'il y avait trois espèces de parloir chez les moines de Cluny et de Cîteaux : l'un était destiné aux conversations des moines entre eux, dans le second ils recevaient les visiteurs, le troisième était une salle située auprès de l'église et disposée pour la confession. Dans le plan du monastère de Saint-Gall, il n'y en a qu'un : il est placé à l'entrée du cloître, c'est même le seul passage pour y arriver du dehors. On y lit ces mots : « *Exitus et introitus ante claustrum ad conloquendum cum hospitibus.* » A Abington, il était auprès de la porte du monastère : *Juxta portam domum pro locutorio, in qua cum notis suis et amicis... loquebantur.*

Les parloirs étaient quelquefois construits avec beaucoup de luxe : l'abbé Gérard fit établir, en 1273, celui de l'abbaye de Saint-Germain-des-Prés, qui existe encore; « il a trente-trois pieds et demi de longueur sur vingt-neuf de largeur. Une colonne d'une seule pièce placée au milieu, haute de treize pieds, y compris le piédestal, et de treize pouces de diamètre, porte la voûte; le pavé est une mosaïque composée de carreaux en terre cuite vernissée de diverses couleurs et formant des dessins très-variés [1]. » Ce parloir remarquable se voit rue Neuve-de-l'Abbaye; il est converti en ateliers et magasins.

RÉFECTOIRE, *REFECTORIUM*.

A. Réfectoire.
B. Tribune de lecture.
C. Lavabo.
D. Tables et siéges.
E. Dressoir.

A. RÉFECTOIRE, *REFECTORIUM*.

Le réfectoire était une vaste salle dans laquelle les religieux se réunissaient pour prendre leurs repas; il donnait, par son importance, les moyens de produire de grands effets d'architecture; aussi, après le temple, offrait-il la plus belle construction du monastère. On le plaçait toujours sur une des faces du cloître, et généralement en opposition avec l'église, afin d'en éloigner l'odeur des cuisines qui devaient l'accompagner. Dans les premiers siècles du christianisme, les agapes ou repas en commun furent établis pour développer la confraternité des fidèles; des salles étaient construites dans ce but auprès des basiliques, et, comme les usages romains étaient encore en vigueur alors, on donna à ces premiers réfectoires la forme du *triclinium*, et on leur en conserva le nom. La disposition de la salle à manger romaine était ordinairement carrée, les convives se plaçaient sur trois faces, la quatrième restant libre pour le service. Les chrétiens donnèrent plus de développement à cette disposition, et sur chacun des trois côtés destinés aux convives établirent des absides : auprès de

---

[1] *Histoire de l'abbaye de Saint-Germain*, par dom Bouillart.

l'église de Parenzo en Istrie, construite au VIᵉ siècle par l'évêque Euphrasius, on voit un *triclinium* disposé de la sorte.

N° 481. Plan du triclinium de Parenzo.

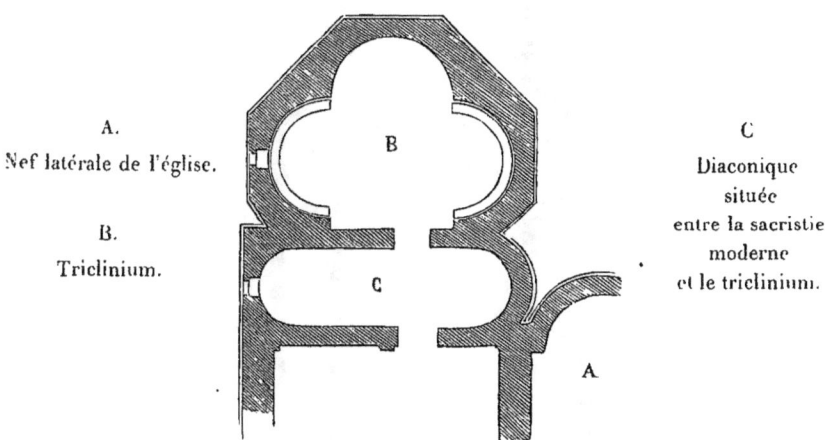

A. Nef latérale de l'église.

B. Triclinium.

C. Diaconique située entre la sacristie moderne et le triclinium.

Lorsque Léon III fit de nouvelles constructions au palais de Latran, séjour habituel des papes, à l'époque du couronnement de Charlemagne à Rome, on disposa le vaste *triclinium majus* dont on voit encore une partie auprès de la basilique de Saint-Jean-de-Latran. Alemannus nous en a conservé le plan : c'était une salle longue, ornée de trois absides, dont une à l'extrémité et deux sur les grands côtés; des peintures en mosaïque et des marbres précieux décoraient les voûtes et les murs; c'est une des absides qui existent encore, avec sa mosaïque; elle occupait l'extrémité de la salle, au septentrion. Le Christ y est représenté au milieu des apôtres. Sur le mur vertical qui surmonte l'abside sont figurés, d'une part Jésus ayant à ses pieds Constantin et le pape saint Sylvestre, de l'autre saint Pierre, accompagné de Charlemagne et du pape Léon III. (Voir le plan n° 482.)

N° 482. Plan du triclinium de Saint-Jean-de-Latran.

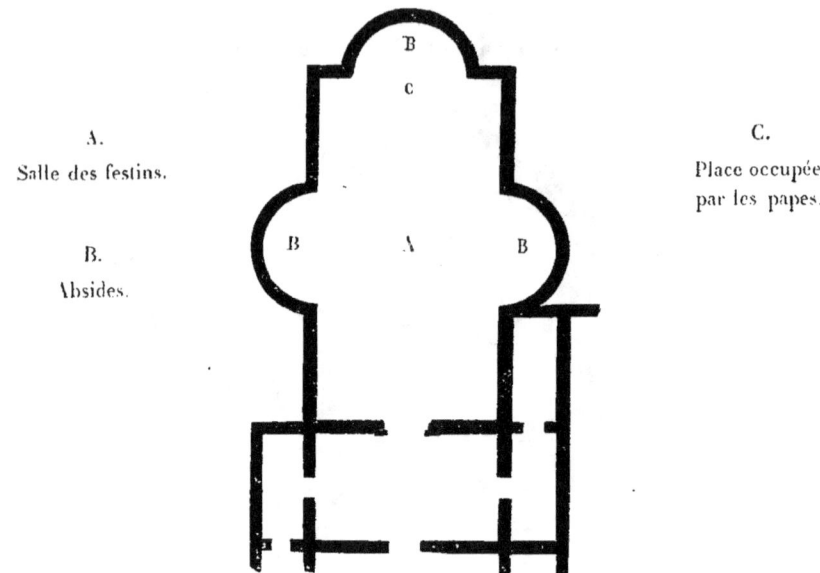

Cette forme est à peu près la même que celle qui a été adoptée dans les monastères de l'Orient, où les traditions anciennes se sont beaucoup mieux conservées qu'en Occident : les réfectoires y offrent une grande analogie avec le *triclinium* de Rome ; dans le grand monastère de la Sainte-Laure, sur le mont Athos, on en voit un dont l'extrémité est occupée par une abside ; sur les deux grandes faces de la salle sont deux parties secondaires se reliant avec le réfectoire et donnant au plan la forme d'une croix ; elles y remplacent les deux absides latérales du *triclinium* de Léon. Dans les monastères de l'Orient les réfectoires sont placés généralement devant l'église, à une grande distance, mais non pas toujours sous des portiques comme en Occident. (Voir le plan du couvent de la Sainte-Laure et la vue perspective de celui du Rossicon, au mont Athos, pages 24 et 33 de la première partie.)

ARCHITECTURE MONASTIQUE. 331

N° 483. Réfectoire de la Sainte-Laure, au mont Athos.

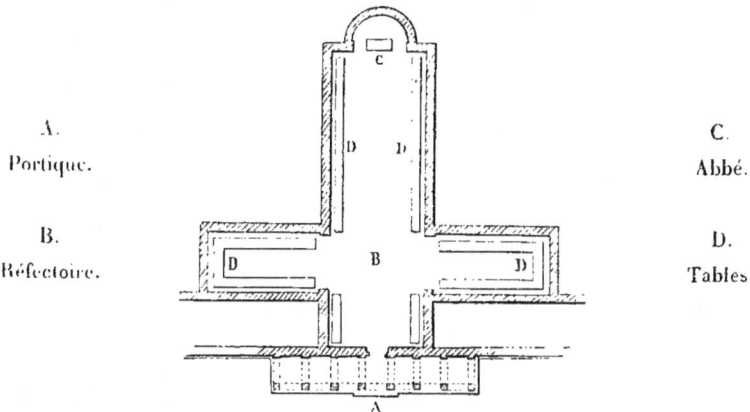

A. Portique.
B. Réfectoire.
C. Abbé.
D. Tables.

L'abbaye de Saint-Gall contenait un réfectoire qui occupait tout le côté du cloître opposé à l'église; le plan indique qu'au commencement du IX° siècle ces salles avaient la forme d'un parallélogramme sans absides ou avant-corps. La porte était située au milieu de la grande face, sous le promenoir du cloître; vis-à-vis la porte s'élevait la tribune du lecteur, au-dessous de laquelle était dressée la table des hôtes; les moines se plaçaient autour du réfectoire, l'abbé avait sa table dans l'axe, vers l'extrémité orientale. Une porte percée dans le mur de l'occident conduisait à la cuisine, construite isolément et à peu de distance.

N° 484. Plan du réfectoire du monastère de Saint-Gall.

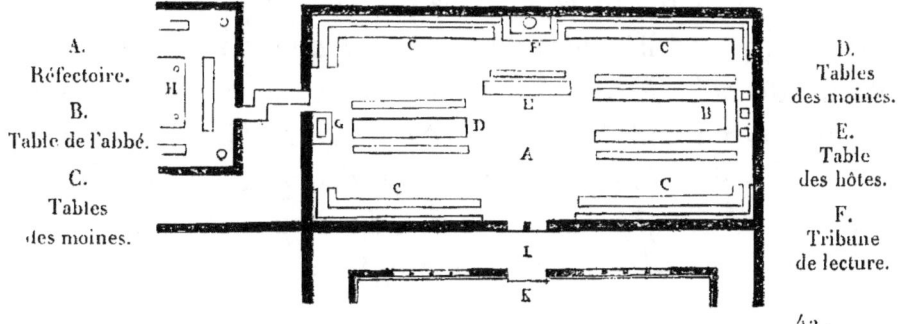

A. Réfectoire.
B. Table de l'abbé.
C. Tables des moines.
D. Tables des moines.
E. Table des hôtes.
F. Tribune de lecture.

42.

Dès cette époque la décoration intérieure des réfectoires offrait beaucoup de luxe : on lit dans la chronique de Fontenelle que l'abbé Ansegise, au commencement du IXe siècle, construisit le réfectoire et l'orna de peintures remarquables, « refectorium etiam fabricavit, variisque picturis decorare fecit a Madalulfo, egregio pictore Cameracensi (de Cambrai). » Le même abbé chargea ce peintre de décorer les réfectoires des abbayes de Luxeuil et de Saint-Germain-de-Flaix.

On trouve encore en Grèce des réfectoires avec absides peintes. M. Didron a cité dans les Annales archéologiques celui du *Météore,* monastère de la Thessalie, dans lequel on voit une abside décorée d'une peinture représentant la Vierge et l'enfant Jésus.

Les sujets les plus étendus furent entrepris pour décorer les murs des réfectoires, et les peintres les plus habiles se livrèrent à ces travaux. Le célèbre tableau de la Cène, par Léonard de Vinci, occupe tout le mur extrême du réfectoire de Saint-Dominique, à Milan; celui de l'abbaye de Saint-Michel, à Anvers, offre une suite complète de tableaux immenses s'étendant depuis les voûtes jusqu'au sol et couvrant toutes les parois.

Le dessin du prieuré de Cantorbéry n'indique pas quelle était la distribution du réfectoire, parce que c'est un plan en relief qui ne présente que les formes extérieures. Cette salle occupait la même place qu'à Saint-Gall. Au XIIe siècle, les réfectoires, peu différents de ceux qui viennent d'être examinés, étaient décorés d'arcs en plein cintre, simples ou entrelacés, comme on en voit des restes à Saint-Wandrille. Le caractère des détails d'architecture avait trop d'analogie avec celui des diverses parties des monuments religieux de la même période, pour que nous répétions ici ce qui a été dit à cet égard dans

ARCHITECTURE MONASTIQUE. 333

les précédentes instructions. Déjà l'ouverture circulaire ou rose décorait les pignons construits aux extrémités de ces salles; on en voyait un exemple à Moissac dans le siècle dernier. Cette rose se reproduisait quelquefois aussi sur toute l'étendue des faces latérales, en remplacement des baies allongées; nous en donnons un type tiré du *Monasticon Gallicanum*.

N° 485. Face du réfectoire de l'abbaye de N. D. de Sauve-Majeure.

Le XIIIe siècle, qui nous a laissé quelques grands réfectoires, nous fait connaître quel était le luxe apporté dans la construction et le décor de ces parties importantes des monastères. Dom Félibien, dans son Histoire de l'abbaye de Saint-Denis, décrit ainsi celui qu'on y voyait: « Le réfectoire mérite d'être
« considéré comme l'un des plus beaux et des plus légers qui
« se voyent dans le goût gothique. Il a dans œuvre cent
« trente-six pieds de long sur quarante de large; la voûte,
« haute d'environ trente-quatre pieds, est soutenue par six co-
« lonnes dont le diamètre n'est que de onze pouces. »

Le réfectoire du prieuré de Saint-Martin-des-Champs, à Paris, est trop célèbre pour que nous n'en fassions pas connaître le plan et les principales dispositions[1]. Il est éloigné de l'église, pour les raisons indiquées précédemment; sa forme est très-allongée : il a dix mètres de largeur sur quarante-cinq de long. Sept colonnes isolées et d'une grande légèreté le divisent en deux nefs dans sa longueur.

N° 486. Vue intérieure du réfectoire de Saint-Martin-des-Champs.

Le plan ci-joint, n° 487, et la vue perspective n° 486, indiquent ses belles dispositions, et la hardiesse des voûtes qui reposent sur les colonnes placées dans l'axe d'une part, et de l'autre sur celles qui sont engagées dans les murs latéraux.

[1] Voir la Statistique de Paris, prieuré de Saint-Martin-des-Champs.

ARCHITECTURE MONASTIQUE.

N° 487. Plan du réfectoire du prieuré de Saint-Martin-des-Champs.

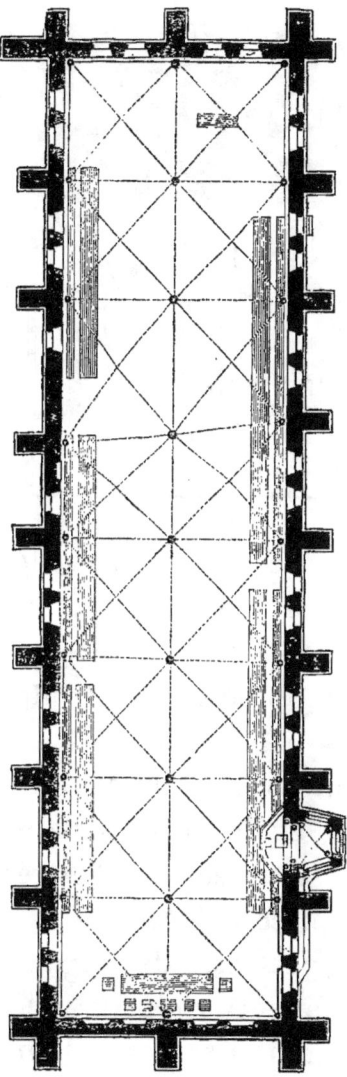

L'architecture extérieure est remarquable; le pignon, soutenu par des contre-forts, est décoré de longues fenêtres et de deux roses richement ornées de sculptures. (Voir la Statistique monumentale de Paris et la planche 489.)

N° 488. Façade septentrionale du réfectoire de Saint-Martin-des-Champs.

Les façades latérales sont ornées de roses évidées et de longues baies géminées; elles sont ouvertes sous de grands arcs aigus qui relient deux à deux les contre-forts de soutien; la façade du nord, opposée au cloître, est reproduite au n° 488.

A l'intérieur, une belle tribune, enrichie encore aujourd'hui de peintures et de dorures dans les riches feuillages qui la décorent, est située vers l'extrémité orientale, à peu de distance de la place qu'occupait la table des prieurs; les sculptures peintes, les roses des pignons, le style général de l'architecture, indiquent la plus grande habileté dans les artistes qui contribuèrent à son exécution; ce réfectoire remarquable est attribué à Pierre de Montereau, qui avait fait construire aussi celui de l'abbaye de Saint-Germain-des-Prés, dont les vitraux étaient célèbres; on y voyait une belle statue peinte et dorée de Childebert, fondateur de ce monastère. (Voir la Statistique de Paris.)

N° 489. Pignon du réfectoire du prieuré de Saint-Martin-des-Champs.

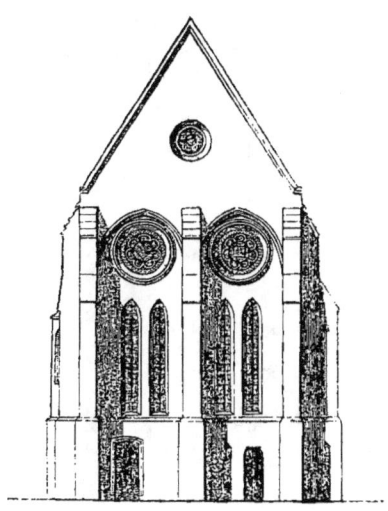

Paris renferme aussi, parmi les ruines des Bernardins, un réfectoire du xiv° siècle, qui, moins riche que celui de Saint-Martin-des-Champs, présente cependant beaucoup d'intérêt par son immense étendue, par le nombre considérable de colonnes qui le divisent en trois nefs, enfin par les belles constructions souterraines qui le supportent[1]. Le plan est gravé à la page suivante, n° 490.

On voit à l'abbaye royale d'Alcobaça, en Portugal, à quinze lieues de Lisbonne, un beau réfectoire divisé, comme celui des Bernardins, en trois nefs par deux rangées de colonnes en pierre. J. Murphy, qui en donne la description, dit qu'il a quatre-vingt-douze pieds de longueur sur soixante-huit de large. Au fond de la salle, où siége le prieur, se trouvent deux grands tableaux dont l'un représente la Cène, et l'autre le Christ avec ses deux disciples d'Emmaüs.

[1] Voir la Statistique de Paris, collége des Bernardins.

N° 490. Plan du réfectoire des Bernardins.

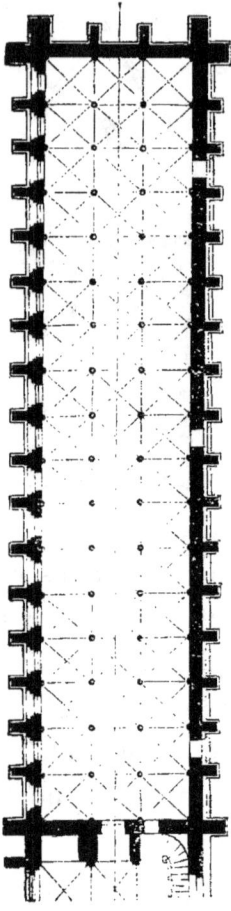

Quelques réfectoires, à l'instar de certaines églises, étaient couverts en bois, soit que la dépense des voûtes en pierres eût arrêté les premiers constructeurs, soit qu'après une destruction elles eussent été ainsi rétablies. On en voit un exemple à l'abbaye de Fontenelle ou de Saint-Wandrille.

La forme généralement adoptée pour les réfectoires de l'Occident était le parallélogramme allongé, et tous ceux que nous venons de signaler à toutes les époques sont dans ce cas:

ARCHITECTURE MONASTIQUE. 339

mais cette disposition, qui était la plus convenable, ne fut pas rigoureusement la seule adoptée. Le couvent de Sainte-Marie in Vallicella, à Rome, en contient un qui est de forme ovale; peut-être n'est-il pas le seul qui diffère autant des premiers.

N° 491. Plan du réfectoire du monastère de Sainte-Marie in Vallicella.

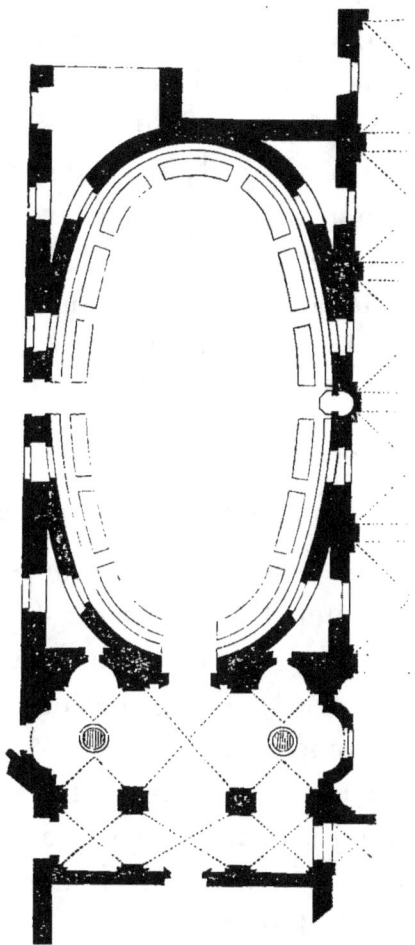

RÉFECTOIRE D'HIVER.

Dans les grands monastères on avait un réfectoire d'hiver, indépendant de celui que nous venons de décrire; dom Martenne en cite à l'abbaye de Saint-Bertin à Saint-Omer, à la Charité-sur-Loire[1].

RÉFECTOIRE DU COLLOQUE.

Les conversations particulières étaient interdites au réfectoire, et les lectures à haute voix s'y faisaient pendant toute la durée des repas, pour s'opposer aux colloques. Certains monastères renfermaient un réfectoire particulier, où il était permis de parler: on le nommait le réfectoire du colloque. Dom Martenne, en décrivant l'abbaye de l'Alne, au diocèse de Cambrai, s'exprime ainsi : « Il y a trois réfectoires : l'un pour le maigre, l'autre pour le gras, et l'autre où il est permis de parler. Car pour les deux autres, pour le dortoir, pour les cloîtres, on y garde toujours un silence inviolable[2]. » Le même auteur indique un réfectoire du colloque à l'abbaye cistercienne de Magdendal, auprès de Saint-Tron[3].

RÉFECTOIRE POUR LE GRAS, MISÉRICORDE, *MISERICORDIA*. (Ducange.)

Une autre espèce de réfectoire pouvait se trouver dans un monastère, on le nommait *la miséricorde*. C'était une salle contenant des tables et un dressoir, et dans laquelle il était permis de manger de la chair. Un passage curieux d'un manuscrit de la bibliothèque Cottonienne indique d'une manière précise cet usage singulier : « Que tous moines et frères de ce monastère prennent leur nourriture entièrement dans le lieu nommé *la miséricorde* les jours où ils mangent de la chair, et tous les autres jours dans le réfectoire[4]. »

---

[1] Dom Martenne, *Voyage littéraire*, t. I, p. 37.
[2] *Ibid.* p. 209, 2ᵉ partie.
[3] *Ibid.* p. 200, 2ᵉ partie.
[4] Ms. Cott. Cleop. E. IV f. 22.

Dom Martenne dit qu'à l'abbaye de Saint-Wast il y avait un réfectoire pour le gras. Il ajoute que ce réfectoire n'était pas aussi grand que celui où l'on mangeait maigre, mais qu'il était voûté et très-beau.

On nommait aussi *miséricordes* les distributions extraordinaires de nourriture, vêtements et objets de literie. Enfin une pièce séparée était destinée à recevoir, pendant le repas, les religieux qui, pour une faute grave, avaient encouru de l'abbé l'excommunication; cette punition n'entraînait pas toujours la prison; alors leurs frères les évitaient et ils ne pouvaient prendre leur nourriture au réfectoire commun.

Les religieux avaient soin tour à tour du réfectoire et veillaient au service journalier.

B. TRIBUNE DE LECTURE.

La règle de Saint-Benoît impose la lecture pendant le repas des moines. « Mensæ fratrum edentium lectio deesse non debet. » Aussi voit-on dès le ixe siècle une tribune établie dans le réfectoire de l'abbaye de Saint-Gall; elle est située vis-à-vis la porte d'entrée, au milieu d'une des grandes faces. De là le lecteur pouvait être entendu de toutes les parties de la salle, d'autant plus qu'on choisissait parmi les moines ceux qui par leur belle voix pouvaient fixer l'attention de leurs frères : « Fratres autem per ordinem non legant, sed qui ædificent audientes. » (Règle de saint Benoît.) Dans ce plan la tribune de lecture semble avoir été plutôt un meuble en bois, comme dans les monastères orientaux, qu'une construction en pierre appartenant à l'architecture même du réfectoire. Les tribunes construites pendant la période romane paraissent avoir été fort simples, mais celles de l'architecture gothique prirent un développement remarquable; il nous suffira de citer la belle tribune construite au réfectoire de Saint-Martin-des-Champs à Paris, par P. de Montereau, et qui existe encore. Elle forme à l'extérieur, ainsi que l'escalier qui y conduit, une saillie exprimée à la planche 488.

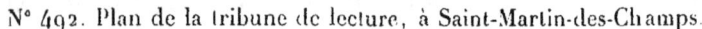
N° 492. Plan de la tribune de lecture, à Saint-Martin-des-Champs.
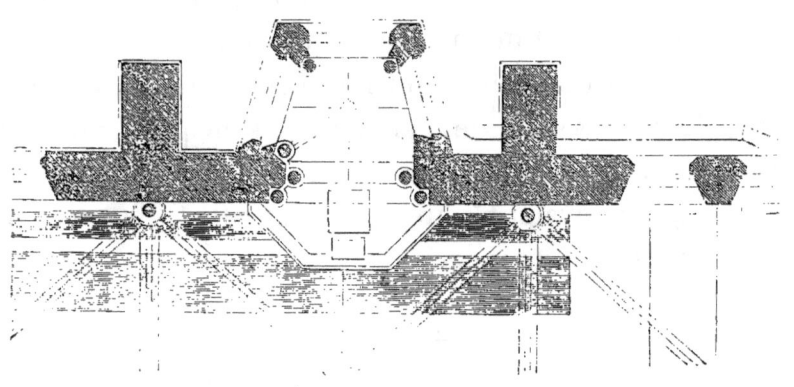

La place occupée par le lecteur, faisant saillie à l'extérieur, forme dans le réfectoire une ouverture vaste, décorée de colonnes et de chapiteaux portant les moulures de l'arc aigu; le devant fait un balcon dont l'appui découpé à jour est porté par une console ornée de riches feuillages. Une voûte décorée de nervures, et peinte comme tout le reste, surmonte la place qu'occupait le lecteur. (Voir la planche 493.)

L'escalier qui conduit à cette tribune est très-ingénieusement construit dans l'épaisseur du mur; une galerie évidée, que forment des colonnettes placées sur les marches, éclaire l'escalier dans toute sa longueur; un arc rampant qui la surmonte décharge le poids du mur supérieur.

Ces tribunes de lecture n'étaient pas toujours construites avec l'édifice, on les faisait quelquefois en bois comme des chaires d'église; celle qui se voit dans le réfectoire de la

Sainte-Laure, au mont Athos, est faite de la sorte; un dôme la surmonte comme tous les meubles orientaux.

N° 493. Tribune de lecture au réfectoire du prieuré de Saint-Martin-des-Champs.

C. LAVABO, LAVE-MAINS, *CONCAVARIUM*.

On a vu, à l'article des cloîtres, que le premier moyen qui fut donné aux moines pour faire les ablutions recommandées par la règle était un puits, placé au centre du préau. Pour éviter les graves inconvénients qui résultaient, dans la mauvaise saison, de cet emplacement éloigné des promenoirs, on rapprocha le puits des galeries; puis enfin il fut remplacé par une fontaine mise à couvert sous une voûte. Ces améliorations successives n'obvièrent cependant pas, dans les contrées septentrionales, à une dernière difficulté, la gelée, qui, dans les hivers rigoureux, mettait hors de service les rigoles du *lavatorium* exposées à l'air; on devait tenir alors de l'eau chaude au dortoir pour les remplacer. Ce moyen obligeait, avant et après les repas, tous les moines à y monter en grand nombre, ce qui devait causer beaucoup de désordre; on y remédia en plaçant soit au réfectoire, soit dans une pièce voisine, ou sous une des galeries du cloître, un réservoir caché, qu'on pouvait remplir d'eau chaude au besoin, et qui alimentait un lave-mains d'une forme nouvelle et commode. « Refectorium... in cujus introitu fecit vestibulum in quo, per subterraneos meatus, aquæductum fecit... Concavaria huic superiori receptaculo præparata, quæ per quatuor foramina... sufficientem fratribus administrationem aquæ distillat. » (Ducange.) On voit paraître dès le XIIIe siècle une fontaine de ce genre dans le réfectoire des Génovéfins, à Paris; il était surmonté de la statue de sainte Geneviève, qui se voit encore aujourd'hui au lycée Napoléon[1]. Plus tard, c'était une cuve ou conque étroite, fort allongée,

A l'entrée du réfectoire de l'abbaye de Sainte-Geneviève, était une fontaine composée d'un bassin de pierre au milieu duquel s'élevait une statue de sainte Geneviève portant un cierge qui jetait de l'eau par le bout. (Dumoulinet, *Histoire manuscrite*, p. 406.)

placée à hauteur d'appui, et appliquée au fond d'une niche peu profonde, devant laquelle pouvaient facilement se tenir debout, et en même temps, des religieux en nombre déterminé par une série de robinets placés à une même hauteur. Ce n'est guère qu'au XIVe ou XVe siècle qu'on voit paraître ces lave-mains; la cuve et la niche furent décorées selon le goût de l'époque. On en voit un à Saint-Aignan d'Orléans, dont l'entourage est orné à peu de frais; il paraît dater du XVe siècle.

Celui qui existe dans les ruines de la célèbre abbaye de Fontenelle (Saint-Wandrille) date du commencement de la renaissance, et par son élégance, par la finesse des arabesques qui le décorent, il est un des plus remarquables qu'on puisse voir. Nous en donnons un dessin pour faire connaître exactement quelle était la forme adoptée pour ces fontaines à laver. (Voir la planche n° 494, à la page suivante.)

Durant les premiers siècles de la vie monastique, lorsque les religieux faisaient les ablutions à un puits placé dans le cloître, ils ne pouvaient s'essuyer les mains qu'avec un linge qu'ils portaient jusqu'à ce puits. Plus tard, une fontaine s'élevant à l'un des angles du préau, sous la voûte d'une salle ouverte, construite pour contenir le *lavatorium*, on put y suspendre du linge. Ce ne fut qu'en créant le *concavarium* que nous indiquons dans ce chapitre, qu'on y adjoignit, comme un perfectionnement convenable, des essuie-mains placés dans des armoires disposées *ad hoc*; on voit sur plusieurs plans d'abbayes gravées dans le *Monasticon anglicanum* l'indication de ces armoires spéciales; elles sont établies dans l'épaisseur des murs, vis-à-vis le *lavatorium* situé à l'angle du cloître, ou près du lave-mains, qui était placé dans un vestibule ou sous les voûtes d'une galerie : une légende indique leur usage.

N° 494. Lave-mains de Saint-Wandrille.

Plus d'un réfectoire ancien peut présenter des cuves à laver, mais en général elles sont d'une époque postérieure à la construction de la salle ; elles sont fréquemment en marbre commun de Flandre ou de Languedoc, ce qui indique une exécution récente. On en voyait ainsi dans le beau réfectoire des Bernardins, à Paris, dont nous avons reproduit le plan sur une des planches précédentes, et qui a été dénaturé il y a peu d'années. (Voir n° 490.)

Le lave-mains n'était pas toujours appuyé contre le mur du réfectoire, dans une niche; le monastère de Sainte-Marie in

Vallicella, à Rome, dont nous avons reproduit le réfectoire ovale, présente deux lave-mains isolés et en forme de vasques; ils sont placés dans le vestibule, symétriquement disposés sur son axe et en regard de la porte d'entrée du réfectoire. (Voir le plan, page 339.)

D. TABLES ET SIÉGES.

La distribution des tables et des siéges dans les réfectoires demandait à être faite d'une manière commode et qui permît de placer tout le monde sans confusion et suivant les grades de chacun. On voit dès les temps les plus reculés que l'abbé ou le prieur avait une table séparée, placée ordinairement vers une extrémité de la salle; les hôtes de qualité dînaient auprès de lui[1]. Son siége, porté par une estrade quelquefois fort élevée, était surmonté d'un dais (*dasium*) construit avec le siége lui-même, comme nous en voyons des exemples dans nos musées, ou formant un baldaquin appuyé contre le mur. C'était devant ce dais que, pendant trois jours de suite, on plaçait les portions de nourriture des moines morts, pour les distribuer aux pauvres. Auprès du siége de l'abbé était un timbre, pour indiquer le moment de la prière. Ce timbre était nommé *cymbale*.

La table des hôtes se plaçait quelquefois à part; dans le plan de Saint-Gall, elle est vis-à-vis la porte d'entrée, en avant de la tribune du lecteur.

Les tables des moines faisaient le tour du réfectoire; les bancs, appuyés contre les murs, y étaient ordinairement fixés pour éviter le désordre. Derrière ces bancs un lambris en menuiserie permettait de s'appuyer contre le mur sans souffrir du froid de la pierre.

[1] Règle de saint Benoît.

Un religieux était *maître de la table* et en surveillait le service. Le chambrier fournissait les nappes de table.

E. DRESSOIR, DRESSADERIUM, DIRECTORIUM, ABACUS, TOREGMA.

Le réfectoire contenait, en général, des meubles destinés à déposer les vases après le service de la table : « Fecit renovare directorium in refectorio... Dressaderium ubi vasa reponuntur ad mensæ ministerium. » (Ducange.) Le plan du réfectoire de Saint-Gall montre, près de la porte de la cuisine, un carré auprès duquel on lit *Toregma;* c'était un meuble destiné à contenir des vases; on pouvait y placer aussi la coupe de *grâce,* dans laquelle les religieux buvaient, après les grâces, en la faisant circuler autour de la table; cette coupe, étant ordinairement en métal ciselé ou repoussé, expliquerait l'usage ici du mot *toregma* qu'emploie Cicéron pour exprimer les vases précieux fabriqués de la sorte.

Le réfectoire pouvait être dépourvu de ces meubles à déposer les vases; on voit sur le plan du prieuré de Cantorbéry, publié dans la première partie, page 28, qu'entre le réfectoire et la cuisine étaient pratiquées deux ouvertures : l'une servant à passer les mets, « fenestra ubi fercula administrantur, » l'autre par laquelle on rendait les assiettes sales pour les faire laver, « fenestra per quam ejiciúntur scutellæ ad lavandum. »

CUISINE, COQUINA.

Les cuisines des maisons religieuses, placées auprès des réfectoires, étaient des constructions d'une certaine importance et d'une disposition particulière. Elles étaient construites sans bois, et par conséquent toujours voûtées, et d'une grande élévation. On ignore comment étaient celles des premiers siècles de la monarchie, mais le plan de Saint-Gall commence à éclairer cette question pour la période carlovingienne. Plusieurs cuisines y sont figurées : celle des moines, la plus importante, celles de l'infirmerie, des novices, des hôtes et de l'abbé. En général, ce sont des pièces isolées, de forme carrée, et voûtées. Le foyer et les fourneaux occupent le centre (*fornax, super arcus*). Aux quatre angles on a tracé sur le plan de petits cercles qui doivent représenter les cheminées, si on les compare à une indication semblable qui se trouve adossée au chauffoir du monastère et près de laquelle sont écrits ces mots : *evaporatio fumi*. Nous ferons connaître, plus loin, des cuisines dont les dispositions analogues ne laissent aucun doute à l'égard de la place qu'occupaient les cheminées aux XIIe, XIIIe et XIVe siècles, et qui peuvent confirmer la disposition de celles-ci.

Deux cuisines sont tracées sur le plan de Cantorbéry (voir la Ire partie) : l'une est celle de l'infirmerie, elle paraît avoir été construite sur un plan circulaire, un dôme la surmonte, une espèce de colonne qui s'élève contre la paroi extérieure est la cheminée. L'autre cuisine, celle des moines, est plus importante que la précédente : elle est carrée, un comble aigu s'élève au-dessus; aux angles, quatre colonnes percées au sommet figurent les cheminées; une construction semi-circulaire en forme d'abside est appuyée sur l'une des faces de la cuisine et représente peut-être un four. Des eaux abondantes étaient conduites à cette dépendance du monastère pour le service journalier.

La collection des abbayes bénédictines de France, publiée sous le titre de *Monasticon Gallicanum*, fait connaître la forme de plusieurs cuisines qui paraissent fort anciennes; chacune d'elles est qualifiée dans l'ouvrage de *culina antiqua*. La première en date paraît être celle du monastère de Marmoutier

(*Majus Monasterium*), fondé auprès de Tours par saint Martin; elle était entièrement voûtée, avait la forme d'une bouteille; les cheminées étaient rangées sur trois zones parallèles, se rapprochant de plus en plus du sommet. Le centre de la voûte servait aussi de débouché à la fumée.

N° 495. Sommet de la cuisine de Marmoutier

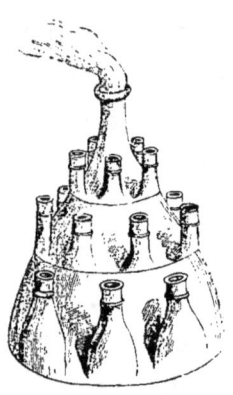

La cuisine de Marmoutier, dont le sommet seulement se voit dans le *Monasticon*, paraît avoir été construite à l'époque romane; la France en possède une très-remarquable de la période de transition, c'est celle qui se voit à Fontevrault et qui doit dater de la fondation de l'abbaye par Robert d'Arbrissel; elle est située à l'extrémité du réfectoire, et s'y relie par une porte pratiquée dans l'une des huit absides qui forment le contour extérieur. (Voir les planches n°ˢ 496 et 498.) On a donné à cette construction curieuse des destinations plus erronées les unes que les autres. En la comparant aux dessins gravés n°ˢ 500 et suivants, on ne peut douter de l'intention du constructeur d'en faire la cuisine du grand Moutier, au réfectoire duquel on l'a jointe; et même l'immense étendue de ce réfectoire, qui dépasse, contre l'ordinaire, les limites de l'une des faces du cloître, doit faire penser que les religieuses des trois maisons renfermées à Fontevrault dans une même enceinte y prenaient leurs repas.

N° 496. Plan du réfectoire et de la cuisine de Fontevrault.

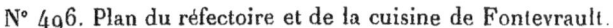

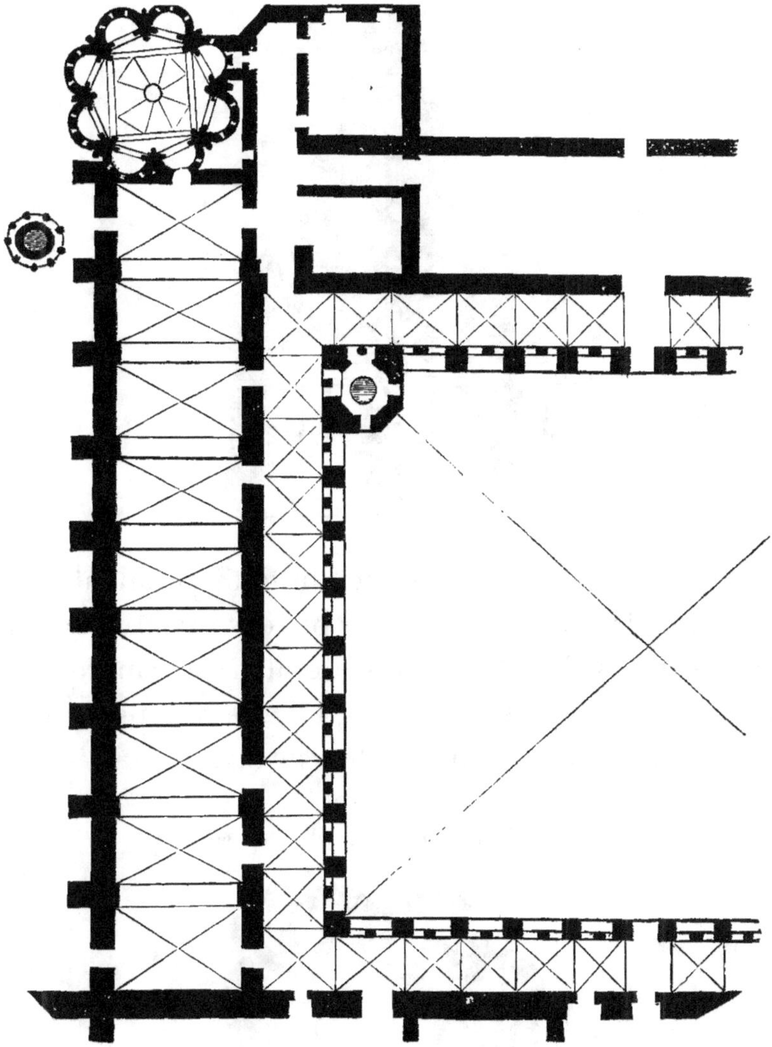

Les colonnettes extérieures et les murs-butants qu'elles ornent, les arcs aigus qui se mêlent aux voûtes intérieures, indiquent l'âge de cette cuisine. (Voir le n° 497.)

N° 497. Cuisine de Fontevrault

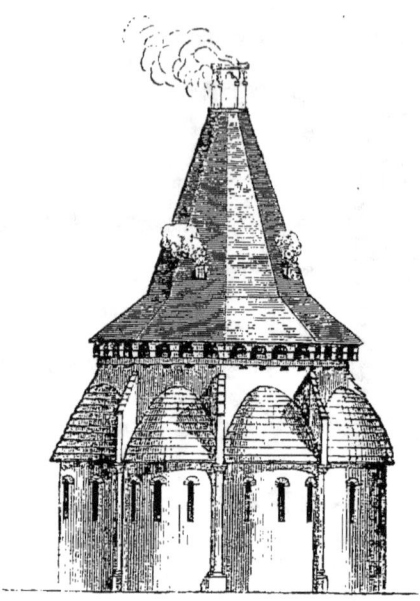

La fumée sortait par le sommet du toit pyramidal en pierre qui surmonte la construction, puis par des tuyaux dont on voit encore les traces dans les voûtes. Le plan est remarquable par ses huit absides ornées de colonnettes et enveloppant la partie centrale, qui devait contenir les fourneaux.

N° 498. Plan de la cuisine de Fontevrault.

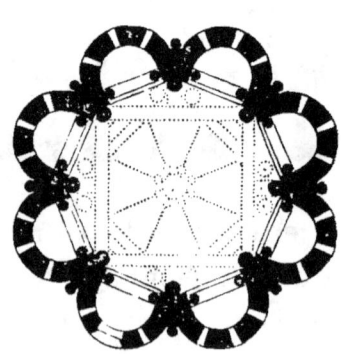

ARCHITECTURE MONASTIQUE. 353

Une belle cheminée de cuisine appartenant aux Templiers se voyait en Bretagne il y a peu d'années; elle datait du XIIIe siècle.

N° 499. Cheminée des Templiers en Bretagne.

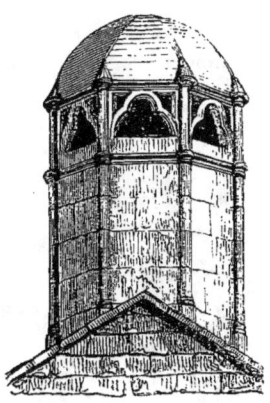

La cuisine de l'abbaye de Saint-Père de Chartres était circulaire, des contre-forts en soutenaient les murs; au centre du toit s'élevait un attique portant toutes les cheminées, au nombre de sept.

N° 500. Cuisine de l'abbaye de Saint-Père de Chartres.

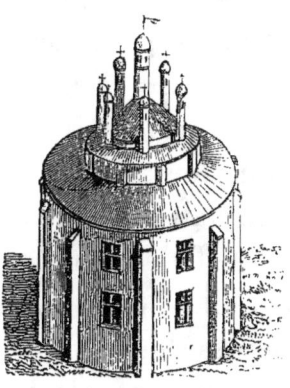

Le monastère de Notre-Dame de Pont-Levoy, près Blois, possédait une cuisine qui avait beaucoup d'analogie avec la précédente, si ce n'est que le plan était un octogone; les cheminées s'élevaient sur le comble pyramidal qui surmontait l'attique; ces deux cuisines semblent, d'après les dessins, dater du xive siècle.

N° 501. Cuisine du monastère de Notre-Dame de Pont-Levoy.

Enfin, le *Monasticon* fait connaître la forme de la cuisine de l'abbaye de Saint-Ouen de Rouen. Le bâtiment était rectangulaire, de grandes fenêtres en plein cintre l'éclairaient dans la partie haute; à chaque angle s'élevait une cheminée cylindrique établie sur une petite pyramide; la cheminée centrale, de forme prismatique, surmontait le comble principal. Les constructions du monastère datant du xve siècle, on doit croire que cette cuisine était de la même époque, ou peut-être de la renaissance; en effet les quatre fenêtres figurées sur les diverses faces apparentes, dans la gravure de l'ouvrage qui la reproduit, sont toutes terminées en plein cintre à leur sommet; les dessins gravés dans le *Monasticon* ayant été généralement assez bien exécutés, on doit admettre que cette construction n'était pas de style gothique.

N° 502. Cuisine de l'abbaye de Saint-Ouen de Rouen.

On voit, dans l'ouvrage anglais intitulé *Vetusta monumenta*, une curieuse représentation de la cuisine de l'abbaye de Glastonbury; on a détruit à Paris, il y a peu d'années, celle des Célestins; cette cheminée remarquable était en briques; la souche formait une construction importante, surmontée, sur chacune de ses faces, d'un pignon qui couronnait une ouverture carrée destinée à servir d'issue à la fumée. On lit dans D. Martenne un détail relatif à la cheminée de la cuisine du monastère de Noirlac : « Elle est double, dit-il, et s'avance jusqu'au milieu de la salle[1]. » Au moyen âge, comme de nos jours, on avisait à se préserver des effets que le vent produit sur la fumée en la rabattant dans les tuyaux. A Stanton-Harcourt on avait placé des volets en tôle au-dessus des cheminées de la cuisine; on les tenait fermés ou ouverts, selon la direction du vent.

La cuisine des monastères grecs présente souvent les mêmes dispositions que dans ceux de l'Occident; celui du mont Athos qu'on nomme *Rossicon,* et dont une gravure est

[1] Dom Martenne, *Voy. litt.* t. I, p. 38.

jointe à la première partie, page 32, offre une cuisine octogone; un lanternon circulaire surmonte le toit, le tuyau de cheminée termine la construction.

Ainsi qu'on l'a vu en examinant les réfectoires, les prescriptions relatives à la nourriture maigre pouvant être modifiées par des exceptions, on établit à cet effet, dans certains monastères, deux cuisines, l'une pour le gras, l'autre pour le maigre; on en voyait un exemple à l'abbaye de Saint-Claude, nommée précédemment Saint-Oyand[1].

Un cuisinier devait s'occuper du dîner des religieux; il avait la surveillance des boucheries et pêcheries qui dépendaient du monastère; des sous-cuisiniers l'aidaient dans ses fonctions. Dom Doublet dit, dans son Histoire de l'abbaye de Saint-Denis, qu'il avait sous ses ordres un *amiral* ou inspecteur des pêcheries et des chasses, pour faire observer les droits de la maison sur les rivières et dans les garennes, faire faucher les prés, curer les ruisseaux et les canaux, etc.

L'*hebdomadarius coquinæ* surveillait pendant une semaine le service de la cuisine; tous les religieux, à l'exception du cellerier, lorsqu'il était très-occupé, devaient tour à tour exercer cette surveillance : « Fratres sibi invicem serviant, ut nullus excusetur a coquinæ officio. Si major congregatio fuerit, cellerarius excusetur a coquina. » Dans quelques monastères, particulièrement à l'abbaye de Saint-Père de Chartres, on avait un cellerier de la cuisine, *cellerarius coquinæ*, remplissant les fonctions de chef d'office[2].

FOUR BANAL.

Les religieux possédaient ordinairement en dehors de l'ab-

[1] Bulletin du Comité des arts, septembre et octobre 1849.
[2] Cartulaire de l'abbaye de Saint-Père, Guérard, p. 393, t. 7.

baye un four banal de grande dimension, où les habitants des lieux qui dépendaient de leur juridiction faisaient cuire leur pain, moyennant rétribution. Pour éviter qu'on pût s'y soustraire, ils ne permettaient dans les maisons particulières de leurs serfs qu'un petit fourneau d'une aune de tour pour cuire des tartes, des flans et autres menues pâtisseries.

CELLIER, *CELLA, CELLARIUM, PENUS, PROMPTUARIUM.*

Les celliers ou magasins des provisions de toute espèce étaient généralement situés sur l'une des faces du cloître; ils s'étendaient sur toute sa longueur et comportaient quelquefois plusieurs étages; dans les monastères peu importants, ils se réduisaient à des souterrains. Le plan de Saint-Gall fait voir un immense cellier dans lequel sont rangées de grandes et de petites tonnes : *majores tunnæ, minores tunnæ;* c'était la *cella vinaria.* On devait y renfermer aussi la *cervoise,* boisson ordinaire des moines, comme on le verra plus loin à l'examen des lieux où elle se fabriquait. Le cellier de Saint-Gall était surmonté d'un magasin de vivres, car on y lit cette légende : *Infra cellarium, supra lardarium et aliorum necessariorum repositio.*

Au IXe siècle, Ansegise construisait un cellier à l'abbaye de Fontenelle : « Refectorium etiam fabricavit cum adjuncto cellario. » (Chronique de Fontenelle.)

Les maisons de Saint-Jean-de-Latran, à Paris, récemment détruites, de Sainte-Geneviève, des Bernardins, dans la même ville, possédaient de vastes salles voûtées en plein cintre ou en arcs aigus, et qui devaient être des celliers. Les caractères qui distinguent les styles roman et gothique se reconnaissent facilement, malgré la simplicité ordinaire de ces vastes constructions.

N° 503. Plan du cellier des Bernardins.

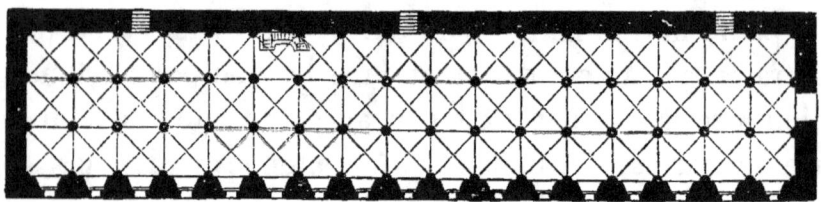

L'abbaye de Batalha montre le cellier à l'huile, *cella olearia*. C'est une salle autour de laquelle sont rangées des amphores sur un gradin en pierre. Dans le Nord, l'huile était renfermée dans un réservoir spécial. Indépendamment du cellier, il y avait le recept, qui devait être un magasin de réserve.

N° 504. Plan du cellier à l'huile de l'abbaye de Batalha.

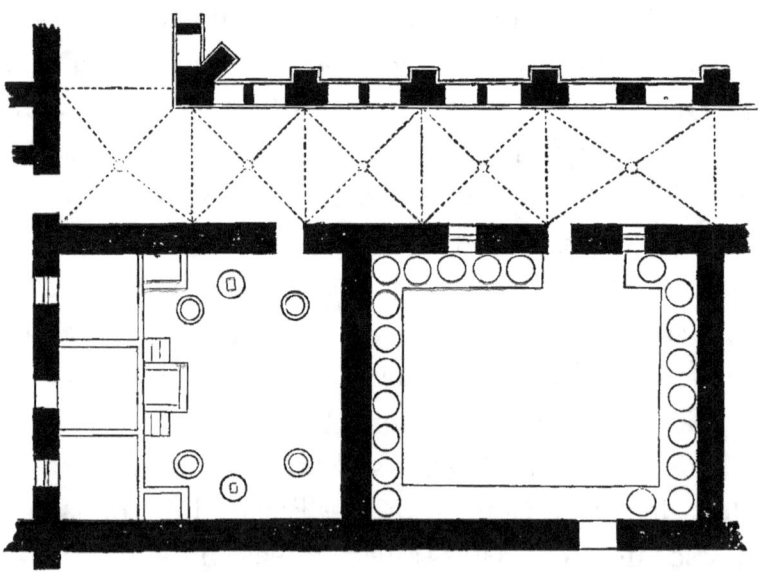

Le *cellerier*, cellerarius, plus tard le *procureur*, avait soin du cellier et veillait à la nourriture en général.

CHAUFFOIR, CAMINATA, CALEFACTORIUM, PYRALE.

Le chauffoir des monastères était une grande salle chauffée, située sur une des faces du cloître et dans laquelle, durant la mauvaise saison, les religieux passaient le temps qu'ils ne consacraient pas aux prières du chœur. Cette salle se nommait dans les premiers siècles de l'Église, *caminata, calefactorium, pyrale*; on voit dans la Chronique de Fontenelle que ces salles devaient leur origine aux fondateurs des plus anciennes maisons religieuses, puisqu'au VIIIe siècle Gervold, abbé de Saint-Wandrille, réédifiait le chauffoir de l'abbaye. Le plan de Saint-Gall en présente plusieurs exemples : 1° le grand chauffoir commun situé sous les dortoirs ; 2° les chauffoirs secondaires particulièrement consacrés soit à l'infirmerie, soit à l'habitation des novices. Dans chacune de ces salles, quelle qu'en soit l'étendue, on remarque vers une extrémité la cheminée (*caminus*), et vers l'autre, les tuyaux par lesquels sortait la fumée (*evaporatio fumi*). Cette distance établie entre les deux ouvertures extrêmes du calorifère indique que la fumée et le calorique parcouraient un grand espace, soit sous le sol, comme cela se pratiquait dans les hypocaustes des Romains, soit dans de longs tuyaux de métal situés à une certaine hauteur dans la pièce. Le plan fait connaître aussi que le feu s'allumait en dehors du chauffoir et que la fumée sortait par une construction isolée et de forme carrée, comme les cheminées de nos usines. Un petit hypocauste particulier avait été construit sous la cellule de saint Bernard, à Clairvaux ; il était sous son lit, et se composait d'une grande pierre percée de trous, sous laquelle on allumait un brasier qui chauffait toute la chambre. (Dom Martenne, *Voy. litt.* Clairvaux.) Du chauffoir on allait directement, par une galerie couverte, au *balneatorium*, ainsi qu'aux latrines communes.

L'abbé et les officiers du monastère pouvaient avoir des feux particuliers. On tenait quelquefois le chapitre dans le chauffoir; la discipline y était suspendue au-dessus de la cheminée. On lit dans Eckhard : « Étant lié au pilier de la pyrale, il fut cruellement battu avec des baguettes. »

DORTOIR, *DORMITORIUM*.

Suivant la règle de saint Benoît, les moines devaient coucher dans une même salle et sur des lits séparés : « Monachi singuli per singula lecta dormiant; si potest fieri, omnes in uno loco dormiant. » Les dortoirs des abbayes et autres maisons religieuses étaient donc au nombre des constructions les plus importantes. Il y en avait un en forme de croix à l'abbaye de l'Alne, diocèse de Cambrai. (*Voy. littér.* p. 208, t. I.) M. de Caumont a cité, dans son Cours d'antiquités monumentales, les passages de la Chronique de Fontenelle qui font connaître tous les soins qu'apporta Ansegise, abbé en 823, dans la construction d'un magnifique dortoir de deux cent huit pieds de long sur vingt-sept de large et soixante-quatre de haut : « præclarum dormitorium construi jussit. » Au milieu, une pièce en saillie, et qui probablement était un oratoire, avait un riche pavé en mosaïque, un plafond peint et de belles boiseries. Ce dortoir fut remplacé par celui que fit construire Herlève, femme de Robert de Normandie; il avait trente-cinq pieds de haut sur cent vingt de longueur; il a été détruit en 1671. Le même Ansegise fit peindre par Madalulphe de Cambrai les dortoirs des abbayes de Luxeuil et de Saint-Germain de Flaix. « Dormitorium nobilissimis picturis decorari jussit. » (D'Achéry et Mabillon, *Vita S. Anseg.*) Le pape Paschal Ier fit peindre des portraits de saints dans les dortoirs du monastère de Sainte-Agnès à Rome[1]. Le plan de Saint-Gall fait voir la disposition d'un grand dortoir, situé à l'orient du cloître; son extrémité s'appuie, selon l'usage à peu près général, contre le chœur de l'église, les moines devant se lever la nuit à certaines fêtes, et tous les jours de grand matin pour aller chanter matines. Ce dortoir était établi au premier étage; au-dessus probablement en était un semblable. Au rez-de-chaussée, le chauffoir, construit dans toute l'étendue de la galerie orientale du cloître, entretenait la chaleur dans les dortoirs placés au-dessus. Les mêmes précautions ont été prises pour les différents dortoirs secondaires tracés sur ce plan et distribués dans l'infirmerie, la maison des novices, celles des pèlerins et des hôtes. La disposition des lits, indiquée sur le même plan, est curieuse: groupés deux à deux et côte à côte dans les trumeaux qui séparent les fenêtres du dortoir, ils occupent tout le circuit de la salle[2]; un double rang de lits, disposés de même deux à deux, suit toute l'étendue de l'axe du dortoir, mais ils sont situés vis-à-vis les fenêtres, sans doute pour faciliter la ventilation.

Dans les plus anciens monastères, l'abbé couchait dans le dortoir; son lit était placé au milieu, contre le mur; auprès de lui était un timbre ou une cloche pour éveiller les religieux[3]. Le lit du prieur était établi de même dans une place spéciale. Lorsque le monastère ne présentait pas une maison particulière aux novices, ils couchaient au dortoir commun dans

---

[1] Mabillon, *Ann. ord. S. Bened.* t. II, p. 443.

[2] La règle voulait qu'ils fussent éloignés d'une coudée (1 pied 1/2) les uns des autres, et placés près des fenêtres de manière à permettre aux moines de lire lorsqu'ils étaient couchés.

[3] Ducange, v. *Dormitorium*. « In eodem conclavi erant multi lecti, in cujus medio lectus erat abbatis. »

de petites pièces formées par des cloisons et éclairées seulement par la porte. Les lits des moines devaient être sans rideaux ni perches à suspendre les habits (*perticæ*). L'époque de l'architecture romane présentait, comme la précédente, de beaux exemples de dortoirs : celui de l'abbaye de Jumiége avait deux cent quatre-vingt-dix pieds de long sur cinquante de large; celui de Saint-Denis avait deux cents pieds. En général ces dortoirs n'étaient pas plafonnés, et la charpente y était apparente. Celui de Sylvacane était voûté.

N° 505. Coupe du dortoir de Sylvacane.

A cette époque, le cellerier seul avait une chambre à part : « Nullus frater habeat cameram separatam nec curam alicujus cameræ, excepto cellerario. » (Ducange.) Les abbés et les abbesses avaient souvent leur cellule au dortoir commun[1]. Saint Louis, qui affectionnait l'abbaye de Royaumont, s'était fait

---

[1] Dom Martenne, t. I, partie II, p. 56.

établir une chambre à coucher dans le dortoir des religieux. (*Voy. litt.* t. I, p. 153.)

Malgré les anciennes règles, confirmées par Justinien et le pape Benoît XII, qui voulaient que les moines n'eussent pas de chambres ou de cellules séparées, « non per separatas cameras, vel per cellas, » dans un grand nombre de monastères plus modernes, le dortoir fut divisé en cellules, chaque religieux ayant la sienne. Elles furent originairement séparées les unes des autres par des cloisons construites en treillis très-serré, remplacées plus tard par des cloisons hourdées; dans ce dernier cas, la porte de la cellule était percée d'un judas ouvrant de l'extérieur et sans serrure, afin que du dehors on pût toujours voir ce qui se passait dans la chambre. Cette disposition nouvelle offrait sur les dortoirs communs de grands avantages pour le silence, la retraite et la lecture. Une tablette était fixée au-dessous de la fenêtre de la cellule pour placer les livres. « Quantum ad cameras clausas, abbas quantum poterit tolerabit, dum tamen ostia camerarum, saltem pro tertia parte, de treleis existant, ita quod infra cameram videri possit, nulla cortina seu alio obstaculo repugnante. » (Ducange.)

N° 506. Dortoir à cellules du prieuré de Saint-Martin-des-Champs.

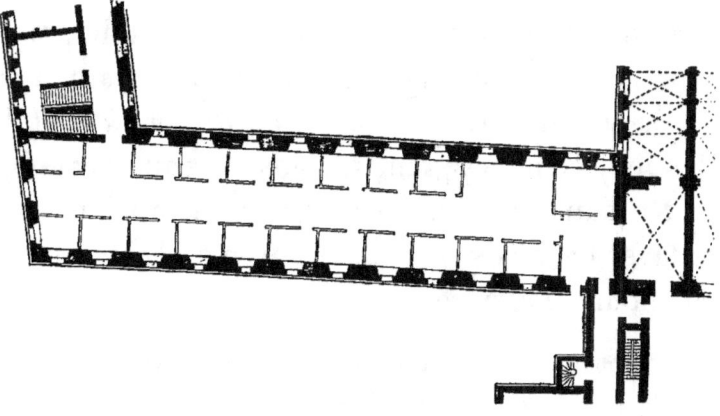

Des lampes brûlaient toute la nuit dans le dortoir[1]; ces lampes se composaient de godets creusés dans une pierre, l'huile y était distribuée pour porter des mèches. On se servait aussi d'une boule de cire contenant une mèche; par le déchet de la cire on jugeait de l'heure qu'il était.

On voit encore au lycée Napoléon, à Paris, les restes des beaux dortoirs construits au commencement du XIIIe siècle pour l'abbaye de Sainte-Geneviève : les fenêtres sont en arcs aigus de premier style. Ils s'étendaient sur les faces orientale et méridionale du cloître. Les dortoirs de l'abbaye de Saint-Germain-des-Prés, construits en 1273 par l'abbé Gérard, étaient célèbres; ils avaient douze mètres de largeur : une partie existe dans les maisons situées rue Neuve-de-l'Abbaye. Au XIVe siècle on construisit l'immense dortoir des Bernardins, à Paris; il est situé au-dessus du réfectoire. Par un escalier d'une construction remarquable on descendait de ce dortoir à l'église. Les abbayes cisterciennes présentent toujours un escalier pratiqué dans le bras méridional du transsept pour communiquer du dortoir au chœur.

Le chambellenc, chambrier, *camerarius*, avait soin de la literie des moines, et en général de tout le mobilier du monastère.

Les moines montaient dans le jour au dortoir pour faire la méridienne, et pour changer de chaussures avant et après les prières; ils couchaient tout vêtus, *vestiti dormiant*. (Règle de saint Benoît.) Dans les grands froids, lorsque l'eau de la fontaine située dans le cloître était gelée, ils allaient au dortoir pour se laver les pieds et les mains avec de l'eau chaude qu'on y portait pour ce service.

---

[1] « Candela jugiter in eadem cella ardeat usque mane. » (Règle de saint Benoît.) Le mot *candela* signifie ici tout luminaire, et non chandelle.

LATRINES, *NECESSARIA*.

Généralement auprès des dortoirs s'élevait une construction isolée, dans laquelle étaient placées les latrines; un passage couvert y conduisait. Les règles voulaient que ces bâtiments fussent isolés et divisés de telle sorte que le religieux qui s'y trouvait ne pût être aperçu. Dans le plan de Saint-Gall, le bâtiment est carré; une série de siéges (*sedilia*) occupe la partie méridionale de la pièce, qui est très-vaste; à l'angle oriental est figurée la lampe, *lucerna,* qui brûlait toute la nuit. On lit dans le couloir d'arrivée : *exitus ad necessarium.* Des latrines ont été figurées dans le plan de Saint-Gall, auprès de tous les édifices isolés qui entourent les lieux réguliers, infirmerie, maisons des novices, des hôtes, écoles, maisons de l'abbé, des médecins, etc. Ces *necessaria* sont construits en dehors des maisons et s'y relient par un passage couvert.

On remarque le *necessarium* dans le plan du prieuré de Cantorbéry, par Eadwin : c'est un bâtiment considérable, entièrement isolé et peu distant du dortoir, sans communication couverte. Les siéges paraissent avoir été construits dans toute la longueur du bâtiment sous un appentis ou aile, dont le toit était placé au-dessous des fenêtres élevées qui éclairaient la salle principale. Le toit de cet édifice est orné d'animaux chimériques à ses deux extrémités.

Les gravures publiées par dom Bouillart, dans son Histoire de l'abbaye de Saint-Germain-des-Prés, d'après de vieux dessins, font voir la disposition des latrines. Elles avaient la forme d'une grande tour isolée, dont le plan était un parallélogramme; on y allait des dortoirs par un pont couvert. Cette construction existe encore en partie dans une maison de la rue Jacob. Au XIVe siècle les communs de l'abbaye de Batalha furent établis sur deux rangs, dans une salle retirée, voisine du petit cloître.

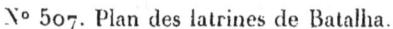

N° 507. Plan des latrines de Batalha.

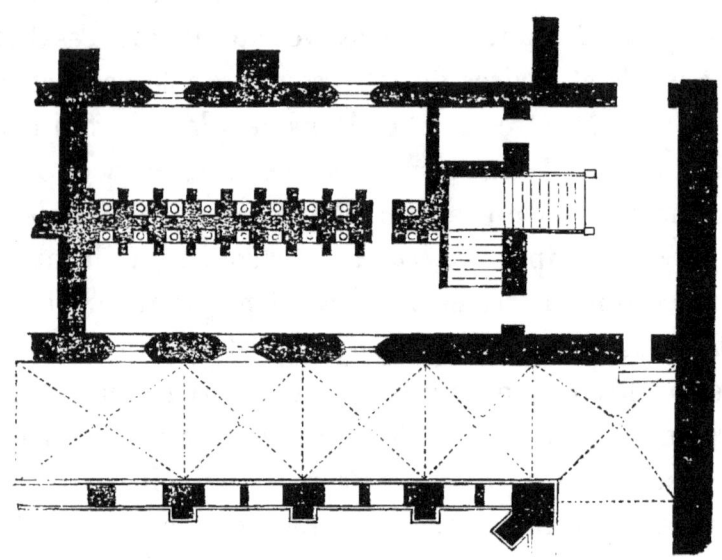

Dans les monastères peu importants, les latrines s'établissaient en encorbellement sur les murailles extérieures, comme on le fait quelquefois sur les enceintes militaires. On lit dans les usages de Cîteaux [1], que les religieux en entrant dans ces lieux tiraient leur capuchon sur leur visage, afin de n'être pas reconnus. Les cellules où étaient les siéges n'étaient pas fermées ou ne l'étaient qu'à moitié de leur hauteur.

Lorsqu'un ruisseau passait assez près des lieux réguliers pour qu'on pût en tirer parti, on construisait les latrines au-dessus de son cours, afin d'éviter l'établissement d'une fosse et les inconvénients qui y sont attachés ; c'est ainsi que se présentent les communs dans les ruines de l'abbaye de Maubuisson, auprès de Pontoise. Fréquemment, sans doute, on

---

[1] *Usus Cisterc.* part. I, c. 72, p. 172

pratiqua un courant factice par des canaux souterrains ou à ciel ouvert, afin d'obtenir les mêmes avantages.

N° 508. Plan des latrines de Maubuisson.

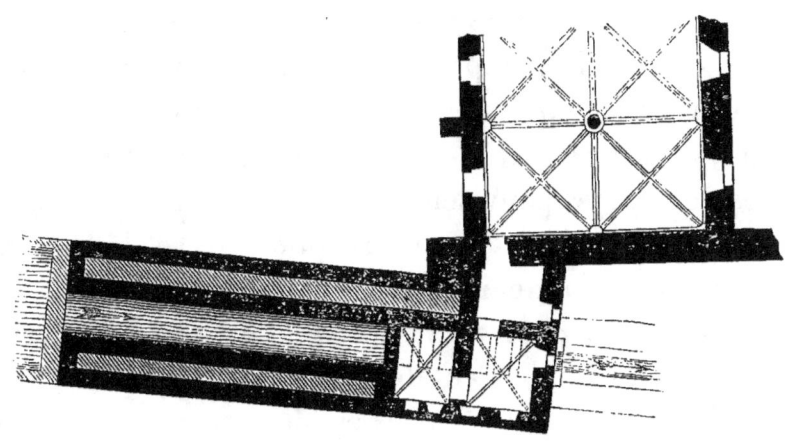

VESTIAIRE, *VESTIARIUM*.

Le vestiaire était une dépendance importante dans les abbayes où les moines étaient nombreux ; indépendamment des vêtements ordinaires, on y renfermait tous ceux qui leur servaient dans les grandes cérémonies, les processions intérieures ou extérieures ; il contenait les approvisionnements de chaussures, etc. etc. Un grand emplacement était nécessaire pour serrer, de manière à ce qu'ils ne fussent pas détériorés, tous ces détails de l'habillement. On peut juger de l'importance du vestiaire dans les grandes communautés religieuses par le plan de l'abbaye de Saint-Gall, qui l'indique au-dessus du réfectoire et dans toute son étendue ; or le réfectoire était la plus grande salle des monastères. Nous mentionnons ici le vestiaire, afin qu'on puisse s'assurer, dans l'étude des abbayes anciennes, de la place qu'une dépendance aussi considérable pouvait occuper dans la distribution générale de l'édifice; afin aussi qu'on retrouve, s'il est possible, les moyens employés au moyen âge pour renfermer un aussi grand nombre de vêtements, qu'il fallait retirer, sans confusion, de ce local lorsque tout le personnel avait besoin de se préparer à paraître en public. C'était là aussi qu'on faisait réparer les vieux vêtements lorsque les moines en recevaient de neufs. « Accipientes nova, vetera semper reddant. » (Règle de saint Benoît.) Dans quelques maisons religieuses, les moines pouvaient garder leurs vêtements dans leur cellule, mais c'étaient des cas exceptionnels, et lorsqu'un vestiaire commun manquait dans le monastère.

Le chambrier, *camerarius*, *chambellenc*, devait pourvoir à la chaussure et à l'habillement des moines, froc, robe, hoqueton, bas de chausses et, pour l'hiver, escafignons de drap (D. Guéranger, *Abbaye de Solesmes*, p. 63), leur fournir des rasoirs, des ciseaux, du linge de toilette. (Ducange.)

BAINS, *BALNEATORIUM*.

Les bains, si nécessaires à la santé et répandus à profusion dans les grandes villes romaines, ne pouvaient être oubliés dans les monastères de quelque étendue. On voit dans le plan de Saint-Gall plusieurs constructions affectées aux bains. L'une est pour les religieux, *balneatorium*, d'autres sont réservées particulièrement à l'abbé, aux malades et aux novices. La règle de saint Benoît s'exprime ainsi à l'égard des bains : « Balneorum usus infirmis quoties expedit offeratur, senibus autem et maxime juvenibus tardius concedatur. » Les bains n'offraient, en général, dans les monastères, que les dispositions du *balneum*, ou bain privé des Romains; nous n'y retrouvons rien des dispositions des *thermæ*, bains publics; peut-être cependant en existait-il des exemples, car on verra plus loin que les malades étrangers y étaient quelquefois admis.

Le bain général de l'abbaye est figuré sur le plan de Saint-Gall dans une construction spéciale, reliée au chauffoir par un passage couvert; il se compose de deux salles entourées de bancs. Dans la première est un bassin carré ou piscine, c'est le *frigidarium*, dans lequel on se déshabillait; la seconde salle devait être une étuve : deux cercles qui y sont figurés étaient sans doute les poêles pour former la vapeur d'eau. On y faisait aussi la lessive, car on y lit ces mots : *lavandi locus*. Ce bain offre beaucoup de rapports avec ceux qu'on voit en Orient, dans les maisons des riches particuliers. Les bains de l'infirmerie et de la maison des novices se composent chacun d'une seule pièce, dans laquelle sont réunis le bassin carré, ou piscine, et les poêles à vapeur; on y voit aussi des bancs dans diverses positions; ces deux bains sont sous le même toit que les cuisines particulières aux malades et aux novices, probablement pour faciliter le chauffage et le service. Le bain de l'abbé est une petite pièce carrée placée dans les dépendances de sa maison; on n'y a figuré aucun détail relatif à son usage.

Au VIIe siècle le monastère de Ligugé, fondé par saint Martin, donna naissance, par un de ses disciples, à une célèbre abbaye du midi de la France; ce disciple, saint Savin, qu'il ne faut pas confondre avec celui des bords de la Gartempe, se retira dans les Pyrénées, sur le penchant d'une montagne; il y bâtit une cellule et plus-tard un petit hospice pour les voyageurs. Après sa mort, saint Savin fut enterré dans la vallée de Lavedan, et sur son tombeau fut construite l'abbaye qui porte son nom. Détruite par les Sarrasins, reconstruite par Charlemagne et Louis le Débonnaire, détruite de nouveau par les Normands, elle fut rétablie au Xe siècle par Raimond, comte de Bigorre.

Une clause remarquable de la donation du comte porte que les religieux entretiendront des bains publics : « Mansiones ad balneandum competentes semper in eodem loco conservent. »

L'usage des bains pris hors du monastère par les religieux, et les bains d'eau minérale pouvaient être du nombre, était fort rare et n'était accordé qu'avec une extrême difficulté. Si le monastère ne possédait pas un bain pour les habitants et que la ville en eût de publics, on pouvait en faire usage lorsque le besoin s'en faisait sentir; mais alors il est probable qu'on agissait comme le font quelquefois aujourd'hui les Orientaux, on louait l'établissement de bain tout entier pour le temps nécessaire aux religieux.

BIBLIOTHÈQUE, *BIBLIOTHECA*.

On a vu, dans les chapitres relatifs aux basiliques latines des premiers siècles (Ire partie, page 111), que la petite abside située à l'extrémité de la nef latérale du nord était destinée à renfermer les livres et les diplômes, usage conservé encore de nos jours dans quelques églises de la Grèce et de l'Asie Mineure; ce fut l'origine des bibliothèques dans les monastères. Dès les premiers siècles de la monarchie, les livres se répandirent au point qu'il fallait déjà des bibliothèques dans les maisons religieuses; on lit ces mots dans Sidoine Apollinaire (*Epist.* lib. IV) : « Hoc dat cespite membra Claudianus (de « Vienne, Isère). Triplex bibliotheca quo magistro romana, « attica, christiana fulsit : quam totam monachus virente in « ævo secreta bibit institutione...... » L'établissement des écoles dans les abbayes, leur généralisation, exigée par Charlemagne, durent contribuer aussi à multiplier les manuscrits. Ce prince avait fait établir de nombreuses bibliothèques. On lit dans le Voyage du moine Bernard en Terre sainte, en 870, qu'il vit à Jérusalem une bibliothèque construite par les soins de Charlemagne. « Ubi et bibliothecam ingentis expensæ compegerat. » (*Act. S. O. S. B.* iiie siècle, Bened. II pap.)

Situées généralement à un étage supérieur pour éviter l'humidité, les bibliothèques n'ont pas été exprimées sur les plans de Saint-Gall et de Cantorbéry. Cependant, comme le premier de ces plans donne la forme du *scriptorium* et que la légende indique la bibliothèque au-dessus, *supra bibliotheca*, on a une idée exacte de sa forme et de ses dimensions. On y arrivait par un escalier situé sous la colonnade du *presbytère*, *introitus in bibliothecam super criptam superius*. Cette communication entre le sanctuaire et la bibliothèque indique suffisamment qu'elle était appuyée contre le mur de l'église. Le côté du nord avait été choisi de préférence à tout autre, pour éviter les insectes destructeurs. La bibliothèque de l'ancienne église de Saint-Pierre de Rome était construite de même au nord du transsept. L'emplacement des bibliothèques n'était pas toujours le même : Ansegise, abbé de Fontenelle en 823, fit de grandes constructions dans son abbaye; il éleva une bibliothèque auprès du réfectoire [1]. Les livres étaient placés sur des rayons, comme on le fait aujourd'hui.

Au monastère de Vatopedi, sur le mont Athos, la bibliothèque est située au-dessus du narthex de l'église; le *Monasticon gallicanum* en fait voir plusieurs qui sont placées indifféremment dans les bâtiments réguliers ou plus loin du centre.

L'abbaye de Sainte-Geneviève, à Paris, avait une belle bibliothèque; elle occupait toute la partie supérieure des bâtiments réguliers, et avait la forme d'une croix, disposition très-favorable. Le cardinal de la Rochefoucauld la fit restaurer et décorer comme on la voit encore aujourd'hui; au centre de

---

[1] Chronique de Fontenelle.

la croix, il fit élever un dôme qu'on orna d'une peinture à fresque représentant saint Augustin entouré de livres. Malheureusement ce précieux local, le seul de ce genre qu'il y ait encore en France, va disparaître pour faire place à des dispositions nouvelles.

Ce n'est guère que pour des bibliothèques du xve siècle qu'on trouve des descriptions, des dessins ou des monuments qui puissent donner une idée de la manière dont elles étaient construites et décorées : la bibliothèque des moines gris, à Londres, avait cent vingt-neuf pieds de longueur sur trente et un de large; celle de Wels était éclairée par vingt-cinq fenêtres de chaque côté. Dans le *Monasticon anglicanum*, on a reproduit quelques bibliothèques. Généralement l'extrémité était éclairée par une immense fenêtre enrichie de meneaux et probablement de verrières, peintes en grisailles, afin que la lumière pénétrât abondamment dans la salle sans qu'une trop grande variété de tons de verres vînt nuire aux lecteurs.

Deux bibliothèques anciennes, mais non monastiques, conservées jusqu'à nous en France, peuvent faire connaître comment étaient celles des maisons religieuses : l'une se voit à l'École polytechnique de Paris, établie dans l'ancien collége de Navarre, l'autre à Noyon. La première fut construite sous Charles VIII, par Jean Raulin, grand maître du collége; c'est un bâtiment allongé, terminé à ses extrémités par deux pignons. L'étage inférieur, éclairé par de grandes baies, était la salle des Actes; la bibliothèque, située au premier, présente une suite nombreuse de fenêtres fort étroites; les livres étaient placés dans des armoires surmontées de pupitres et rangées verticalement aux trumeaux des croisées, ce qui explique leur grand nombre. Cet édifice, pour lequel le roi donna 240 livres tournois, fut terminé en 1496.

N° 509. Pignon de la bibliothèque de Navarre.

N° 510. Bibliothèque de Noyon.

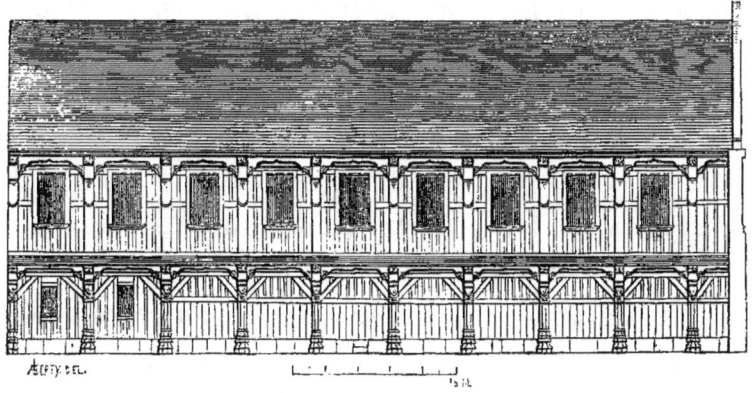

La bibliothèque n'était pas toujours placée par les moines dans une construction établie exprès; l'abbaye de Morlac avait la sienne dans un clocher. (*Voy. litt.* t. I, p. 138.)

Les livres des bibliothèques étaient généralement enchaînés, afin qu'ils ne pussent être emportés; ce fut la condition qu'imposa le cardinal Michel Dubec, lorsqu'au xive siècle il donna sa bibliothèque aux Grands-Carmes de Paris.

La bibliothèque était confiée à la garde du chantre : « Bibliotheca erit sub cantoris custodia. » (*Ms. Cott. Claud.* B. vi, f. 191.) A la Septuagésime, on faisait l'inventaire de tous les livres.

Quelques monastères où l'on s'occupait de l'antiquité présentaient, auprès de leurs bibliothèques, des cabinets d'objets d'art comme on en trouve chez de riches particuliers; on voyait de ces collections précieuses pour l'étude à l'abbaye de Saint-Germain-des-Prés et chez les Génovéfins de Paris. Ces derniers avaient aussi réuni des curiosités de plusieurs genres, par exemple, en histoire naturelle, en armes précieuses recueillies dans des voyages; on y remarquait encore un plan en relief de la ville de Rome, une horloge remarquable construite par Oroze Finé pour le cardinal de Lorraine, etc. etc.

SALLE DES COPIES, *SCRIPTORIUM*, *DOMUS ANTIQUARIORUM*.
(Ducange.)

Chaque grande abbaye avait une ou plusieurs salles, voisines de la bibliothèque ou placées dans le cloître, et qu'on nommait *scriptorium*; il y en avait douze à Hirschau. Dans ces salles étaient installés les copistes, ordinairement au nombre de douze, et séparés les uns des autres par de légères cloisons pour empêcher les distractions qui auraient pu nuire à l'exactitude des copies. Le plan de l'abbaye de Saint-Gall présente un *scriptorium* situé auprès du sanctuaire de l'église, au nord; cette salle, de forme carrée, est divisée dans son pourtour par des cloisons qui établissent des retraites indépendantes les unes des autres; dans chacune de ces divisions se plaçait un copiste de manuscrits. Au-dessus du *scriptorium*, comme l'indique une légende, était située la bibliothèque.

« A Clairvaux, dit dom Martenne, il y avait, dans le petit cloître, douze ou quinze petites cellules tout d'un rang, où les religieux écrivaient autrefois des livres; c'est pourquoi on les appelle les *écritoires*. » (*Voyage litt.* t. I, p. 102.)

Une bénédiction spéciale avait lieu pour le *scriptorium*. Les scribes monastiques étaient choisis par l'abbé. M. Astle pense que les *antiquarii* étaient des scribes employés dans les monastères à faire de nouvelles copies de vieux livres, soit pour l'usage intérieur, soit pour vendre au dehors; l'opinion de Ducange est que ces scribes particuliers réparaient et recopiaient les livres vieillis et hors de service, en opposition avec les *librarii*, qui en faisaient de neufs. Les *antiquarii* travaillaient dans une pièce spéciale nommée *domus antiquariorum*.

Le chantre, *præcentor*, avait la garde du sceau; il fournissait aux moines qui écrivaient et peignaient les manuscrits tous les objets dont ils avaient besoin.

ARCHIVES ET CHARTIERS, *DOMUS CHARTARUM*.

L'origine des archives et chartiers est la même que celle des bibliothèques; l'abside septentrionale des basiliques latines renferma primitivement les chartes et diplômes, aussi bien que les livres sacrés. Il est probable que durant toute la période mérovingienne elles furent conservées à cette place, comme on le voit encore en Orient, mais plus tard les donations royales et particulières devenant nombreuses et les monastères augmentant eux-mêmes leurs territoires par des acquisitions, les archives s'étendirent, et il fallut leur trouver un local plus vaste et mieux clos. Trois dispositions différentes furent prises à l'égard de cet emplacement. La plus ancienne mention d'archives que l'on trouve se rapporte à l'abbaye de Fontenelle : Ansegise les plaça au-dessus du porche de l'église et fit construire une salle à cet effet. « Denique in medio porticus domum chartarum constituit. » (Chronique de Fontenelle.)

A l'époque romane, la même place fut choisie pour les archives de la célèbre abbaye de Cluny, dans la tour septentrionale de la façade. Paris possède un exemple analogue datant de la période gothique : on voit à Saint-Germain-l'Auxerrois, au-dessus du porche de la façade principale, une pièce carrée, ornée encore aujourd'hui des armoires anciennes qui contenaient les chartes et autres titres de propriété.

La même pensée de mettre les archives sous la protection du temple se modifia dans d'autres lieux ; elles furent fréquemment placées au-dessus de la sacristie, et là peut-être étaient-elles plus en sûreté qu'au-dessus du porche de l'église, parce qu'elles se trouvaient plus éloignées de l'enceinte extérieure, plus rapprochées du centre de la maison religieuse. Les Archives du royaume prirent naissance dans une salle construite au-dessus de la sacristie de la Sainte-Chapelle du palais de saint Louis, à Paris ; cette sacristie accolée à l'église en reproduisait les dispositions architecturales. Le collège de Beauvais, situé dans le quartier de l'Université, offre un exemple analogue à celui de la Sainte-Chapelle, quant à la disposition des archives de la maison ; la construction date du xive siècle. Il est probable que le château de Vincennes, qui présente auprès de sa chapelle une sacristie semblable à celle que nous venons de signaler, avait aussi ses archives dans une salle qui est située au premier étage ; ce serait un exemple de la renaissance. Enfin, l'idée de placer ce dépôt précieux au centre même des enceintes et des autres constructions, pour le mettre à l'abri du feu et de toute autre atteinte, fut nettement exprimée dans certains monastères. On voit dans les ruines de l'abbaye de Vaux-de-Cernay, auprès de Chevreuse, les restes d'une tour isolée qui contenait les archives; dans les anciennes dispositions du prieuré de Saint-Martin-des-Champs, dont nous avons publié tous les détails dans la Statistique de Paris, était une tour très-élevée et solidement construite au centre du monastère pour renfermer les chartes. (Voir p. 32, pl. 19 de la Ire partie.)

N° 511. Tour des archives au prieuré de Saint-Martin-des-Champs.

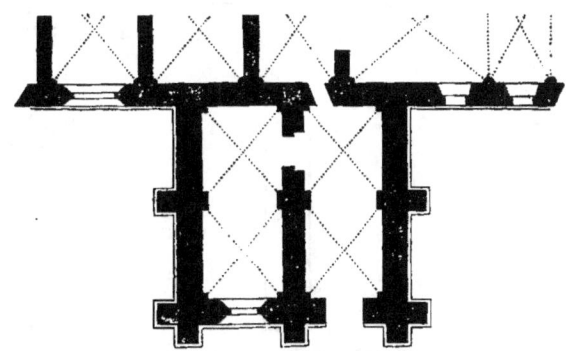

Un frère était maître et gardien des chartes.

Un autre surveillait le greffe et le registre matricule de la maison.

Les religieux chargeaient quelquefois la sculpture ou la peinture de transmettre leurs droits de propriété ou certains priviléges : lorsque Pépin donna la terre de Palaiseau et ses dépendances à l'abbaye de Saint-Germain-des-Prés, à l'occasion de la translation des reliques du saint patron, les moines firent sculpter sur la pierre une croix entourée d'une inscription latine indiquant la donation faite par le roi; on y lisait ces mots :

Hic pausante sancto Germano in die translationis, dedit ei Rex Pipinus fiscum Palatiolum cum appenditiis suis omnibus.

N° 512. Pierre à Saint-Germain-des-Prés.

Charlemagne avait fait de nombreuses donations aux moines de Saint-Vincent et Saint-Anastase, auprès de Rome; l'avant-porche de ce monastère contient encore une peinture qui paraît dater de la fin du xii° siècle, époque à laquelle la maison fut donnée aux Cisterciens. On a représenté sur cette peinture tous les châteaux et propriétés qui appartenaient aux religieux. Le nom de chaque localité est tracé au-dessous de sa configuration. Dans la région moyenne de la peinture sont peints d'un côté, le pape Léon III et Charlemagne, de l'autre l'abbé et les frères convers déroulant une charte au-dessus d'une représentation du monastère; on lit sur ce papier les mots suivants :

Concedi et donavi ecclesiæ tuæ Ancidoniam cum castris istis auctoritate applicanda.

N° 513. Peinture à l'abbaye de Saint-Vincent.

Enfin, les religieux conservaient par la sculpture les faits importants relatifs à leurs priviléges : on voyait sur la façade septentrionale de l'église des Grands-Augustins, à Paris, auprès de l'abside, un bas-relief rappelant l'amende honorable que firent en présence des religieux, Jean Bayart, sergent à verge, Gillet, Roland et Guillaume de Besançon, qui avaient tiré violemment du couvent le frère Aymery et tué Pierre de Gougis, autre religieux. Ce bas-relief, conservé au Musée des monuments français, se voit à l'école des Beaux-Arts.

Le prévôt gardait les clefs des archives et du trésor des chartes.

Les ordres religieux et militaires de Saint-Jean-de-Jérusalem et du Temple eurent des archives d'une autre nature que celles que nous venons d'indiquer. Les moines chevaliers, après avoir acquis de grandes richesses par la guerre, par des legs, fruits de la protection qu'ils accordaient aux pèlerins et aux peuples chrétiens d'Orient, eurent les premiers l'idée de les tourner au profit général et au leur, en établissant le crédit par des banques et des lettres de change sur l'Europe et sur l'Asie; ils devinrent les trésoriers des grands États; en 1146, ils acquittèrent la rançon de Louis VII. (*Hist. de France*, t. IV, p. 510.) Henri Ier d'Angleterre et Jean sans Terre déposèrent le trésor public dans la maison du temple de Clarkenville, à Londres; en 1232, comme nous l'apprend Matthieu Paris[1], ils recevaient en dépôt la fortune des particuliers; en 1269, saint Louis les chargeait de payements considérables, « *et seront payez ces deniers chacun an à Paris, au Temple*[2]. » En Espagne les frères *collecteurs* recueillaient les recettes de l'État et la *dixme de Saladin*, destinée aux expéditions d'Orient; les trésors en espèces ou en papier qu'ils réunirent entre leurs mains, et qui furent la cause de leur perte, les obligeaient à construire dans leurs maisons chefs d'ordre, des dépôts analogues à ceux que nous voyons dans nos banques publiques, mais les usages du temps leur firent donner la forme de donjons, de tours fortifiées; c'est ainsi qu'était conçue la tour du Temple, à Paris, et peut-être faut-il voir la même pensée présidant à la création de la tour de Saint-Jean-de-Latran ou de Jérusalem, récemment détruite avec les restes de cette maison militaire, dans le quartier de l'Université; placée au centre du monastère, auprès du cloître, elle était surmontée de créneaux, et sa décoration intérieure était trop riche pour être celle d'une simple tour de défense; la partie souterraine, très-solidement construite, pouvait contenir les valeurs en espèces, dans les salles au-dessus on aurait placé les valeurs en papier et autres pièces de nature à être conservées. En démolissant cette tour on y a trouvé plusieurs liasses de parchemins.

[1] Matth. Paris, p. 261.
[2] Roger, *la Noblesse aux croisades*, p. 143.

N° 514. Plan de la tour de Saint-Jean-de-Latran.

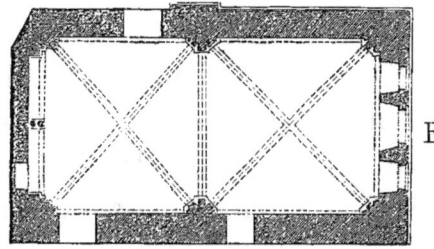

B. Façade.

N° 515. Coupe de la tour de Saint-Jean-de-Latran.

ÉCOLE EXTÉRIEURE, *SCHOLA CANONICA, CLERICALIS.*

Dans l'antiquité, des écoles furent établies auprès de certains temples; les Juifs en eurent à proximité de leurs synagogues; dès les premiers siècles de l'Église, l'éducation de la jeunesse fut considérée comme l'un des devoirs les plus importants de l'état ecclésiastique; les anciens conciles enjoignirent aux prêtres des villes et des campagnes de s'occuper de l'instruction; on connaît des titres de donation, *ad docendum puerum*[1].

En 780, Charlemagne fonda dans tous les chapitres et les monastères des écoles de grammaire, d'arithmétique et de toutes les sciences alors connues. Ces écoles furent florissantes particulièrement jusqu'au xiie siècle, époque à laquelle les colléges et les universités commencèrent à prendre leur place.

Les principaux monastères avaient en dehors des lieux réguliers une école pour les jeunes séculiers, clercs et laïques. On voit dans le plan de Saint-Gall les distributions principales d'un de ces établissements d'instruction publique. L'édifice est situé au nord de l'église pour éviter les relations avec le monastère, construit au midi[2].

Un vestibule conduit à deux grandes salles voûtées, placées au centre et séparées par un mur; elles étaient destinées aux récréations, *domus vacationis*. Cette division de l'édifice en deux parties égales par un mur rappelle ce qui se fait de nos jours dans les écoles communales pour séparer les sexes. Ici le but était problablement de distinguer les degrés d'étude, peut-être aussi était-ce pour diviser les enfants selon le rang qu'occupaient les parents dans le monde. Autour des salles de récréation sont distribuées les classes, au nombre de douze; on y lit, *Hic mansiunculæ scolasticorum;* une table occupe le centre de chacune d'elles. Ces classes, rangées ainsi autour des pièces centrales, rappellent les grandes écoles de la Turquie et de la Perse, contrées où l'on rencontre à chaque pas des dispositions analogues à celles qu'on prenait en Occident au moyen âge. Au nord de l'école, un second vestibule conduit aux latrines.

---

[1] Dom Mart. t. I, p. 11, part. II

[2] « Extra monasterium in adjacenti ædificio, cui tamen præerant cœnobitæ. » Ziegelbauer. p. 190.

Pendant la belle saison, les enfants jouaient probablement autour de l'édifice, car il est séparé des constructions voisines par des haies, et auprès de celle qui est établie vers l'église on lit ces mots :

> Hæc quoque septa premunt discentis vota juventæ.

Une entrée à l'église, commune aux hôtes et aux écoliers, est établie auprès du parvis : « Hic hospes vel templi tecta subibit : discentis scolæ pulchra juventa simul. » Enfin, vis-à-vis l'école et contre le mur latéral du temple est l'habitation du chef des études, *mansio capitis scholæ*; ce sont deux chambres allongées : la première, entourée de bancs et chauffée, communique avec une chapelle du bas-côté du nord; la seconde est une pièce réservée; on y lit : *ejusdem secretum*. Ces écoles de l'abbaye de Saint-Gall étaient au nombre des plus célèbres[1].

Les grands monastères de la France renfermaient aussi des écoles; plusieurs même étaient assez renommées pour attirer les étudiants de l'étranger. On connaît la célébrité de l'école de Saint-Victor, à Paris, au XIIe siècle.

Les écoles extérieures ou cléricales avaient ordinairement des professeurs tirés du monastère lui-même, et dans le cas où ceux-ci n'étaient pas assez instruits dans une branche de connaissances, on y recevait des professeurs laïques.

On nommait grandes écoles, *scholæ majores*, celles qui, aux abbayes de Saint-Gall, d'Hirschau, de Saint-Victor, etc. présentaient de nombreux professeurs et toutes les branches de l'instruction. Les petites écoles, *scholæ minores*, étaient établies auprès des monastères peu importants et ne devaient pourvoir qu'à une instruction limitée[2].

---

[1] Ziegelb. p. 204.
[2] *Idem*, t. I, p. 189.

ÉCOLES INTÉRIEURES.

A l'article des cloîtres, nous avons fait connaître les dispositions qui étaient prises pour instruire les novices dans les monastères. Des salles lambrissées étaient disposées vers un des côtés du cloître, et la galerie sur laquelle étaient ouvertes ces pièces consacrées à l'étude servait elle-même d'école ou de lieu de récréation pour les novices. Les Clunistes et les Cisterciens nommaient *auditorium* le lieu où se faisaient les leçons aux novices[1]. Indépendamment des écoles établies dans le but d'instruire la jeunesse, certains monastères en contenaient d'un autre genre et qui étaient destinées aux exercices des religieux eux-mêmes : on vient de détruire à Paris, dans l'enceinte des Jacobins de la rue Saint-Jacques, les écoles de Saint-Thomas, reconstruites au xvie siècle, et remplaçant celles qui avaient été élevées sous saint Louis; dans ces écoles, les frères s'exerçaient aux prédications publiques, qu'ils étaient appelés par leur institution à faire entendre au loin. La salle d'étude était décorée à l'intérieur de seize consoles portant les statues des prédicateurs les plus célèbres; l'architecture extérieure de cette école était simple et de bon goût; démolie pour faciliter le prolongement de la rue de Cluny, l'administration municipale avait fait espérer qu'elle serait reconstruite après l'alignement établi, et dans ce but avait fait numéroter les matériaux. Le plan est reproduit au n° 516, d'après la Statistique monumentale de Paris, dans laquelle l'ensemble et les détails ont été gravés avant la démolition.

A. Chaire pour les exercices de prédication
B. C. D. Consoles portant les statues des prédicateurs célèbres.

---

[1] « Auditorium appellabant Cluniacenses et Cistercienses monachi, et alii, locum in quo conveniebant monachi, quod in eo essent scholæ monachicæ, ibique præceptores docerent, discipuli audirent magistros docentes. » (Ducange.)

N° 516. Plan des écoles de Saint-Thomas.

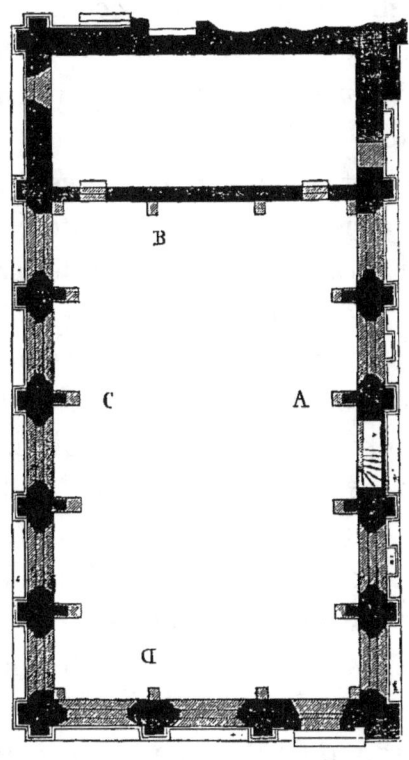

Le *magister scholaris, scholæ, scholarum,* appelé aussi le scoliaste, l'écolâtre, le théologal, avait la direction de l'école et la charge d'enseigner les lettres et les sciences; il lisait les leçons à matines, à la messe, et était aidé dans ses fonctions par des sous-maîtres. Pépin et Charlemagne firent venir de Grèce des professeurs pour apprendre la littérature grecque aux moines [1].

MAISON ABBATIALE, *AULA, DOMUS, PALATIUM.*

L'origine des maisons abbatiales est une simple cellule,

---
[1] Hed. *Hist. ecclés.* lib. VI, c. 9.

comme celle des moines cénobites. Sulpice Sévère nous apprend que saint Martin, dans le monastère de Ligugé, habitait lui-même une cellule construite avec des branches d'arbres; devenu évêque de Tours, sa demeure n'y fut pas moins humble ainsi que dans le *Monasterium Majus,* qu'il fonda à Marmoutier. Avant 1130, date présumée du dessin du moine Eadwin, le prieur de Cantorbéry logeait dans une cellule : elle est figurée auprès de l'infirmerie, comme une petite construction isolée; on y lit : *camera prioris vetus.* Au XIIe siècle, l'abbé Suger, après l'exécution des grands travaux entrepris à l'abbaye de Saint-Denis, qu'il avait enrichie de tant de trésors de tous genres, n'avait pas d'autre habitation abbatiale qu'une cellule isolée qu'il avait fait construire auprès de l'église. Dom Félibien la décrit ainsi, page 180 : « L'abbé Suger s'était fait bâtir depuis quelques années (en 1145) une petite cellule proche de l'église... Cet appartement, le seul qu'il fit construire pour son propre usage, avait à peine dix pieds de large sur quinze de long, etc. » Malgré ces exemples d'humilité donnés à sept siècles l'un de l'autre par ces deux grandes lumières de l'ordre monastique, la maison de l'abbé ou du prieur était, dans les grands monastères, une construction importante établie à part et entièrement séparée des autres habitations des religieux. Cette disposition avait pour but de loger l'abbé d'une manière convenable à sa dignité et de l'entourer du respect qui lui était dû. Un jardin réservé y était annexé. La maison abbatiale était ordinairement voisine de l'église, dans laquelle l'abbé entrait par une porte particulière; cette habitation était assez considérable pour avoir, dès le VIIIe siècle, la qualification de palais, *palatium.* (*Annales de Saint-Gall,* 720.)

Un siècle plus tard, l'abbé Ansegise construisait celle de l'abbaye de Fontenelle sur de grandes proportions, et la décorait d'une salle à cheminée : « Præterea majorem quam vocant domum ædificari præcepit cum camera et caminata. » (Chronique de Fontenelle.)

A la même époque, l'auteur du plan de Saint-Gall dessinait la maison abbatiale de ce monastère : reliée à l'église, du côté du nord, par un couloir couvert, elle offre deux parties distinctes, l'une pour l'habitation de l'abbé, et de forme carrée, l'autre pour les dépendances. Le premier bâtiment contient deux grandes pièces : la *mansio abbatis,* séjour habituel de l'abbé, et entourée de bancs, *sedilia;* on la chauffait par une cheminée, *caminata.* Auprès de la porte sont figurés deux *toregmata*, probablement deux dressoirs pour le service. La seconde pièce était la chambre à coucher; on y remarque plusieurs lits, auprès sont des latrines; un grenier (*solarium*) et des chambres occupent le premier étage de ce principal corps de logis. Des portiques semblables à ceux des cloîtres forment des promenoirs de chaque côté des deux pièces principales, à l'orient et à l'occident.

Les dépendances se composent d'une cuisine, d'un cellier et d'une salle de bain. Les chambres des serviteurs sont figurées à l'orient de ces constructions et ne s'ouvraient qu'en dehors, directement et sans vestibule.

La nouvelle maison du prieur de Cantorbéry, *aula nova,* était au XIIe siècle très-importante, à en juger par le plan du moine Eadwin. On y remarque deux étages de portiques, et dans le vestibule une fontaine jaillissante ou *lavatorium,* semblable à celles qu'on établissait dans les cloîtres.

L'ancienne maison abbatiale de Pontigny, auprès d'Auxerre, consistait seulement en quatre petites chambres semblables aux cellules des religieux; dans l'une d'elles était établie une cheminée.

Dans les siècles suivants, les maisons abbatiales devinrent de véritables palais renfermant de vastes salles, une chapelle particulière[1] et toutes les commodités qu'on réunissait alors dans une grande habitation; les façades étaient décorées avec tout le luxe de l'architecture en usage aux diverses périodes du moyen âge. Il nous suffira de citer la belle maison abbatiale de Saint-Ouen, à Rouen, qui a été publiée dans un grand nombre de recueils de gravures et qui datait du xve siècle; celle de l'abbaye de Saint-Germain-des-Prés, conservée en partie jusqu'à nos jours, et qui date de 1586, lorsque Charles Ier, cardinal de Bourbon, dirigeait l'abbaye. Sauval, dans ses Mémoires, dit que ce palais remarquable était enrichi d'un portique et, du côté du jardin, d'une galerie ou longue et large serre entourée de têtes de cerfs admirables pour leur singularité[2]. Les changements que le cardinal de Furstemberg fit à ce palais pendant qu'il était abbé le rendirent beaucoup plus magnifique encore, et il passa pour un des plus beaux qu'on connût[3]. Le logis abbatial de Vézelai était si remarquable qu'on l'appelait le château. (D. M. t. I, p. 54.)

Le plus fréquemment l'habitation de l'abbé était située au sud-est de l'église, à peu de distance de l'abside; une entrée particulière lui permettait d'arriver commodément à l'église.

Les jardins qui accompagnaient la maison de l'abbé étaient disposés avec soin; souvent des terrasses élevées laissaient voir les campagnes environnantes par-dessus les murs de l'enceinte.

[1] *Voy. litt.* t. I, p. 59.
[2] Dom Bouillart, *Histoire de l'abbaye de Saint-Germain-des-Prés*, p. 192.
[3] *Idem*, p. 201

INFIRMERIE, *NOSOCOMIUM, NOSODOCHIUM, GEROCOMIUM.*

Dès l'origine de la vie commune, on dut songer à établir des infirmeries dans le lieu du monastère ou de ses environs qui semblait le plus favorable pour le rétablissement des malades, et pour conserver la santé des vieillards; ce double motif avait fait créer deux espèces d'infirmeries : l'une nommée *nosocomium, nosodochium,* dans laquelle on traitait les frères atteints de maladie; l'autre, que Ducange nomme *gerocomium*[1], était l'hospice des religieux *sympectæ,* qui, ayant atteint un âge très-avancé, ne pouvaient plus se passer de soins particuliers en raison de leurs infirmités.

La règle de saint Benoît prescrit l'établissement d'une salle à part pour les malades, « sit cella super se deputata[2]..... » Cette salle était construite comme un dortoir; dans un grand nombre de monastères cette disposition fut longtemps maintenue. Les Cisterciens, qui, plus que d'autres religieux, furent rigoureux observateurs des anciennes règles, ne construisirent pas autrement leurs infirmeries; le plus bel exemple qui ait survécu est la grande salle dite *des morts* à Ourscamp, abbaye cistercienne fondée par saint Bernard en 1130, auprès de Noyon. Cette salle, éloignée de l'église et des lieux réguliers, dans une position qui était sans doute convenable aux malades, a cent trente pieds de longueur sur trente-cinq de large; elle se divise en trois nefs : celle du milieu est de vingt pieds. Seize colonnes surmontées de chapiteaux octogones divisent les nefs

---

[1] « Gerocomium...... Certe in monasteriis domicilia senibus et infirmis destinata extitisse, colligere est ex regula sanctimonialium canonice viventium. » (Chap. XXIII. Ducange, III° vol. p. 667, éd. 1844)

[2] Dom Calmet, c. 35, p. 558 et seq.

et portent des voûtes ogivales à nervures arrondies. Au-dessous de chaque fenêtre des travées on voit encore une piscine pour le service des malades, dont les lits étaient rangés devant les trumeaux; contre le pignon du midi, à l'intérieur, sont les traces d'une grande cheminée, nécessaire dans ce genre d'édifice. Ce même pignon méridional soutenait, à l'extérieur, des cuisines particulières pour le service de l'infirmerie. Dom Martenne signale plusieurs constructions analogues à celle-ci dans des monastères cisterciens; ses descriptions ne peuvent laisser aucun doute sur la destination de la salle des morts à Ourscamp.

La pratique fit reconnaître les inconvénients d'une seule salle pour soigner toutes les maladies différentes qui pouvaient se présenter dans une nombreuse réunion d'hommes; on songea de bonne heure à séparer les diverses affections comme nous le faisons aujourd'hui, ou au moins à avoir des salles particulières pour les maladies graves; c'est ce qu'on reconnaît dès le ixe siècle dans le plan de l'abbaye de Saint-Gall. L'infirmerie est située derrière l'église auprès de la maison des novices, dont elle reproduit en partie les dispositions : un cloître occupe le centre de l'infirmerie; un puits est au milieu du préau, dans l'enceinte duquel on lit ces mots : *Fratribus infirmis pariter locus iste paretur.*

L'entrée de la maison des malades, située au couchant, est figurée par un couloir qui longe la chapelle placée au midi du cloître, sous le même toit que celle des novices, dont elle est séparée par un mur transversal. A gauche de l'entrée est une salle, *camera* ou *antenosodochium,* dans laquelle se faisaient ordinairement les consultations: sa place semble l'indiquer; plus loin est le réfectoire. Sur la face septentrionale du cloître on voit la chambre du chef infirmier, *domus magistri;* auprès de lui on plaçait les malades atteints d'affections graves, *locus valde infirmorum*; à l'est un vaste dortoir commun pour les maladies ordinaires, *dormitorium*, un chauffoir, *pyralis*, muni d'un calorifère et d'un tuyau pour la fumée, *exitus fumi*; enfin des latrines, complètent la distribution de l'infirmerie.

Paris présente les restes d'une infirmerie de monastère, c'est celle des Jacobins de la rue Saint-Jacques, située sur la rue des Grès; elle est peu ancienne; elle avait été divisée en chambres particulières avec cheminées. La promenade étant nécessaire aux moines qui étaient à l'infirmerie, on construisait ordinairement une galerie fermée, pour qu'ils pussent y prendre de l'exercice; un jardin particulier était établi dans le même but.

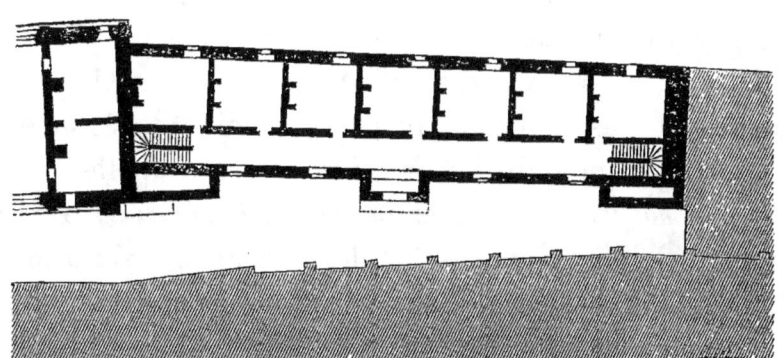

N° 517. Plan de l'infirmerie des Jacobins.

Certains monastères importants possédaient une succursale à leur infirmerie: c'était une maison de campagne destinée au rétablissement des malades. On y construisait, sur des proportions restreintes, des lieux réguliers et une chapelle pour que les religieux malades ne se relâchassent point dans leur observance. L'abbaye de Saint-Denis en avait une à la maison de Seine, vers les rives du fleuve, loin du bruit de la ville et près des promenades[1]. Gérard de Moret, abbé de Saint-Germain-des-Prés au XIIIe siècle, en fit construire une à Vaugirard, qui prit son nom de cet abbé; ce lieu se nommait antérieurement Valboitron[2].

Lorsqu'une abbaye, par la possession de reliques ou d'une source minérale dans lesquelles les malades avaient confiance, attirait la foule des laïques auprès de son enceinte, on y bâtissait un hôpital, quelquefois deux : l'un pour les hommes, l'autre pour les femmes. L'abbaye de Saint-Antoine en Dauphiné était dans ce cas, à l'occasion du mal de Saint-Antoine qui s'y guérissait[3]. Réciproquement, il arrivait dans maintes localités qu'un hôpital d'origine laïque, établi sur un point favorable à la guérison de certaines maladies, ou propre à recevoir des pauvres, des pèlerins, etc. était érigé en prieuré ou en abbaye; nous citerons le célèbre hôpital d'Aubrac en Rouergue[4]. Enfin certains hospices civils étaient dirigés par des diacres; on les nommait diaconies, *diaconiæ*. Les veuves, les orphelins, les vieillards du pays, y étaient logés et nourris par eux; on y joignait des oratoires et des chapelles[5]. L'infirmier, *infirmarius, custos infirmorum, nosocomiarius*, avait à sa charge les religieux malades et devait leur fournir une partie de ce qui était nécessaire; l'abbé était tenu du surplus.

L'infirmier lavait les corps des moines défunts, après les avoir fait porter en cérémonie au *lavatorium* du cloître, où les frères s'assemblaient comme au chœur pour réciter les prières des morts avant les cérémonies de l'église.

[1] *Histoire de l'abbaye de Saint-Denis*, dom Doublet, dom Félibien.
[2] *Histoire de l'abbaye de Saint-Germain-des-Prés*, par dom Bouillart.
[3] D. Martenne, *Voy. litt.* t. I, p. 260.
[4] *L'ancien hôpital d'Aubrac* (Aveyron), par l'abbé Bousquet, 1845.
[5] Ducange. « Diaconiæ dicuntur loca in quibus per diaconos regionarios pauperes viduæ, pupilli, senes propriæ regionis alebantur..... »

MAISON DES MÉDECINS, PHARMACIE, *ARMARIUM PIGMENTORUM.*

Les travaux d'Ægidius, de Constantin Damascène, de Joannitius, et de tant d'autres religieux qui ont écrit sur la médecine, suffisent pour démontrer combien ils étaient versés dans sa théorie et sa pratique; l'école de Salerne, la plus célèbre du moyen âge, avait pris naissance dans une abbaye de bénédictins; elle était déjà florissante au xie siècle; son origine doit remonter plus haut. Il devient donc intéressant de retrouver, dans les monastères, comment y étaient logés les médecins, quelles étaient les précautions prises pour les entourer de tout ce qui pouvait être utile à leurs malades et au développement de leurs connaissances. Le plan de Saint-Gall nous fait connaître quelles étaient ces dispositions au commencement du ixe siècle, et il est d'autant plus précieux de les y trouver que Grimald, abbé de ce monastère de 841 à 872, contribua lui-même au développement de l'art médical et le fit étudier avec succès par des moines, sous sa direction. Walafrid Strabo lui dédia en 849 son poëme sur les vertus des plantes, intitulé *Hortulus*. En 1131, l'exercice de la médecine fut défendu aux moines par un concile; en 1150, Lucas, patriarche de Constantinople, la défendit aux moines orientaux. Auprès de l'infirmerie des moines, à l'angle nord-est de l'abbaye de Saint-Gall, le dessinateur a tracé une habitation particulière pour les médecins, afin qu'ils fussent journellement auprès des religieux malades. Cette maison se compose d'une première salle carrée, au centre de laquelle est figuré un foyer ou une table; on y lit : *Domus medicorum*. A l'est elle donne entrée dans une pièce longue, située sur le jardin botanique et chauffée par un poêle; c'est la salle du médecin en chef. Au nord, une pharmacie, *armarium pigmentorum*, communique par une porte à la pièce d'entrée; à l'ouest de la maison et sur toute son étendue est une salle particulière réservée aux malades atteints d'affections graves, et qui se trouvaient ainsi sous la surveillance continuelle des médecins. On y lit : *Cubiculum valde infirmorum.*

JARDIN DE PLANTES MÉDICINALES.

A l'orient de la maison est figuré le jardin de plantes médicinales, *herbularius*, divisé en planches que séparent d'étroites allées; on lit sur chaque plate-bande le nom de la plante qu'elle devait contenir. Ce sont le lis blanc, *lilium*, la sauge, *salvia*, la lunaire, la rose commune, *rosa*, le cresson, *sisimbria*, le cumin, *cumino*, le fenouil, *feniculum*, la menthe, *menta*, le romarin, *rosmarino*, le foin grec, sainfoin, *fenugreca*, la sariette, *sataregia*, etc. etc. la rue, *ruta*, glaïeul, *gladiola*, pouillot, *pulegium*, tanaisie, *costo*, livèche, *lubestico*, haricot, *fasiolo*.

DISPENSAIRE.

La position excentrique de la maison des médecins, construite du même côté que les écoles extérieures et la maison des hôtes, permet de croire qu'ils donnaient aussi des soins aux malades étrangers au monastère. Une grande salle construite isolément à peu de distance, et séparée par un mur ou une haie, semble confirmer dans cette opinion. Cette vaste construction ne forme qu'une seule pièce; des poêles occupent chacun des quatre angles; six tables et autant de bancs sont disposés autour, de manière à recevoir beaucoup de monde;

on y lit ces mots : *Fleotomatis hic gustandum vel potionariis.* On venait donc chercher là des soins passagers et sans doute gratuits, comme cela se fait aujourd'hui dans les dispensaires; on y pratiquait la saignée et on y distribuait des potions. Ce qui semble autoriser encore à croire à l'admission des étrangers dans cette salle, c'est l'inscription qu'on lit dans la cuisine particulière de l'infirmerie du monastère : *Coquina eorundem (fratrum infirmorum) et sanguinem minuentium.* Si une place était réservée dans la cuisine des frères malades pour y pratiquer la saignée, la grande salle voisine de la maison des médecins ne servait probablement qu'aux malades du dehors.

Un officier monastique avait le titre de saigneur ou tireur de sang, *minutor*.

MAISON DES NOVICES.

La maison des novices était le lieu consacré à l'habitation des jeunes gens destinés à l'état monastique, des *oblati*; elle était située dans la partie du monastère la plus éloignée des portes extérieures, « in intimis monasterii penetralibus[1]. » Le plan de l'abbaye de Saint-Gall renferme un noviciat qui est lui-même disposé comme un petit monastère : un cloître occupe le centre; les novices s'y trouvaient réunis aux enfants de chœur qui, sous le nom de *pulsantes,* avaient soin des objets nécessaires au culte et sonnaient les cloches aux heures des offices, ce qui se disait *pulsare.* Autour du cloître du noviciat sont disposés une chapelle, un réfectoire, une infirmerie, un dortoir, un chauffoir, une salle pour le maître; dans une construction située à l'extérieur sont figurées la cuisine et la salle de bain spécialement réservées aux novices. Toute

[1] Ziegelbauer, p. 190.

cette maison et ses dépendances occupent dans le plan l'extrémité orientale, « in remotiore monasterii parte, » selon les règlements.

MAISONS DES HÔTES, *XENODOCHIUM*, *DOMUS HOSPITUM*.

Tous les monastères présentaient une habitation particulière pour recevoir les hôtes qui visitaient les religieux pour affaires de l'Église ou pour toute autre cause. Elles offraient une construction séparée ou reliée aux autres parties du monastère, selon qu'il était plus ou moins important. En général la demeure des hôtes était voisine de l'entrée de la maison religieuse; on y préparait, dans les dépendances, des logements de serviteurs et des écuries pour les chevaux des personnages de distinction. On sait combien d'abus résultèrent de la facilité qu'avaient les évêques d'emmener avec eux, dans leurs tournées, un nombreux personnel, et quelles furent les justes réclamations souvent reproduites à cet égard par les abbés, qui sollicitèrent des règlements fixes.

On voit dans l'antique monastère de la Sainte-Laure, au mont Athos, une maison des hôtes qui est un grand corps de logis spécial; il est appuyé contre le mur d'enceinte, à peu de distance de la porte d'entrée. Cette habitation est divisée en chambres, comme des cellules de moines; on y entre par un couloir commun. Une pièce plus vaste que les autres et qui occupe l'extrémité du corridor est destinée aux plus hauts personnages qui visitent la maison. (Voir le plan de la Sainte-Laure.) La plus ancienne mention d'une hôtellerie, *xenodochium*, se trouve dans la Chronique de Fontenelle; on y lit que saint Ansbert, abbé de ce monastère de 678 à 684, y bâtit une maison des hôtes voisine de la porte d'entrée. Le plan de Saint-

Gall fait connaître les dispositions d'une vaste hôtellerie au IXe siècle: elle se compose de deux corps de logis séparés, l'emplacement qu'elle occupe est au nord de l'église de l'abbaye, partie consacrée aux constructions que fréquentaient plus particulièrement les étrangers. On lit ces mots auprès de la maison, *Hæc domus hospitibus parta est quoque suscipiendis;* ils ne laissent aucun doute sur sa destination. Le principal corps de logis consacré à l'habitation est ainsi distribué : un vestibule carré, *ingressus*, donne entrée à droite et à gauche à deux grandes pièces pour les domestiques, *cubilia servitorum*, et en face à une vaste salle presque carrée qui devait être éclairée par en haut; un foyer occupe le centre, *locus foci*. Des tables et des bancs font le tour de la salle, sur le sol de laquelle sont écrits ces mots : *Domus hospitum ad prandendum.* C'était donc un réfectoire, bien que les hôtes eussent une table particulière dans celui des religieux et que les évêques et autres personnes favorisées dînassent avec l'abbé. On y voit deux *toregmata;* à l'est et à l'ouest de cette pièce sont placés deux dortoirs, divisés chacun, par une cloison, en deux chambrées contenant plusieurs lits, un poêle, des latrines. Au nord du réfectoire sont des écuries pour les chevaux, *stabula caballorum*, dans lesquelles on a figuré les mangeoires, *præsepia*. La maison des hôtes à l'abbaye de Saint-Alban, en Angleterre, avait des écuries pour trois cents chevaux. Une lampe y brûlait toute la nuit.

Le second bâtiment réunit sous un même toit la cuisine des hôtes, une salle à manger pour les serviteurs; on y entre par un vestibule commun, qui conduit ensuite dans une boulangerie et une brasserie, auxquelles sont jointes deux pièces allongées, l'une pour préparer la pâte, *interendæ pastæ locus*, l'autre pour refroidir la cervoise : *Hic refrigeratur cervisa.*

L'hospitalité au moyen âge était telle que les princes d'Occident faisaient construire des hôtelleries en Asie pour les pèlerins qui visitaient les saints lieux. On lit ces mots dans les *Acta Sanct. O. St B.* IIIe siècle : « Legi ego in scripto Bernardi monachi, quod anno Incarnationis octingentesimo septuagesimo idem Hierosolymam profectus... hospitatusque fuerit in xenodochio quod idem gloriosus Carolus Magnus construi jusserat. »

Les constructions destinées à recevoir les hôtes ne formaient pas toujours une maison séparée comme celles qu'on vient de faire connaître; elles étaient plus ordinairement reliées à d'autres dépendances du monastère, mais toujours néanmoins voisines de la porte d'entrée, pour ne pas gêner les religieux de l'intérieur.

Dans ce genre de *xenodochium*, moins important que les premiers, on pouvait trouver le *salutatorium* ou *pro aula*, vestibule ou antichambre où l'on recevait d'abord, puis une grande salle commune donnant entrée de chaque côté à des chambres à lits, avec cabinets pour déposer les vêtements, lieux d'aisances, etc. etc. Aux anciennes abbayes de Saint-Germain-des-Prés et de Fontenelle, les habitations des hôtes, disposées avec luxe, étaient placées sur la face occidentale du cloître et se reliaient à d'autres bâtiments.

Dans l'ordre de Cluny, il était ordonné de mettre deux bougies et une boule de cire portant une mèche pour éclairer la chambre d'un hôte de grande qualité.

Certains monastères situés près des routes offraient, indépendamment de la maison des hôtes, une vaste construction établie *extra muros*, dans laquelle les voyageurs pouvaient se réfugier la nuit, ou s'ils étaient surpris par le mauvais temps; ces édifices étaient disposés en portiques ou en grandes salles.

On voit un exemple des premiers, auprès du monastère de Sainte-Agnès hors les murs, à Rome, sur la *via Nomentana*, au delà de la porte *Pia;* les voyageurs pouvaient y attendre à couvert, avec leur bagage, l'ouverture de la porte de la ville. La construction de ce portique paraît fort ancienne, et n'est plus en usage aujourd'hui. La disposition en grande salle avec cheminées se retrouve en dehors de l'ancienne abbaye de Bon-Port, auprès de la baie de Paimpol (Côtes-du-Nord). C'est une vaste construction du XIIIe siècle, dans laquelle les marchands, les pèlerins ou les voyageurs pouvaient entrer avec leurs marchandises ou bagages, s'établir à l'abri des intempéries du ciel, préparer leur repas et passer la nuit, comme on le pratique encore de nos jours dans les khans ou caravansérais de l'Orient.

N° 518. Vue de l'entrée du monastère de Sainte-Agnès hors les murs.

En dehors et à peu de distance de l'enceinte de l'abbaye de Jumiége, on voit une construction du moyen âge, entourée de contre-forts et d'une apparence assez simple, qu'on nomme la *maison des dames;* on pense que là étaient reçues les femmes qu'un pèlerinage, une affaire ou tout autre objet, amenait auprès de l'abbaye, où elles ne pouvaient être reçues; cette espèce d'hôtellerie spéciale doit se retrouver dans le voisinage de plus d'un monastère d'hommes.

LOGEMENT DES RELIGIEUX VOYAGEURS, *SUSCEPTIO FRATRUM SUPERVENIENTIUM.*

Les religieux entreprenaient des voyages pour leur instruction particulière ou pour remplir des missions qui leur étaient confiées; lorsque les villes ou les campagnes où ils s'arrêtaient offraient un monastère de leur ordre, ils y étaient reçus en frères, y restaient autant qu'il leur convenait; une habitation leur était préparée. La règle de saint Benoît s'exprime ainsi à leur égard, chap. LXI : « Si quis monachus peregrinus de longinquis provinciis supervenerit, si pro hospite voluerit habitare in monasterio... suscipiatur quanto tempore cupit. » Dans les monastères peu importants, ils étaient probablement logés avec les hôtes ordinaires; mais le plan de l'abbaye de Saint-Gall démontre que les grandes maisons religieuses leur offraient un logement spécial et séparé : sur la face septentrionale de l'église, du côté où se trouvent toutes les dispositions profitables aux étrangers, sont tracées deux grandes salles : la première, qui a une sortie dans l'église, est munie d'un poêle et de bancs; on y lit, *Susceptio fratrum supervenientium;* plus loin est leur chambre à coucher, *dormitorium eorum*, avec poêle, lits, banquettes et latrines.

MAISON DES PÈLERINS ET DES PAUVRES, *DOMUS PEREGRINORUM ET PAUPERUM.*

Les monastères furent de tous temps des maisons de charité; on y distribuait aux pauvres des vivres et des aumônes; lorsqu'ils étaient peu étendus, ces distributions se faisaient dans une avant-cour ou dans une pièce particulière affectée à ce service et qu'on nommait *aumônerie*. Mais dans les grandes abbayes, une construction spéciale, assez vaste pour prendre le nom de maison des pèlerins et des pauvres, *domus peregrinorum et pauperum*, était établie dans le voisinage de l'entrée principale. Le plan de Saint-Gall fait connaître quelle importance avait cette construction dès le IX*e* siècle; celle qui y est figurée se compose de deux vastes corps de logis séparés l'un de l'autre. Le premier, qui est le plus important, contient d'abord un vestibule donnant entrée à deux pièces pour les domestiques, *servientium mansiones*. En face, il introduit dans une grande salle éclairée par le haut et qui probablement était un *atrium toscan;* car on lit dans un carré tracé au milieu, et qui indique sans doute le passage de la lumière, le mot *testudo*, toit. Des bancs continus règnent autour de la salle : les pèlerins et les pauvres étaient reçus là et pouvaient s'y reposer pour attendre les aumônes. Au nord et au midi on entre dans deux dortoirs destinés à donner à coucher à ceux qui arrivaient tard et ne pouvaient continuer immédiatement leur route. On remarque qu'il n'y a point de lits: ils couchaient sans doute sur de la paille. Deux pièces situées au couchant sont des celliers pour renfermer les provisions qu'on leur distribuait.

Le second corps de logis est destiné à la fabrication du pain et des boissons; il renferme, d'un côté, une boulangerie avec un four et ses accessoires; on y lit, *pistrinum* et *fornax*; de l'autre est une brasserie, *bracitorium*. Près de celle-ci, dans une pièce fort allongée, sont des tables et un vase auprès desquels on lit ces mots, *Ad refrigerandam cervisam;* du côté opposé sont les accessoires pour mouiller et préparer la farine de la boulangerie.

Sur la face latérale de l'église, auprès de laquelle s'élève la maison des pèlerins et des pauvres, est la demeure de l'hostelier, *pausatio procuratoris pauperum*.

On voit à Rome une maison de pèlerins beaucoup plus considérable que celle qui est tracée sur le plan de Saint-Gall ; saint Philippe de Néri en eut la première pensée, le pape Jules III l'aida dans cette œuvre de charité. Les pèlerins des deux sexes y sont logés et nourris pendant trois jours, à quelque nation qu'ils appartiennent ; on en a compté jusqu'à cinq mille dans les années de jubilé. Trois réfectoires immenses sont destinés à leurs repas ; une grande cuisine de forme circulaire, voûtée et entourée de nombreuses dépendances, est placée au centre de la maison ; on voit auprès une grande salle dans laquelle on lave les pieds des pèlerins à leur arrivée.

AUMÔNERIE.

Dans les monastères peu étendus, on n'avait point de maison complète pour les pèlerins et les pauvres ; on les recevait dans une salle nommée *aumônerie*, qui était placée vers l'entrée principale, ou près de l'église, et même fréquemment dans le cimetière. Dans cette salle se faisaient les aumônes en vivres et en argent. Les auteurs parlent de salles de prêtres auprès des aumôneries, et du séjour qu'y faisaient certains écoliers.

Le religieux *hostelier* avait la direction de la maison des hôtes, de celle des pèlerins et des pauvres ; à leur arrivée il devait leur faire laver les pieds et pourvoir à leur nourriture.

Au départ, il remettait de l'argent à ceux qui en manquaient pour continuer leur route. Dans les villes, bourgs et villages dépendants de l'abbaye, il exerçait les fonctions de voyer.

BOULANGERIE, *PISTRINUM*.

Trois boulangeries sont exprimées sur le plan de Saint-Gall ; la plus importante est celle des moines ; on en voit aussi auprès de la maison des hôtes et de celle des pèlerins. Ces deux dernières, reliées aux brasseries, consistaient chacune en une salle peu étendue contenant des tables et un four. Celle des religieux, beaucoup plus vaste, était entourée de pièces qui y communiquaient; l'une d'elles servait à loger les boulangers; le four, situé vis-à-vis l'entrée, occupait le fond de la salle conjointement avec une construction nommée *alveolus*. A l'est, toute l'étendue du bâtiment contenait le magasin aux farines.

La boulangerie n'est pas omise dans le plan de l'abbaye de Cantorbéry; elle ne formait qu'un même corps de bâtiments avec la brasserie; une porte à double cintre y donnait entrée. Le four était sans doute au fond, la fumée sortait par une cheminée située au centre de l'édifice; à l'angle était une seconde cheminée, exprimée par une construction cylindrique en forme de tourelle; les eaux nécessaires au service y étaient dirigées de deux fontaines du monastère.

Comme aujourd'hui, dans un grand nombre de nos campagnes, chaque quartier d'une ville contenait un four banal, dans lequel on faisait cuire son pain, en payant le talemelier ou fournier qui le tenait à ferme. La plupart de ces fours appartenaient à des seigneurs ou à des abbayes; quelquefois ils étaient construits et entretenus par les habitants et les moines, qui en partageaient le revenu. (*Cartulaire de Saint-Père de Chartres*, p. 308.)

Le panetier avait soin de la boulangerie; il devait pourvoir la maison de blé et de farine; il avait sous sa dépendance des *pistores*, ouvriers boulangers.

MOULINS, MOLÆ.

1° Moulins à bras. — Le premier cahier des Instructions (page 65) fait connaître quelle était la forme des moulins en usage dans l'antiquité; il est probable qu'ils furent les mêmes dans les premiers siècles du moyen âge; le plan de l'abbaye de Saint-Gall semble en donner la démonstration : en effet, vis-à-vis la boulangerie est un bâtiment carré, dans lequel sont figurés deux cercles de moyenne grandeur, isolés l'un de l'autre et entre lesquels on lit : *Molœ*. La place qu'ils occupent dans la pièce, l'absence de toute indication dans le voisinage d'un moteur quelconque, ne permettent pas de douter que ces moulins fussent mus à bras d'hommes, et qu'ils ne ressemblassent beaucoup à ceux des anciens, qui étaient mis en mouvement par des leviers horizontaux dont ils étaient le centre de rotation.

2° *Moulins à eau.* — On employa les moulins à eau dans les monastères lorsqu'un courant permit de les établir ainsi. On les voit paraître dès le vi^e siècle, car saint Benoît en parle : *aqua molendino, pistrino, horto*. Les moines firent souvent des dépenses considérables pour détourner des ruisseaux et les faire passer dans leur enceinte. Au xiie siècle, les religieux de l'abbaye de Saint-Victor, à Paris, obtinrent d'Odon, abbé de Sainte-Geneviève, la permission d'introduire la rivière de Bièvre dans leur enclos pour établir sur son cours les moulins à eau nécessaires à leur service [1]. On lit dans le dictionnaire de Jean de Garlande, qui date du xiie siècle, des renseignements sur les moulins à eau, les écluses, etc. Il désigne par *molendinarii*, meuniers, non-seulement les propriétaires et tenanciers de moulins, mais aussi les charpentiers qui fabriquaient les roues à eau, *rotas liquaticas*, plaçaient les meules, *molares*. Les détails qu'il donne indiquent qu'à cette époque les moulins à eau étaient déjà des machines assez compliquées [1].

---

[1] Saint Bernard, in not. ad epist. 410, p. 91, édit. de 1690.

Les vieilles gravures représentant plusieurs couvents du mont Athos, et dont une est reproduite dans ce recueil, à la première partie, nous font voir qu'autour de la plupart de ces monastères, les religieux ont fait établir des moulins à eau. Il y en a qui sont placés auprès de grands réservoirs, recueillant les eaux des sources voisines, et fournissant la chute destinée à faire mouvoir les roues. On voit un beau moulin à eau à l'abbaye du Val, diocèse de Paris.

N° 518. Moulin de l'abbaye du Val.

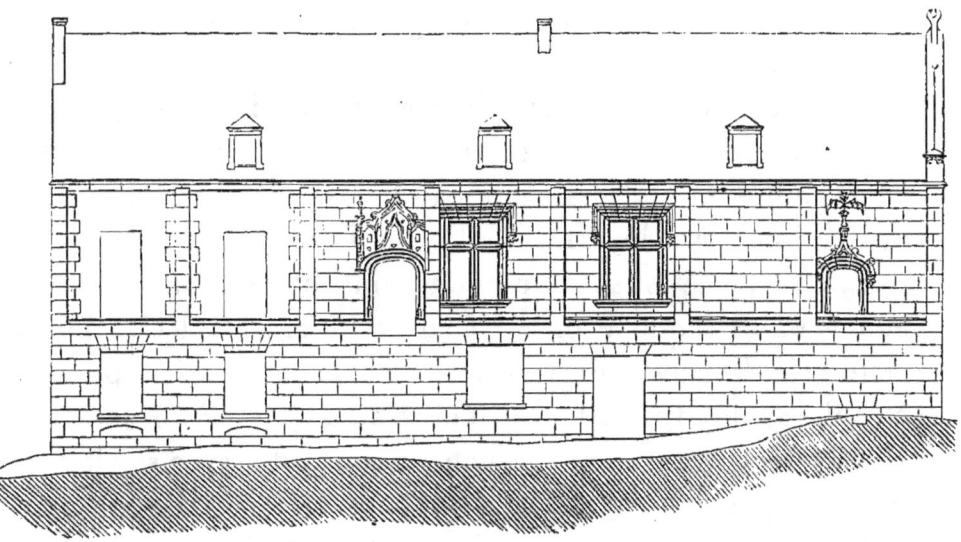

3° Moulins à vent. — Lors de l'introduction des moulins à vent en France, vers 1200, bien que les Arabes les eussent

---

[1] Molendinarii fabricant farricapsias (trémies) et rotas versatiles intus, et liquaticas, et fusos de ferro (axes des roues), et scanobolla (noues de la roue), cavillas (chevilles) et cinociglontorium (écluse), et apte collocant molares qui molunt de farricaptia farinam, quæ, batillo molendini descendit in alveum farinosum. » (Jean de Garlande, XLVII.)

inventés au milieu du VIIe siècle, les monastères en firent construire. On en voit un figurer au XVIe siècle dans la vue de l'abbaye de Saint-Germain-des-Prés que dom Bouillart a fait graver, dans son Histoire de ce monastère, d'après le dessin original tiré des archives. Il était situé au delà de l'enceinte, sur la butte de la Charité, où se trouve aujourd'hui la rue Saint-Guillaume. M. de Caumont a publié un moulin dans le Bulletin monumental, t. X, p. 60, avec des détails d'architecture du XVe siècle; il est situé près d'Auray en Bretagne. On voit encore auprès de Paris, à peu de distance des restes de l'abbaye de Longchamp, à l'extrémité du bois de Boulogne, un moulin qui appartenait aux religieuses. Il paraît dater du XIIIe siècle.

Ce moulin est une tour ronde en pierre de quatre mètres quatre-vingts centimètres dans œuvre; les murs ont un mètre vingt centimètres d'épaisseur par le bas; un vaste soubassement circulaire élève le moulin au-dessus du niveau de la plaine. La porte est surmontée d'un linteau d'une seule pierre, au-dessus de laquelle on a construit un arc en décharge; la clôture en bois est du XVe siècle. La machine n'existe plus, le comble conique paraît avoir été refait au XVIe siècle, les ailes sont brisées. Une date apocryphe, 1221, est gravée sur le linteau de la porte.

Les chartreux de Paris avaient fait construire, à l'extrémité méridionale de leur enclos, un moulin à vent d'une disposition toute particulière; il s'élevait sur une base tellement importante qu'elle contenait une salle entourée de galeries et dans laquelle les religieux pouvaient se réunir en grand nombre pour faire la conversation. (Voir le plan au n° 519.)

N° 519. Plan du moulin des Chartreux à Paris.

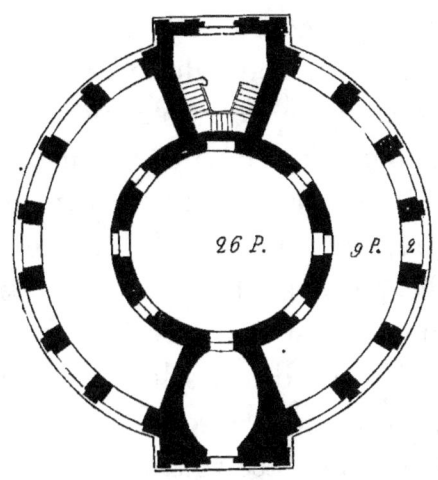

L'abbaye de l'Alne, au diocèse de Cambrai, possédait un moulin curieux par la combinaison du service. Dom Martenne le décrit ainsi : « Selon la règle de saint Benoît, on trouve dans l'enclos toutes les commodités jusqu'à un moulin, et tout y est si bien disposé, que du grenier le grain tombe dans le moulin, et du moulin la farine tombe dans la boulangerie, où il y a un four de dix-neuf pieds de long et de dix-huit de large, dans lequel on cuit à la fois cinq cents pains chacun de cinq livres; ce qui est admirable et ne se voit point ailleurs [1]. »

BRASSERIES, PRESSOIRS, *PRESSORIA, BRACINA, TORCULARIA*.

On introduisit de bonne heure dans les monastères les moyens de fabriquer la cervoise, boisson ordinaire des moines, pour l'obtenir à peu de frais et utiliser les grains et les fruits cultivés sur leurs terres; les instruments employés pour écraser ces fruits se nommaient *pilæ, torcular, viz.* C'était le pressoir,

---

[1] *Voy. litt.* t. I, II⁰ part. p. 209.

plus ou moins avancé en mécanique; il donna son nom aux bâtiments construits pour le contenir.

Le plan de Saint-Gall comprend, auprès du lieu destiné à la fabrication de la cervoise, une salle carrée au centre de laquelle sont figurés deux cercles avec rigoles pour diriger la liqueur; auprès est écrit le mot *pilœ* : c'est évidemment le pressoir. Plusieurs brasseries sont figurées sur ce plan; on y voit d'abord celle des religieux, puis on en a joint une à la maison des hôtes et à celle des pèlerins et des pauvres. La première, contiguë à la boulangerie, est une grande pièce carrée au centre de laquelle est un foyer; des bassins circulaires et des tables sont rangés symétriquement autour; on y lit, *Hic fratribus conficiatur cervisa;* dans une pièce voisine on la faisait refroidir. Un grenier placé à proximité de la brasserie servait à conserver et à préparer les grains nécessaires à la fabrication; le travail se faisait sur une aire disposée en forme de croix et sur laquelle on lit ces mots : *Granarium ubi mundatum frumentum servetur et quod ad cervisam præparatur.* Dans quatre pièces adjacentes on conservait des provisions, *repositoria.* Les brasseries des hôtes et des pèlerins reproduisent, sur de petites proportions, celle du monastère; elles n'ont point de grenier particulier, celui des moines devait être commun à toute la maison.

Le moine Eadwin a figuré aussi le bâtiment où se fabriquaient les boissons dans le prieuré de Cantorbéry; il se distingue des autres constructions par le mot *bracinum;* une cheminée s'élevait dans un angle, et des rigoles y conduisaient l'eau des fontaines du couvent; ainsi que dans le plan de Saint-Gall, ce bâtiment s'élevait auprès de la boulangerie.

Le pressoir de l'abbaye de Saint-Médard, auprès de Soissons, était une construction du XIIIe siècle; il était éclairé par deux rangs de fenêtres en arcs aigus; de grands contre-forts s'élevaient jusqu'à la corniche supérieure. Dans les vues de Saint-Germain-des-Prés et de quelques autres monastères, il en est qui semblent d'une construction postérieure au XIIIe siècle; nous reproduisons celui de Saint-Médard.

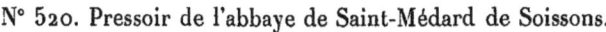
N° 520. Pressoir de l'abbaye de Saint-Médard de Soissons.

ÉCHAUDOIR, BRÛLOIR, *LARDARIUM*.

On faisait dans les monastères de grandes provisions de viandes sèches pour varier la nourriture des moines, et parer aux disettes, qui n'étaient que trop fréquentes au moyen âge.

Ce genre de nourriture exigeait des dispositions particulières pour la préparation. On voit dans le plan de Saint-Gall un bâtiment séparé, situé entre le pressoir et les étables, et sur lequel on lit: *Locus ad torrendas annonas*. On doit penser que c'était un échaudoir ou brûloir pour préparer les viandes de porc, car au centre de la pièce principale est figuré un gril d'une dimension considérable; une échancrure est pratiquée au milieu d'une des faces pour pouvoir approcher du centre sans se brûler. Lorsque les viandes étaient préparées et séchées, on les portait dans un magasin très-étendu placé sur la face occidentale du grand cloître, au-dessus du cellier. Ce magasin était nommé *lardarium*, comme on le voit par la légende inscrite dans le cellier, *Infra cellarium. Supra lardarium et aliorum necessariorum repositio.*

Le *camerarius* veillait aux approvisionnements de bouche (Ducange); mais cette fonction n'existait pas dans tous les monastères.

GRENIER, GRANGE, *GRANARIUM*, *HORREUM*.

Les récoltes de fruits et de céréales recueillies par les moines, les dîmes apportées par les cultivateurs dans l'enceinte des monastères, obligèrent les fondateurs à élever de vastes greniers pour renfermer ces provisions. Le dessin de l'abbaye de Saint-Gall présente un document précieux sur les dispositions adoptées au IXe siècle; on y lit sur un long bâtiment établi au midi : *Horreum, repositio fructuum annalium*. L'édifice se divise en deux parties égales; au centre est une aire en forme de croix sur laquelle sont tracés ces mots : *Area in qua triturantur grana et paleœ;* c'était le lieu ménagé pour battre les grains.

La représentation du prieuré de Cantorbéry fournit un grenier du XIIe siècle; celui qui y figure est voisin de la boulangerie; il paraît avoir comporté deux étages. Le XIIIe siècle nous a laissé de beaux exemples de greniers d'abbayes : les ruines de Maubuisson, auprès de Pontoise, offrent une grange remarquable par son étendue et sa belle construction; neuf grandes colonnes en décorent la façade principale; elles portent des arcs aigus qui s'élèvent jusqu'à la corniche supérieure, des contre-forts à redans multipliés soutiennent les pignons. La grange est divisée à l'intérieur en deux nefs. Celle de Longchamp, plus voisine de Paris, est moins importante que celle de Maubuisson, moins décorée au dehors; la charpente intérieure est néanmoins fort remarquable.

ARCHITECTURE MONASTIQUE.

N° 521. Grange de Longchamp.

A Vauclair, de l'ordre de Cîteaux, au diocèse de Laon, se voit une très-belle grange du xiiie siècle dont les planches suivantes reproduisent le plan, les façades et la coupe. Onze colonnes la divisent en deux nefs; deux murs transversaux laissent un passage libre vers le milieu. Cette immense construction comporte deux étages voûtés et un grenier.

N° 522. Plan de la grange de Vauclair.

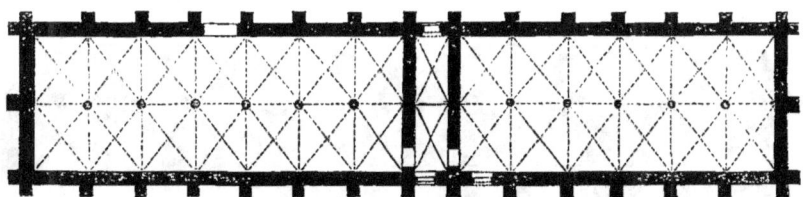

N° 523. Façade de la grange de Vauclair.

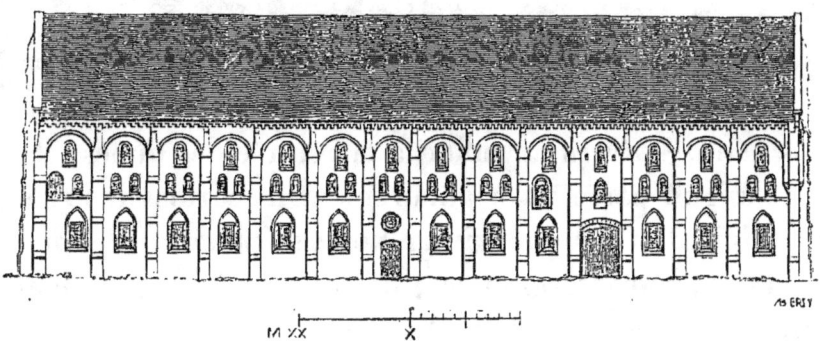

N° 524. Pignon de la grange de Vauclair.   N° 525. Coupe de la grange de Vauclair.

Le monastère de Saint-Jean-Baptiste, situé dans la ville de Laon, offrait de remarquables granges ou greniers, dont nous reproduisons les dessins d'après le *Monasticon Gallicanum;* ils donnent une idée de ces vastes constructions.

N° 526. Grenier du monastère de Saint-Jean-Baptiste.

Le cénier, *cœnarius,* veillait à la rentrée des dîmes; il était ainsi désigné parce qu'originairement il fournissait le souper aux religieux. On nommait grenetiers, *granetarii,* les moines qui avaient soin des greniers; ils commandaient aux boulangers, aux foulons et aux bûcherons.

AQUEDUCS, RÉSERVOIRS, CITERNES, PUITS D'ARROSEMENT, CANAUX.

Un grand nombre de monastères, fondés loin des rivières et des fleuves, exigeaient que des constructions hydrauliques pussent fournir continuellement la provision d'eau nécessaire à tous les services de ces maisons renfermant de nombreux habitants. Nous avons précédemment indiqué comment l'eau était distribuée dans les cloîtres; mais pour laver le linge, pour les bains, pour l'arrosage des jardins et d'autres besoins journaliers, on avait senti la nécessité de réunir dans des réservoirs et des citernes une quantité d'eau suffisante pour qu'en temps de sécheresse la maison ne s'en trouvât pas dépourvue. Un maître des fontaines avait soin de les faire curer et tenir en état de service. (*Offices de Saint-Oyan.*) Des aqueducs souterrains amenaient les eaux de source.

N° 527. Aqueduc à l'abbaye de Montmartre.

Des réservoirs placés loin du centre et à une hauteur suffisante permettaient de faire la distribution des eaux ; on en voit fréquemment dans les dessins qui reproduisent les vues de monastères ; indépendamment de tuyaux de plomb ou de terre cuite, à l'instar de ceux des Romains, on en faisait aussi en bois ; on les nommait *corps de bois,* « portant eau esdites fontaines. » (*Offices claustraux de Saint-Oyan.*) Des citernes, à l'instar de celles qui se fabriquent dans les contrées méridionales, y étaient aussi établies. Ailleurs, des puits étaient creusés à grands frais et on les surmontait de machines pour faire monter l'eau. L'abbaye de Sainte-Geneviève en avait une qui était célèbre par ses dimensions. On voit encore dans la grande pépinière du jardin du Luxembourg, à Paris, à l'ouest de l'allée de l'Observatoire, un petit bâtiment renfermant un puits à manége et un réservoir destiné à alimenter les cellules des chartreux et les divers services du monastère ; il était situé au milieu du cloître. On a détruit, il y a peu d'années, les citernes de l'abbaye de Montmartre ; elles sont publiées dans la Statistique de Paris ; nous en reproduisons ici le plan général et une coupe transversale prise sur la pièce carrée. Ces citernes avaient une grande hauteur sous voûtes.

N° 528. Citerne de l'abbaye de Montmartre.

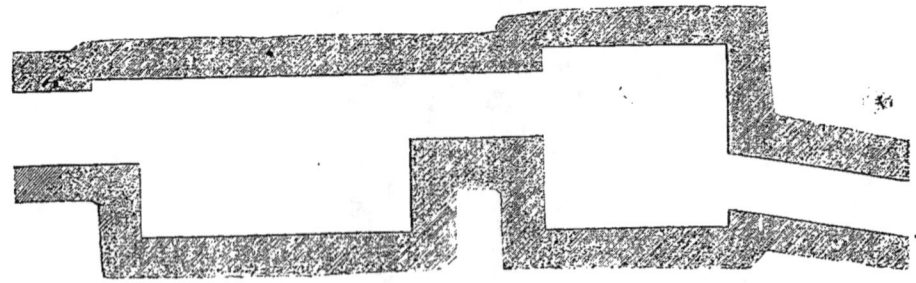

ARCHITECTURE MONASTIQUE. 415

N° 529. Coupe de la citerne de l'abbaye de Montmartre.

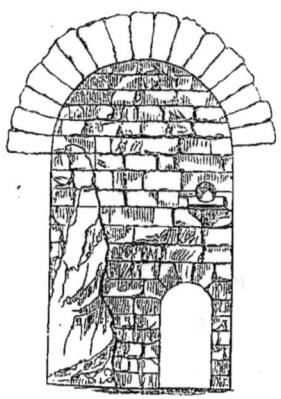

Des canaux d'irrigation étaient établis aussi par les moines pour arroser les récoltes; enfin, ils faisaient de grands travaux hydrauliques, soit dans le but de se préserver des eaux qui pouvaient leur nuire, soit pour les détourner à leur profit lorsqu'ils voulaient établir des moulins à eau ou quelque autre usine à leur usage. Des réservoirs étaient établis aussi pour contenir des provisions d'huile et d'autres liquides.

Pour éviter le séjour des eaux salies par le service, on établissait aussi des égouts d'assainissement, qui se dirigeaient soit vers les fossés de l'abbaye, soit à des distances plus grandes si des pentes de desséchement le permettaient. Un beau réservoir se voyait dans les jardins de l'abbaye de Saint-Michel, à Tonnerre; il y avait un regard au milieu du cimetière; il se divisait en deux parties, l'une destinée au service de l'abbaye, l'autre à l'usage des habitants voisins.

ÉCURIES ET ÉTABLES.

Les travaux de défrichement auxquels se livrèrent les moines, en commençant à établir les monastères, les conduisirent à employer les animaux domestiques qui pouvaient les aider dans ces opérations pénibles. Des écuries et des étables s'élevèrent donc dans l'enceinte des maisons religieuses. Le plan de l'abbaye de Saint-Gall fait connaître comment au IXe siècle étaient disposées ces constructions secondaires. La forme en est très-allongée; les chevaux de trait et les bœufs étaient rangés dans de grandes écuries établies de chaque côté d'un corps de bâtiment qui occupe le centre, et était destiné à loger les charretiers et les bouviers. Les mangeoires et râteliers ne sont tracés que sur l'une des faces de l'écurie et de la bouverie; ils indiquent que les animaux étaient placés de ce côté, comme on le fait aujourd'hui dans les constructions analogues qui n'ont qu'une largeur moyenne. Sur le devant des deux bâtiments sont deux pièces très-longues : l'une, vers l'écurie, servait de réfectoire aux serviteurs; l'autre, contiguë à la bouverie, était un dépôt pour les instruments d'agriculture, *conclave assecularum.* (Voir le plan de Saint-Gall.)

Les étables pour les brebis, les chèvres, les porcs, les juments et leurs poulains, étaient des corps de bâtiment entièrement isolés; leur forme carrée présentait au centre une cour qu'enveloppaient les étables sur trois côtés; en avant étaient les chambres des bergers et un passage commun aux hommes et aux animaux. Des enceintes particulières à chaque étable entouraient les constructions.

On peut voir à Sept-Fonds, dans le Bourbonnais, le modèle complet d'une grande exploitation monastique au XVIIe siècle, époque à laquelle cette abbaye fut réformée et reconstruite sur une très-grande échelle. L'église gothique fut détruite à la révolution de 1789; le reste a été conservé et est redevenu récemment la propriété des enfants de saint Bernard, qui l'avait fondée.

BASSES-COURS, VOLIÈRES, ETC.

Des basses-cours et toutes leurs dépendances devaient se rencontrer dans les grandes abbayes. Les constructions destinées à élever les poulets et les oies offraient encore au ixe siècle des dispositions analogues à celles qui étaient adoptées dans l'antiquité. Le plan du couvent de Saint-Gall contient une double volière, dont les formes sont circulaires et rappellent la description que donne Varron de son *Ornithon,* lorsqu'il fait connaître, dans le traité *De re rustica,* comment étaient distribués ses jardins aux environs du mont Cassin. Ces jardins ayant été restitués par Pirro Ligorio, d'après les restes qu'on voyait encore sur une grande étendue au xvie siècle, la comparaison devient facile et prouve la persistance, durant les premiers siècles du moyen âge, des formes que les anciens avaient jugé convenable de préférer à d'autres.

Dans l'*Ornithon* de Varron, deux vastes volières carrées se présentaient d'abord; en passant par l'allée qui les séparait, on entrait dans un espace limité latéralement par deux bassins allongés, destinés aux oiseaux aquatiques; plus loin, au fond du terrain, se présentait une grande volière circulaire, au centre de laquelle était un pavillon de même forme. A Saint-Gall, le poulailler et la demeure des oies étaient l'un et l'autre de forme ronde (voir le plan); au centre de chaque cercle le dessinateur a figuré une rose géométrique dont on explique difficilement le but; ce pouvait être un bassin ou une petite construction pour placer la nourriture des animaux. On lit d'un côté : *Pullorum hic cura et perpes nutritio constat;* de l'autre : *Anseribus locus hic pariter manet aptus alendis.* Entre ces deux volières on a tracé une maison de forme carrée pour les gardiens; au centre est une grande salle commune, *domus communis.* Au nord et au midi deux pièces sont ainsi désignées : *Mansio pullorum custodis, item custodis aucarum.* (Voir le plan de Saint-Gall.)

COLOMBIERS.

Les moines avaient le droit, comme seigneurs, d'élever des colombiers dans l'enceinte de leurs maisons; ils sont figurés dans la plupart des dessins et gravures qui représentent des maisons religieuses, et particulièrement dans la collection du *Monasticon gallicanum*. Celui de ces petits édifices qui nous a paru le plus ancien est dans la vue de l'abbaye de Saint-Pierre-sur-Dive, dont la fondation, comme on le sait, date de 1046.

N° 530. Colombier de l'abbaye de Saint-Pierre-sur-Dive.

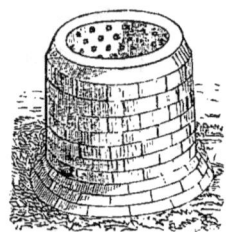

Ce colombier est une tour ronde élevée sur une base conique; le sommet est entièrement ouvert et sans toit. Les trous pour loger les pigeons sont disposés comme dans les colombiers modernes. En donnant un écoulement aux eaux pluviales qui tombaient dans cette tour, le sol devait être nettoyé de lui-même; on évitait ainsi la malpropreté, qui engendre des maladies dans nos pigeonniers; l'épaisseur considérable des murailles semble indiquer que les animaux pouvaient se placer très-profondément dans leurs nids et éviter ainsi d'être incommodés par la pluie et par le froid.

Le monastère de Saint-Jacques (*Monast. gallic.*) offrait une espèce de transition entre le précédent et ceux qu'on élève de nos jours : c'était une tour entièrement cylindrique, mais divisée au milieu par une retraite du mur; un cône tronqué la surmontait, le sommet était ouvert pour donner accès aux oiseaux.

N° 531. Colombier de l'abbaye de Saint-Jacques.

On voit encore un très-beau colombier du XIVe siècle dans le comté d'Hereford, en Angleterre; il a été publié dans le numéro de septembre 1844 de l'*Archeological Journal*, d'après lequel nous le reproduisons. Il est circulaire, un toit en cône tronqué le surmonte; au sommet une double assise de pierres forme attique, et borde un espace au centre duquel est une ouverture circulaire qui correspond à la clef de la voûte intérieure; les pigeons étaient logés à peu près comme dans nos colombiers; on lit ce millésime au-dessus de la porte : MCCC. (Voir les reproductions de la façade et de la coupe à la page suivante, planche 532.)

Les abbayes de Vaux-de-Cernay, de Notre-Dame-du-Val, au diocèse de Paris, avaient des colombiers qui sont conservés encore, et que M. Hérard, architecte, a fait connaître par ses travaux sur ces monastères. Il est rare que les ruines d'une abbaye de quelque importance ne présentent pas un colombier, et les petites dimensions, la solidité de ces constructions, l'usage qu'on a pu en tirer les sauvèrent généralement.

N° 532. Colombier dans le comté d'Hereford.

Les pigeonniers étaient couverts au xve siècle; celui de l'abbaye de Saint-Ouen de Rouen offrait un édifice assez étendu : la partie centrale était carrée, deux tours s'élevaient sur les côtés, des clochetons placés aux quatre angles donnaient au comble principal la forme d'une pyramide à huit pans; de petites fenêtres pratiquées dans des lucarnes, sur le comble et au-dessous, sur la face du bâtiment, servaient d'entrée aux pigeons.

N° 533. Colombier de l'abbaye de Saint-Ouen de Rouen.

Au xvie siècle les colombiers présentaient de l'analogie avec les nôtres; on en voit un figuré dans la vue du monastère de

ARCHITECTURE MONASTIQUE. 421

Sainte-Marie de Lyre; c'est une tour octogone, décorée de moulures et d'une proportion agréable; le comble en pyramide est surmonté d'un clocheton; des lucarnes sont disposées sur le toit. On en voit un de la même époque à Moustier-Neuf.

N° 534. Colombier de l'abbaye de Sainte-Marie de Lyre.

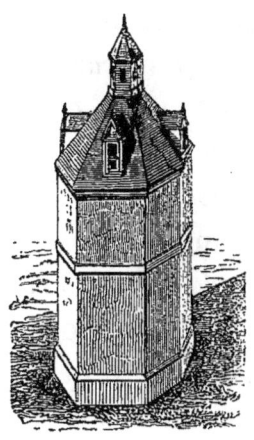

JARDIN DE PLANTES POTAGÈRES, *CURTILLUS*.

Duo pulmentaria cocta fratribus omnibus sufficiant; et si fuerit aut poma, aut nascentia leguminum, addatur, etc. (Règle de Saint-Benoît.)

La règle voulait que les religieux vécussent de légumes et de fruits cultivés de leurs mains; les jardins potagers et fruitiers étaient donc très-importants, et compris dans l'enclos des monastères [1]. Le système de culture adopté dans l'antiquité fut sans doute celui que les premiers moines pratiquèrent; ils durent suivre aussi les anciennes dispositions pour leurs jardins. Lorsque, par une incessante activité, ils eurent établi la culture dans une partie de l'Europe, malgré les fré-

---

[1] *Comment. de la règle de saint Benoît*, par D. Calmet, c. 66, p. 424.

quentes invasions des Barbares et les troubles politiques, ils firent de nombreuses observations sur les moyens d'améliorer le sol ainsi que les végétaux et les fruits. Le plan du monastère de Saint-Gall fait voir comment au IXe siècle était disposé un jardin de plantes potagères; il offre beaucoup de ressemblance avec les nôtres : établi sur un parallélogramme, il se divise en dix-huit couches ou planches. On lit dans l'allée du milieu, *Hic plantata holerum pulchre nascentia vernant;* le nom de chaque légume est écrit sur le carré qui lui est consacré : *cepas,* l'oignon (*allium cepa*); *porros,* le poireau (*allium porum*); *apium,* céleri (*apium graveolens*); *coliandrum,* coriandre (*coriandrum sativum*); *anetum,* anet (*anetum graveolens*); *papaver,* pavot (*papaver somniferum*); *radices,* raves (*raphanus sativus*); *magones,* carottes (*daucus carota*); *betas,* poirée (*beta cicla*); *allius,* ail (*allium sativum*); *ascolonias,* échalotes (*allium ascolonicum*); *petrosilium,* persil (*apium petrosilium*); *cerefolium,* cerfeuil (*scandix cerefolium*); *lactuca,* laitue (*lactuca sativa*); *sataregia,* sariette (*satureia hortensis*); *pestinachus,* panet (*pastinaca sativa*); *caulas,* chou (*brassica oleracca*); *gitto,* nielle, poivrette (*agrostemma githago*); à l'exception des *magones* (carottes), tous ces noms sont tirés des capitulaires de Charlemagne.

Plus tard les jardins potagers devinrent beaucoup plus considérables que celui-ci : on peut consulter tous les plans de monastères qui ont été publiés depuis deux siècles, pour s'en convaincre; indépendamment de ceux qui étaient renfermés dans l'enceinte, on en établissait aux environs; c'est ce que l'on voit dans les gravures qui représentent les couvents du mont Athos, et particulièrement dans celle qui est jointe à ce travail, dans la première partie, page 33.

Une maison pour les jardiniers s'élevait auprès des couches de légumes; on en voit une figurée dans le plan de Saint-

Gall; elle se compose d'une grande pièce centrale ou *atrium*, sur laquelle donne la chambre du jardinier en chef, et qui peut être chauffée par un poêle; auprès sont celles des aides, *cubilia famulorum;* vis-à-vis la chambre du jardinier est une pièce où se renfermaient les instruments du jardinage et les semences de légumes : *Hic ferramenta reservantur et seminaria holerum.*

Le religieux courtillier, *curticularius*, devait fournir au monastère des plantes potagères et en surveiller la culture.

JARDINS FRUITIERS, *VIRIDARIA*, *FRUCTETA*.

Les améliorations apportées par les moines dans la culture des plantes utiles durent s'étendre à celle des arbres fruitiers.

La longue pratique leur apprit à connaître les diverses expositions favorables aux nombreuses espèces qu'ils multipliaient, ainsi que les moyens d'améliorer les fruits par les greffes; on sait qu'ils récoltaient les plus beaux produits dans tous les genres. Le jardin fruitier du monastère de Saint-Gall est établi au milieu des sépultures du cimetière; nous en parlerons à cet article; quant à ceux des autres maisons religieuses, ils étaient fort étendus, distribués avec beaucoup d'ordre, si l'on en juge par tous les plans qui existent encore d'anciens monastères. Les chartreux de Paris avaient réuni dans leur enclos une partie des arbres fruitiers qui composent une collection précieuse pour l'étude de la culture, et qui se voit à la pépinière du Luxembourg. Des treilles couvertes de fruits en espaliers, ou de vignes, tapissaient toutes les murailles de ces jardins; on y voyait aussi des allées couvertes de treillages, portant de la vigne, comme dans le jardin que fit établir saint Louis auprès de son palais de la Cité, treille célèbre dans l'histoire de cette habitation royale et qui est figurée sur le plus ancien plan de Paris, la tapisserie de Saint-Victor. Des puits d'arrosage, des rigoles et fontaines étaient construits dans les jardins fruitiers pour arroser les arbres et les faire croître plus facilement. On a vu, jusqu'à nos jours, le grand puits surmonté d'une machine qui était placée dans le jardin fruitier de l'abbaye de Sainte-Geneviève. Les moines de l'Orient arrêtent les eaux des montagnes par des barrages, pour répandre la fraîcheur dans leurs jardins fruitiers.

PROMENADES ET VIVIERS.

Les belles situations choisies généralement par les fondateurs des maisons religieuses prouvent suffisamment qu'ils considéraient l'air et la promenade comme des conditions importantes pour l'état sanitaire; on y reconnaît donc que les bâtiments étaient disposés de manière à être orientés et ventilés convenablement. En effet, il est rare que les constructions soient accumulées en double corps de logis, de manière à empêcher l'air de circuler avec liberté. Tous les bâtiments sont simples et s'ouvrent, en général, sur les faces principales. A la ville comme à la campagne, de vastes promenades étaient disposées dans l'enceinte des maisons religieuses. On en voyait des exemples remarquables aux abbayes de Sainte-Geneviève, de Saint-Germain-des-Prés, de Montmartre, au prieuré de Saint-Martin-des-Champs, aux Chartreux de Paris, à Livry, à Saint-Médard de Soissons. Dans ces promenades, des bassins, des viviers, des fontaines, étaient distribués de manière à y entretenir la fraîcheur nécessaire aux plantations et à l'agrément des promeneurs. Dom Martenne cite fréquemment de très-beaux jardins dans les nombreuses abbayes qu'il visita durant l'espace de six ans, en compagnie de dom Durand, de 1708 à 1714. (*Voyage littéraire de deux religieux bénédictins.*)

N° 535. Jardins de l'abbaye de Livry.

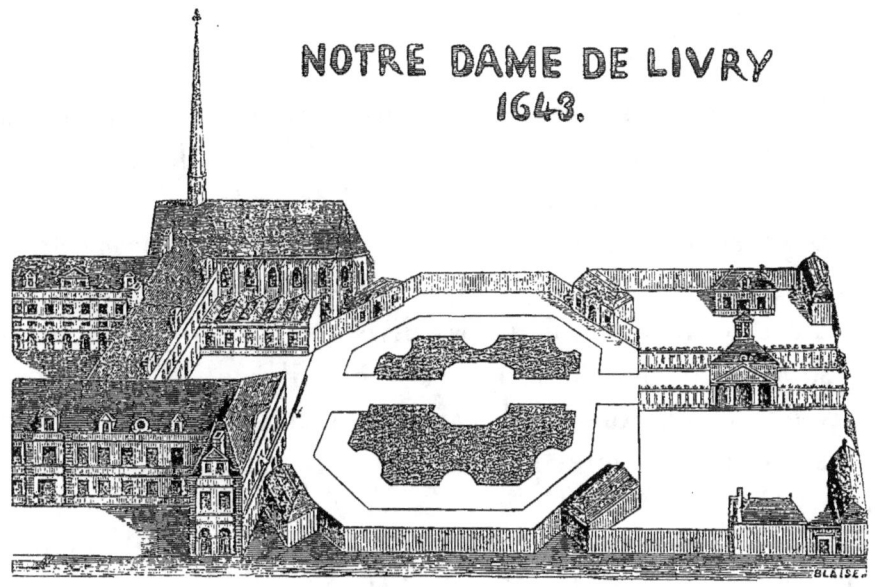

En général, les plantations n'existent plus dans les ruines des monastères, et elles offrent peu d'intérêt; mais il peut y rester des traces de bassins, de réservoirs et piscines qui, pour l'étude de l'hydraulique du moyen âge, ne peuvent être négligés. On y trouve aussi les terrasses et autres dispositions de jardins d'agrément.

Le plan du prieuré de Cantorbéry contient une piscine dont la configuration est précisément celle des viviers antiques découverts à Pompéia et dans les environs du Vésuve : c'est un bassin allongé dont les contours sont découpés par une suite de petits exèdres, ou niches semi-circulaires. Au centre est figurée une fontaine avec des têtes d'animaux qui versent de l'eau dans le bassin. Les aqueducs d'arrivée et de départ des eaux, les puisards qui permettaient, au besoin, de dessécher la piscine, sont des détails intéressants qui n'ont pas été négligés par le dessinateur de ce plan. (Voir le dessin à la première partie.)

ATELIERS D'ART ET D'INDUSTRIE.

Varron [1] nous apprend que, dans l'antiquité, lorsqu'une maison d'exploitation était éloignée des villes ou des bourgs, on y réunissait tous les ouvriers et artisans nécessaires aux travaux journaliers, afin d'éviter les dérangements et les pertes de temps qui, sans cela, eussent été continuels; ce passage prouve qu'alors le travail n'était pas divisé comme aujourd'hui, et lorsque saint Benoît écrivit sa règle, il sentit le besoin de suivre la même voie que les anciens à cet égard: il voulut que tous les arts et toutes les industries fussent réunis dans les monastères.

L'architecture, ainsi que toutes les connaissances humaines, s'était réfugiée dans les cloîtres, à l'époque des invasions des barbares et des luttes qui les suivirent; la sculpture, la peinture murale et en mosaïque y étaient cultivées de même, ainsi que la plupart des industries, qui, sous la direction des abbés et des moines-architectes, contribuaient, chacune pour sa part, à la construction et à la décoration des édifices religieux.

Nous avons fait connaître en commençant, à l'article *Dessins*, les noms de plusieurs abbés qui avaient tracé les plans de leurs monastères; nous avons indiqué aussi des religieux qui, à toutes les époques, s'occupèrent d'architecture. Pour ce qui concerne la décoration peinte ou sculptée, on trouve des documents analogues, et l'abbaye de Saint-Gall, entre autres,

---

[1] Varron, *De re rustica*, liv. LXVI, p. 4. « Si enim ab fundo longius absunt oppida aut vici, fabros parant quos habeant in villa : sic cæteros necessarios artifices, ne de fundo familia ab opere discedat..... »

était célèbre à cet égard : Où trouver, disait-on, des artistes aussi habiles dans tous les genres qu'à Saint-Gall ?

Tutilon, un de ses religieux, était peintre, poëte, musicien, ciseleur et statuaire [1]. Nous avons cité déjà Didier, abbé du mont Cassin, qui appela de Constantinople, au xie siècle, des maîtres grecs, pour former une école de mosaïque, où furent instruits des religieux de l'ordre de saint Benoît.

Le plan de Saint-Gall nous fournit la preuve que des industries d'un tout autre genre que celles qui s'appliquent spécialement à l'architecture y étaient aussi réunies.

La règle de saint Benoît voulait que tout ce qui était nécessaire aux religieux se fabriquât dans la maison : « Monasterium, si possit fieri, ita debet constitui ut omnia necessaria, id est aqua molendino, pistrino, horto adsint, vel artes diversæ in monasterio exerceantur, ut non sit necessitas monachis vacandi foras. » Le titre général donné dans le plan de Saint-Gall aux ateliers industriels indique l'observation rigoureuse de la règle à cet égard. On y lit : *Hæc sub se teneat fratrum qui tegmina curat.*

Dans un grand bâtiment carré, divisé en trois parties distinctes, on avait disposé des ateliers pour des corroyeurs, des selliers, des cordonniers, des découpeurs; ces industries pouvaient être utiles aux moines, mais il est certain qu'une partie des produits se vendait au dehors, car à côté de ces ateliers, et dans le même corps de logis, étaient des fabricants de boucliers et des fourbisseurs d'épées (*scutarii, politores gladiorum*). Les ateliers, rangés autour d'une cour divisée en deux parties par un mur, étaient séparés, par un large corridor, de trois ateliers plus vastes, où étaient les orfévres, les serruriers et les fouleurs de laine pour la fabrication des draps et des feutres (*fullones*).

---

[1] Ermenric, *De Grammatica*, apud Mabill. O. S. B. lib. XXXI, c. 36.

D. Martenne, en décrivant Clairvaux, mentionne les manufactures des frères convers ; les tanneries surtout, dit-il, sont admirables; on y voit des auges d'une seule pierre, qui ont au moins quinze pieds de longueur, quatre ou cinq de largeur et autant de profondeur ; il ajoute que la suspension du travail dans ces manufactures depuis plus de trente ans diminue beaucoup le revenu de Clairvaux. L'orfévrerie, particulièrement, était pratiquée par des moines et des religieux de distinction, parce qu'on ne voulait pas livrer à des mains vulgaires la fabrication des vases sacrés; l'exemple donné par saint Éloi et saint Théau, son élève, dès le règne de Dagobert, fut suivi sans interruption, pendant une longue suite de siècles; la grande école d'orfévrerie et d'émaillerie du Limousin fut fondée par les deux saints abbés de Solignac, et longtemps des moines et des abbés y figurèrent[1]; dès le xe siècle, Thiémon, noble bavarois, abbé de Saint-Pierre de Salzbourg, puis archevêque de cette ville, était devenu architecte, peintre et joaillier, au monastère d'Altaïch ; au moment de recevoir le martyre en Palestine, après avoir été fait prisonnier par les musulmans, il déclara lui-même qu'il pratiquait ces trois arts.

On conçoit que l'art et l'industrie exercés par de tels personnages se soient élevés à un haut degré de perfection, pratiqués qu'ils étaient dans des lieux de retraite, où se conservaient toutes les traditions antérieures, où une foi ardente et soutenue stimulait sans cesse la conception et le travail.

OUTILS.

On voit, par les anciennes règles monastiques[2], que l'abbé

---

[1] *Essai sur les argentiers et émailleurs de Limoges,* par M. l'abbé Texier. Poitiers, 1843.

[2] Regula S. Pachomii, art. 66; reg. SS. Pauli et Stephani, c. 33; reg. S. Isidori. c. 19; reg. S. Fereoli, c. 7; reg. Magistri, c. 17. Conf. et S. Basilii reg. c. 42.

nommait un gardien d'office des outils, lequel avait sous sa clef, dans une chambre à part, tous les instruments et outils nécessaires aux religieux. Le matin, lorsqu'on allait au travail, il les distribuait à chacun selon son besoin, et tous les soirs on les lui rendait par compte et nettoyés, pour les renfermer dans le lieu qui leur était destiné; c'est ce que saint Benoît ordonne par ces paroles : « Eis singula consignet custodienda atque recolligenda. »

OFFICIALITÉ, TRIBUNAL, *PRÆTORIUM*.

Les religieux possédant les droits de haute, moyenne et basse justice, en qualité de seigneurs, ou par des priviléges que leur octroyaient les rois, un tribunal était établi dans les grands monastères, et, lorsqu'ils étaient voisins ou habitants d'une ville justiciable de l'abbé, comme Saint-Denis, par exemple, l'administration de la justice se faisait dans un châtelet contenant des salles d'audience, des greffes et prisons appartenant à l'abbaye et situés dans l'enceinte de la cité.

Construit, en général, dans les monastères, le tribunal était placé à peu de distance de la porte principale, quelquefois au-dessus d'elle, ou bien à l'entrée de l'église. Ainsi à Cluny, il se trouvait dans la tour méridionale de la façade; à Saint-Benoît-sur-Loire, il avait été établi dans les constructions supérieures de la porte fortifiée, placée sur l'enceinte. La vue de ce monastère, publiée dans le *Monasticon gallicanum*, en donne la preuve par ce mot *prætorium*, écrit au-dessus de l'entrée.

Enfin, comme nous l'avons dit, il pouvait être dans la première cour, et à peu de distance de la grande porte de l'abbaye; on en voyait un exemple à Saint-Père de Chartres. Cette position des tribunaux auprès de l'entrée des monastères s'explique par la nécessité d'introduire dans l'enceinte des personnes étrangères, bailli de justice, avocats, procureurs, accusés et témoins.

Le tribunal était entretenu, ainsi que ses dépendances, par l'abbaye, et on lit dans plusieurs historiens, que les salles d'audience étaient décorées d'une manière remarquable; ainsi le P. Aubert, historien de l'abbaye de Saint-Père de Chartres, cite le *très-bel auditoire* de ce monastère. Il ajoute que les moines avaient droit de haute justice, non-seulement sur la ville et les faubourgs de Chartres, avec prison dans la ville, mais encore en plusieurs villages et hameaux du pays chartrain, où ils avaient des maires, sergents, tabellions et lieux patibulaires.

PRISON, CARCER, BOGA, DECANICUM VEL DECANICA.

Les religieux devant obéissance absolue à l'abbé et aux autres supérieurs, les monastères avaient dans leur enceinte une ou plusieurs prisons destinées à renfermer les moines qui commettaient quelques délits contre la règle, ou contre l'autorité des chefs.

Ces prisons étaient de deux sortes : les unes, conformes aux anciennes règles et aux instructions données par le concile d'Aix-la-Chapelle [1], étaient assez éclairées pour que le coupable pût y travailler, et même être chauffé pendant l'hiver. Les autres, véritables cachots humides et obscurs, avaient été ordonnés par saint Fructueux et par de sévères réformateurs. Les statuts de l'ordre de Cluny disent que la prison doit être une pièce sans porte ni fenêtre et dans laquelle on ne peut entrer que par une échelle; l'ouverture était située au milieu de la voûte. « Carcer est talis in quem cum scala descenditur, nec ostenditur ostium, nec fenestram habet. » (Ducange.) Le

---

[1] Conc. Aquisgr. can. 40. *De carcere monastico.*

coupable était attaché par des fers aux pieds. A Saint-Martin-des-Champs, les prisons étaient souterraines et ténébreuses comme des tombeaux. A Hirschau, la prison ne présentait que la surface nécessaire pour coucher un homme; on couvrait le sol de paille ou de jonc. Dom Martenne, dans son Voyage littéraire, dit que les prisons de Saint-Nicolas-aux-Bois, monastère bénédictin, font horreur à voir. (*Voy. littér.* t. II, p. 48.) Il en dit autant de celle de Sainte-Colombe, abbaye de Vienne en Dauphiné. (*Voy. littér.* t. I, p. 258.)

En général, le condamné ne restait qu'un temps limité dans sa prison, et souvent même on l'en faisait sortir le dimanche pour assister à la messe, loin de ses frères; mais on voyait aussi quelquefois des prisons perpétuelles qu'on nommait *Vade in pace*[1].

L'église de Berne fait voir une prison située dans un de ses transsepts. A Durham elle est placée à côté de la salle capitulaire et communique avec elle[2].

Les cisterciens brisaient les vases qui avaient servi au religieux pendant sa pénitence et son incarcération.

En dehors de l'enceinte des monastères, les religieux avaient aussi des prisons dans lesquelles ils faisaient renfermer leurs serfs et autres habitants des terres dépendantes de leur juridiction. La prison de Saint-Germain-des-Prés, à Paris, existe encore sur les limites de l'ancienne abbaye; auprès était l'hôtel du bailli, chargé de connaître de tous les crimes ou délits commis dans l'étendue des propriétés du monastère. A Saint-Denis, à Chartres, à Saint-Omer, et dans toutes les villes sur lesquelles s'étendait la juridiction abbatiale, des prisons étaient établies et entretenues aux dépens des monastères.

[1] Guill. Bardini, *Hist. ms. parlament.* apud Baluz. p. 1080.
[2] Plan de Durham, dans le *Monasticon anglicanum.*

L'entretien des prisons était confié au vidame.

PILORI, ÉCHELLE ET POTEAU DE JUSTICE, GIBET.

Des piloris et échelles de justice étaient construits aux frais des maisons religieuses; il y a un pilori sur la vue de l'abbaye de Saint-Germain-des-Prés, dessinée au XVIe siècle et publiée par dom Bouillart dans l'histoire de ce monastère : des poteaux et échelles de justice sont figurés sur les anciens plans de Sainte-Geneviève et de Saint-Martin-des-Champs, à Paris.

N° 536. Pilori de l'abbaye de Saint-Germain-des-Prés.

L'abbé Lebeuf décrit ainsi l'échelle qui existait de son temps devant l'abbaye de Chelles. « Elle est détachée de tout édifice, fort élevée et fort grande. Les échelons sont en forme de degré d'escalier et ne sont point à jour. Au haut de cette échelle, il y a deux planches qui, au milieu et des deux côtés, sont échancrées. On lève la planche supérieure et on met dans l'échancrure, qui est au milieu de l'inférieure, la tête du criminel et les deux mains dans les autres échancrures; on rabaisse ensuite la planche supérieure, en sorte qu'il se trouve la tête et les mains prises[1]. »

Les abbayes exerçant haute justice avaient aussi des lieux patibulaires, nommés *martroys,* sur lesquels s'élevait un gibet, composé ordinairement de plusieurs colonnes en bois ou en pierre, dont le sommet était réuni par des barres de fer, auxquelles on pendait les condamnés.

On lit ces mots dans les offices claustraux des moines de Saint-Oyan : « Item, les habitans de la paroche de Saint-Sauveur doivent bailler et amener le bois pour faire la haute justice en la ville de Saint-Oyan-de-Joux, laquelle est à quatre colonnes et affretée[2]. » Derrière les restes de l'abbaye de Jouarre est un lieu nommé encore aujourd'hui *le Martroy;* le gibet de l'abbaye de Saint-Germain-des-Prés était situé auprès du Champ-de-Mars; on y allait par le *Chemin de la Justice.*

ASILE.

Dans l'antiquité les sanctuaires, les bois sacrés, les autels, les statues des dieux, étaient des asiles auprès desquels on devenait inviolable. Dès le règne de Constantin, les premières églises, et particulièrement l'autel, offrirent la franchise; les ouvrages de Grégoire de Nazianze en rapportent des exemples. Le code théodosien l'étendit aux parvis et aux cimetières; plus tard les cloîtres des chanoines, l'enclos des

---

[1] Lebeuf, *Hist. du diocèse de Paris,* doyenné de Chelles.
[2] *Bulletin du Comité historique,* septembre et octobre 1849, p. 243.

abbayes, la maison des évêques, les tombeaux des saints, les croix isolées, les écoles, les hôpitaux, jouirent de ce privilége; on l'a vu comprendre toute la superficie d'une ville et même de sa banlieue; il y en avait des exemples en Bretagne. Ce droit s'étendait aussi sur certaines propriétés des moines : on lit dans les archives de l'abbaye de Bussière, en Bourgogne, qu'en 1235 le curé de Quincey ayant fait arrêter un criminel dans une propriété de cette abbaye, fut condamné à le remettre au lieu où il l'avait pris[1].

On nommait *asile* et même *sanctuaire,* dans les abbayes, le lieu où l'on recevait les coupables qui demandaient l'asile. A Durham des hommes couchaient dans deux chambres placées au-dessus de la porte du nord pour faire entrer les coupables toutes les fois qu'ils frappaient et à quelque heure que ce fût; après avoir ouvert, ils sonnaient la cloche du galilée pour avertir de l'événement. Le prieur, ainsi prévenu, envoyait des ordres afin que les réfugiés se tinssent dans l'asile ou sanctuaire, dans l'église ou dans le cimetière, et prissent une robe noire avec une croix jaune appelée de saint Cuthbert, comme un témoignage du privilége dont jouissait le tombeau de ce saint. Ensuite ils se couchaient sur une grille disposée à dessein et qui était près de la porte méridionale du galilée. On leur donnait à boire et à manger pour trente-sept jours, ce qui était jugé suffisant; après ce temps, le prieur et les religieux avisaient à les faire conduire hors du diocèse. Les portes de Saint-Jean-de-Latran étaient fermées seulement d'un voile pour que l'église fût toujours accessible à qui demandait l'asile. Les portes elles-mêmes étaient des asiles; le coupable passait le bras dans l'anneau du marteau et l'on ne devait pas l'en arracher. L'asile s'étendait aussi à certaines parties de l'in-

---

[1] *Archives de la Bussière*, liasse IX.

térieur des églises : en 1405, le clergé de Saint-Méry, à Paris, fit bâtir sur les voûtes de l'édifice une chambre pour servir d'asile.

L'asile pouvait présenter une disposition particulière et s'élever en dehors de l'enceinte du monastère. On voyait encore au milieu du XVIIe siècle, à Vienne, en Dauphiné, auprès de l'abbaye de Saint-André-le-Bas, une plate-forme sur laquelle étaient quatre piliers élevés. On l'appelait la table ronde, et c'était un asile où les personnes qui s'y étaient réfugiées et les effets qu'on y avait transportés étaient en sûreté[1].

SALLE DES MORTS. CHAPELLE DES MORTS. LAVATORIUM DES MORTS.

Auprès de l'infirmerie ou du chapitre des monastères, était une chapelle des morts[2]. Puis, comme on le pratique aujourd'hui dans les hôpitaux, on consacrait une salle à recevoir les religieux lorsqu'ils avaient cessé de vivre ; cette pièce permettait de les retirer de l'infirmerie aussitôt après le décès pour ne pas les laisser au milieu de leurs frères malades. Là aussi on les lavait avant de les mettre dans le linceul ou dans leurs habits de religieux, avec lesquels on devait les enterrer ; de cette salle on les portait au chœur pour faire le service funèbre. La plus belle salle des morts que nous puissions citer est celle du monastère d'Ourscamp, qui existe encore et dont les dimensions et les dispositions font supposer qu'elle fut originairement construite pour servir d'infirmerie. On aurait ensuite renoncé à cet usage pour y déposer les morts[3].

La grande salle des morts à Cîteaux avait cent cinquante pieds de long. Dom Martenne dit que c'était l'ancienne infir-

---

[1] Piganiol, *Descript. de la France*, Dauphiné, t. IV.
[2] Dom Mart. *Voyage litt.* Montier-en-Der, t. Ier, p. 98.
[3] Voir Laborde et Guettard, *Picardie*.

merie et le plus beau vaisseau qu'on pût voir. (D. M. t. I, page 220.) Une croix était au milieu; on y lisait :

> Hic deponuntur monachi quando moriuntur.
> Hinc assumuntur animæ sursumque deferentur.

Dans la salle des morts ou dans le voisinage était le *lavatorium*, bassin allongé dans lequel on les lavait avant de les ensevelir ou de les vêtir pour la cérémonie funèbre ou l'enterrement. On voit dans la salle d'Ourscamp de nombreux bassins qui purent servir à cet usage. Quelquefois cette opération, dont l'origine se retrouve dans les Actes des apôtres [1] et que mentionne Sidoine Apollinaire[2], se faisait dans l'église ou dans le chapitre; les cathédrales de Lyon, de Rouen, de Metz, contenaient des bassins ou lavatoires destinés aux chanoines. A l'abbaye de Cluny on rendait ce dernier devoir au religieux défunt dans un lieu voisin de l'infirmerie, sur une pierre légèrement creusée offrant à l'un de ses angles une rigole pour l'écoulement des eaux; un oreiller taillé dans la même pierre servait à placer la tête. Ce lavatoire [3] a été gravé dans le Voyage liturgique de De Moléon[4]. Il fut transporté plus tard dans une chapelle voisine du chapitre, et servait à exposer le mort quand il était revêtu et lorsqu'on préparait le service funèbre.

Le *lavatorium* n'était pas toujours un meuble spécial pour cet usage, la fontaine du cloître ou *lavabo* le remplaçait souvent; dans ce cas, tous les religieux se groupaient autour, dans le même ordre qu'au chœur, pour réciter les prières pendant

---

[1] *Act. des apôtres*, chap. IX, v. 37.
[2] Sid. Apollin. lib. III, epist. 3.
[3] Petra in qua lavantur mortui .... tractantur ibidem sepeliendi. (Ms. Harl. 103, f. 115.)
[4] *Voyages liturgiques de France*, De Moléon, 1718. Paris.

l'opération. En cas d'épidémie on ne lavait point les corps, dans la crainte de communiquer la maladie; on les portait immédiatement au cimetière.

Un meuble semblable à la pierre des morts servait, suivant un ancien usage de l'église, à placer le religieux à l'article de la mort, sur une couche de cendres ou sur de la paille. De Moléon décrit ainsi celui qu'on voyait à Cluny[1]: « Au milieu de la grande infirmerie, il y a encore un petit enfoncement long environ de six pieds et large de deux et demi ou trois, bordé de tringles de bois larges environ de trois pouces. C'est là qu'on mettait sur la cendre les religieux qui étaient à l'extrémité. On les y met encore, mais ce n'est qu'après qu'ils sont morts. » Ces meubles étaient quelquefois en bois, pour transporter le mourant dans telle partie du monastère où il avait exprimé le désir d'expirer. Ces lits de cendres se trouvaient chez les chartreux, les trappistes, etc.

CIMETIÈRE, *ATRIUM, POLYANDRIUM, COEMETERIUM.*

L'inhumation se faisait sur plusieurs points de la maison religieuse, et, selon que le défunt était abbé, dignitaire, ou simple moine, on l'enterrait dans le chœur, dans les nefs, sous les galeries du cloître ou dans le cimetière commun. Cette dernière partie des monastères nous occupe seule ici; nous avons indiqué les autres.

En Occident les cimetières étaient généralement placés dans l'enceinte de la maison; en Orient, c'est le contraire. La place qu'ils occupèrent chez nous a été très-variable : ils furent sans doute établis d'abord dans l'*atrium* ou parvis de l'église abbatiale, comme cela se pratiquait pour les premières paroisses ; car lorsqu'un moine défunt était enlevé de l'église pour aller

---

[1] *Voy. liturg.* p. 153. Abb. de Cluny.

au cimetière, le chantre entonnait *in Paradisum* au parvis. Ils furent éloignés ou rapprochés de l'habitation ordinaire des religieux, selon que la règle intérieure était plus ou moins sévère. Ainsi, chez les cisterciens, les chartreux, les carmes, les trappistes, etc. on les établissait dans le préau du cloître, et par conséquent au centre même de la circulation; dans ce cas, on peut rencontrer des inscriptions funéraires gravées sur les façades des portiques ou sur les contre-forts qui les soutiennent vers le préau.

En dehors des lieux réguliers, la place du cimetière paraît avoir été indifférente, et déterminée plutôt par la nature du sol ou son étendue que par toute autre cause; ainsi, à Sainte-Geneviève de Paris, il était autour de l'abside de l'église; à Saint-Denis, à Cantorbéry, de même. A Saint-Germain-des-Prés, le cimetière occupait le midi et l'orient du temple; dans beaucoup de lieux il était au nord.

Le plan de Saint-Gall fait voir qu'au ixe siècle on établissait les cimetières à la plus grande distance possible du centre, sur les limites du monastère. Au milieu du champ de repos, qui a la forme d'un parallélogramme entouré de murs ou de haies, on a figuré une grande croix dans une petite enceinte particulière, sur laquelle on lit:

> Inter ligna soli hæc semper sanctissima crux est,
> In qua perpetuæ poma salutis olent.

La fin de cette légende se rapporte à un grand nombre d'arbres fruitiers, disposés en allées dans toute l'étendue de ce cimetière, entre les monuments ou les caveaux d'une structure très-simple qui devaient renfermer les dépouilles mortelles des religieux. Au milieu de ces constructions funéraires dont il est bien difficile de deviner la nature, puisqu'elles ne sont indiquées que par des parallélogrammes sans ornements, on lit:

> Hanc circum jaceant defuncta cadavera fratrum,
> Qua radiante iterum regna poli accipiant.

Cette légende est placée dans le voisinage de la croix; auprès de chaque espèce d'arbres plantés entre les monuments funèbres, on en lit le nom; ce sont: *malarius*, pommier, *perarius*, poirier, *prunarius*, prunier, *pinus*, pin, *sorbarius*, cormier, *mispolarius*, néflier, *laurus*, laurier, *castanarius*, châtaignier, *ficus*, figuier, *guduniarius*, cognassier, *persicus*, pêcher, *avellenarius*, noisetier, *amendelarius*, amandier, *murarius*, mûrier, *nugarius*, noyer.

Le dessin de Cantorbéry, exécuté par le moine Eadwin, indique la place du cimetière des religieux, à l'orient, derrière l'abside de l'église; on y voit une piscine et les nombreux tuyaux qui y portaient de l'eau. Un second cimetière, destiné aux laïques, est figuré au nord du temple; l'auteur a tracé dans son enceinte une fontaine, *fons in cimiterio laicorum*, une pompe, *calamus*, et un *campanile*, qui était peut-être un colombier. Rien ne fait connaître dans ces cimetières comment se disposaient les sépultures.

Dom Martenne (*Voy. litt.* t. I, p. 99) nous apprend qu'à Clairvaux il y avait quatre cimetières différents : 1° celui des moines; 2° celui des abbés; 3° un cimetière particulier aux abbés étrangers morts dans la maison; il était derrière l'abside de l'église; saint Bernard y avait sa cellule; 4° le cimetière des nobles. De cette dernière indication il résulte que, indépendamment des chapelles qui leur étaient consacrées dans les églises monastiques, les familles nobles pouvaient avoir aussi des cimetières particuliers. Quant à la bourgeoisie, elle avait de même le droit de sépulture dans les abbayes (*Hist. de l'abb. de S.-Michel de Tonnerre.*) Aux cordeliers de Bordeaux les juifs avaient le même privilége.

Charnier. — On fit usage des charniers dans les maisons religieuses aussi bien que dans les paroisses; il est probable même que c'est à elles qu'on peut en faire remonter l'origine. Le cloître et les autres localités choisies dans l'enceinte pour la sépulture n'offrant qu'une surface très-limitée, on dut songer à enlever les ossements desséchés pour faire place à de nouveaux morts.

En général, c'était sous les combles des promenoirs du cloître, entre les voûtes et la toiture, que se faisait le dépôt des ossements; l'abbaye de Montmartre a fourni récemment la preuve qu'on établissait aussi le charnier sous la couverture des bas-côtés de l'église. Tous les voyageurs qui vont à Rome visitent le charnier des Capucins, qui forme une chapelle funèbre entièrement décorée avec des ossements; dans quelques églises conventuelles de l'Italie, on place des squelettes de religieux debout et en costume de moines, dans des niches disposées exprès: il y en a un exemple à Civita-Vecchia.

On voyait un caveau conservant les corps, aux Cordeliers de Toulouse; lorsqu'on y apportait de nouveaux morts on portait les anciens au charnier. (D. M. t. I, part. II, p. 48.)

Chapelles funéraires et fanaux de cimetières. — Dans quelques maisons religieuses le cimetière renfermait une chapelle funéraire comme on en voyait dans les cimetières publics; ces chapelles contenaient quelquefois des tombeaux d'abbés ou de dignitaires du monastère; on en élevait même en dehors, contre les parois extérieures de la chapelle : il y en a un exemple à Metz, dans l'enceinte de la citadelle, qui renferme les restes d'une maison de templiers. Sous ces petits temples, on a pratiqué souvent un caveau destiné à la sépulture des religieux de distinction; le monument de Montmorillon, construit par les templiers, est de forme octogone; il s'élève sur un grand caveau circulaire, dans lequel on trouva, dans le siècle dernier, des tombes ornées de la croix du Temple.

Nous avons dit, à la page 97, qu'une lampe était quelquefois placée à l'abside de l'église pour éclairer la crypte et le cimetière; plus tard on établit une construction spéciale pour atteindre le même but.

De simples colonnes creuses, portant des fanaux de cimetière, s'élevaient dans les monastères, aussi bien que dans les lieux de repos situés auprès des paroisses. Au Vieux-Parthenay, en Poitou, on voyait encore, il y a peu d'années, dans la partie sud du cimetière de l'abbaye, les fondations d'un fanal à présent détruit; une rente était constituée pour subvenir aux frais d'entretien de la lampe qui y était anciennement allumée.

Ces tours étaient quelquefois assez élevées pour éclairer ceux qui se rendaient à l'église pendant la nuit; c'est l'opinion de Mabillon, qui l'étend à tous les fanaux de cimetière (*Annales Sancti Benedicti*, t. VI); le célèbre bénédictin est trop absolu peut-être, parce que les cimetières étaient souvent trop éloignés de l'église pour que leur fanal pût porter sa lumière jusqu'à elle, mais il est positif aussi qu'on en plaçait de façon à éclairer simultanément le champ de repos et les abords du temple; on en voit un exemple en Angleterre.

Pierre le Vénérable, mort en 1156, nous apprend qu'au XIIe siècle on faisait usage de ces fanaux dans les abbayes; il décrit ainsi celui du monastère de Cherlieu, au diocèse de Mâcon : « Obtinet medium cimeterii locum structura quædam lapidea, habens in summitate sua quantitatem unius lampadis capacem, quæ ob reverentiam fidelium ibi quiescentium, totis noctibus fulgore suo locum illum sacratum illustrat. Sunt et gradus, per quos illuc ascenditur; supraque [1]..... etc. »

---

[1] Petrus Venerabilis, *De Miraculis*, lib. II.

N° 537. Fanal de cimetière à Ciron (Indre).

DISPOSITIONS PARTICULIÈRES.

Quelques dispositions particulières et exceptionnelles se présentaient dans certains monastères; nous en signalons ici plusieurs exemples pour fixer l'attention des investigateurs.

La célèbre abbaye de Cluny, déjà si différente des autres monastères, par l'immense superficie de ses bâtiments claustraux et plus encore par son église, qui ne cédait en étendue qu'à celle de Saint-Pierre de Rome, offre encore les restes d'une construction dans laquelle avaient été logés plusieurs rois de France et des papes, particulièrement Gélase II, qui y mourut au milieu de ses cardinaux, *comme dans sa propre maison*, selon l'expression d'un moine contemporain. Calixte II y fut reconnu solennellement pour son successeur, et, après avoir tenu le concile de Reims, y revint dans toute la pompe du cortége pontifical, entouré de cardinaux, d'évêques, de la noblesse de Bourgogne et des splendeurs de la cour de Rome. Les vastes appartements habités par ces souverains pontifes furent nommés *Palais de Gélase.*

On voyait dans le cloître des Célestins de Paris une porte au-dessus de laquelle on lisait en caractères gothiques : *Camera collegii notariorum et secretariorum regis.* Les notaires et secrétaires du roi s'assemblaient tous les ans dans cette salle, le jour de Saint-Jean-Porte-Latine, pour nommer leurs officiers. Outre cette salle, ils en avaient encore une autre parsemée de fleurs de lis, décorée de peintures et de portraits de rois; on y voyait saint Louis, Henri IV, etc.

L'ordre du Saint-Esprit avait fait décorer de sculptures et de peintures, dans le couvent des Grands-Augustins, à Paris, deux salles où il tenait ses séances ; on y voyait les portraits en buste, les écussons et les principales qualifications de tous les cardinaux, prélats, commandeurs et chevaliers reçus dans cet ordre depuis son établissement.

L'église de Cîteaux présentait sur ses stalles un grand nombre d'armoiries de chevaliers de Saint-Michel, créés par François Ier dans cette église. (D. M. t. I, p. 218.) L'abbaye de Saint-Michel offre, encore aujourd'hui, la salle des chevaliers de cet ordre.

Des abbayes puissantes avaient le droit de battre monnaie; le pape Calixte II avait expressément reconnu ce privilége à l'abbé de Cluny; Innocent III l'avait consacré de nouveau en 1204; les monnaies portent d'un côté, pour légende, *Petrus et Paulus,* et sur l'autre côté, *Cœnobio Cluniaco.* Ce droit devait nécessairement conduire à élever des bâtiments et ateliers pour la fabrication. Mais la monnaie de ces abbayes ne se frappait pas toujours dans leur enceinte; elles avaient des ateliers monétaires dans les villes placées sous leur juridiction. Ainsi une charte de l'empereur Othon désigne positivement la ville de Brumath, appartenant au monastère de Lorsch, comme un lieu où l'abbaye aurait le droit de battre monnaie (*Codex Lorschem*, I, 143).

L'abbaye de Sainte-Geneviève contenait une réunion de vastes salles, dont l'une était dite *des Papes*, parce qu'elle était décorée de leurs portraits ; une autre présentait tous ceux des rois de France. Ces salles avaient été construites pour recevoir les chambres du parlement, la chambre des comptes, la cour des aides, le châtelet et le corps de ville, lorsque la châsse de Sainte-Geneviève était portée en procession dans la ville de Paris, à l'occasion des grandes calamités publiques.

Au milieu du xviiie siècle, le duc d'Orléans s'étant retiré dans la même abbaye de Sainte-Geneviève, s'y fit construire une habitation particulière. Elle était située au nord de l'église ; une tribune pratiquée dans une des pièces donnait sur le chœur : de là le prince pouvait, sans sortir de chez lui, assister à toutes les cérémonies religieuses[1].

EXTÉRIEUR DES MONASTÈRES.

BIENS DES MONASTÈRES.

Lorsqu'on fondait un monastère on devait songer aux revenus qui serviraient à l'entretien des bâtiments et à couvrir les dépenses de tous genres qu'on devait y faire chaque jour ; des propriétés étaient données d'abord aux religieux pour qu'ils en tirassent des rentes ; plus tard, ils en achetaient de nouvelles, afin d'augmenter leurs richesses. Ces propriétés consistaient en terres labourables, prés, vignes, bois, jar-

---

[1] Voir les plans de l'église de Sainte-Geneviève dans la Statistique de Paris par A. Lenoir.

dins et vergers, marais, salines, pêcheries, étangs et viviers, métairies, maisons, cabanes, granges, écuries, greniers, fours, pressoirs, tanneries, moulins, étaux ou boutiques, etc. etc. On leur léguait ou vendait encore, en totalité ou en partie, des églises qui étaient devenues des biens privés[1]. Les propriétés offertes en présent ou par legs se nommaient *charitates* les charités. Un religieux, qualifié de *magister charitatum*, avait pour office d'administrer ces biens pendant un an. « Caritatis vocabulo in monasteriis, intelliguntur prædia et bona omnia quæ a fidelibus christianis in eleemosynam, gratuito et caritative identidem collata sunt, seu ob anniversaria, seu alia pietatis officia in ecclesiis et monasteriis exsolvenda. » (Ducange.)

Quand la propriété, acquise ou léguée, consistait en terres, on en fixait l'étendue réelle d'une manière durable, par des bornes-limites, comme on le fait encore aujourd'hui. On trouve dès la fin du xe siècle, dans un diplôme du roi Robert, l'indication des bornes qui déterminaient les points où s'arrêtaient les immunités de l'abbaye royale de Saint-Denis. Dans la vie de Louis le Gros, on voit que ces bornes furent remplacées par des colonnes, portant des croix et indiquant, outre la propriété, des droits de péage et autres confirmés par ce prince.

On rencontre encore aujourd'hui dans les campagnes isolées ou même dans les lieux habités, de ces bornes-limites des terres des moines ; il est utile d'en recueillir des dessins, car elles portent toujours une indication rappelant le monastère qui les fit mettre en place : on y voit des armoiries, des emblèmes, des marques de convention. Nous avons reproduit, dans la Statistique de Paris, celles de l'abbaye de Sainte-Gene-

---

[1] Cartulaire de Saint-Père de Chartres, prolégomènes, p. xv.

viève, avec son blason; on en rencontre dans le pays chartrain avec une sculpture représentant un vêtement.

Si les propriétés étaient des bâtiments ruraux, des usines, des maisons d'habitation, on y apposait des signes qui les faisaient reconnaître et ne permettaient pas de douter des droits du monastère : c'était ordinairement une pierre, sur laquelle on gravait les armoiries ou un emblème convenu, qu'on remplaçait quelquefois aussi par une simple inscription de trois lettres, $\overline{\text{OPA}}$, ce qui signifiait *opera*, œuvre, fabrique. Plus tard on grava en toutes lettres le nom de la maison qui possédait. En Italie, où toutes les prérogatives des maisons religieuses ont été maintenues jusqu'à nos jours, on rencontre à chaque pas ces marques de propriété.

CENSIVE, *CENSIVA*.

Lorsque les droits de propriété étaient bien acquis et constatés par des chartes et autres titres, que l'on conservait dans les archives du monastère, on en tirait revenu par un *cens* périodique imposé au locataire ou à l'acheteur; le *census* était calculé sur le produit de l'immeuble acensé. Pour les terres labourables et autres propriétés en culture, le cens se prélevait en nature et se nommait champart, *campipars*, *agraria*, *terragium*.

Les maisons d'habitation, payant rente en argent, étaient en censive, *censiva*; on donnait aussi ce nom au siége du cens, c'est-à-dire à la propriété acensée, ainsi qu'à l'ensemble des maisons payant le cens. La censive d'une abbaye comprenait tout ce qui dans la ville lui payait la rente en argent.

Les monastères étaient entourés d'un certain espace déterminé et délimité, dans lequel il était défendu par les papes, à toute puissance cléricale ou séculière, d'attenter aux droits de l'abbaye, sous peine d'encourir l'excommunication : c'était ce qu'on appelait les *sacrés bans*. Dans les villes, ces terrains se couvraient de maisons, que faisaient bâtir les religieux ou les acquéreurs auxquels ils vendaient des lots ; on y traçait des rues, des carrefours, des places, sur lesquels les droits d'alignement, de voirie et de justice qui en dépendaient restaient aux moines. Cet ensemble formait un faubourg, *suburbium*, de la maison religieuse. Nommé cloître, encloître, *clausura*, lorsqu'il était fermé par des portes ou par des murailles particulières, le faubourg annexé aux abbayes était d'un produit considérable dans les villes importantes. On en voyait des exemples à Sainte-Geneviève, à Saint-Benoît, aux Bernardins, à Saint-Germain-des-Prés, à Paris.

Les limites de la censive de Saint-Éloi, dans la Cité, fixées par les rues de la Barillerie, de la Calendre, aux Fèves et de la Vieille-Draperie, étaient appelées la *ceinture Saint-Éloi*. Souvent les censives étaient fort irrégulières et s'enchevêtraient les unes dans les autres, en raison des acquisitions successives; il arrivait même qu'une seule maison pouvait appartenir à plusieurs censives à la fois, ce qui explique les nombreux et interminables procès qu'avaient à soutenir les monastères. La censive pouvait être déterminée d'une manière ostensible et durable par des bornes à la marque de l'abbaye, et remplaçant ainsi une muraille ou des portes de clôture d'une manière suffisante et moins incommode dans une ville.

On lit dans une déclaration du temporel de l'abbaye de Sainte-Geneviève, datée de 1562, que la limite « étoit à commencer à la maison du collége de Cambray, c'est assavoir à une tournelle estante au delà de la porte, près le cimetière Saint-Benoît, dedans laquelle tournelle il y a une tête et façon de marmouzet, qui sépare leur dicte terre et seigneurie. »

La même limite est ainsi mentionnée dans un acte de 1482, du cartulaire de Saint-Benoît : « Une tournelle contre laquelle est eslevé un marmozet de pierre de taille qui regarde sur une borne, laquelle a coustume estre sur le bout de la chaussée de ladicte rue de Saint-Jean-de-Latran, lesquels borne et marmozet que on dit font la séparation des haulte justice desdicts de Saint-Benoît et Sainte-Geneviève. »

Dans un procès-verbal de bornage de la censive du chapitre de Saint-Étienne-des-Grés, daté de 1587, il est dit que sur les maisons formant limites « furent apposées les susdites marques desdites trois lettres (S. E. G.) gravées sur pierre de taille. »

Lorsqu'un acquéreur de terrain ou de maison (le contrat obligeait souvent à bâtir) ne payait pas le cens convenu, il était dépossédé à la requête de l'abbaye ; la propriété se vendait aux criées, et sur le prix de vente le cens était acquitté. On pouvait, dans certaines conditions, se racheter du cens, ce qui s'appelait *amortir*. Les monastères, par le fait d'acquisitions ou de legs, pouvaient avoir à se payer réciproquement des droits de cens.

Il est probable que, pour attirer la population dans l'encloître, l'abbaye accordait quelques priviléges aux habitants, et les soumettait à des règlements de police spéciale qui y maintenaient le bon ordre ; ainsi les portes devaient se fermer à certaines heures ou dans les moments de trouble politique ; on y trouvait donc sûreté et protection.

Les maisons d'habitation destinées aux laïques ne s'élevaient pas seulement dans l'encloître, les religieux en faisaient quelquefois bâtir de considérables dans l'intérieur de leur enceinte réservée : les rues de Childebert et de Sainte-Marthe, dans l'abbaye de Saint-Germain-des-Prés, à Paris, existent encore, et furent entièrement construites par les religieux, dans le but de tirer parti du terrain. Bien que ces rues fussent complétement dans l'enceinte, comme le constatent aujourd'hui les portes de Saint-Benoît et de Sainte-Marguerite, situées au delà des maisons, une grille empêchait cependant les habitants laïques d'entrer à tout moment dans la première cour de l'abbaye.

Le désir d'augmenter les revenus avait poussé certaines communautés religieuses à donner à bail des logements faisant partie des habitations claustrales; ainsi les génovéfins de Paris louaient des chambres à des particuliers jusque dans leur troisième cour, c'est-à-dire dans la partie la plus interne de leur monastère.

AVOUÉS ET VIDAMES.

Les intérêts temporels des monastères étaient protégés et administrés par des avoués, *advocati*, et des vidames, *vicedomini*. Les avoués des abbayes étaient de grands seigneurs auxquels les religieux payaient des droits en échange de leur protection; quelquefois ils en abusaient au point de dissiper les biens qui leur étaient confiés. Les vidames, moins puissants, restèrent plus dépendants et leurs abus furent plus facilement réprimés. Ils commandaient aux laïques et aux vassaux. Le cartulaire de l'abbaye de Saint-Père de Chartres cite deux femmes, Hélissende, entre les années 1089 et 1104, et Élisabeth, vers 1132, qui avaient le titre de vidames, *vicedomina*.

FERMES.

Les propriétés des monastères, ainsi fixées et garanties, se couvrirent de constructions rurales ou urbaines, selon que leur position était à la campagne ou *intra muros*. Parfaitement au fait de la culture, qu'ils pratiquaient depuis l'origine de leur institution, les moines, qui ne perdirent jamais de vue qu'elle

450 INSTRUCTIONS.

est la base de la véritable richesse, établirent des fermes et bâtiments d'exploitation sur toutes leurs terres. L'Europe montre de tous côtés des restes de ces constructions rurales à eux appartenant. Il suffira d'en donner un exemple pour faire connaître comment ils entendaient l'architecture simple et durable de ces édifices utiles. Nous reproduisons ici la publication faite par M. Aymar Verdier, dans la Revue d'architecture[1], de la ferme de Meslay, construite par de Rochecorbon, abbé de Marmoutier, de 1211 à 1227. La ferme est située à 8 kilomètres de Tours, sur la route de cette ville à Paris, par Chartres.

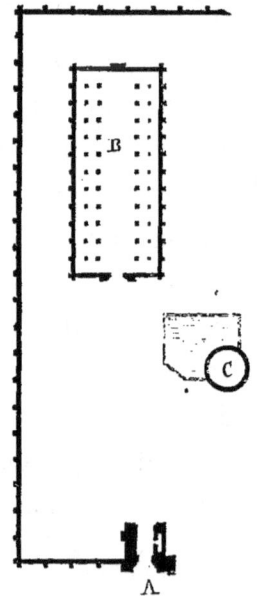

N° 537. Plan de la ferme de Meslay.

Le plan général de la ferme était quadrangulaire; une partie de l'enceinte existe; le mur est soutenu par des contre-forts. La porte de la ferme A est ouverte dans une grande construc-

---

[1] *Revue d'architecture*, par C. Daly, 1849, n°˙ 1, 2 et 3.

tion, surmontée d'un pignon au-dessous duquel sont trois fenêtres, dont une géminée et en arc aigu; elles éclairent une vaste salle située au-dessus de l'entrée de la ferme. (Pl. n° 538.)

N° 538. Porte de la ferme de Meslay.

Dans la cour, les écuries et les étables s'appuyaient contre le mur d'enceinte; elles n'existent plus, mais on y voit les restes d'un colombier C, et une magnifique grange B, divisée en cinq nefs, par quatre lignes de poteaux en bois, placés sur des dés de pierre.

N° 539. Porte de la grange de Meslay.

L'entrée, figurée à la planche n° 539, est une porte en plein cintre, ornée de moulures dont la dernière repose sur deux têtes; au-dessus sont cinq ouvertures : savoir deux rondes, deux quadrangulaires et une aiguë. Trois fleurons, remarquables par leur composition, surmontent les angles du toit, dont les dimensions et la double pente sont déterminées par une charpente gigantesque, refaite au xve siècle. On peut voir les détails de cette charpente dans l'ouvrage publié par M. A. Blouet, architecte, membre de l'Institut, sous le titre de Supplément au traité de Rondelet, 1847. (Pl. 45.)

ARCHITECTURE MONASTIQUE. 453

Les fleurons en pierre, sculptés dans le meilleur style du xiiie siècle, qui surmontent le toit de la grange, se reproduisent, à quelques différences près, au sommet de la construction qui forme l'entrée de la ferme. Nous reproduisons ici, d'après les dessins de M. Verdier, le type le plus important, celui du milieu.

N° 540. Fleuron de couronnement de la porte de Meslay.

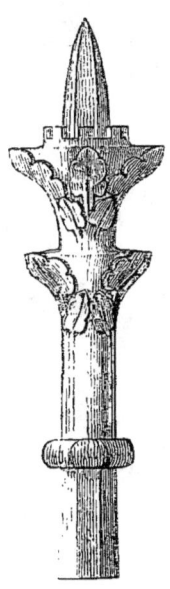

La façade postérieure de la grange, tracée au n° 541, est percée de trois baies, dont l'une, pratiquée entre deux contreforts, est d'une étendue considérable; elle éclaire la nef du milieu de l'édifice; les deux autres sont placées dans l'axe des premières nefs secondaires, et correspondent à celles qui, sur la façade principale du bâtiment, gravée au n° 539, sont aussi de forme rectangulaire et présentent des dimensions égales; elles servent à éclairer et à ventiler ces nefs.

N° 541. Façade postérieure de la grange de Meslay.

Ces principales données d'une ferme monastique sont celles qui se reproduisirent, aux exceptions près de l'art de chaque époque, dans les constructions rurales du moyen âge.

Les moines avaient droit de pêche et de chasse : « Pari voto attribuimus eis (monachis) forestam piscationis atque venationis. » (Ducange.) En raison de ces droits, ils construisaient, pour s'assurer la conservation du poisson et du gibier, soit des enceintes garnies de tours de garde autour des viviers, soit des maisons de gardes-chasse dans les forêts. On voit à peu de distance du monastère de Marmoutier, en Touraine, les restes d'un vivier autour duquel est un mur de circonvallation ; quatre tours occupent les angles.

Les grands cours d'eau ne traversant pas généralement l'enceinte des monastères, et offrant cependant des forces dont les moines devaient tirer parti pour mettre en activité des usines, ils y établirent des moulins à blé, des papeteries, etc. etc.

Nous reproduisons ici deux dessins originaux, sur parchemin, qui se voient aux Archives impériales. Ce sont les moulins de Tanlay et de Saint-Quenault, l'un à blé, l'autre à papier. Ils sont représentés avant et après 1468.

MOULIN À BLÉ.

A. La maison.
B. Chambre en laquelle couchoit le meunier.
C. Les portes pour esclorre l'eaue.
E.–F. L'eaue qui va au moulin.
G. L'eaue qui passe devant la maison.
H. Le mur qui conduit et garde l'eaue dudit moulin.

N° 542. Moulin de Tanlay.

INSTRUCTIONS.

MOULINS À BLÉ ET À PAPIER.

A. Prés.
B. La maison et moulin de Tanlay, à papier.
C. Le pont du Parre.
D. L'eaue qui va au moulin de Tanlay.
E. Le mur qui conduit l'eaue et porte la charpenterie.
H. La maison et moulin de Saint-Quenault.
I. L'eaue qui va au moulin de Saint-Quenault.
K. Espace entre le pont et moulin de Saint-Quenault.

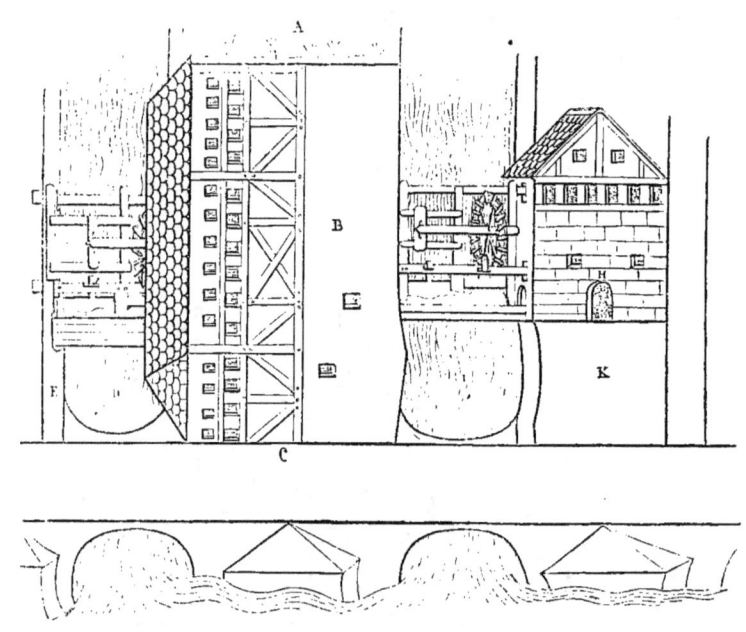

N° 543. Moulins de Tanlay et de Saint-Quenault.

Les plans des censives de Sainte-Geneviève et autres, qui nous restent dans les archives, démontrent qu'à l'intérieur des villes, les maisons construites par les religieux ou leurs acquéreurs de terrains à condition de bâtir, pour en tirer le cens, n'étaient en général que de petites habitations, faites plutôt pour loger le peuple que les gens d'une condition élevée.

MONUMENTS COMMÉMORATIFS.

Les terres situées sous la juridiction des abbés pouvaient offrir des monuments commémoratifs de quelques faits importants pour l'histoire de l'abbaye. Quand Philippe le Hardi porta jusqu'à Saint-Denis les restes mortels de saint Louis, son père, on fit élever des croix monumentales aux endroits où il se reposa, sur le chemin de Paris jusqu'à la sépulture royale ; ces petites constructions étaient appelées *montjoyes*; elles étaient de forme pyramidale et décorées chacune de trois statues de rois; on y faisait des pauses quand on portait les rois défunts à Saint-Denis. On voit encore la base d'un de ces monuments au port de la Briche.

Lorsque Édouard Ier, d'Angleterre, transporta le corps de la reine Éléonore, morte en 1290, jusqu'à l'abbaye de Westminster, pour l'y faire déposer, il fit élever une croix très-ornée à chacune des stations ou gîtes où le corps passa la nuit. Deux ou trois de ces croix subsistent encore, et sont comptées parmi les plus précieux monuments de l'Angleterre.

On voyait aussi des monuments commémoratifs dans l'enceinte même de certains monastères; ainsi Rome présente, au milieu d'un des cloîtres du couvent de Saint-Pierre *in Montorio*, sur le Janicule, le petit monument circulaire élevé par Bramante à l'endroit où l'on pense que l'apôtre fut mis en croix. On doit considérer aussi comme un monument commémoratif le bas-relief que les Augustins de Paris firent placer sur un angle de leur église, et qui rappelait l'amende honorable que leur firent le sergent à verge Jean Boyart, Gillet Roland et Guillaume de Besançon. Ce bas-relief est déjà mentionné page 379.

Enfin, on plaçait fréquemment, dans l'intérieur des églises des monastères, des inscriptions rappelant des fondations de messes, des donations ou tous autres faits utiles à conserver dans la mémoire des fidèles ou des religieux de la communauté.

CHAPELLES DÉPENDANTES DES MAISONS RELIGIEUSES.

Au troisième article de ces Instructions relatif aux églises, chapelles et oratoires secondaires, qui se voyaient fréquemment dans l'enceinte des maisons religieuses, il est dit qu'elles devaient cette origine au martyre d'un saint, à des miracles, ou même au simple souvenir d'un cénobite, ce qui avait engagé à les comprendre dans les murs du monastère ; en dehors de cette enceinte se trouvaient fréquemment aussi des chapelles, que leur éloignement, leur fondation postérieure, ou toute autre cause, n'avaient pas permis de joindre au couvent; dans ce cas l'abbé ou le prieur avaient la nomination des chapelains chargés de les desservir. C'est ainsi que les dames de Montmartre avaient sous leur dépendance la chapelle du Martyre, située sur le revers méridional de la montagne, et dont l'origine remontait aux premiers siècles du christianisme. La chapelle de Notre-Dame-de-Lorette, placée plus bas, au pied de la pente, était dans le même cas. Les religieux de Saint-Germain-des-Prés, à Paris, avaient ces mêmes droits sur la chapelle de Saint-Pierre ou des Saints-Pères, située sur la butte de la Charité, auprès des fossés de l'abbaye. A Saint-Denis, il en était ainsi pour la chapelle de Saint-Remy, hors les murs de la ville, à l'orient. Ces exemples suffisent pour attirer l'attention sur tous les monuments de ce genre placés en dehors des en-

ARCHITECTURE MONASTIQUE.

ceintes des maisons religieuses, quelle que soit la distance qui les sépare. Des dispositions analogues se retrouvent dans les monastères de la Grèce. Les nombreuses gravures qui représentent les monastères du mont Athos, et dont une est reproduite dans ces Instructions, font voir de petits édifices religieux dans le voisinage, et dédiés à différents saints du pays.

FONTAINES RELIGIEUSES ET MIRACULEUSES.

Des fontaines auxquelles on attribuait des propriétés particulières pour la guérison des maladies, ou pour tout autre sujet, se trouvaient souvent aux environs des maisons religieuses, dans leur enceinte ou même dans des contrées éloignées de toute habitation. Des fêtes annuelles y conduisaient les pèlerins, qui venaient y puiser ou même se plonger entièrement dans leurs eaux. On voyait de ces fontaines consacrées à la Vierge, à la Trinité ou à quelque saint honoré dans le pays.

La plus ancienne dont nous ayons trouvé la mention est la fontaine miraculeuse de Sainte-Clotilde, auprès d'un monastère de Rouen. (*Acta Sanct.* t. Ier, Vie de sainte Clotilde.)

Lorsqu'on devait descendre dans la fontaine, le fond était ordinairement dallé de grandes pierres sur lesquelles on gravait quelquefois des personnages; sainte Radegonde est, dit-on, représentée au fond de la fontaine de Caillouville, auprès de l'abbaye de Fontenelle. Des marches conduisaient commodément dans le bassin; des gradins pouvaient être établis autour, afin qu'un grand nombre de pèlerins pussent s'y placer en même temps. Un petit oratoire, ou même une église particulière, accompagnait ces fontaines lorsqu'elles n'étaient pas dans l'enceinte, d'un monastère.

Le bord de la fontaine pouvait présenter seulement une assise de pierres, sans moulures ni ornements; on connaît des exemples d'encadrements de fontaines enrichis de sculpture, bien qu'ils ne s'élèvent pas, au-dessus du sol, plus que les bords de nos bassins de jardins publics. D'autres fontaines portaient sur leur bordure une niche élevée, destinée à renfermer une statue; il était rare, dans ce cas, qu'on omît de placer auprès des bancs pour les voyageurs et les pèlerins.

La niche du saint pouvait être accompagnée d'un autel pour dire la messe à l'époque des pèlerinages; la fontaine de Saint-Gohennoux en Bretagne, dont nous donnons un dessin, présentait à l'intérieur de l'enceinte un autel, deux siéges pour les officiants, et une suite de bancs en pierres pour placer les assistants de distinction. Le peuple se tenait autour de la fontaine, en dehors du mur de clôture.

N° 544. Fontaine de Saint-Gohennoux (Bretagne).

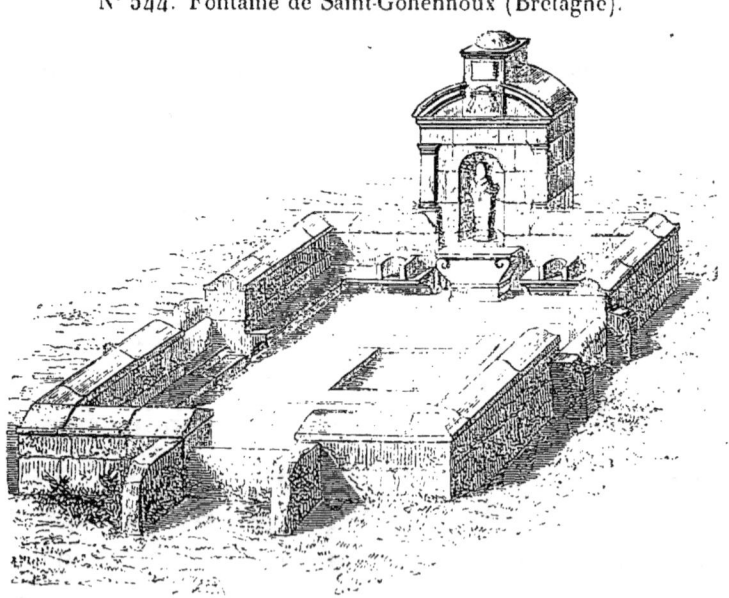

Enfin, d'autres fontaines sacrées offraient dans leurs dispositions mêmes l'idée symbolique de leur dédicace; on en voyait un exemple remarquable à la Trinité, (Morbihan). Elle présentait deux enceintes : au fond de la première, où entraient les eaux, on avait construit trois niches surmontées chacune d'un pignon, pour couvrir autant de rigoles d'arrivée. L'eau passait d'abord dans un bassin ovale, autour duquel on pouvait circuler librement; de là elle coulait dans le second réservoir, entouré d'une banquette. Cette fontaine était consacrée à la sainte Trinité.

N° 545. Fontaine de la Trinité (Bretagne).

Quelques fontaines sacrées étaient décorées seulement d'une croix placée en avant ou en arrière de la source, ou même sur un socle plongeant dans l'eau ou surmontant la cuve en pierres plates qui entourait le lieu d'où elle sortait; la ville de Guéret en montrait un exemple curieux dans le siècle dernier. Ailleurs, la fontaine était couverte d'une voûte qu'on prolongeait en avant, afin de mettre à couvert ceux qui s'y rendaient; on en voit une à l'abbaye de Vaux-de-Cernay.

N° 546. Plan de la fontaine de Vaux-de-Cernay

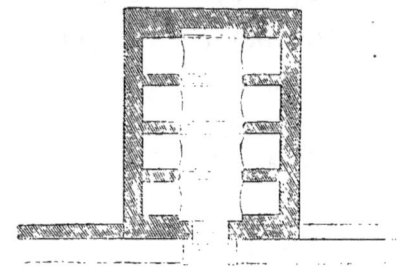

N° 547. Coupe de la fontaine de Vaux-de-Cernay.

Une fontaine d'eaux minérales auxquelles on attribuait une grande vertu, pour la gravelle particulièrement, était située devant le logis abbatial des Eschalis, en Bourgogne (D. M. t. I, p. 185). Entre Saremore et Simorre, abbayes du diocèse d'Auch, on voyait le tombeau de saint Céras, que traversait une fontaine miraculeuse pour les malades.

Les religieux de Clairvaux avaient l'habitude d'aller tous les ans, après Pâques, à la fontaine de saint Bernard, située à une demi-lieue du monastère; là, étant arrivés, ils chantaient un répons de saint Bernard, le *Regina cœli*, et mettaient chacun au pied de la grande croix qui était auprès de la fontaine, une petite croix de bois fabriquée par eux; ensuite ils buvaient de l'eau de la fontaine avec la main. Cette source fournissait d'eau le premier monastère et passait pour avoir été obtenue miraculeusement du ciel par saint Bernard (D. M. t. I, p. 148 et 185). Le petit monastère de la Sainte-Baume offre une fontaine qui ne tarit jamais et qui possède des vertus miraculeuses pour la guérison des malades.

STATUES, CROIX, CALVAIRES SUR LES ROUTES, DANS LES FORÊTS, DANS LES CAMPAGNES, DANS LES LIEUX DÉSERTS, ETC.

Indépendamment des chapelles placées sous la dépendance des monastères, et qui, assez spacieuses pour réunir un certain nombre de fidèles, devaient être desservies par un chapelain, on voyait sur les routes, dans les forêts, sur les montagnes, de petits édicules qui ne présentaient d'autre construction qu'un massif de maçonnerie ou de pierres de taille, décoré d'une statue dans une niche. L'art y apporta parfois toutes ses ressources. On voit auprès de Bonn un de ces monuments d'un goût remarquable. (Voir la planche 548, à la page suivante.) Ailleurs c'était une statue qu'on abritait sous un dais richement décoré par la sculpture, ou un modeste toit en charpente. Le lieu où s'était reposé un saint personnage, celui où il avait fait quelque miracle, motivait parfois la construction d'un petit monument commémoratif. On voit en Provence le saint pilier qui se rattache aux souvenirs de la Sainte-Baume; il s'élève dans un lieu écarté, voisin de la grotte où sainte Madeleine s'était retirée. Ce pilier est une colonne prismatique au sommet de laquelle la sainte est figurée enlevée par les anges, qui, suivant sa légende, opéraient le miracle sept fois par jour en ce lieu.

N° 548. Croix auprès de Bonn.

Quelquefois, dans les forêts, une statue était fixée à un gros arbre et un auvent en bois l'abritait. Élevés généralement par des particuliers pour l'accomplissement d'un vœu, ces petits monuments de la piété de nos pères réunissaient les pèlerins à certains jours de l'année; alors, dans les cas les plus ordinaires, un religieux du monastère le plus voisin venait présider au pèlerinage et faire aux fidèles quelques exhortations religieuses; c'est ce qui se pratique de nos jours en Italie.

Les chapelles du Chêne sont très-anciennes; Constantin éleva une église dans la vallée d'Hébron, dont on voit les ruines : on la nommait *ad Quercum*. La madone de la Quercia, auprès de Viterbe, est très-célèbre.

Ces petits monuments isolés doivent être conservés; il y en avait d'intéressants par leurs dispositions originales; on voyait encore, il y a peu d'années, sur un carrefour de trois routes, dans le département du Gard, une petite construction de forme triangulaire, offrant chacune de ses faces à l'un des chemins et mettant à couvert une croix en pierre placée au centre : ce monument datait du siècle.

N° 549. Croix couverte sur trois routes.

Des croix réunies en calvaires étaient placées quelquefois aussi dans les carrefours, dans les lieux écartés, auprès des monastères ; la Bretagne en présente de très-remarquables par leur disposition générale, par l'abondance des sculptures qui les décorent; la maison religieuse située, avant 1830, au sommet du mont Valérien, auprès de Paris, avait un calvaire au pied duquel on prêchait dans les grandes solennités. Enfin, la Bretagne et quelques autres contrées, sans doute, présentaient des réunions de croix disposées en forme d'allées, entre lesquelles on venait faire des processions, auxquelles présidaient généralement des moines sortis des maisons religieuses les plus voisines.

N° 550. Allée de croix à la Trinité (Bretagne).

CHARTREUSES.

Les chartreuses furent fondées, au xie siècle, par saint Bruno; elles étaient prieurés, comme nous l'avons dit en commençant; la règle exigeait que les religieux vécussent en anachorètes, et cependant un grand nombre d'exercices se passant en commun, il résultait de ces différences établies entre la vie des chartreux et celle des moines ordinaires, que leurs maisons présentaient des dispositions qui réunissaient dans une même enceinte des bâtiments analogues à ceux des laures, et convenables à la vie cénobitique, puis les distributions de quelques parties importantes des monastères. Nous rappellerons ici en quelques mots ce qu'étaient les laures, pour faire voir combien les chartreuses eurent, à certains égards, d'analogie avec elles : on lit dans le *Monasticon anglicanum* (Abendonia) : « Monasterium Abendoniæ, quod construxit Heanæ, primus abbas ejusdem loci, tale erat : habebat in longitudine c et xx pedes et erat rotundum... in circuitu hujus monasterii erant habitacula xii et totidem capellæ, et in habitacula xii ibidem manducantes et bibentes et dormientes... habebant juxta portam, domum pro locutorio... diebus dominicis et præcipuis festivitatibus simul conveniebant, et in ecclesia missam celebrabant et simul manducabant. »

Sur le circuit de ce monastère, dont la forme ronde était exceptionnelle, s'élevaient douze petites maisons et un pareil nombre de chapelles; les religieux prenaient leurs repas et dormaient dans ces maisons. Un parloir était placé auprès de la porte du monastère. Le dimanche et les jours de fête, les moines se réunissaient, célébraient la messe dans l'église et mangeaient ensemble.

Ces dispositions furent à peu près celles qu'adopta saint Bruno pour les chartreuses; il ne reproduisit pas les chapelles en nombre égal à celui des maisons, mais il donna un oratoire intérieur à chaque religieux; pour ce qui regarde les parties communes, église, réfectoire, salle de réunion, etc. il suivit la marche établie depuis l'origine du *cœnobium*.

Les plus grandes différences que présentaient les chartreuses avec les maisons religieuses ordinaires, consistaient d'abord dans l'immense étendue du cloître; les galeries ou promenoirs des chartreux de Paris avaient 136 mètres de longueur dans un sens et 91 mètres dans l'autre. La surface du préau servant de cimetière était d'un hectare environ.

Les grandes dimensions de ces cloîtres étaient la conséquence de la construction des nombreuses *cellules*, ou petites maisons isolées destinées aux religieux et qu'on établissait toutes sur un plan uniforme, sans autres communications entre elles que la galerie du cloître, et accompagnées chacune d'un jardin pour que les chartreux pussent se livrer à la culture ; elles se composaient, à Paris, d'un vestibule, d'une chambre à lit, d'une petite pièce servant de bibliothèque ou d'atelier, suivant le genre d'occupation du religieux. A la chartreuse de Gaillon, chaque cellule comportait une grande chambre, deux petites, une serre pour les instruments aratoires ; un jardin entouré de hautes murailles l'accompagnait.

On voit en Italie de belles chartreuses ; celle de Naples occupe le sommet des montagnes qui dominent le golfe et la ville ; à Rome elle est établie dans les ruines des thermes de Dioclétien ; d'ingénieuses combinaisons ont présidé à la disposition des maisons de religieux. Pavie présente la plus belle chartreuse qu'il y ait dans la chrétienté : elle date de la renaissance. On sait combien est célèbre celle des environs de Grenoble, et ce que renfermait de précieux monuments, de remarquables peintures de Lesueur, la maison des chartreux de Paris, située auprès du jardin du Luxembourg.

MONASTÈRES DES RELIGIEUSES.

MONASTERIA SANCTIMONIALIUM.

La vie religieuse fut adoptée par les femmes avec autant d'ardeur que par les hommes. Il est inutile de reproduire ici tout ce que nous avons dit en commençant à l'égard de l'origine des monastères, et des constructions qui se trouvaient réunies dans leur enceinte ; nous devons nous borner à indiquer les différences que présentaient les maisons religieuses des femmes avec celles des hommes. Elles se divisaient aussi en abbayes, prieurés, etc. Les abbesses, choisies souvent dans les plus hauts rangs de la société, avaient la crosse et jouissaient des mêmes priviléges, droits et immunités que les abbés.

SITUATION.

Dès l'origine, on éleva des monastères de femmes dans l'intérieur des villes; sous les rois de la première race, Lutèce, presque réduite à l'île de la Cité, vit sainte Aure diriger une communauté de femmes fondée par saint Éloi, au lieu occupé depuis par les Barnabites, et plus d'une ville ancienne présente des fondations analogues; la règle qu'on y suivait était celle de saint Colomban ou de saint Césaire. L'étendue de ces premiers monastères ne pouvait être considérable en raison du peu de surface qu'occupèrent nos villes durant cette période.

Extra muros. — Dans la campagne, s'élevèrent aussi de nombreux monastères, qui furent généralement placés dans des localités d'une habitation facile, les femmes n'ayant pu, comme les hommes, s'établir dans les lieux déserts et incultes, que les religieux se proposaient de défricher. Dès le règne de Clovis on voit sainte Clotilde fonder, à quatre lieues de Paris, le monastère de Chelles, sous le nom de Saint-Georges, auprès du palais de plaisance qu'y possédaient nos rois; au milieu du VIIe siècle sainte Bathilde le reconstruisait pour l'agrandir; elle y plaçait des religieuses de l'abbaye de Jouarre, déjà célèbre. Les monastères de Fontevrault, de Faremoutier, de Hières, de Gif, de Montmartre, d'Argenteuil, de Poissy, du Paraclet, sont au nombre des plus renommés.

ENCEINTE.

Les murs extérieurs des monastères de femmes pouvaient présenter, comme ceux des monastères d'hommes, des moyens de défense : nous avons publié, dans la première partie, un fragment de l'enceinte du prieuré d'Argenteuil, d'après le *Monasticon gallicanum* (voir page 62, pl. 35). Les portes étaient aussi construites avec des tours militaires ; on en voyait à l'abbaye de Poissy. Il paraît que, dans l'origine, les enceintes ne présentaient qu'une ouverture de petite dimension, solidement close et placée à une hauteur telle qu'on ne pouvait arriver dans l'intérieur que par un escalier en bois, assez léger pour que, durant la nuit et la méridienne, il pût être enlevé, puis solidement fixé, du côté de l'intérieur, par une chaîne de fer attachée au moyen d'une clef. Plus tard, l'entrée des monastères de femmes ne présenta plus ces précautions incommodes, mais une seconde porte établie derrière la première et à une certaine distance doublait les obstacles ; les portières habitaient entre ces deux clôtures ; cette disposition est celle dont on fait encore usage aujourd'hui.

ÉGLISE.

Les églises présentaient quelques différences avec celles des monastères d'hommes ; comme dans celles-ci, le chœur parfois était placé au centre de la croix, et s'étendait même au delà de ses limites vers la nef ; ces dispositions devaient être prises dans les temples des grandes communautés de femmes, à Fontevrault, à Poissy, etc.; mais plus généralement il était établi, soit sur le côté, dans un transsept étroitement grillé, afin que les religieuses ne pussent être vues de la nef (c'était la disposition adoptée à l'abbaye de Montmartre), soit derrière le maître-autel ; il formait alors un arrière-chœur, séparé du sanctuaire par des grilles, quelquefois même par un mur n'offrant qu'une étroite ouverture, pour laisser voir aux religieuses l'officiant et le tabernacle. C'est ainsi qu'est disposé le chœur du monastère que fit construire Anne d'Autriche au Val-de-Grâce de Paris.

Le chœur pouvait être placé aussi au premier étage, au-dessus du presbytère, en arrière du maître-autel, et avoir vue sur l'église par des ouvertures étroitement grillées ; on évitait ainsi aux religieuses de descendre au sol inférieur de l'édifice, et, par ce moyen, elles étaient encore plus renfermées dans le monastère ; on voyait un exemple de cette disposition aux Carmélites de Paris. La même intention fit établir dans la nef de plusieurs églises, des tribunes grillées au-dessus des bas-côtés, ou des chapelles latérales qui les remplacent quelquefois ; ces tribunes, prenant même un grand développement, devinrent de véritables galeries au premier étage, disposition qui rappelait les basiliques primitives, où les femmes avaient leur place réservée à l'étage supérieur, ce qui a lieu encore en Orient. On voit à Rome un exemple de monastère de femmes offrant cette galerie construite avec des colonnes de marbre, comme au rez-de-chaussée ; c'est à l'église des Quatre-Saints-Couronnés, qui appartient aux Orphelines. Enfin, les tribunes pouvaient s'étendre derrière le mur de face de l'église, auprès de l'orgue, afin de permettre aux religieuses d'exécuter les chants sacrés en s'accompagnant de cet instrument. L'église du monastère de la Trinité-du-Mont, à Rome, fournit, de nos jours, un exemple de ce que peut produire la musique religieuse exécutée entièrement par des femmes. Les dames de Longchamp, auprès de Paris, obtinrent les mêmes effets par la perfection de leurs chants, exécutés derrière des voiles.

PARLOIR.

Le parloir des maisons de femmes se divisait en deux parties bien distinctes : 1° celle où étaient admises les personnes du dehors ; 2° la portion de la salle qui, dirigée vers le monastère, était destinée aux religieuses. On ne pouvait être admis dans la première de ces deux divisions du parloir sans témoins : « Cum nullo masculo sanctimonialibus colloquium habere liceat, nisi in auditorio, et ibi coram testibus. » (Ducange.) Une et quelquefois même deux grilles, espacées entre elles de 5o à 6o centimètres, séparaient les visiteurs des visitées. Ces grilles, exécutées en fer et à mailles très-serrées, offraient souvent, à la rencontre des barreaux, de longues pointes de fer très-aiguës, pour s'opposer à ce qu'on s'approchât. « Cratis, repagulum ferreum quo sanctimonialium locutoria clauduntur. » (Ducange.) On plaçait quelquefois un voile noir derrière les grilles afin d'éviter qu'on pût voir les religieuses. « Ad cratem vero pannus interius apponatur qui non removeatur nisi cum proponitur verbum Dei, vel aliqua alicui loqueretur. » (Ducange.)

Les monastères de femmes avaient, plus fréquemment que ceux des hommes, un parloir destiné à la confession, construit auprès du temple. Sa disposition était telle que la religieuse placée dans le parloir pouvait se confesser à son directeur, assis dans le confessionnal de l'église. Des ouvertures étroitement grillées et établies convenablement pour cela servaient à la communication de la parole. On voit un exemple curieux de cette disposition à la *Martorana,* monastère de femmes à Palerme ; l'église fut construite au xie siècle par l'amiral du roi Roger, Georges d'Antioche.

Dans certains ordres, les femmes ne recevaient la communion qu'à travers des grilles, et un rideau les cachait aux assistants : « Crates ferreæ per quas communio accipitur, in regula Clarissarum, quibus apponitur pannus interius, ita ut nulla inde valeat exterius in capella aliquid intueri. » (Ducange.)

ARCHITECTURE MONASTIQUE. 473

Les principales divisions des monastères de femmes avaient la plus grande analogie avec celles des maisons religieuses des hommes : sur le cloître principal s'élevaient le réfectoire (voir celui de Fontevrault, à la page 351, pl. 496), les celliers, les dortoirs, divisés en cellules ou gardant toute l'étendue de la façade. La salle du chapitre, placée à l'orient, était décorée de peintures, comme celle des hommes : on y voyait à Fontevrault les portraits des abbesses au milieu des ornements peints qui couvraient les parois. L'abbaye de Poissy avait les réfectoires gras et maigres, ainsi que les cuisines se rapportant à chacun d'eux. Comme dépendances exceptionnelles, cette maison contenait les appartements des princesses. Les écoles extérieures, les maisons des hôtes, des pèlerins et des voyageurs, manquaient à ces abbayes, qui ne pouvaient être, comme celles des hommes, en contact avec le dehors, et desquelles les religieuses ne pouvaient sortir. A l'égard des dépendances extérieures, les propriétés étant soumises aux mêmes conditions de chapellenies, de cens, d'exploitation, de droits seigneuriaux, nous ne pourrions que répéter ici ce qui a été dit précédemment à l'égard des *monasteria monachorum*.

BÉGUINAGES.

Les béguinages étaient des communautés de filles qui vivaient séparées de leurs familles dans un encloître ou enceinte, établie ordinairement dans les villes. Elles n'étaient liées par aucun engagement qui les empêchât de sortir et même de se marier. Les béguinages contenaient quelquefois jusqu'à neuf cents filles[1], qui étaient divisées par couvents de vingt personnes environ. Lorsqu'elles avaient atteint l'âge d'environ vingt-huit ans, elles pouvaient vivre dans des chambres et

[1] *Voy. litt.* t. I, IIe partie, p. 194.

même dans des maisons séparées, comprises dans l'enceinte de l'encloître. « Curia beghinarum, claustrum in qua beghinæ commorantur. » (Ducange.) Les béguines avaient un habit particulier, qu'elles devaient garder tant qu'elles restaient dans l'enceinte de l'encloître, et qu'il ne leur était plus permis de porter lorsqu'elles en sortaient pour une cause quelconque. « Et si aliqua beghina extra curiam accesserit moratura, vel ejecta fuerit, habitum non deferet beghinarum. » (Ducange.)

MONASTÈRE DOUBLE,
MONASTERIUM DUPLEX.

Lors de la création des monastères de femmes, plusieurs messes devant y être célébrées chaque jour, des chapelles particulières s'élevant généralement dans l'enceinte, et la présence de prêtres étant sans cesse nécessaire pour la confession et d'autres sacrements, il fallait un clergé assez voisin pour qu'il pût toujours être présent. On logea ce personnel de prêtres et de leurs clercs dans la première cour des abbayes; ils y formaient une sorte de communauté bien séparée et bien distincte, dont on voit l'usage se perpétuer, car on le retrouve dans l'histoire des abbayes de Jouarre, de Montmartre, de Port-Royal-des-Champs, des Carmélites de Paris, etc. La disposition et le but de cette demeure de prêtres auprès des monastères de femmes sont bien indiqués par Rudolfus, moine de Fulde, qui s'exprime ainsi : « Duo monasteria constructa sunt, muris altis et firmis circumdata... ordinatum est ut neutrum illorum dispar sexus ingrederetur... exceptis solummodo presbyteris... ad agenda missarum officia. » (Rud. *Vita S. Liobæ,* cap. I.)

Le besoin donc, qui se fit sentir, dès l'origine, d'avoir des prêtres auprès des monastères de femmes, donna naissance aux abbayes doubles, maisons présentant simultanément une abbaye d'hommes et une de femmes, réunies dans la même enceinte générale, mais séparées par des murs et par tous les moyens convenables pour empêcher les relations; il n'y avait réellement que le voisinage, la communauté n'était qu'apparente, car l'église, les bâtiments claustraux et toutes les dépendances se doublaient pour que chaque division fût complète.

L'ensemble de ces maisons formait le *monasterium duplex* (Heurter, t. II, p. 113); la partie consacrée aux hommes, et comprenant leur église particulière, leur cloître et les lieux réguliers, était nommée ἀνδρών.

Depuis le quatrième siècle de l'Église, on voit paraître de ces abbayes dans toute la chrétienté occidentale; elles y furent même très-communes dans l'origine. En France, l'abbaye de Chelles, fondée par sainte Clotilde, et si célèbre dans les premiers siècles de la monarchie, était double; les hommes y étaient sous l'autorité de l'abbesse, car lorsqu'au milieu du VIIe siècle la reine sainte Bathilde agrandit ce monastère, à la tête duquel fut placée Bertille, cette dernière, à la prière du roi d'Angleterre, permit à plusieurs religieux d'aller réformer l'état monastique dans cette contrée; ce qui indique combien ils étaient distingués par leur régularité. Plus tard, le fils de Dagobert III, Thierry, surnommé de Chelles, y fut élevé par les religieux, jusqu'à ce qu'il montât sur le trône, vers 720. (Abbé Lebeuf, t. VI, p. 34.)

Beda cite, vers 705, l'abbaye de Coldingham, en Écosse, comme étant double; il en nomme d'autres dans la vie de sainte Hadeloge, vierge, de saint Gilbert, etc. (Beda, liv. IV, c. 15 et 19, *Histoire ecclésiastique*.)

On lit dans le IIIe siècle des Bénédictins : « Adamnanus monachus in cœnobio Coludensi, cui præerat sancta Ebba abbatissa; erat istud monasterium, ut cætera sanctimonialium passim, duplex virorum æque puellarum. » (Act. S. O. S. B. IIIe siècle.)

Isidore de Séville parle aussi des monastères doubles au livre II, chap. xv, *De officiis ecclesiæ;* Bollandus de même, dans sa vie de saint Angilbert. (*Acta sanct.* mensis februarii, n° 13). Dans les Flandres, l'abbaye de Marchiennes devait son origine, au VIIe siècle, à saint Amand et à sainte Rictrude, qui y assemblèrent deux communautés, une d'hommes et une de filles. (D. Mart. *Voy. litt.* t. II, p. 90.) Dans la même contrée, l'abbaye de Hasnon reconnaissait pour fondateurs Jean et Eulalie, personnages de grande naissance qui bâtirent deux monastères, l'un pour des hommes, qui fut gouverné par Jean, l'autre pour des filles, dont Eulalie fut la première abbesse, et que, dans le IXe siècle, dirigea Ermentrude, fille de Charles le Chauve. (D. Mart. *Voy. litt.* t. I, p. 215.)

On trouve dans la vie de saint Aurèle l'indication du monastère de Thabane, en Espagne, qui contenait des hommes et des femmes séparés. Au IXe siècle, un nommé Martin était abbé, sa sœur Élisabeth était abbesse. (*Vie de saint Aurèle.*)

La plus célèbre des abbayes doubles fut celle de Fontevrault, chef d'ordre, dans laquelle l'autorité était exercée par l'abbesse, non-seulement sur toutes les religieuses, mais encore sur tous les religieux de l'ordre : « Monachi sunt inferne, monachæ superne. » Robert d'Arbrissel, fondateur de cet ordre au commencement du XIIe siècle, avait créé un grand nombre de maisons semblables : « Multa pro utroque sexu extruxit monasteria, quorum princeps est illud quod Fontis-Ebraldi appellatur. » L'abbaye de Fontevrault contenait trois communautés de femmes séparées, plus deux communautés d'hommes, l'une pour l'instruction de la jeunesse, l'autre composée des confesseurs des religieuses. (D. Mart. *Voy. litt.* t. I, part. II, p. 5.) On portait à la grande église de Fontevrault les corps des religieux décédés, les religieuses jetaient l'eau bénite sur le défunt. (D. Mart. *Voy. litt.* t. I, part. II, p. 3.)

N° 551. Plan de l'abbaye double de Fontevrault.

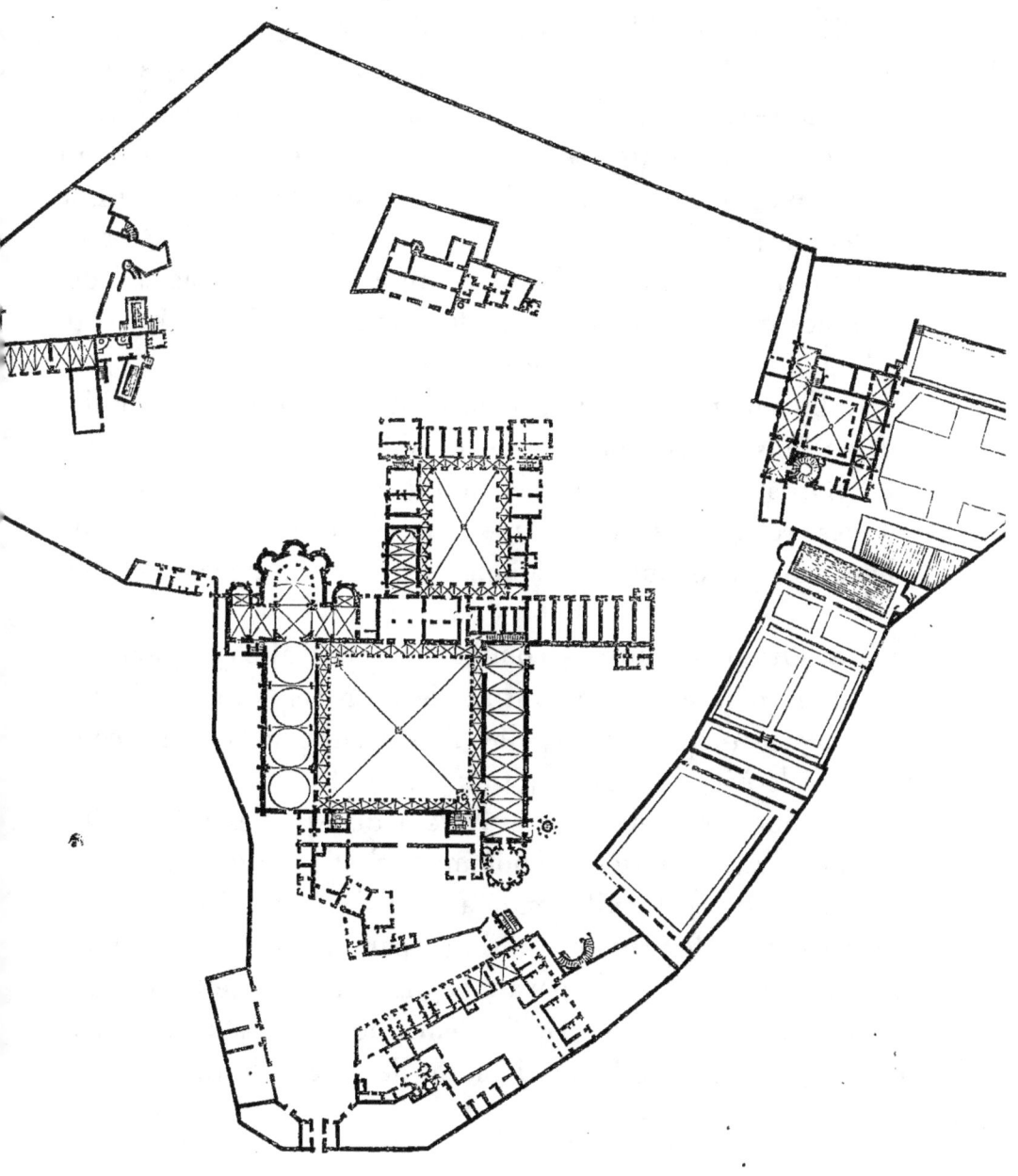

Les monastères doubles n'étaient pas tous dirigés par les femmes comme les précédents: on lit ces mots dans le *Memoriale sanctorum* de saint Eulogius, cap. x, lib. III : « Claustra fœminarum a cellulis monachorum altis interjectis disparata maceriis, licet unius patris gubernaculo regerentur. »

Originairement les monastères de Prémontré étaient doubles; dom Martenne dit que, parcourant les archives de l'abbaye de Bellevaux, de cet ordre, dans le diocèse de Nevers, il reconnut que cette maison avait été fondée par un seigneur de Marmagne, qui avait embrassé la vie religieuse, ainsi que sa femme; il ajoute : « Car anciennement les monastères de Prémontré étoient doubles, et proche du monastère des hommes on en bâtissoit un de femmes. » (D. Mart. *Voy. litt.* t. I, p. 52, et *Gallia christiana*, t. XIII, p. 848.)

Enfin, on verrait encore de nos jours un monastère double; M. de Roisin a cité au congrès de Lille, en 1843, une abbaye des bords du Rhin, occupée simultanément par des religieux et des religieuses; un mur sépare l'enceinte commune en deux parties distinctes. (Compte rendu du congrès de Lille, 1843.)

Les Orientaux eurent comme nous des abbayes doubles; Ignace le diacre en cite dans sa vie de Nicéphore, patriarche de Constantinople, n° 27; elles furent supprimées au second concile de Nicée, 2ᵉ canon, en 787.

Les monastères de femmes étaient quelquefois sous la dépendance de monastères d'hommes; c'est ce qui arriva pour le prieuré d'Argenteuil, fondé au vIIᵉ siècle par Ermanric et Nummane, sa femme, et approuvé par Clotaire III, en 665. L'abbaye de Saint-Denis avait la direction de cette maison, qui devint très-célèbre, car Charlemagne y mit sa sœur Théodrade et il fut rempli de religieuses de la famille royale et de la cour, jusqu'aux guerres des Normands. (Abbé Lebeuf, Argenteuil, t. IV.)

MONASTÈRES DES CLERCS,

MONASTERIA CLERICORUM.

On nommait monastères des clercs, *monasteria clericorum*, les constructions religieuses établies auprès des églises cathédrales et collégiales, pour loger les chapitres et collèges des chanoines. Les apôtres et leurs disciples vivaient et priaient en commun avec les fidèles, mais bientôt les ecclésiastiques séculiers jouirent chacun de leurs revenus. Vers le milieu du IVe siècle, saint Eusèbe, évêque de Verceil (saint Ambroise, *Epist.* 63), et, vers la même époque, saint Augustin, évêque d'Hippone, rassemblèrent auprès d'eux les clercs en commun et formèrent ce qu'on appelait le *presbyterium;* mais les malheurs des temps firent abandonner ces premières institutions. Ce fut en 757 que Chrodegand, évêque de Metz, rétablit parmi eux la vie commune; un capitulaire de 789 confirme cette institution; en 813, le concile d'Aix-la-Chapelle, convoqué par Louis le Débonnaire, fit rédiger par Amalarius une règle fixe pour les chanoines; on s'en occupa au concile d'Arles, en 816. Le concile de Paris, tenu en 829, ordonna que les chefs des communautés séculières et régulières pourvussent aux besoins de ceux qui les composaient, et de cette époque datèrent les prébendes canoniales. On appelait alors chanoines les clercs qui étaient inscrits dans le canon ou la matricule de l'église.

Les anciennes institutions de saint Eusèbe et de saint Augustin durent donner naissance aux premières réunions d'habitations canoniales et, par conséquent, aux *monasteria clericorum*. Un plan de la cathédrale de Strasbourg, dont la construction est attribuée à Clovis, a été publié par Specklin,

480 INSTRUCTIONS.

auteur du xvi° siècle, dans ses *Collectanées*; il n'en indique pas la source[1]. Ce plan, reproduit par Schadaeus et Schilter, au xvii° siècle, fait voir au sud, à l'orient et au nord d'une cour commune, située derrière l'église cathédrale, un édifice continu destiné aux habitations et cellules de l'évêque et des chanoines. Ce plan très-vague n'indique aucun détail.

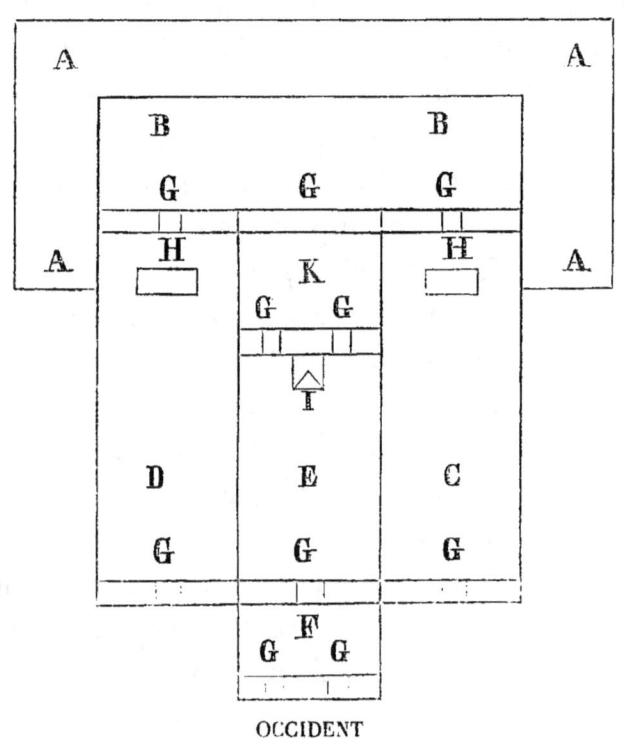

N° 552. Plan de la cathédrale de Strasbourg.

A. Les demeures, habitations ou cellules de l'évêque et des religieux.

B. Cour commune.

C. Partie de l'église assignée aux femmes.

[1] *Bulletin du Comité des arts*, 1845, 5° n°, page 351.

D. Partie occupée par les hommes.

E. Partie moyenne de l'église, dans laquelle on prêchait et baptisait : *naos*.

F. Endroit en dehors de l'église, mais attenant à cette dernière, où se tenaient les pénitents, appelé *narthex* chez les Grecs.

G. Portes et entrées.

H. Deux autels.

I. La chaire.

K. Le chœur réservé au clergé : *capsus*.

La basilique de Saint-Pierre et Saint-Paul, depuis consacrée à sainte Geneviève, à Paris, construite de même par Clovis, fut desservie dès l'origine par des clercs réguliers; on dut établir auprès l'habitation canoniale qui, reconstruite après la retraite des Normands, devint une abbaye en 1148, à l'époque de la réforme par l'abbé Suger. Des basiliques, élevées par les successeurs de Clovis, eurent, de même, des constructions destinées à loger les chanoines, et elles furent quelquefois l'origine de puissantes abbayes; mais les auteurs mentionnent rarement l'institution des chapitres, durant la période mérovingienne [1].

Les données, jusqu'ici incertaines, sur la disposition des premiers *monasteria clericorum* viennent d'être éclaircies de la manière la plus complète par une découverte récente que fit, en Algérie, à Tébessa, l'antique Théveste, M. Léon Renier, savant explorateur de cette contrée. Théveste était une ville riche et étendue, si l'on en juge par ses monuments encore debout et des ruines nombreuses; elle eut, durant les premiers siècles de l'Église, comme Hippone, Carthage, Constantine, etc. de belles basiliques chrétiennes, dont la plus

---

[1] Mabillon, préface du IIIe siècle bénédictin.

importante était épiscopale ; c'est celle qui jouissait de ce privilége à Théveste, et le luxe de sa construction le confirme, que vient d'étudier dans ses détails M. Léon Renier, après y avoir fait des fouilles importantes.

Le plan gravé à la page suivante, sous le n° 553, a été levé par les soins de M. Renier, au moment de la découverte, ainsi que les dessins reproduits sous les n°* 554 et 555; il faut y joindre les détails de décoration de la mosaïque remarquable qui forme le pavé du temple, les dispositions de la barrière établie entre les colonnes pour maintenir l'ordre dans les nefs, et de précieux fragments de sculpture chrétienne qui contribuaient à la décoration intérieure. Malgré l'obligeance avec laquelle M. L. Renier nous a confié ces précieux documents, nous nous sommes borné à reproduire ceux qui rentraient le plus dans notre sujet, les autres ayant des analogues dans la première partie de ce travail, aux pages 179, 229 et 245.

A. Cour d'entrée.
B. Espace de 40 mètres supprimé dans le plan.
C. Basilique.
D. *Atrium*.
E. Cloître.
F. Enceinte entourée d'habitations.
G. Espace devant la basilique.
H. *Triclinium*.
I. Baptistère.
J. Logements du clergé. *Presbyterium*.

Contre le mur de clôture, à l'intérieur de l'enceinte, s'élèvent quelques tours et constructions secondaires, tant pour la défense que pour des services applicables aux besoins intérieurs du *monasterium clericorum* et du nombreux personnel qui devait y être attaché.

N° 553. Plan général de la basilique cathédrale de Théveste.

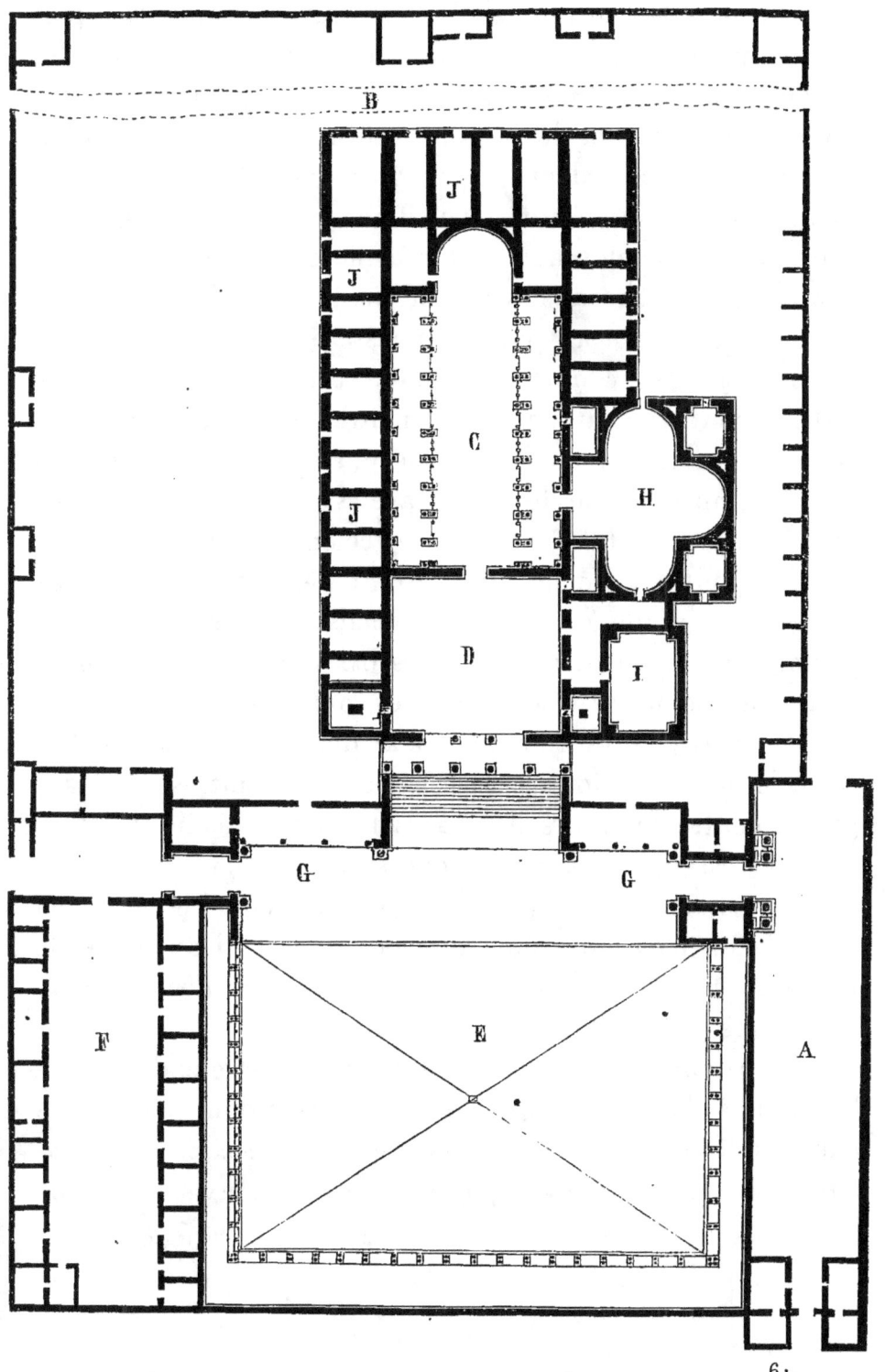

Le vaste édifice dont le plan est gravé ici ne forme plus qu'un immense massif de décombres que M. L. Renier dut explorer sur plusieurs points, pour se rendre compte de sa disposition ancienne et du but qui le fit construire; les fouilles qu'il dirigea avec ardeur lui permirent de recueillir les documents les plus importants, mais il eut le regret de ne pouvoir continuer son exploration d'une manière aussi complète qu'il l'avait espéré d'abord; il serait désirable, dans l'intérêt de la science, que ce travail pût être poussé plus loin.

La basilique, conforme à toutes celles de la primitive Église, dont nous avons fait connaître les dispositions dans la première partie, est sur un sol élevé, auquel on arrive par un grand nombre de marches; son pavé est une mosaïque remarquable, dans le style antique; les colonnes, dont un grand nombre sont encore debout, offrent des marbres précieux enlevés sans doute à des édifices païens; elles séparent la nef principale des collatéraux, et des barrières qui servaient à diviser les fidèles se voient entre les colonnes. (Voir page 179 de la Ire partie.) Contrairement aux dispositions habituelles, ces colonnes sont doubles et répétées par d'autres qui s'appuient contre les murs des bas côtés. Cette basilique cathédrale C est précédée d'une cour sacrée D, d'un baptistère carré I et d'un *triclinium* pour les agapes H, lequel est placé ici d'une façon beaucoup plus commode que celui du dôme de Parenzo. (Voir le plan du dôme de Parenzo, n° 451, et le *triclinium*, page 329.)

Une enceinte défendue par des tours et fort étendue enveloppe la basilique, ainsi que les dépendances dont nous allons parler, et qui constituent le *presbyterium* ou *monasterium clericorum*[1]. Cette enceinte n'a que trois issues : deux sont à l'ali-

---

[1] Cette enceinte, trop vaste pour être gravée sur le plan n° 553, a été tronquée dans la

gnement de la façade principale de la basilique; ce sont des sortes de portes triomphales construites avec d'énormes pierres de taille, dans le style romain; des colonnes les décorent et elles donnent accès à un espace GG, orné de portiques et contenant le grand escalier de la cathédrale. Nous offrons, sous le n° 554, la plus importante de ces portes, celle qui est située dans l'enceinte secondaire marquée A sur le plan.

N° 554. Porte d'entrée de l'enceinte.

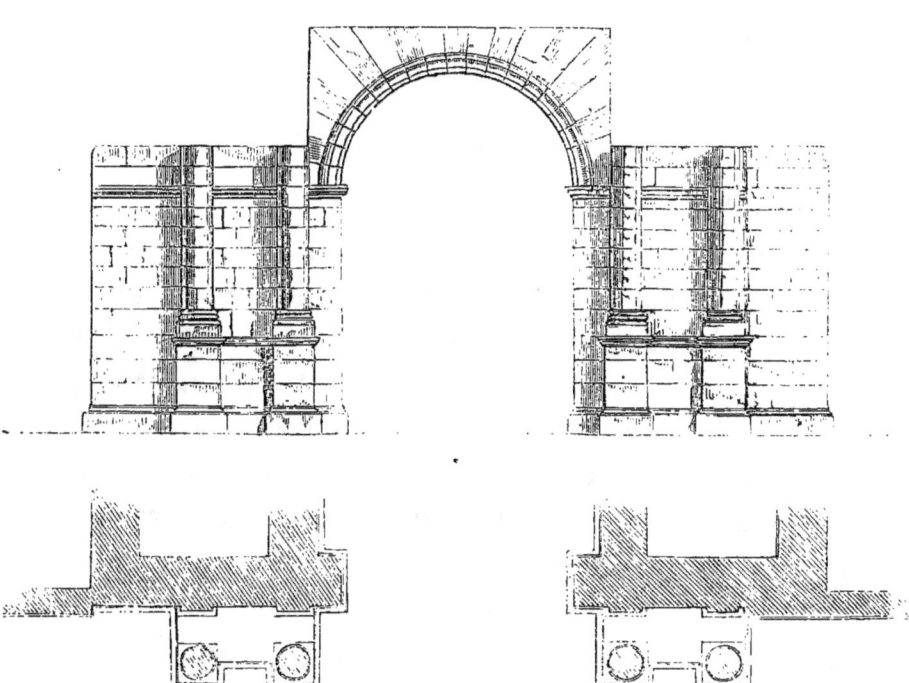

Auprès de ces portes d'entrée, sont deux enceintes secondaires et de forme allongée A et F, contenant des restes d'habitations, peut-être destinées à l'évêque, aux hôtes et aux cathécumènes. Entre ces enceintes en est une beaucoup plus partie dépourvue de constructions, derrière la basilique; entre les lignes ponctuées en B, 40 mètres de longueur ont été supprimés sur le plan.

vaste E, de forme carrée; elle est située devant la façade de la basilique et forme un véritable cloître avec d'étroites galeries à colonnes dans son circuit; le sol de ces galeries, plus élevé que celui du préau, était accessible par des escaliers situés auprès des portes. (Voir la coupe générale n° 555.)

N° 555. Coupe générale de la basilique et de l'enceinte.

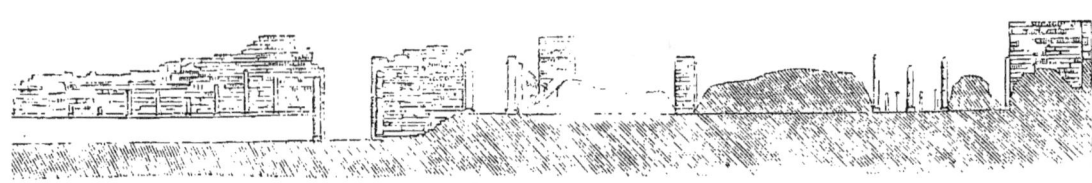

Autour de la basilique, et à un niveau plus élevé que son pavé, règne une terrasse à laquelle on arrivait par deux escaliers situés aux angles de la façade de l'édifice; ils étaient dans des tours aujourd'hui détruites en partie, et qui semblent être les rudiments des clochers qui s'élevèrent plus tard aux angles de nos façades d'églises. C'est sous cette terrasse, et par conséquent autour du terre-plein qui porte la basilique, qu'ont été construites les cellules J destinées à loger le clergé formant le *presbyterium* de l'évêque. Cette disposition offre beaucoup d'analogie avec les logements des prêtres élevés autour des temples antiques de l'Égypte, de la Grèce et de Rome, ainsi que du temple de Salomon; elle est aussi assez conforme au plan du *presbyterium* de Strasbourg, publié par Specklin. Toutes ces cellules sont fabriquées avec des tombeaux romains enlevés à une grande voie antique, tracée dans le voisinage.

L'âge de ce monument, si complet pour éclairer l'origine des *monasteria clericorum*, est bien déterminé par le style antique de ses dispositions générales, comme par celui de sa mosaïque, des fragments de sculpture chrétienne, découverts par M. L. Renier, de l'appareil des matériaux employés à la construction des portes ainsi qu'à celle des murailles en général, puis des voûtes, aujourd'hui renversées; enfin, par l'emploi de tombeaux romains pour la bâtisse des cellules. Quant à la date approximative de la construction, elle ressort de la position même de l'édifice; son importance, comme église épiscopale, dut la faire établir au milieu de la population de Théveste : ainsi avaient été placées les basiliques d'Hippone, de Constantine, de Carthage, etc. A l'époque de la guerre des Vandales, Salomon, général de Justinien, défendant cette partie de l'empire contre l'invasion, réduisit considérablement la ville de Théveste, en élevant les murailles remarquables qui se voient aujourd'hui à Tébessa, et qui portent des inscriptions gravées indiquant l'auteur de ces constructions. Le général byzantin, en resserrant ainsi la ville dans une enceinte qui n'en faisait plus, en quelque sorte, qu'une citadelle, laissa en dehors l'église épiscopale, trop éloignée du centre pour y être enveloppée, et construisit deux églises plus restreintes, qui existent encore en partie et dont le style est autre que celui de la grande basilique. On doit donc considérer celle-ci comme antérieure à la guerre des Vandales; les arts qui contribuèrent à sa décoration sont ceux de l'antiquité, peu modifiés encore par les premiers essais de l'art chrétien; la disposition du *presbyterium* est celle que conçut saint Augustin à la fin du IVe siècle, et qui fut adoptée particulièrement en Afrique. On doit donc voir dans ce monument un exemple de cathédrale complète, qui serait contemporaine, ou à peu près, de l'évêque d'Hippone.

A l'intérêt que présente la basilique de Théveste, eu égard à son importance, à son antiquité, à son *presbyterium*, se joint celui d'avoir évidemment été la cathédrale de la ville. Déjà l'habitation de l'évêque, au milieu de son clergé, le baptistère, la grande étendue de l'enceinte générale, avaient pu le faire entrevoir; mais la confirmation ressort de ce que disent de Carthage, Procope et Victor Vitensis : le premier, en racontant la guerre des Vandales, et le second, leurs persécutions contre l'Église. La cathédrale de Carthage était située sur le forum maritime (Procop. *Bell. Vand.* II, 14); elle contenait l'habitation des évêques, et, de plus, un *presbyterium* : (Gensericus) « pulso episcopo, cum clero venerabili dicto ecclesiam nomine Restitutam in qua semper episcopi commanebant, suæ religioni mancipavit. » (Victor Vitens. *Persec. Vand.* I, 3.) Saint Augustin prêcha plusieurs fois dans cette basilique (*Serm.* 34, 165, 258, 294); elle était surnommée la grande, *Majorem*, et devait son nom au tombeau de sainte Perpétue, comme nous l'apprend Victor Vitensis (*Persec. Vand.* I, 3 et p. 106).

Carthage renfermait vingt et une basiliques; mais, comme celles qui se voient encore en Italie et en Orient, elles n'avaient point de monastères de clercs; celle de *Perpetua restituta*, seule, en possédait un; elle était surnommée la Grande et placée sur le forum; elle offrait, en outre, l'habitation des évêques; nulle autre ne pouvait être la cathédrale.

Au milieu du vIII[e] siècle, Chrodegand, évêque de Metz, tira, en partie, de la règle de saint Benoît celle qu'il imposa aux chanoines. Ils devaient vivre dans un cloître interdit aux femmes et aux laïques, se lever pour chanter matines, remplir la journée par les offices; ils sortaient à certaines heures, et rentraient le soir; les repas étaient pris en commun dans un réfectoire; l'évêque présidait à la vie commune et la partageait. Il fallut construire des maisons religieuses en rapport avec la règle nouvelle; elles offrirent de l'analogie seulement avec les lieux réguliers des monastères, car elles ne contenaient qu'une faible partie des nombreuses dépendances renfermées dans l'enceinte des abbayes; resserrées ordinairement entre les rues nombreuses qui avoisinaient les cathédrales, ces maisons présentaient le plus souvent:

1° Des constructions militaires défendant les abords;

2° Un cloître donnant accès, par un de ses promenoirs, à la cathédrale ou à la collégiale;

3° Une ou plusieurs chapelles canoniales;

4° Une salle d'assemblée pour le chapitre;

5° L'habitation des chanoines distribuée en cellules d'abord, plus tard en dortoirs, puis en petites maisons isolées;

6° Un réfectoire;

7° Des greniers et celliers;

8° Des écoles;

9° Des dépendances pour loger les chantres, musiciens et bas officiers de l'église;

10° Une bibliothèque et des archives;

11° Une salle des comptes et contrôles;

12° Un tribunal ou officialité;

13° Une prison et lieux patibulaires;

14° Un cimetière;

15° Des propriétés en dehors de l'enceinte.

Au Xe siècle, dans les villes où il n'y avait pas d'évêque, des chapitres se formèrent sous le nom de collégiales. Moins importantes que les premières, ces maisons canoniales contenaient cependant, en grande partie, les divisions qui viennent d'être établies.

1° FORTIFICATIONS.

Le choix du local qui devait recevoir les constructions canoniales ne pouvait être arbitraire, comme pour la plupart des autres maisons religieuses; l'emplacement était déterminé positivement auprès des cathédrales et églises collégiales. En général, les premières basiliques qui devinrent cathédrales avaient été construites sur les points les plus élevés, ou les plus faciles à défendre, qu'offraient les anciennes villes. Ainsi à Paris, l'église mère s'éleva vers l'extrémité orientale de l'île de Lutèce; protégée par le fleuve et par le mur d'enceinte, elle remplaçait les autels du paganisme. A Metz, ce fut sur les ruines d'un édifice romain, et au sommet de la colline de Sainte-Croix, que la cathédrale fut construite, au milieu de murailles militaires. A Noyon, le château Corbeau, forteresse antique, fut le lieu choisi pour placer la cathédrale. A Alby, au Puy-en-Velay, à Avignon, à Marseille, etc. etc. les cathédrales surmontent de véritables acropoles. A Cambrai, l'emplacement choisi se nommait le Château. Les exemples sont sans nombre; ceux-ci suffisent pour établir qu'à la pensée de remplacer les temples antiques par les autels du Christ, se joignit toujours, dans l'origine, celle de prendre une position militaire, pour se défendre contre les barbares.

Les chapitres, devenant en peu de temps fort puissants par leurs richesses et leur influence morale, se fortifièrent de manière à maîtriser les villes; et, plus tard, lorsque les communes commencèrent à s'élever contre l'autorité des évêques et de leurs chapitres, des luttes souvent sanglantes ne contribuèrent pas peu à faire développer, auprès des cathédrales et sur les enceintes qui entouraient les maisons canoniales, tout l'appareil militaire qu'on a vu employer aux monastères des religieux.

Les villes d'Alby, du Puy, de Noyon et beaucoup d'autres conservent encore auprès de leurs chapitres des restes de tours, de portes fortifiées, de cloîtres surmontés de créneaux. Quelques cathédrales elles-mêmes devinrent de véritables forteresses, dans lesquelles on employa toutes les ressources que l'art militaire du moyen âge offrait pour défendre les places. La cathédrale d'Alby en est un exemple remarquable, dans lequel le grand clocher, qui est d'une hauteur prodigieuse, formait un donjon communiquant avec les diverses parties de l'église, et disposé de manière à s'y défendre après qu'on aurait épuisé toutes les ressources que présentait le reste de l'édifice pour résister à un siége. En Angleterre, plus d'une cathédrale fut disposée militairement : celle de Norwich offre des créneaux aux galeries qui surmontent la nef principale, et au-dessus des murs des collatéraux.

2° CLOÎTRE.

La basilique de Théveste présente un premier cloître, indépendant de l'*atrium* ordinaire des basiliques paroissiales et monastiques élevées dans les premiers siècles chrétiens ; les différences qu'il offre avec cet *atrium* résident, 1° dans sa grande étendue ; 2° dans l'emplacement de ses entrées, qui sont pratiquées de manière à donner accès à l'église, sans qu'il soit nécessaire de traverser le préau dans toute sa surface ; 3° dans l'élévation du niveau des promenoirs au-dessus du sol du préau ; 4° dans une orientation convenable à la retraite, sous le ciel africain.

Ces diverses considérations réunies doivent faire admettre que l'enceinte qui précède la basilique canoniale de Théveste n'était pas un *atrium* ordinaire, mais bien un cloître, particulièrement réservé au clergé formant le *presbyterium* de l'évêque. Un second cloître était établi autour de la même basilique, entre les cellules des prêtres et l'enceinte générale ; là devaient se trouver des plantations rappelant le bois sacré des temples antiques.

Le plan de la première cathédrale de Strasbourg, publié par Specklin, présente derrière le sanctuaire une cour allongée, entourée des habitations des religieux et de l'évêque, et qu'on peut considérer comme un cloître. Ce plan, trop peu détaillé, n'indique pas s'il y avait des galeries autour du préau, mais la disposition générale offre assez d'analogie avec celle qui fut adoptée plus tard pour que nous la citions ici.

Le cloître que Chrodegand, évêque de Metz, fit construire auprès de la cathédrale de cette ville, est le premier exemple que l'on puisse citer de la disposition adoptée plus tard dans presque tous les chapitres. Un plan qui date du commencement du xviiie siècle, et que M. Begin a publié dans son histoire de la cathédrale de Metz, fait connaître comment l'évêque, que l'on considère à juste titre comme le fondateur des chapitres en France, le fit établir. Détruit en 1754 par le maréchal de Belle-Isle, il conserva jusqu'à cette époque ses dispositions premières, malgré de nombreux remaniements opérés dans les promenoirs. Peut-être même restait-il quelques parties du cloître de Chrodegand, car Baltus, historien de Metz, contemporain du maréchal, en décrit ainsi les constructions les plus anciennes alors : « La quatrième et dernière branche ou corridor du cloître était adossée au grenier du chapitre. Cette branche, et environ moitié de la troisième, du côté de Saint-Pierre-le-Vieil, n'était fréquentée que lors des processions particulières de la cathédrale..... Elles étaient construites dans un goût rustique, telles, sans doute, qu'elles étaient avant la dernière construction de la cathédrale. Ces portions n'étaient pas voûtées, mais fermées par un simple mur et leur couverture, percées de petits jours serrés et en carré long dans la partie du côté de Saint-Pierre-le-Vieil, et cintrées dans toute la quatrième branche. » L'église de Saint-Pierre-le-Vieux datait, selon les chroniques, du temps de saint Clément; on lisait sur la porte cette inscription du xive siècle :

> Cy ly premier moustier de Mes ke
> Saint Clement fit en l'onour de saint Pierre
> l'apostre, à temps que ly milliaire
> couroit par LXVII ans, etc.

L'évêque Chrodegand en fit une paroisse, autour de laquelle il groupa les bâtiments du cloître. « Præterea ædificavit (monasterium) in parochia beati Stephani in pago Masilensi, in honorem beatissimi Petri apostoli, et ditavit illud opibus magnis, monachosque ibi instituit atque sub regula sancti patris Benedicti in una charitate conjunxit. » (Paul Diac. *De gest. episc. Met.*) Le reste de cloître voisin de cette église, et construit d'une manière particulière avec de *petits jours serrés et en carré long*, semble avoir appartenu à la fondation première de Chrodegand, et donnerait une idée de l'architecture des cloîtres de chapitre au viiie siècle. Ce devait être une suite de piliers ou trumeaux étroits, portant des linteaux d'une seule pierre, constructions entièrement dans le système antique, encore en vigueur dans toute la période du style latin. Le quatrième corridor, adossé au grenier du chapitre, d'architecture rustique, comme le précédent, mais percé d'arcs cintrés, datait sans doute de la période romane. M. Begin a publié le dessin d'une porte du cloître; nous y renvoyons le lecteur; elle peut faire connaître le style que devait présenter cette quatrième galerie. (Voir le plan n° 556.)

N° 556. Plan du cloître de Chrodegand, à Metz.

A. Cathédrale.
B. Cloître.
C. Galeries.
D. Saint-Pierre-le-Vieux.
E. Saint-Pierre-aux-Images.
F. Notre-Dame-de-Lorette.
G. Chapelle de la Victoire.
H.
I.
K.
L. } Habitations.
M.
O.

L'architecture romane donna de nombreux cloîtres aux cathédrales et collégiales; leurs formes variées ont été indiquées dans les Instructions relatives aux *monasteria monachorum*. Nous ne reproduirons pas non plus ici tout ce qui a été dit précédemment à l'égard des cloîtres construits durant les autres périodes de l'architecture chrétienne. Toutefois, ceux des *monasteria clericorum* pourraient présenter quelques particularités: ainsi, leurs dispositions étaient telles, qu'on en fortifiait directement les murailles extérieures par des créneaux, comme on le voit à Noyon, parce qu'ils n'étaient pas toujours enveloppés dans tout leur contour par des constructions élevées, ainsi que ceux des monastères des moines. Cette absence de grands bâtiments autour des cloîtres des cathédrales et des collégiales s'explique par la richesse des chanoines, qui, dès le XIIe siècle, abandonnèrent la vie commune, se firent construire des maisons particulières plus ou moins éloignées du centre, bien que renfermées dans une enceinte générale; les habitations communes placées autour de leurs cloîtres disparurent donc; on n'y éleva plus que les salles d'assemblées, et autres dépendances indispensables au service de l'église, ou nécessaires pour réunir les provisions que fournissaient leurs propriétés extérieures.

3° CHAPELLES CANONIALES ET COLLÉGIALES.

L'évêque de Metz Chrodegand, en groupant auprès de la cathédrale les constructions nécessaires au clergé, à l'administration diocésaine et aux études, donna encore aux chanoines des églises secondaires situées dans l'enceinte du monastère; l'une d'elles, Saint-Pierre-le-Vieux, était la patronale, et conséquemment commune à l'évêque et au clergé. L'église de Saint-Paul, particulière aux chanoines, formait leur chapelle titulaire et conventuelle; aussi le sceau du chapitre portait-il l'image de saint Paul. Deux nouvelles églises, dédiées à saint Pierre-le-Majeur et à sainte Marie, furent ajoutées, dans la suite, comme simples sanctuaires de dévotion [1].

L'exemple donné par Chrodegand fut suivi plus tard; en effet, il y avait peu de monastères de clercs construits à l'époque de l'architecture romane ou sous l'influence du style

[1] Begin, *Histoire de la cathédrale de Metz*.

gothique, qui n'offrissent une et même plusieurs chapelles canoniales et collégiales, où les chanoines se retiraient pour faire leurs dévotions à toute heure, et sans être dérangés, comme ils pouvaient l'être dans la cathédrale.

4° SALLE DE CHAPITRE.

Le plan du monastère de Saint-Gall, qui date du commencement du ixe siècle, ne renferme pas de salle capitulaire; les assemblées du chapitre se tenaient dans une des galeries du cloître. Chrodegand, en construisant le monastère des chanoines de Metz, avait donné l'exemple de cette disposition; ce qui confirme ce que nous avons dit précédemment à cet égard. C'était le promenoir méridional de son cloître qui servait à cet usage, et il l'avait fait établir dans des proportions plus vastes que les trois autres galeries, pour qu'on s'y réunît plus commodément; les mêmes précautions avaient été prises à Saint-Gall. Plus tard, cette branche du cloître ayant été convertie en église dédiée à Notre-Dame-de-Lorette, et les chanoines désirant s'assembler dans une salle spéciale, on en disposa une dans la cathédrale même. Au-dessus de la galerie du cloître destinée aux assemblées du chapitre, Chrodegand avait établi l'église titulaire et conventuelle de Saint-Paul, particulière aux chanoines; disposition curieuse, qui indique suffisamment et le but qu'il se proposait et l'étendue qu'il avait donnée à la galerie destinée d'abord aux réunions chapitrales.

Les salles des chapitres de chanoines devinrent bientôt indispensables, et la plupart des monastères des clercs en présentent; on en voit de remarquables à Noyon, au Puy, etc. elles ont une grande analogie avec celles des monastères de religieux que nous avons fait précédemment connaître. Celle

ARCHITECTURE MONASTIQUE.

du Puy a cela de particulier qu'une vaste cheminée y a été construite, pour permettre les assemblées en hiver.

N° 557. Cheminée du chapitre du Puy.

En Angleterre, les salles capitulaires des chanoines prirent les formes variées que nous avons fait connaître précédemment à la page 326; on voit dans le *Monasticon anglicanum* que celle du chapitre de Saint-Paul de Londres était semblable à celle de Lincoln, gravée sous le n° 480, et occupait le centre du cloître.

5° CELLULES, DORTOIRS. — HABITATIONS CANONIALES.

Saint Eusèbe et saint Augustin, en réunissant auprès d'eux les membres de leur clergé, firent construire pour les loger de simples cellules, en harmonie avec l'humilité des premiers siècles de l'Église. Chrodegand, en réformateur sévère, qui prenait la règle de saint Benoît pour guide, exigea que les chanoines fussent réunis la nuit dans des dortoirs. Il les établit au premier étage de son cloître, au même niveau que l'église titulaire de Saint-Paul. Cette disposition avait pour but, sans doute, de faciliter les prières de nuit, auxquelles ils étaient astreints. Nous avons signalé des chapelles dans les dortoirs mêmes des moines.

Les chapitres s'étant enrichis par les donations, les chanoines s'affranchirent de ce que la règle avait d'incommode pour eux; ils revinrent donc bientôt aux cellules, puis, quittant le cloître, ils se firent construire dans le voisinage des demeures personnelles, dans lesquelles ils vivaient isolément ou plusieurs ensemble, à leur gré. Une chapelle particulière leur permettait d'y faire leurs prières sans aller à celle que le fondateur du monastère disposait originairement dans l'enceinte du cloître.

Les maisons canoniales appartenaient aux chapitres, et même, quelquefois, personnellement à des chanoines, qui les faisaient construire à leurs frais. On lit dans les Historiens de France (t. IX, p. 512, etc.) qu'au x° siècle les chanoines de l'église de Paris avaient le droit de disposer entre eux de leurs habitations claustrales. L'Histoire de la Sainte-Chapelle de Paris, par Morand, indique des transactions faites par des

ARCHITECTURE MONASTIQUE.

chanoines en particulier, avec des habitants du voisinage. Des maisons de chanoines ont été conservées ; on en voit quelques restes à Paris et dans les villes anciennes.

6° RÉFECTOIRE.

Le *triclinium* joint aux églises de Parenzo et de Théveste, gravées aux n°s 451 et 553, devait servir de réfectoire au clergé formant le *presbyterium* de ces collégiales primitives, et il est probable qu'on en construisit d'analogues auprès de tous les colléges de prêtres que saint Eusèbe et saint Augustin avaient eu l'idée de former. Lorsque saint Chrodegand établit la règle pour les chanoines et rétablit les *monasteria clericorum*, le réfectoire qu'il y fit construire dut être conçu comme ceux qui ont été précédemment examinés dans les *monasteria monachorum*; il en fut de même chez les chanoines de saint Augustin. Plus tard, dans le cours du moyen âge, les chanoines ayant, en général, une habitation complète et particulière, le réfectoire commun disparut de leur cloître ; ils préférèrent prendre leurs repas isolément dans leurs maisons : c'était l'une des conséquences de l'abandon de la règle.

7° GRENIERS ET CELLIERS.

On voit encore, auprès des cathédrales et des collégiales, des exemples de greniers et de celliers établis par les chapitres pour conserver les produits de leurs récoltes et des dîmes seigneuriales. Ces grandes constructions sont analogues à celles que faisaient construire les abbés et les fondateurs de monastères. Nous donnons sous les cinq numéros des planches qui suivent, un exemple de construction canoniale qui nous semble appartenir à cet ordre de bâtiments secondaires destinés à renfermer les récoltes des chanoines.

N° 558. Plan de l'édifice dit le *Chapitre*, à Meaux.

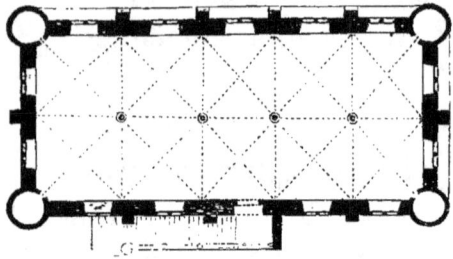

N° 559. Façade de l'édifice dit le *Chapitre*, à Meaux.

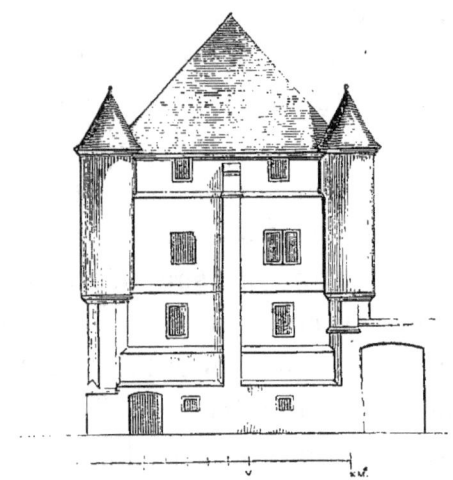

N° 560. Façade postérieure.

N° 561. Façade principale du même édifice.

N° 562. Coupe du même édifice.

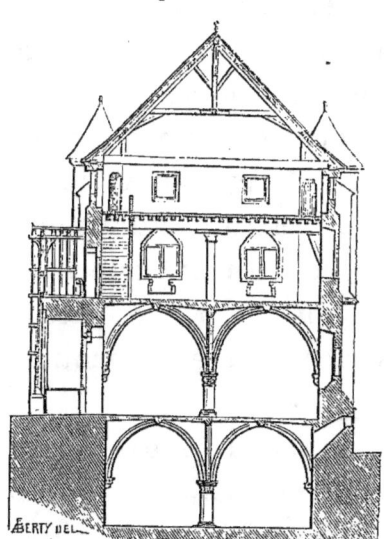

La cathédrale de Meaux offre, à quelque distance, derrière son abside, un grand bâtiment du moyen âge, qu'on nomme le *Chapitre*, et dont le tout ou partie semble avoir été disposé pour contenir les provisions des chanoines : une vaste salle souterraine, divisée en deux nefs par une rangée de colonnes portant voûtes, rappelle les celliers indiqués à l'article qui concerne ces dépendances des monastères. (Voir la coupe n°562.) Au-dessus de cette salle en est une autre située au rez-de-chaussée et qui offre des dispositions identiques. On arrive au premier étage par un escalier extérieur figuré sur la façade n° 561. Ici se présente une vaste pièce que couvre un plancher soutenu par des poteaux; de nombreuses fenêtres l'éclairent; un escalier conduit de cette salle à un étage qui la surmonte; il est couvert par la charpente apparente du comble. Quatre tourelles établies aux angles de la construction sont accessibles par les planchers supérieurs. (Voir la planche n° 562.)

8° ÉCOLES.

Les chapitres avaient des écoles, ainsi que les monastères; elles étaient extérieures, c'est-à-dire situées de façon à être accessibles à la jeunesse laïque. On sait combien, aux XIe et XIIe siècles, fut fréquentée l'école du chapitre de la cathédrale de Paris, ainsi que nous l'apprend Abeilard, qui, lui-même, le plus célèbre de ses professeurs, attirait les étudiants de toutes les parties de l'Europe, au point que les hôtelleries ne suffisaient plus à les contenir, ni la terre à les nourrir : « Ut nec locus hospitiis nec terra sufficeret alimentis. » (Abælard. *Op. ed. Amb. Hist. calamit.* p. 19.)

On trouve encore à Paris les souvenirs de l'école du chapitre de Saint-Germain-l'Auxerrois, dans le nom de quelques localités voisines de l'église collégiale de cette maison.

9° MAISON DES CHANTRES. — ÉCOLE DE CHANT.

La musique, ce puissant auxiliaire de la pompe des cérémonies de l'Église, avait, comme nous l'avons dit précédemment, des écoles dans les monastères des religieux; elle devait, à plus forte raison, en avoir auprès des cathédrales, aussi voit-on dans la plupart des plans de chapitres, qu'on avait consacré une partie des constructions à l'école de chant et à l'habitation des chantres. Dans certaines localités, elle était établie dans l'église même; c'était une salle lambrissée à l'intérieur, jusqu'à deux mètres d'élévation; un pupitre continu faisait le tour de la salle; des siéges étaient fixés devant ce pupitre; le sol était planchéié. Le maître de chant y avait un siége fermé, sa chambre était construite auprès de son école; il devait enseigner la musique sacrée et le jeu des orgues.

A la maison des chantres se reliaient d'autres dépendances consacrées à l'habitation des bas officiers de l'église.

10° BIBLIOTHÈQUE ET ARCHIVES.

Tant que les chapitres se maintinrent sous la règle de Chrodegand, ils durent avoir des bibliothèques communes analogues à celles qu'on établissait dans les monastères; mais lorsque les chanoines habitèrent des maisons isolées, les bibliothèques se multiplièrent dans ces demeures personnelles, et n'offrirent plus l'ensemble des vastes réunions de livres que pouvaient posséder des communautés; la division amoindrit ainsi leur importance.

Les archives, au contraire, durent se maintenir comme dans l'origine, malgré l'abandon de la règle, parce que là étaient les titres de propriété commune, et toutes les pièces originales indiquant les droits seigneuriaux.

11° SALLE DES COMPTES.

La salle des comptes dut être conservée auprès des chapitres; on sait combien dans leurs réunions capitulaires les chanoines apportaient de soin à se faire rendre compte de l'administration de leurs biens temporels.

12° - 13° TRIBUNAL, OFFICIALITÉ, PRISON, ÉCHELLE DE JUSTICE, GIBET.

Les chapitres avaient, comme les abbayes, un tribunal ou officialité devant lequel étaient portées les causes relatives aux contraventions à leur autorité seigneuriale; il était placé, soit vers l'entrée de leur cloître ou enceinte déterminant la juridiction canoniale, soit vers l'habitation de l'évêque. A ce tribunal, étaient jointes des prisons établies quelquefois dans le voisinage du cloître, ou même de la salle capitulaire, plus fréquemment dans les tours qui défendaient l'enceinte ou celle de l'évêché. La prison du chapitre de Paris était une grande tour carrée, située au-dessus de l'ancienne sacristie de la cathédrale; elle se divisait en plusieurs étages, contenant chacun quelques chambres étroites dans lesquelles on renfermait les prisonniers. Des échelles de justice, piloris et échafauds où se faisaient les amendes honorables, étaient dressés momentanément ou à demeure auprès de l'entrée des *monasteria clericorum* ou devant les portes de leurs églises; les chanoines ayant, comme seigneurs, le droit de haute, moyenne et basse justice, ils possédaient aussi des *martroys* ou lieux réservés aux supplices.

14° CIMETIÈRE.

Le cimetière des *monasteria clericorum* fut originairement établi dans l'enceinte même de la maison; dans le préau du cloître, dans les terrains situés derrière l'abside de l'église on a, en plus d'une circonstance, découvert des sépultures qui en donnent la preuve. Plus tard, lorsque les chanoines eurent des habitations privées et répandues, soit dans l'enceinte, soit autour de ses limites extérieures, ils eurent des cimetières situés aussi en dehors des murs de la maison canoniale; ils

ARCHITECTURE MONASTIQUE.

leur étaient même réservés exclusivement, et prenaient la désignation de *cimetières des clercs*.

15° PROPRIÉTÉS EXTÉRIEURES, BORNES, LIMITES, ETC.

Les chapitres possédaient, comme les ordres religieux, de nombreuses propriétés en dehors de l'enceinte canoniale; ils eurent aussi des signes qu'ils firent graver ou sculpter sur des bornes ou sur des tables de pierre et de marbre, pour les appliquer aux limites de leurs possessions et aux murs des maisons et usines qui leur appartenaient.

A Rome et dans les environs, on voit fréquemment un petit bas-relief représentant la sainte face, accompagnée de deux flambeaux, quelquefois même d'un encadrement d'architecture; il est placé sur les propriétés du chapitre de Saint-Jean-de-Latran.

N° 563. Signe de propriété du chapitre de Saint-Jean-de-Latran.

Dans le pays chartrain on rencontre fréquemment encore des bornes placées dans la campagne, pour limiter les terres qui appartenaient au chapitre de la cathédrale de Chartres: la robe de la sainte Vierge y est gravée ou sculptée.

Indépendamment de ces marques de délimitation, les chapitres en avaient aussi dans les villes pour tracer d'une manière stable les points où s'étendait leur juridiction; on voyait une borne, à Noyon, au milieu de la rue qui de la cathédrale conduit au marché au blé. Lorsqu'un nouvel évêque faisait son entrée dans la ville, il s'arrêtait à cette borne, y baisait la croix et l'évangile, et faisait le serment de conserver et de maintenir les priviléges et libertés de l'église de Noyon; les notaires apostoliques et du chapitre dressaient procès-verbal, puis la procession se dirigeait vers la cathédrale.

PALAIS ÉPISCOPAUX.

L'étude des édifices consacrés à l'habitation des évêques se relie à celle des chapitres, dont ils étaient les chefs spirituels et temporels. Nous avons rapporté, en commençant la première partie, ce que dit Sulpice Sévère dans la vie de saint Martin de Tours [1], de l'habitation que cet évêque se fit construire auprès de son église : c'était une simple cellule, bien différente des fastueux palais qui s'élevèrent plus tard. Le plan de la cathédrale de Strasbourg, publié par Specklin, et reproduit à la page 480, fait voir que l'évêque logeait quelquefois aussi, durant les premiers siècles du christianisme, au milieu de son clergé, dans le *presbyterium*. La basilique de Théveste nous retrace la simplicité première du *monasterium clericorum* et le peu d'importance qu'on donna d'abord à l'habitation du chef du clergé; mais bientôt des habitations parti-

[1] Sulpice Sevère, *Vita beati Martini*.

culières furent construites auprès des cathédrales, pour les évêques. L'Orient, qui présente encore aujourd'hui, à tant d'égards, la physionomie que devait avoir la chrétienté des âges primitifs, nous montre les évêques logés dans de modestes demeures, peu différentes de celles des simples particuliers. C'est là ce qui dut se passer chez nous; peut-être même doit-on en voir la preuve dans l'emplacement qu'occupaient quelques palais épiscopaux, en face et très-près de la façade des cathédrales; ils auraient nui à son effet s'ils eussent été des édifices de quelque importance.

Toutefois, la position de l'évêque, comme prince de l'Église, chef d'un diocèse et seigneur temporel, fut cause que son habitation offrit une étendue considérable, lorsque l'Église fut complétement organisée; il lui fallait réunir, en effet, dans les circonstances importantes, les curés et le clergé des paroisses sous sa dépendance, pour délibérer en conseil; ces assemblées demandaient une salle particulière, qu'on nommait *Chambre du synode*. Il avait aussi dans son palais une chapelle particulière, une bibliothèque, des logements pour les prêtres attachés à sa personne, pour ses serviteurs; des dépendances nécessaires, telles que cuisines, offices, écuries, etc. Placée dans l'enceinte fortifiée qui protégeait la cathédrale et le chapitre, la maison épiscopale présentait elle-même tous les moyens de défense qu'on réunissait ordinairement sur le point le plus important d'un palais. Enfin, l'évêque, jouissant de toutes les prérogatives d'un seigneur temporel, avait, dans sa demeure ou au dehors, un tribunal qu'on nommait *Forum episcopi*, dans lequel il faisait juger les délits contre son autorité; des prisons y étaient jointes pour punir les coupables.

Lorsqu'au XIIe siècle l'affranchissement des communes vint préparer un nouvel ordre de choses, auquel plusieurs évêques eurent la prudence de donner leur assentiment, pour éviter les luttes sanglantes, des réunions politiques se tinrent dans des évêchés ou dans leurs dépendances. On voit encore, au Puy-en-Velay, une belle construction de cette époque, qui renfermait la salle des états de la province.

Vers le même temps, la puissance ecclésiastique luttait avec avantage contre le pouvoir féodal; ainsi l'évêque de Noyon, Hardouin de Croy, s'emparait, au xie siècle, d'une énorme tour située entre la cathédrale et l'évêché, sur le terrain même de l'église, et dont le seigneur châtelain semblait protester contre ses priviléges[1]. Dans l'enceinte fortifiée du chapitre de la cathédrale d'Alby, et près de l'église, était un château féodal qui fut de même réuni à ses possessions et démoli plus tard.

Dans de nombreux palais épiscopaux de la France sont encore des ruines et quelquefois même d'importantes constructions du moyen âge; il est à désirer que ces précieux restes soient conservés. On en voit à Évreux, à Beauvais, à Quimper, à Laon, etc. Nous reproduisons à la page suivante, sous les n°ˢ 564 et 565, les deux principales façades de l'ancien évêché de Laon, l'un des mieux conservés et des plus anciens; celui d'Évreux date du xve siècle: il offre tout le luxe de décoration sculptée qui caractérise cette époque. A Beauvais et à Quimper quelques parties seulement sont visibles aujourd'hui. Les cathédrales ayant été construites, en général, ainsi qu'on l'a vu plus haut, sur des points originairement occupés par des forteresses romaines, les palais épiscopaux voisins de ces églises sont fréquemment basés sur des substructions dues à la période de l'occupation, pendant laquelle les Gaules furent divisées en provinces qui, pour la plupart, servirent de base à la division des diocèses.

[1] Dantier, *Première note historique de la description de N. D. de Noyon*, p. 153; 1845.

N° 564. Façade de l'évêché de Laon.

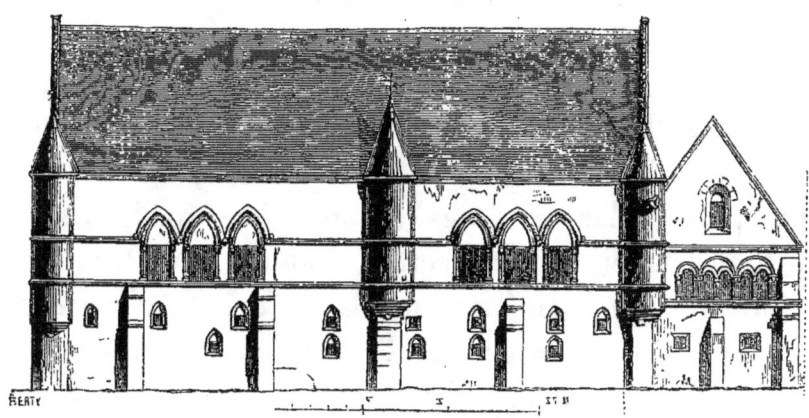

N° 565. Façade intérieure du même palais.

Les évêques devaient se rendre dans les capitales ou près de leurs métropolitains, pour les affaires de l'Église; et ils possédaient dans ces villes des hôtels particuliers pour y loger. Paris renfermait de ces maisons d'évêques de diocèses éloignés.

PALAIS ARCHIÉPISCOPAUX.

Les différences que présentaient les palais archiépiscopaux avec ceux des évêques consistaient particulièrement dans leur plus grande étendue et un luxe de constructions et de décors en rapport avec la prééminence de l'archevêque sur les suffragants. La ville d'Alby possédait un archevêché remarquable, dont quelques parties sont encore visibles; de nombreuses tours, aujourd'hui détruites, protégeaient son enceinte comme celle d'un château fort; celui de la ville de Reims, depuis longtemps remplacé par des constructions modernes, renferme une chapelle d'architecture gothique d'un beau style. L'archevêché de Paris, ancien palais épiscopal, présentait encore, au commencement de ce siècle, de nombreuses dépendances du moyen âge. Celui de Sens était, il y a vingt-cinq ans, une remarquable habitation de la renaissance, et contient encore aujourd'hui une salle de synode admirable.

Paris, malgré son importance de capitale du royaume, ne fut, jusqu'au XVIIe siècle, qu'un évêché suffragant de Sens; les métropolitains, ayant fréquemment besoin pour les affaires de l'Église de venir à la cour et d'assister à des réunions du clergé, avaient un hôtel qui leur avait été cédé par Charles V, à l'angle de la rue du Figuier, auprès de l'habitation royale; il prit le nom d'hôtel de Sens et fut reconstruit tel qu'on le voit de nos jours, sauf les mutilations, à la fin du XIVe siècle, par Tristan Salazar, archevêque de Sens.

Les métropolitains possédaient à la campagne de fastueuses résidences d'été; celle que le cardinal Georges d'Amboise, archevêque de Rouen, fit construire à Gaillon, était le plus célèbre de ces palais de plaisance.

PALAIS DES PAPES.

De la cellule du solitaire, du cloître ou de la maison canoniale, les hommes d'élite s'élevaient jusqu'au trône de saint

Pierre ; on peut donc terminer cet aperçu de l'art monastique par quelques détails relatifs aux palais des papes, d'autant qu'entre les rares demeures des souverains pontifes, la France possède la seule qui, par son architecture, se rapproche de l'art chrétien, étudié précédemment dans cet ouvrage.

Le 9 novembre 324, le pape saint Sylvestre consacrait au Sauveur la basilique de Latran, fondée par Constantin dans l'enceinte de son palais. L'empereur, quittant bientôt sa capitale, pour établir l'empire d'Orient, donna Latran et toutes ses dépendances au souverain pontife, afin qu'il y résidât ainsi que ses successeurs.

La basilique était de forme latine, c'est dire assez que le palais offrait cette architecture qui servit de transition entre l'art antique, alors dégénéré, et celui que créa la féconde civilisation de l'Occident durant le moyen âge. Les dispositions intérieures de cette première habitation pontificale devaient offrir encore de l'analogie avec les grandes demeures des souverains de Rome païenne.

Quatre siècles plus tard, Adrien I*er* et Léon III faisaient des additions à ce palais, et c'était encore dans le style adopté durant les premiers siècles chrétiens, comme l'indiquent les restes du *triclinium majus,* qui se voient auprès de la chapelle de Saint-Laurent, aujourd'hui le *Sancta Sanctorum.*

Alemannus, qui décrit cette salle de festin du palais des papes, nous a transmis une portion du plan de ce palais, et tous les détails du *triclinium* (voir le plan n° 482).

Anastase, le bibliothécaire des papes, nous a laissé une description contemporaine, ou à peu près, des embellissements que fit faire Léon III au palais de Latran ; il s'exprime ainsi :

« Fecit Leo in patriarchio Lateranensi triclinium majus super omnia triclinia nominis sui magnitudine decoratum, ponens in eo fundamenta firmissima, et in circuitu laminis marmoreis ornavit, atque marmoribus in exemplis stravit, et diversis columnis tam porphyreticis quam albis et sculptis cum vasis et liliis simul positis decoravit. »

Le même auteur décrit une autre salle du palais due à Léon III; elle contenait douze absides décorées de mosaïques et de peintures; pavé en marbre, son *impluvium* contenait un bassin de porphyre : « Labrum in impluvio porphyreticum collocavit. »

En ajoutant à ces dépendances les chapelles intérieures, celle de Saint-Laurent était du nombre, les salles de réunion pour le clergé, une bibliothèque commencée par le pape saint Hilaire et continuée par saint Zacharie, puis la basilique agrandie et placée au viie siècle sous le vocable de saint Jean, on peut avoir une idée de ce qu'était l'habitation des papes durant les premiers siècles de l'Église.

Le palais du Vatican aurait une origine analogue à celle du précédent; donnée de même par Constantin aux souverains pontifes, la grande basilique dédiée à Saint-Pierre, disposée comme celle de Latran, et décorée dans le même style latin, y fut jointe par l'empereur. Ce fut cette architecture des premiers siècles chrétiens à Rome qui dut dominer dans les nombreuses salles du palais, tant à cette époque primitive que lorsqu'il fut modifié, à la fin du viiie siècle, par Léon III; ce pape y fit construire un *triclinium* et des appartements analogues à ceux que lui devait le palais de Latran.

Le Vatican, entièrement reconstruit au xiie siècle, a conservé jusqu'à nos jours, dans les bâtiments secondaires, dans les cours de service, des constructions anciennes qui, par leur style, par les couronnements militaires qui les surmontent, indiquent bien que l'architecture féodale de l'Italie en fit une citadelle répondant aux besoins d'une époque de troubles, de guerres intestines et étrangères; les souverains pontifes se maintinrent dans cette forteresse jusqu'à ce qu'ils s'éloignassent de l'Italie pour habiter la France. A leur retour dans la capitale catholique, leur longue absence avait laissé à l'abandon et à la ruine l'habitation souveraine; on dut songer aux réparations d'abord, puis à la reconstruction sur des plans nouveaux et plus en harmonie avec le goût et l'élégance du xvie siècle, lorsque les papes jouirent d'un calme qui leur permît d'entreprendre de grands travaux.

Le célèbre architecte L. B. Alberti commença la reconstruction du palais du Vatican sous le pape Nicolas V, Bramante Lazzari le continua, et en peu d'années il exécuta la plus grande partie des belles dispositions qu'on y remarque de nos jours. Depuis cette époque, les papes l'agrandirent sans cesse, au point d'en faire la plus vaste et la plus riche habitation de Rome : on y compte vingt-deux cours, vingt escaliers principaux, douze grandes salles, trois chapelles et plusieurs milliers de chambres. Les plus habiles architectes contribuèrent, sous Jules II et Léon X, à son embellissement; les célèbres peintures de Pérugin, de Raphaël, de Michel-Ange, de Jules Romain, et de tant d'autres artistes, en couvrent les murailles. Une bibliothèque remarquable, la plus riche collection d'antiquités païennes et chrétiennes qu'il y ait au monde, et de magnifiques jardins, en font le plus beau séjour qu'on puisse voir.

Au commencement du xive siècle, les papes ayant fait d'Avignon leur nouvelle résidence, une vaste habitation dut s'y élever, pour loger eux et leur cour souveraine; mais ce déplacement du saint-siége de l'Italie en France était causé par des luttes intestines, par des guerres qui pouvaient durer longtemps encore; de plus, nos palais avaient, à cette époque, l'aspect uniquement militaire; ce fut donc dans cette voie que Jean XXII, Benoît XII, Clément VI, etc. se placèrent, lorsqu'ils firent exécuter les grandes constructions du palais des papes à Avignon; ils en firent l'une des plus vastes et des plus fortes citadelles qu'ait produites le moyen âge.

D'énormes tours s'élevèrent aux angles principaux de l'édifice, qui fut établi auprès de la cathédrale, Notre-Dame-des-Doms, sur la partie de la ville papale la plus escarpée, la plus facile à défendre; ces tours dominent le Rhône et tout le pays. D'immenses courtines, surmontées de mâchecoulis, relièrent entre eux les angles saillants du palais, et protégèrent les habitations ainsi que les salles dans lesquelles les pontifes recevaient aux jours solennels; on y joignit deux chapelles : l'une au rez-de-chaussée, pour les gens, l'autre au premier étage, au niveau des appartements pontificaux. Cette dernière est due au pape Innocent VI, en 1356. Ces chapelles sont grandes comme la cathédrale. Le reste du palais fut occupé par les dépendances et les logements des subalternes. De vastes cours furent ménagées au milieu de ces immenses bâtiments, pour l'aération et la facilité du service. Urbain V, en 1364, acheva les constructions de ce palais, y établit des jardins remarquables et un puits qui pût fournir de l'eau en abondance dans une aussi grande habitation, *qui étoit bien la plus belle et la plus forte maison du monde,* comme dit Froissart. Benoît XIII, Pierre de Luna, y soutint, en 1398, un siége mémorable, renouvelé en 1411 par Rodrigue de Luna son neveu. (Voir le plan au n° 566, ainsi que la façade, planche 567, restituée d'après un vieux dessin qui conserve la disposition des deux tourelles dont était surmontée la porte du palais; elles disparurent en 1665, lorsque Alex. Colonna fit l'ouvrage avancé qui protége l'entrée.)

N° 566. Plan du palais des papes à Avignon.

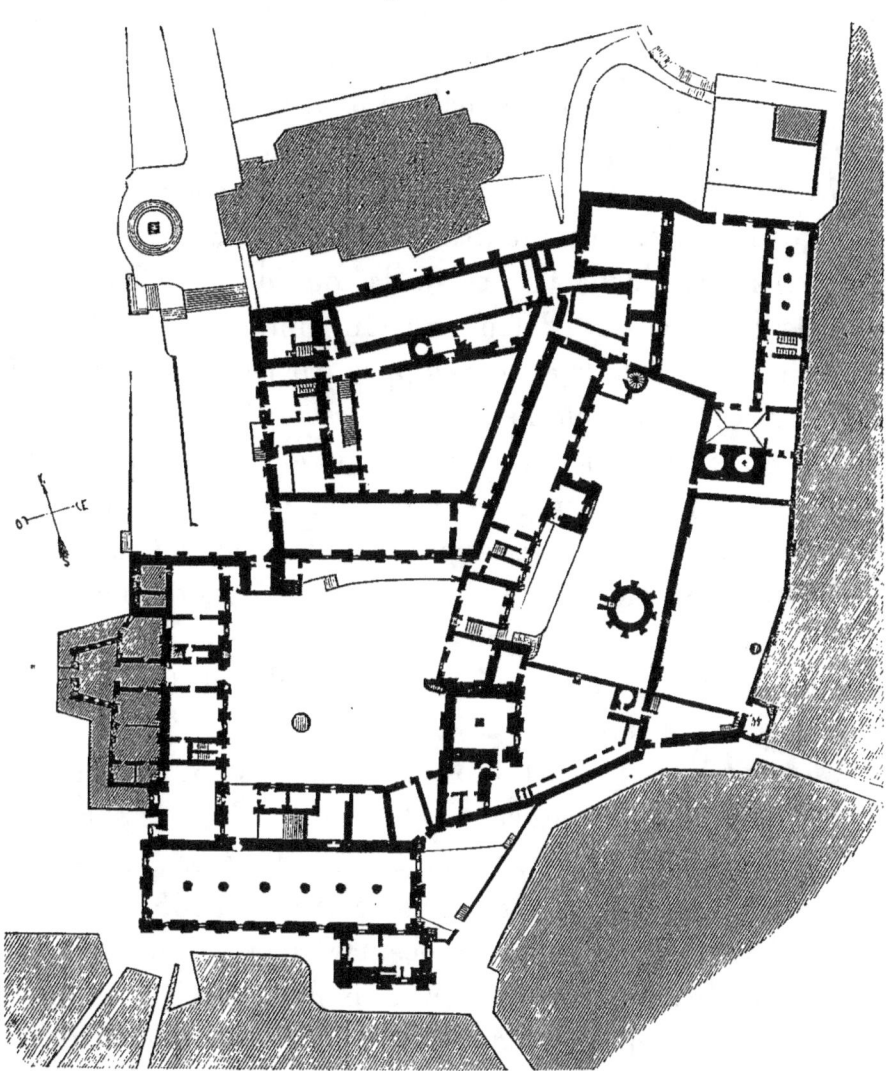

La roche qui porte le palais admet difficilement la culture. Clément VI fit des jardins sur les terrasses crénelées que soutiennent les voûtes supérieures. Cette belle habitation des papes, dont les principales parties sont, en général, presque entières aujourd'hui, fut décorée à l'intérieur de peintures remarquables : quelques-unes peuvent se voir encore, malgré les nombreuses mutilations subies depuis plusieurs siècles par cet édifice, qui, mieux qu'aucun autre, donne une idée de ce qu'étaient les grandes habitations souveraines et seigneuriales du moyen âge.

Description du plan. — Benoît XII commença le palais auprès de la cathédrale, au septentrion. La tour de la Campane, voisine de la façade de l'église, et la tour de Trouillas, située au delà de son abside, datent de 1336. Une cour dont la forme est celle d'un trapèze est enveloppée par les habitations et les dépendances que dominent ces tours; on y voit la salle du ballon, la salle brûlée; à cette dernière s'appuient les tours Saint-Jean et de l'Estrapade. A l'est de cette partie du palais, sur les rochers les plus escarpés, vers la ville, sont ménagées des cours de service, et toutes les dépendances qui étaient nécessaires dans une aussi vaste habitation. Ces détails intérieurs ont été modifiés, ainsi que les principales distributions du palais, pour en faire une caserne.

Clément VI continua les constructions; en 1349, il fit élever la façade occidentale située vers la place, et figurée sur le dessin gravé à la page suivante, sous le n° 567. La partie teintée en gris sur le plan, vers ce même côté, est de 1665. En retour de cette façade, au midi, Innocent VI construisit la chapelle divisée au rez-de-chaussée en deux nefs, par des colonnes; elles furent supprimées à la chapelle haute, qui était celle des papes. Les tours de Lagache et de Saint-Laurent sont jointes à cette chapelle. Ces constructions gigantesques enveloppent une cour carrée dont la tour des Anges occupe le côté oriental, au milieu de bâtiments secondaires; elle rappelle le donjon des châteaux féodaux. Alex. Colonna en fit abattre le sommet pour y placer de l'artillerie.

ARCHITECTURE MONASTIQUE.

N° 567. Façade restituée du palais des papes à Avignon.

Le palais du Vatican est relié à l'église de Saint-Pierre; celui d'Avignon communiquait avec la cathédrale, Notre-Dame-des-Doms, par un cloître roman qui n'existe plus; la basilique de Saint-Jean-de-Latran s'est élevée dans le palais donné par Constantin à saint Sylvestre; elle est le premier entre tous les temples de Rome et de la chrétienté, *Ecclesiarum urbis et orbis mater et caput*, parce qu'elle est le siége du souverain pontife, en sa qualité d'évêque de Rome; autour de lui habite un nombreux clergé : on voit ici, au sommet de la hiérarchie sacerdotale, la pensée du *presbyterium* fondé par saint Augustin.

FIN.

CORRECTIONS ET CHANGEMENTS.

Ire PARTIE.

Pages 53, 65, 66, *au lieu de* Bénissons-Dieu, *lisez :* Benisson-Dieu.
Page 227, note 4, *au lieu de* liv. IV, c. xlviii, *lisez :* lib. de Glor. Mart. c. lxxii.
Page 384, note, *au lieu de* Ravennatensis, *lisez :* Ravennensis.
Page 397, *au lieu de* des capucins, *lisez :* des ermites.

IIe PARTIE.

Page   3, *au lieu de* continuant les formes, *lisez :* contenant les formes.
Page 29, *au lieu de* Germanicus, *lisez :* Germiniacus.
Page 59, *au lieu de* galbe, *lisez :* gâble.
Page 91, *au lieu de* pages 9 et 27, *lisez :* 8 et 27.
Page 150, *au lieu de* à la planche 377, *lisez :* 378.
Page 161, *au lieu de* abbaye aux hommes, *lisez :* abbaye aux dames.

ADDITIONS.

IIe PARTIE.

Page 43, planche 332. Plan de l'abbatiale de Cluny.

A. Perron.
B. Porche.
C. Nef.
D. D. Transsept.
E. E. Double transsept.

F. F. Chœur.
I. Tours occidentales.
K. Sanctuaire.
L. Centre de la croix.
O. Galerie de la chorea.

Page 46, planche 334. Plan du monastère de Sylvacanne.

a. Église.
b. Cloître.
c. Réfectoire.

d. Salle capitulaire.
e. Chapelle.
EF. Ligne de la coupe gravée au n° 505.

Page 202, planche 424. Plan de l'église du prieuré de Saint-Martin-des-Champs.

H. Église.
I. Porche occidental.
J. Porche méridional.
K. Dépendances.

N. Cloître.
O. Chapelle de la Vierge.
R. Salle capitulaire.

Page 205, planche 426. Plan de l'église des Jacobins, à Paris.

A. Nef principale.
B. Chœur.
C. D. Nef septentrionale.

E. Cloître.
F. Porte du monastère, située rue Saint-Jacques.

TABLE ANALYTIQUE

DU TEXTE ET DES PLANCHES[1].

Les chiffres romains indiquent la partie et non le tome.

A

Abacus ou Dressoir. Voir ce dernier mot.
Abat-voix de chaires. Leur origine présumée, II, 242; exemple, 243.
Abbates milites. Protecteurs, I, 86.
Abbaye. Définition, I, 15. — De femmes, 16. — De Brioude. Détails, ib. — De Moissac, plan, 19. — De Saint-Riquier, 27. — De Souvigny, son plan cité, 29. — De Saint-Germain-des-Prés, son plan cité, ib. — De Saint-Martin-des-Champs. Vue générale, 33. — De Moutierneuf, citée, 37, en note. — Du Bec, ib. — Aux Dames, à Caen. Sa belle crypte, II, 161. — De Benisson-Dieu. Vue de l'église, de son clocher, de ses bâtiments, I, 63. — Vue d'une de ses tours, 66. — Saint-Jean-des-Vignes. Ses fortifications, citées, 67.
Abbayes bénédictines de France; où publiées, II, 349.
Abbayes de femmes. Leurs dispositions particulières, II, 470, 471. — Leur parloir, ib.
Abbés architectes, I, 34, 35, 37, 38; II, 428. — Autres : émailleurs, orfévres, bijoutiers, etc. II, 428.
Abbés. Leurs habitations nommées Palais, II, 386, 387. Simplicité de celle de Pontigny, ib. — Habitation des abbés

de Saint-Ouen, sa beauté, 388. — De Vézelai, ib. — Beaux jardins des maisons abbatiales, ib.
Abbesses. Leurs insignes et leurs priviléges, etc. II, 469.
Abeilard, cité au sujet des écoles des chapitres, II, 502.
Abington (Abendonia). Cloître de cette abbaye, cité, II, 297.
Absides des façades postérieures de basiliques, I, 148-150. Détails à ce sujet, 202. — Des églises d'Occident, ib. 275. — Absides secondaires de la Panagia. Voir ce mot. — Du Théotocos, 278. — Abside crénelée de Mesembria, 280. — Du Catholicon, 283. — Des églises d'Orient et d'Occident comparées, I, 355. — Des transsepts romans, II, 91. — Des églises romanes, II, 95. — De Saint-Bénigne, de Dijon, 98. — Curieuse abside de Sainte-Sophie, à Padoue, 99. — Absides carrées, 9. — Absides géminées, 7.
Absides de cryptes, II, 155, 157.
Agneau pascal sculpté sur un tympan de basilique, II, 58.
Agnès (Sainte-), hors les murs, basilique. Plan de cette église, I, 110. — Sa façade et sa description, 115. — Ornée de

---

[1] Cette table est due aux soins de M. L. J. Guenebault.

INSTRUCTIONS. — III.

vitraux, I, 146. — Monastère de ce nom, à Rome. Ses dortoirs ornés de peintures, II, 361. — Portique de cette abbaye, *ib*. p. 399.

AIGLE (attribut de saint Jean). Représenté aux ambons, aux pupitres des chaires, etc. II, 136, 137.

AINAY, à Lyon. Plan de l'église abbatiale, I, 20. — Son vestibule intérieur, cité, II, 65. — Pavage de son sanctuaire, 254.

AIX-LA-CHAPELLE. Plan de sa cathédrale, I, 385. — Détails historiques et archéologiques à ce sujet, II, 28, 29. — Belles mosaïques exécutées au IXe siècle, 107. — Description de ses peintures murales, 130. — Sépulture de Charlemagne, 131.

ALBY. Sa cathédrale offre un exemple remarquable d'une église fortifiée, II, 491. — Son bel archevêché, 510.

ALEMANNUS a publié les détails du *Triclinium* de Saint-Jean de Latran, II, 329, 511.

ALLEMAGNE. Ecole architecturale de ce pays, II, 209. — Ses éléments de construction, *ib*.

ALNE (L'abbaye de L') avait trois sortes de réfectoires, II, 340.

ALPHA et oméga (L'). Sculptés sur un chapiteau, I, 217.

AMBONS de l'église Saint-Clément, à Rome, I, 183, et le plan, 98. — Autres ailleurs, 188. — Détails sur ce meuble important, 189, et la planche page 191. — Servaient de chaires, 192. — En style roman, II, 115, 116.

AMBROISE (Saint) de Milan, cité, II, 33, 151.

AMENDE honorable. Bas-relief qui représente ce genre de cérémonie, II, 379-457.

AMEUBLEMENT des églises. Voir *Ambons, Autels, Ciborium, Chandeliers, Croix, Clôtures, Porte-sainte, Pupitre, Vases, Voiles*.

AMIRAL (L') d'un monastère ; ses fonctions, II, 356.

ANALOGIA ou *Analogius*, pupitre du chœur, I, 187, 189. — Cité encore, II, 136.

ANASTASIS ou Résurrection. Peinture d'un des pignons de Torcello, I, 172.

ANGES portant deux livres ouverts devant Jésus-Christ ; peinture citée, II, 30.

ANGLETERRE. Éléments caractéristiques de son système architectural, II, 211. — Mérite de ses églises abbatiales, *ibid*. — Plan de son église abbatiale de Tainchester, 212.

ANGLO-ALLEMANDS. Leurs monuments cités, II, 170. — Anglo-Saxons ; ce que doit l'Angleterre à leurs constructeurs, II, 180 et suiv.

ANGY (Église romane d') possède un bénitier, cité, II, 110.

ANIMAUX symboliques des évangélistes, II, 86, 148, 149.

ANIMAUX fantastiques sculptés à la porte des églises, II, 172. — Autres servant de support à des colonnes, 54, 58.

ANNEAU de la porte des églises. Comment il servait de sauvegarde aux criminels, II, 80, 464.

ANNEAUX et tringles des rideaux de basiliques, I, 70, 219.

ANNONCIATION. Peinture d'un des pignons de l'église de Torcello, I, 172.

ANSÉGISE. Célèbre abbé de Fontenelle, cité, II, 326, 357. — Modification qu'il apporte dans les dortoirs, 360. — Travaux qu'il fait exécuter dans l'abbaye, 371, 386. — Fait peindre les dortoirs de deux abbayes, *ibid*. — Comment il place le *Scriptorium*, 376.

ANTIOCHE (Église d'), dédiée à la sainte Vierge. Citée pour sa toiture en métal doré, I, 295, 296.—Autres détails, II, 121.

ANTIQUARII et *Librarii*. En quoi diffèrent, II, 375.

ANTOINE (Saint-) de Calamus. Vue de ce couvent ou ermitage, I, 4.

ANTOINE (Église Saint-) de Padoue. Vue générale, I, 394. — Son système de construction orientale, 396.

ANTOINE (Église Saint-) de Rome. Sa porte romano-latine, II, 185.

APOCALYPSE. Sert de thème pour certaines peintures symboliques, citées, II, 130.

APÔTRES (Église byzantine des) à Athènes, I, 251.—Autre à Constantinople, 253. — Escalier conduisant aux terrasses, 275; II, 26.

APÔTRES. Leurs figures aux façades des églises, I, 119; II, 59. — Sur deux retables romans, II, 148, 149.

APPAREIL (Petit). Exemple de ce genre de construction avec chaînes d'angle, II, 55.

AQUEDUCS des monastères, II, 413.

AQUILA (L') du chœur. Nom du pupitre, II, 253.

ARABES. Style de leur architecture, II, 188. — Inventeurs des moulins à vent, 406.

ARA-COELI. L'une des plus anciennes abbatiales de Rome. Ce qu'on y voit, I, 113. — Plan de cet édifice, 223.

ARBRES de pèlerinages, II, 463, 464.

ARBRES d'un cimetière de religieux. Légende qui les accompagne, II, 439.

ARC aigu. Époque présumée de son développement ou de son système complet, II, 216, 232, 233. — Ses avantages, *ibid.* 187 — 190.

ARC triomphal des basiliques chrétiennes, I, 213. — Sa décoration, 195.—Voir les deux monuments cités, *ibid.* — Autres détails sur celui des églises romanes, II, 124, 125, 131.

ARCHANGES. Autels qui leur sont consacrés, II, 66. — Leur culte établi dans les constructions les plus élevées, *ibid.* 68.

ARCHEVÊCHÉS remarquables, cités, II, 510.

ARCHITECTES. Quels furent les premiers, I, 33. Noms de quelques abbés architectes, *ibid.* 34, 35.

ARCHITECTURE monastique. Considérations générales. Introduction, I, XVI, XVII.

ARCHIVES. Leur origine, II, 375. — Placées dans les clochers, 69. — A l'église Saint-Germain-l'Auxerrois, 376. — A la Sainte-Chapelle, *ibid.* — A Vaux-de-Cernay, 377. — Au prieuré de Saint-Martin-des-Champs, *ibid.*

ARCHIVES impériales, citées, II, 455. — Dessins sur un parchemin de 1468, *ib.* 377.

ARCHIVOLTE, avec un bel ornement sculpté, II, 15, 17. — A l'église Saint-Généroux, 167.

ARCS. Système architectural de leur développement dans les nefs, II, 234.

ARCS-BOUTANTS de quelques églises grecques, I, 281, et la planche, 282. — Des églises romanes, II, 96. — Arcs-boutants formant galerie autour d'une abside, 99.

ARCULFE (Saint). A dessiné le plan des églises de l'Ascension et du Saint-Sépulcre, I, 253; et de l'église du Puits de la Samaritaine, 254, et la planche, 255.

Arcus deauratus du tombeau de Charlemagne. Sa description, II, 131.

AREA (L') des églises d'Orient. Recherches à ce sujet, I, 238, 239.

ARGENTEUIL (Prieuré d'). Maison de femmes, citée, II, 470.

ARMATURES en fer des vitraux. Leur utilité, et dans quelles conditions, II, 249.

ARMÉNIE. Ses églises citées comme exemples d'absides circulaires, I, 275. — Introduction de l'architecture gothique dans ce pays, II, 279.

ARMOIRE aux livres, où placée, II, 155.— Dans les cloîtres, *ibid.* 306.

ARMOIRE aux saintes huiles, I, 202. — Du XIIe au XIIIe siècle, II, 261.

ARMOIRE de trésor à Noyon, II, 294. — Du trésor du prieuré de Vernusse, 295. — Armoire pour renfermer la sainte Eucharistie. Exemple d'un meuble de ce genre, 259.

ARMURERIE pratiquée par les moines, II, 427.

ARSENAL de monastères grecs, cité, I, 56.

ARTS (Les) et métiers cultivés par les moines. Introduction, x et suiv. et I, 34. — Autres détails, II, 426, 427.

ASCENSION. Miniature tirée d'un manuscrit grec, I, 288.

ASCENSION (Église de l'), à Jérusalem, I, 249. — Sa voûte ouverte, 250, et la planche même page.

ASCETERIA. Sorte de monastère, 13.

ASILES pour les coupables, II, 433. — Chambre d'asile à l'église Saint-Merry à Paris, 435. — A celle de l'abbaye de Durham. Détails curieux sur la manière dont on y recevait les réfugiés, 438.

ASSISI (Couvent d'). Son église, citée, II, 213.

ASSOCIATIONS maçonniques. Leur influence sur le système architectural, dit *gothique*, II, 192.

ATELIERS d'art et d'industrie, II, 426, 427. — Leurs outils, 428. — De monnayage des abbayes, 443.

ATHÈNES. Plan d'une de ses basiliques, I, 248. — Façade d'une église de monastère avec peintures murales, 289, et la planche page 290. — Autre église d'Athènes, 311.

ATHOS (Mont). Ses couvents ou laures. Vue générale, I, 12. — Plan d'un monastère, 14. — Vue du couvent du Rossicon. (Voir ce mot.) Le monastère de Sémenou, cité, 308. — Cuisine du Rossicon, citée, II, 356.

ATRIUM. Origine, I, 48, 97. — Détails à ce sujet, 98, 99, 100 et 101. — De l'époque romane, II, 18. — De Lorsch, sa porte, I, 69 ; II, 50.

AUDITORIUM ou Parloir. Voir ce dernier mot.

AUGUSTINS (Grands), à Paris. Belle salle des chevaliers du Saint-Esprit dans ce couvent, II, 443. — Bas-relief de l'amende honorable de deux sergents, cité 457.

AUMÔNERIES, II, 402.

AUTEL avec *ciborium*, à Rome, I, 183. — Autel table, 196. Autel tombeau, 197. — Avec voiles, planche page 199. — Autres détails, 202. — Description de celui de Sainte-Sophie, 351. — Autel dit *matutinal*, II, 153, et la planche page 154.

AUTELS des églises grecques. En quoi diffèrent de ceux de l'Église d'Occident, I, 351, et les planches pages 353, 354. — Du Christ en croix dans les églises romanes, II, 117. — Autels conventuels. Où placés, 134. — Autels primitifs de l'époque romane. Sont détruits, 147. — Autels du XIe siècle, cités, 147, 148. — Autres, voir les planches page 152. — Au XIIIe siècle, 253. — Voir *Ciborium* et *Retable*.

AVOUÉS des monastères, II, 449.

B

BAGNEUX. — Son église, citée pour ses inscriptions funèbres, II, 68.

BAINS des abbayes (Salle de), II, 368.

BALDAQUIN de chapelle, I, 335.

BALNEATORIUM (Le), cité, II, 360.

BALUSTRADES d'un sanctuaire d'Italie. Voir la planche, II, 257.

BANCS du chœur, I, 188. — Bancs en pierre pour le peuple dans les bas-côtés de quelques églises, II, 243.

BANDEAU latéral employé à l'église Saint-Généroux, II, 169.

BAPTISTÈRE. Détails sur leur origine et leurs formes, I, 100, 102. — Description de celui de Constantin, 103. — De l'église de Torcello, 167. — De Ravenne, cité pour sa mosaïque, 179. — De la basilique de Trieste, 181. — Octogones en France, I, 221. — D'églises d'Orient et d'Occident comparés, 243. — Remarquable à Cividale du Frioul, II, 114. — De Saint-Jean, à Poitiers, cité, 49; un de ses modillons, 168. — De Saint-Jean de Latran, 50, 51. — Autre à Padoue, en style roman, ib. 113.

BARBACANES. Têtes de pont, I, 67. — Devant une abbaye, ibid. 68.

BAS-CÔTÉS doubles. Exemples, II, 43.

BASE de colonne, I, 217, 218. — Autres du VIIIe siècle, II, 178.

BASE de tabernacle, avec bénitier et statuettes dans des niches, II, 259.

BASILIQUE. Définitions, I, 87. — Antique de Pompeïa; son plan, ibid. 105. — Basiliques des monastères; leur construction et leur disposition, I, 93. — Plans comparés de plusieurs basiliques, 105, 107, 110, 112, 113. — Façades, 115, 116, 117, 118. — Plan et coupe de celle de Théveste, en Afrique, II, 484, 486.

BASILIQUES. Vue latérale, I, 124. — Entablement, 123. — Recherches sur leurs porches, 120, 121. — Vues intérieures, 169, 186, 188, 205. — Coupe dans la longueur, 168. — Latines, dans les Gaules, I, 221. — Leurs façades peintes et dorées, 224. — Leurs dispositions intérieures, ibid. — Leurs nefs, 225. — Plafonds avec lambris dorés, 226. — Le chœur, 227. — Leurs tentures, voiles, etc. ibid.

BASSE-OEUVRE de Beauvais, église citée, II, 33.

BASSES-COURS, etc. II, 417.

BATALHA (Abbaye de), citée, II, 315, 229. — Sa belle chapelle, 226. — Son plan, 227. — Sa sacristie, 289.

BATHILDE (Sainte). Ses fondations pieuses, II, 469.

BATTANTS de cloches, I, 154, 157, 160.

BEAUCAIRE (famille de), représentée au nombre de 11 personnages à genoux, savoir 1 archevêque, 4 chevaliers, 1 abbesse, 3 dames, 1 écolier ou clerc, etc. II, 295.

BEAUVOISIS. Chapelles romanes dans ce pays, II, 9.

BÉGUINAGES. Communautés, II, 473.

BÉNIGNE (Église Saint-) de Dijon. Plan de ce monument, I, 388. — Vue générale prise de l'abside, II, 64. Voir aussi ib. 98.

BÉNITIERS. Leur origine, II, 109, 110, 111; du XVe siècle, ibid. 236. — Bénitiers en dehors de l'église. Exemple, ibid. 237.

BENOÎT-SUR-LOIRE (Église Saint-). Son

beau porche; sa façade citée, II, 39. — Autres détails, 75. — Pavé de son sanctuaire, cité, 254. — Son prétoire de justice, 429.
Bernard (Saint-). Sa cellule à Clairvaux, I, 8. — Fondations qu'on lui doit, II, 45. — Sa fontaine miraculeuse et son pèlerinage, 462, 463.
Bernardins (Collége des), à Paris. Son beau réfectoire, cité, II, 346.
Bertin (Abbaye de Saint-), citée, I, 86. — Pavage du sanctuaire de son église, cité, II, 254.
Bestiaires cités, à propos des sculptures fantastiques de quelques églises, II, 176 et suiv.
Bethléem. Décoration de son église, citée, I, 173.
Beyrouth, citée pour son architecture transitoire, II, 279.
Bibliothécaire, II, 374.
Bibliothèques des monastères; leur origine, I, 111.
Bibliothèques des abbayes, II, 370; de Saint-Gall, 271; de Saint-Pierre de Rome, *ibid.* de Sainte-Geneviève, *ibid.* des Moines-Gris, à Londres, 372; de l'ancien collége de Navarre, 373 de Noyon, 372 et 373; du Vatican, 512; de Saint-Germain-des-Prés et des anciens Génovéfins, II, 370, 374. — Collection de curiosités qu'on y voyait, *ibid.* — Bibliothèques des chapitres de chanoines, *ibid.* 503.
Biens des monastères, II, 444, 445, 448, 449. — Des chanoines, comment désignés, *ibid.* 505.

Billettes. Particularité du cloître de cette maison, II, 310.
Bois. Exemples d'églises construites en bois. Voir *Hitterdal.*
Bombulum ou *Bunibulam*, I, 155. — Sa forme, planche page 156.
Bonn. Sa croix monumentale, II, 464.
Bornage des propriétés monastiques. Détails à ce sujet, II, 448.
Bornes. Limites des propriétés monastiques, II, 445. — Des chanoines, 505.
Boulangeries monastiques, II, 403.
Bracinum. Voir Brasseries, II, 408.
Brandea. Leur origine, I, 214.
Brasseries monastiques, II, 407.
Broderies des tentures ou tapisseries des basiliques, I, 309.
Bronze. Emploi de ce métal pour orner les façades de basiliques, I, 286. — Employé comme couverture de plusieurs églises, 295.
Bude. Plan de l'église cathédrale, II, 210.
Bulletin monumental, cité, II, 47.
Bunibulum ou *Bombulam*, sorte de cloche ou timbre, I, 155, et la planche page 156.
Bury (prieuré). Façade de l'église, II, planche page 57. — Plan occidental, 65.
Bussière (Abbaye de). Ses archives, II, 434.
Byzantin (Style). Recherches sur son origine, ses éléments et ses influences en Occident, I, 235. — Comme exemples, voir les planches pages 237, 238, etc. — Influence de ce style dans toute la chrétienté, 376 et suiv. — Monastère construit dans ce style, I, 32. — Porte d'un autre couvent, *ibid.* 70.

C

Cabinets d'objets d'art, de curiosités, d'antiq. dans les monastères, II, 374.

Cachots des abbayes, II, 430, 431.
Cadrans solaires tracés sur plusieurs mu-

railles de maisons religieuses, II, 72, et suiv.

CALENDRIER chrétien, sculpté sur une *cathedra*, I, 206.

CALENDRIER monastique. Voir la planche, II, 120, et au mot *Tables pascales*.

CALVAIRES. En Bretagne très-remarquables, II, 465.

CAMPANILES. Époque où ils cessent d'être en usage, I, 164.

CANCELLUS. Nom donné quelquefois au chœur, I, 183, à la note.

CANTHARUS. Ce que c'est, I, 99. — Sa figure, *ib*. 100.

CANTORBÉRY (Prieuré de). Sa belle crypte, plan, II, 162. — Autres détails, 229. — Piscine remarquable, 425.

CAPTENNIUM. Quel est ce droit, I, 86.

CARLOVINGIENS. Monuments de cette époque, II, 4, 10, 11, 23, 131. — Ornements dans ce style, 16, 17. — Système de construction, 18, 25. — 2ᵉ disposition, *ibid*.

CARMES (Grands). Leur cloître avec chaire, cité, II, 320.

CARTHAGE. Sa cathédrale, citée, II, 488. — Ses nombreuses basiliques, *ibid*.

CARTULAIRES, cités, I, 29.

CATARACTA. Sa destination, I, 214.

CATHÉCUMÈNES. Leur place dans une basilique primitive. Voir le plan page 98, lettres *ee*, I.—Catéchumènes (Les), nom donné à quelques porches, II, 70.

CATHEDRA. Origines de ce siége, I, 205. — De l'église des saints Nérée et Achillée, à Rome, 208. — Figurée sur une mosaïque, *ib*. 209.—Sa place dans le chœur, planche page 98, lettre A. — Du *Presbyterium* de Torcello, 205. Voir le mot *Siéges*.

CATHÉDRALE de Strasbourg avec les places affectées aux hommes et aux femmes, II, 480, 481. — Publiée et gravée par Specklin, 492.

CATHERINE (Monastère Sainte-), au mont Sinaï. Vue extérieure, I, 84. — Vue intérieure, 85. — Ses belles portes, 308.

CATHOLICON. Église d'Athènes. Plan, I, 259. — Élévation de sa façade, *ibid*. 271. On y voit l'emploi des pierres spéculaires aux fenêtres, *ibid*. — Dôme de cette église, 293. — Fenêtre avec sa clôture, 302. — Fragment de ses fresques, 332.

CAUMONT (M. de). Son ouvrage sur les Antiquités monumentales, cité, II, 360.

CAVEAU sépulcral dans une basilique, I, 98, lettre E de l'*Atrium*.

CÉCILE (Église Sainte-) au Transtevère à Rome, citée pour son *Ciborium*, II, 256, et la planche, page 257.—Statue de la sainte, en marbre, par Maderne, citée, *ibid*.

CEFALÙ. Monastère de la ville de ce nom en Sicile, II, 215. — Emploi de l'arc aigu dans son église, 278.

CÉLESTINS. Vue de leur cloître, II, 305. — Plan du monastère, 312, 443. — Leur chapelle de la famille d'Orléans, 226.— La cuisine, citée, 355. — Leur salle des chevaliers du Saint-Esprit, II, 443.

CELLA. Acceptions diverses, I, 10.

CELLIERS des couvents, II, 357.—Plans, 358.

CELLULA. Acceptions diverses, I, 10.

CELLULES de chanoines, II, 498.

CÈNE de Léonard de Vinci, fresque célèbre, citée, II, 332.

CENSIVE des monastères, II, 446, 447.

CENTULA ou Saint-Riquier. Voir ce nom.

CERVOISE. Boisson ordinaire des moines, II, 357.

CHAIRE. Byzantine, I, 341, 348.—En bois

du XV² siècle, II, 239. — Autre, *ibid.* à Saint-Pierre d'Avignon, 241. — Aux Grands-Carmes de Paris, avec-abat-voix, 242. — En plein air, 243. Voir *Ambons.*

CHAIRES ou ambons des églises latines, I, 192. — D'églises romanes, II, 114 — 116. — Des monastères, 320.

CHAMBRANLES (Profils de), pour portes, I, 306 et la planche.

CHAMBRIER des abbayes; ses fonctions, II, 341 et suiv.

CHANCEL à l'église de Toscanella, II, 128.

CHANDELIERS. Leur place dans une basilique primitive. Voir le plan, I, 98, lettre *m*, et la planche page 197. — A sept branches, II, planche page 141. — Autre à la cathédrale de Milan, cité, page 140.

CHANOINES réunis dans un seul dortoir, II, 498. — Mangent en commun au réfectoire, 499.

CHANTRE. Chargé de la garde de la bibliothèque, II, 374.

CHANTRES. Leur habitation particulière, II, 503 et suiv.

CHAPELLE fortifiée, II, 18.

CHAPELLES. Leur origine dans les basiliques, I, 179, 333. — Exemple de quelques exceptions à ce sujet, *ibid.* — Saint-Zénon; sa façade, 180. — De la basilique de Trieste, plan, 181. — Sainte-Hélène, à Sainte-Croix de Jérusalem, *ibid.* 182. — Saint-Hilaire, Saint-Venant, *ibid.* — Chapelles romanes, II, 4, 5, 7-9, 11. — Chapelles absidales, leur motif, 37, et les plans, 36, 38, 41, 43. — Autres détails, 153, 155. — Comment closes, 156. — Variétés qu'elles ont subies dans leurs formes suivant les siècles, 225; aux XIII° et XIV° siècles, 245; au XV° siècle, *ibid.* — Chapelles. Leur décoration aux XIII° XIV° et XV° siècles, II, 246. — Leur pavage en dalles tumulaires, *ibid.*

CHAPELLES canoniales et collégiales, II, 495, dédiées à la sainte Vierge. — Monuments de ce genre, 203.

CHAPELLES funéraires annexées aux églises monastiques, II, 226, 227, 228, 230. 440. — De Henri VII, à Westminster, 229, 253. — De l'église Saint-Spiridion, I, 334; et la planche p. 335.

CHAPELLES autour du chœur, II, 42, 43. — Chapelles suspendues dans les églises et dans les tours, *ibid.* 68, 69. — Chapelles ou oratoires dépendants d'une abbaye, *ibid.* 458. — Commémoratives, *ibid.* et suiv.

CHAPITEAUX d'églises depuis le V° siècle, I, 217, 218, 219. — De Saint-Laurent, à Rome, 173. — Autres à Parenzo, à Saint-Clément, planches pages 219, 220; à la crypte de Jouarre, à Saint-Denis, à Montmartre, 229; à Saint-Germain-des-Prés, etc. 231. — Étude sur leur variété dans les divers pays et aux divers siècles, *ibid.* 360 et suiv. — En style sassanide, 362; à Constantinople, *ibid.* à Tyr, 363; au Théotocos, 364, 365; à Athènes, *ibid.* — Byzantins, 366; à Parenzo, 399; à Ravenne, 400. — Chapiteaux, à Saint-Marc, de Venise, 401. — Chapiteaux d'architecture lombarde, 402. — Chapiteaux byzantins, à Athènes, II, 174; à l'église Saint-Georges, de Bocherville, 175. — Chapiteaux romans inventés par les sculpteurs français, 176, 177. — Chapiteaux ornés de figures de saints, *ibid.* 317.

CHAPITRE. Du monastère de Saint-Vincent, II, 321; coupe de ce chapitre, 322. — de Saint-Georges de Bocherville, 323. — Des Jacobins de Toulouse, 324. —

De l'abbaye de Batalha, 325.—Quatre salles de chapitres en Angleterre, 326. — De Sainte-Geneviève, 327.

CHAPITRES. Considérations générales, II, 320. — Comment orientés, 321. — Vue, plans et détails de diverses salles capitulaires, II, 321, 322, 323, 324, 326, 327. — Abbés enterrés dans les salles de chapitres, *ibid.*

CHARLEMAGNE fait faire une tour à l'église de Saint-Denis, II, 62.—Comment il fait représenter Jésus-Christ au ciel, 130.— Détails curieux sur sa sépulture, 131. —Ce que lui doivent les monastères de la France et de l'Allemagne, 165.

CHARNIERS. Leur origine, II, 44. — Des capucins, à Rome, *ibid.* — Autres détails, 310.

CHARPENTERIE (De la) au moyen âge, II, 274.—Charpentes remarquables à San-Miniato, à Montréale, *ibid.* de l'église de Saint-Denis, *ibid.* et suiv.—En Angleterre, 275.

CHARPENTES apparentes des basiliques chrétiennes. Exemple, I, 169.

CHARPENTIERS. Habileté de ceux du moyen âge, II, 274, 275.

CHARROUX. Plan de l'église de l'abbaye de ce nom, 386.

CHARTE de donation de propriétés concédées par Charlemagne à un monastère. —Sujet d'une peinture murale du XIIe siècle, II, 379.

CHARTES et diplômes conservés dans les monastères, II, 375.

CHARTREUSES, II, 466 et suiv. — Détails à ce sujet, 467. — De Pavie, *ibid.* — De Grenoble, 468.

CHARTREUX de Paris. Plan général du couvent, I, 51. — Sculpture de leurs bâtiments, II, 231.

CHARTRIERS ou chartiers. Voir au mot *Archives*, tout ce qui est cité à ce sujet.

CHÂSSES, I, 213. Meuble particulier pour les recevoir, II, 153, du XII au XIIIe siècle, 261, 262. — Châsse de Saint-Calmine, citée, II, 150.

CHÂSSIS en fer de fenêtres d'églises, II, 90.

CHAUFFOIRS des monastères, II, 359.

CHELLES (Abbaye de), citée, II, 432. — Son pilori de justice, décrit, *ibid.* et 433. — Autres détails, 469.

CHEMINÉE d'une salle de chapitre, II, 479. — Cheminée de Fontevrault, *ibid.* 352. — Cheminée d'une cuisine des Templiers en Bretagne, 353.—Du couvent du Rossicon, au mont Athos, 356.

CHEMINÉES de cuisines, II, 350, 352, 353, 355 et suiv.

CHERLIEU. Abbaye citée pour son fanal des morts, II, 441.

CHEVET. Son origine, citée, II, 96. — Chevet carré, *ibid.* 229.

CHEVRON formant une ferme complète; exemples cités, II, 275.

CHEVRONS brisés. Exemple, II, 173, n° 412; 174, n° 413.

CHŒUR de la basilique de Saint-Clément, à Rome, avec ses deux ambons; son autel à *Ciborium*, I, 183. — Chœur double, à l'abbaye de Clairvaux, I, 183; à Saint-Gall, 184; où placé dans les églises, *ibid.* — Pavage du chœur ordinairement très-beau, *ibid.*—Exemple de ce genre à Saint-Clément de Rome, *ibid.*—Autre à Torcello, 186. — Des églises romanes, II, 121, et la planche, 124. — Sa disposition et sa grande étendue à une certaine époque, II, 249.—Ses clôtures, 250.— Leur décoration sacrée, *ib.* —Sépultures qu'on y voyait, *ibid.*

CHOREA. Définitions, II, 36, 155. — Chapelles de la *chorea*, à Saint-Martin-des-Champs et à Saint-Germain-des-Prés, 197. — Autres détails, 198-201, 203.

Chorus psallentium, au monastère de Saint-Gall, cité, I, 183; — à Saint-Généroux, II, 24.

Chorus sacerdotum, I, 202.

Christ. Des premières représentations de sa figure, I, 119. — Peint sur la muraille d'une église, II, 55.

Chrodegand, évêque du VIIIe siècle. Ce que lui doivent les monastères de son temps, II, 479, 488, 492, 493, 495, 496, 498, 499.

Chronique du mont Cassin, citée, II, 138.

Chypre (Royaume de). Se couvre de monuments gothiques, II, 280.

Ciborium d'autel, I, 183; avec ses clôtures ses voiles et son Septum, 199. — Origine présumée du nom Ciborium, 250. — Autres détails, 201, et la pl. p. 353. — De l'époque romane, II, 149. — Autres, cités, 150 152, aux XIIe et XIIIe siècles, 255. — En Italie, 256, 257.

Cierge pascal fixé après l'ambon, I, 192. — On y attachait quelquefois la Table pascale, II, 118.

Cimetière d'une abbaye derrière l'abside, II, 97. — Cimetières éclairés dans le moyen âge, 441, 442. Voir Fanaux, Lampes.

Cimetières des monastères, II, 437; du plan de Saint-Gall, 438; de l'abbaye de Cantorbéry, 439; de Clairvaux, ibid. — Séculiers enterrés dans les cimetières monastiques, ibid. — Cimetières des chanoines, 504.

Circulaires. Églises et autres monuments de cette forme. Voir Ascension (Église de l'). — Autres à Antioche, Athènes, Constantinople; dans la vallée de Josaphat, et à Rome. Voir ces mots et les planches des pages 379 à 390, II.

Cisterciens. Plan particulier de leurs églises, II, 45. — Plan de leur église de Saint-Vincent, près Rome, 47.

Cîteaux (L'ordre de) possédait plus de 600 abbayes, II, 45. — Dispositions particulières de ses églises, 47, et leur grande simplicité, 45. — Ses églises avaient des horloges à sonnerie, 72. — Stalles d'une de ses églises ornées d'armoiries, 443.

Citernes monastiques, II, 413, 414, 415, et les planches.

Cividale-del-Frioul. Plan de son oratoire roman, II, 5. — Vue intérieure de cet oratoire, 14. — Archivolte de la porte, 15. — Ornement entre les chapiteaux, ibid. — Bandeau saillant, 16. — Vue de ses fonts de baptême, planche page 114.

Civry (Église de). Son porche à arcades, II, 74. — Sa porte, avec des pentures remarquables, 84.

Clairvaux (Abbaye de). Citée pour son hypocauste, II, 359. — Son Scriptorium, 375. — Ses ateliers des arts et métiers, 428, ibid. — Ses quatre cimetières, 439. — Pèlerinage des moines à la fontaine de Saint-Bernard, 462.

Classique. Ce style maintenu en Italie, II, 281.

Claude (Abbaye de Saint-), citée pour ses deux cuisines, II, 356.

Clément (Basilique de Saint-), à Rome. Plan, voir la planche page 98, II. — Ciborium et porte sainte du sanctuaire, ibid. planche page 199.

Clément (Monastère de Saint-). Vue de sa porte, style latin, I, 70.

Clercs. Réunis en communautés, II, 479. — Recherches à ce sujet, 480, 481. — Clercs réguliers de Sainte-Geneviève de Paris. Leur origine, II, 481.

CLOCHER central. Comment soutenu, II, 8, 26, 27, 30, 33. — Clocher de l'abbaye de Saint-Savin, II, 71.
CLOCHER de l'église de Saint-Jean et Paul, I, 165.
CLOCHERS. Leur origine, leur disposition, leur architecture variée, places qu'ils occupent dans les basiliques, I, 161, 163. — Clochers cylindriques, 164. — On cesse de construire des campaniles, *ibid.* — Architecture particulière des clochers à Rome, 165. — Autres, 315, 317, 318, 319; II, 26. — Clochers de l'église Saint-Laurent, à Vérone, I, 162. — Place de celui de l'église Saint-Clément, *ibid.* Plan, voir page 98. — Des couvents, 166. — A quelle époque les clochers font partie de la construction de l'église, II, 26. — Clochers ronds, cités, 64. — Clochers doubles, 69. — Servaient quelquefois d'archives, II, 69. — Leurs formes variées aux divers siècles, 222. — Pareils ou jumeaux à Saint-Nicaise de Reims, *ibid.* 218. — Clochers ornés de peintures funèbres, 68, 69. — Clochers de grandeurs différentes sur la façade des églises. Pourquoi, *ibid.* 70. — Clochers romans, peints dans l'intérieur, II, 68.
CLOCHES des églises en Orient. Leur origine, leurs diverses matières et leurs dispositions, I, 152 et suivantes. — En Occident; détails, 157, 158, 159. — Diverses formes de cloches, tirées de manuscrits, 160.
CLOÎTRE (Le) n'avait pas de place déterminée, I, 55. — Exemple d'un cloître fortifié, 223. — De Chrodegand, à Metz, cité, II, 274. — Autres détails sur ce monument, 492, 493. — Plan, 494. — De la cathédrale de Noyon, crénelé, 495.

CLOÎTRES des monastères, II, 296. — En Orient, *ibid.* — Dispositions générales ; *ibid.* 296. — Uniques en Orient, *ibid.* — Leur forme, *ibid.* — De Saint-Martin-de-Canigou, 299. — De Saint-Martin-des-Champs, 300. — De Saint-Trophime, 303. — De Saint-Wandrille, 304. — De Saint-Vincent, II, 307. — Des Saints-Apôtres, 308. — Leurs divers styles, 310. — Des Célestins. Sa belle disposition, 305, 310, 312. — Des Chartreux, avec la vie de saint Bruno, *ibid.* — Tombeaux qu'on y voyait, *ibid.* — Saint-Anastase, 307. — De la période romane, 309. — De la période gothique, *ibid.* 310. — De Saint-Germain-des-Prés, *ibid.* — Distinction entre ceux d'Occident et ceux d'Orient, 296, 297. — Disposition générale des cloîtres ou promenoirs, 301 et suiv.
CLOTILDE (Sainte). Ses fondations pieuses, II, 464, 475.
CLÔTURES des portes, I, 131, 132; II, 83, 84, 85.
CLÔTURES des fenêtres, I, 133 et suiv. II, 89 et 90 de l'époque gothique. Voir *Vitraux*.
CLÔTURES de chœurs, I, 343, 344 et suiv. avec peintures, 346. — A Toscanella, 128. — Sainte-Marie au Transtevère, 129. — De la cathédrale de Trèves, 127 et suiv.
CLUNY. Célèbre monastère. Son entrée, I, 72. — Plan de son église, II, 43. — Son immense porche. Plan, 73. — Vue perspective intérieure, 79. — Peintures murales de la voûte et des colonnes, 147. — Renfermait des habitations pour les papes, les princes, etc. 442. — Son église avait sept tours, II, 39.
COCHLEA, escalier à vis, I, 163.

67.

CODE Théodosien, cité, II, 433.
CŒNACULUM. De l'église Saint-Sabas, à Rome, I, 117.
CŒNOBIUM (Le). Son origine, Introduction, I, I et XIII.
COLDINGHAM. Abbaye d'Écosse, II, 475.
COLLATIONES (Les). Ce que c'était, II, 306.
COLLECTIONS d'objets d'art et de curiosités, etc. Voir *Cabinets*.
COLLÉGES dans les abbayes. Voir *Écoles*. — De Navarre, II, 373. — Pignon de sa bibliothèque, *ibid*. — De Beauvais. Ses archives, citées, 376.
COLLÉGIALES. Leur origine, II, 489. — Leur disposition, *ibid*.
COLOMBE eucharistique. Comment placée, I, 200; II, 258. — Sa signification symbolique, 260.
COLOMBIERS d'abbayes, II, 418, 419. — De diverses formes, 420. — Autres, *ibid*. 421.
COLONNETTES d'un clocher, au XIe siècle. Chapiteaux et bases, II, 166.
COLONNES au VIIIe siècle. Leur proportion, II, 177, 511, au XIIe, *ibid*. — Colonnes engagées. Motif de ce système, 6, 33. — Colonnes accouplées soutenant une tourelle, 11, 59.
COLONNES trop longues. Exemple, II, 177. — Trop courtes, *ibid*. — En faisceaux, *ibid*. — Colonnes sculptées avec branches de vigne, en chevron, etc. au cloître de Montréale, II, 317.
COLONNES monolithes. Des églises latines remplacées par les piliers carrés, II, 33. — Colonnes rondes engagées, *ibid*. Voir les plans, pages 34, 35, 36.—Colonnes peintes, 146. — Petites colonnes du clocher de Germigny, 166. — En Norwége, 171.
COMBLES (Les grands) des églises voûtées en pierre. Ce qu'ils indiquent, II, 275.

CÔME (Église de), en Italie. Sa porte romane avec pentures en fer forgé et ses pieds-droits sculptés, II, 172.
COMMANDERIE. Origine, I, 17.
COMMUNION. Comment donnée aux femmes cloîtrées, II, 472.
CONCAVARIUM. Voir *Lavabo*.
CONCLAVE assecularum (Le). II, 416.
CONFESSIO ou *Martyrium*. De l'église Sainte-Sabine, à Rome. Coupe, I, planche page 17. Voir *Martyrium* et *Crypte*.
CONFESSIONNAUX des maisons de religieuses. Leur disposition particulière, II, 472.
CONQUE de l'abside. Ce que c'est, I, 204, et la planche page 205, 208.
CONSOLE gothique, XVe siècle, fixée à une armoire ou tabernacle isolé, II, 259.
CONSTANCE (L'église Sainte-), citée pour le nouveau système de sa coupole, I, 326, 327. Plan de cette église.
CONSTANTIN. Donne son palais impérial au pape, II, 511, 517. — Sa sépulture dans une église construite par ses soins, I, 253.
CONSTANTINOPLE. Églises de cette ville, citées, I, 250, 267, 268, 362. — Ses monastères, I, 236, 238, 239, 241, 243. — Son église Saint-Georges, 250. — La mosaïque de sa voûte, *ibid*. — Façade d'une église à coupole sans vocable connu, 265. — Église Sainte-Théodosia, citée, 267. — Autres, citées, 268. — Église des Saints-Apôtres, *ibid*. — Chapiteau de cette église, I, planche page 362.
CONSTRUCTIONS primitives des chapelles et des églises, I, 90, 91. — Des églises en bois. Voir *Norwége*. — Divers systèmes de constructions monastiques en Europe au moyen âge, I, 231 à 234. — Du VIIIe au XIe siècle, II, 179.

CONSTRUCTIONS en grand et petit appareil, II, 179, 180 et suiv.—Aperçus généraux sur l'architecture française depuis l'an 1000, 182 et suiv. — Autres détails, 272, 273.

CONTRE-ABSIDES. Origine, I, 22; II, 106.

CONTRE-FORTS. Systèmes de ce genre de constructions à diverses églises, I, 294, 295; II, 40. — Autres détails, 216, 217.

CONVENTUS, I, 15. Voir *Salle capitulaire.*

COPISTES des manuscrits. Leur salle particulière, II, 374.

COPTES. Plan d'un de leurs monastères, I, 47.

CORELLI (Prieuré de). Plan de sa chapelle, II, 193. — Élévation, 195.

CORFOU. Fenêtre d'une chapelle avec sa clôture, I, 304. — Chapelle, 335.

CORNICHE de la basilique de Saint-Martin-des-Monts, à Rome, I, 149.

CORNICHES de couronnement, II, 91.

CORPS des moines lavés après leur mort, et avec des cérémonies et prières, II, 314.

CORSE. Sa chapelle Sainte-Christine, II, 7.

COULEURS symboliques de la sphère céleste, II, 130.

COUPOLES. Étude sur leur origine, leurs variétés en Orient et en Occident, I, 324, 325, 326. — Systèmes des coupoles portant sur un plan carré, 327. — Autres détails sur divers systèmes de construction des dômes, 374, 375.

COUR sacrée des églises monastiques, I, 238.

COURONNE d'or placée sous l'arc triomphal des basiliques, II, 131.

COURONNEMENTS de piliers d'églises, dont deux sont peints. Un autre porte une inscription grecque, I, 369, planche.

COURONNES ou roues. Servant au luminaire des églises, II, 137.

COURTILLIER (Le). Ses fonctions, II, 423.

COUVENTS. Définition, I, 15. Voir *Athos, Daphni, Rossicon.*

COUVERCLE des fonts baptismaux en cuivre, et sa potence, II, 238.

COUVERTURE ou toiture en bronze doré des églises constantiniennes, I, 295. — Des églises romanes, en plomb, en pierre ou dalles, en terre cuite ou tuiles à la romaine, II, 93.

CRÉDENCES des églises romanes, II, 154. — Des églises latines, 260, 261.

CRÉNEAUX de façades d'églises, II, 53.

CROISADES. Leur influence sur l'architecture en Orient et en Occident, II, 277, 279, 280.

CROISÉES d'ogives pour les nefs, II, 181.

CROIX cantonnée de l'alpha et de l'oméga, I, 217. — Croix placée entre saint Pierre et saint Paul, I, 258, et la planche page 357, *ibid.* — Croix en pierre avec inscription de donation de terres, II, 377 et la planche page 378.

CROIX de Saint-Cuthbert. Son usage, II, 434. — Croix monumentales de Saint-Denis, *ibid.* 457. — Autres en Angleterre, *ibid.* — Croix de Bonn, 464. — Couverte sur trois routes, 465. — Chemin bordé de croix, 466.

CROSSE (La) de suspension remplace la colombe, II, 260.

CRUAS. Sa tour, citée pour sa forme cylindrique, II, 63.

CRYPTE ou *Martyrium, Confessio,* I, 209. 211, 212, 215. — Considérations générales, 359. — En Arménie, au Caucase, 360. — Plans de cryptes, 211, 212, 215. — Recherches sur leurs décorations, *ibid.* 215. — Sur celle de Saint-Pierre au Vatican, 216. — De

Saint-Laurent de Grenoble, II, 157, et les planches pages 158, 159, 160, 161. — A cinq nefs, *ibid.* 162, 163, 164. — Du xii° au xiii° siècle, 263, 264, 265. — Au xiv° siècle, *ibid.*— Au xv°, *ibid.* De l'abbaye du Mont-Saint-Michel, *ibid.*—Romanes. En quoi diffèrent des latines, 157. — De transition, *ibid.* 158. — De l'an 1000, 159. — D'Italie; leur sol peu profond, 164.

CUBICULUM *computatorium*. Salle des comptes, II, 295.

CUISINES des monastères, II, 349, 352, 353, 354, 355.

CURIA ou le chapitre, etc. II, 320.

CUSTODE. Disposition symbolique, II, 260. — Pourquoi supprimée, *ibid.*

CUTHBERT (Robe de saint). Son privilége pour sauver les réfugiés, II, 438.

CUVES baptismales, II, 111, 112.— Très-belle à Cividale-del-Frioul, *ibid.* 114. —Autre à Saint-Zénon, 115. Voir aussi *Baptistères.*

CYMBALE. Espèce de cloche, II, 347.

D

DALLES tumulaires; leur usage, cité, II, 246, 247. — En cuivre, en pierre, en marbre, *ibid.*

DANEMARCK (Le). Demande des peintres verriers français, II, 89.

DAPHNI. Son église dédiée à la sainte Vierge, en style byzantin, I, 259. — Plan de son monastère et de son église, 260. — Son dôme à colonnes, 294.— Son cloître d'une disposition occidentale, II, 280.

DAURADE (La), à Toulouse. Riche décoration en mosaïque de son sanctuaire, II, 145.

DÉCORATIONS des façades des églises. Recherches à ce sujet, I, 118, 119.—Intérieures; détails à ce sujet, *ibid.* 173, 285, 286, 387.

DÉDICACES des églises monastiques. Se faisaient sur les premières pierres sortant du sol, I, 235. — Exemples de doubles dédicaces, II, 22.

DÉFENSEURS des abbayes, I, 86.

DÉMÉTRIUS (Saint-). Voile de son église, I, 350. — Son trône épiscopal, 357.

DENIS (Église abbatiale de Saint-). Pourvue d'un clocher au viii° siècle, II, 62. — Sa porte en bronze, avec bas-reliefs dorés, II, 85. — Cour ou parvis entourant son abside, cité, 96. — Son ancien devant d'autel, cité et publié, 149. — Plan de l'ancienne crypte, 113.—Autres détails de sa porte, 219. — De ses roses, 220. —Développement du système ogival, cité, 233. — Son pavé, 246, 247.

DESSUS de porte en mosaïque, I, 130.

DEVANT d'autels. Leur ornementation, I, 198, et la planche page 197. — Autrefois à l'église Saint-Denis, planche page 149.

DEVILLE (M.). Son travail sur la cathédrale de Rouen, II, 276, et la note 1.

DIACONIQUES de Saint-Pierre de Rome, II, 286; de Pola, *ibid.* de Parenzo, 287.

DIDIER, abbé du Mont-Cassin, cité comme inventeur des châssis en fer pour fenêtres, II, 90, et des plombs pour tenir les vitraux, *ibid.* Ce qu'il fait pour la culture des arts, 427.

DIGHOUR, en Asie. Influence de l'architecture gothique dans la construction de cette église, II, 281.

DIOCLÉTIEN et Galérius, persécuteurs des chrétiens, I, 246.

DIRECTORIUM. Voir *Dressoir.*
DISCIPLINE suspendue à la cheminée du chauffoir, II, 360.
DISPENSAIRES monastiques, II, 394.
DIXME saladine. Son origine, II, 380.
D'JÉMILAH (Algérie). Plan de son ancienne église, I, 247. — Sa mosaïque, *ibid.* 245.
DJOULFA, à Ispahan. Curieux clocher de l'église, I, 318.
DÔME d'Aix-la-Chapelle. Est un modèle de construction, II, 181.
Domus vacationis. Ce que c'était, II, 382.
DÔMES des basiliques. Quel en fut le résultat pour l'architecture, I, 254. — Des églises d'Occident; leur origine. Voir la planche page 291. — Divers systèmes de ce genre de construction, page 293.
Domus antiquariorum. Sa destination dans les monastères, II, 374.

DONATION à un monastère, constatée par une croix avec inscription, II, 377. — Peinture qui l'indique, II, 379.
DORTOIRS des monastères, II, 360; de Sylvacane, 362; de Saint-Martin-des-Champs, 363; de Saint-Germain-des-Prés, 364; de Sainte-Geneviève, *ibid.* des Bernardins. — Dortoirs ornés de peintures et de mosaïques, 360.
DORURES des nefs au XIIe siècle, II, 107.
DOTATION en faveur d'une église, relatée dans une inscription lapidaire, I, 44.
DRAGON sculpté aux pieds-droits d'une porte d'église, II, 172.
DRESSADERIUM. Voir *Dressoir.*
DRESSOIR des réfectoires, II, 348.
DU CANGE, cité sur la disposition, les règles et les usages des monastères, I, *passim.* — Cité, II, 321, 348, 362, 363, 368, 392.

E

EAUX minérales, citées, II, 462.
ECCLESIA. Définition, I, 87.
ÉCHAUDOIRS des monastères, II, 409.
ÉCHELLE (L') de la justice, citée, II, 432.
ECKSMIAZIN (Le monastère d'), cité, I, 111. Façade de son église, avec quatre clochers, *ibid.* 273.
ÉCOLÂTRE (L'). Ses fonctions, II, 385.
ÉCOLE française. Ses éléments de construction et son système architectural, II, 206, 207. — École anglaise, 211. — École italienne, II, 213. — École allemande, 209.
ÉCOLES d'orfèvrerie limousine. Leur origine monastique, II, 428.
ÉCOLES extérieures. *Schola canonica,* II, 381. — Écoles monastiques, II, 370, 382. — Description de celles de Saint-

Gall, *ibid.* — Écoles cléricales, 383. — Grandes et petites écoles, *ibid.* — Écoles intérieures, 384. — Écoles Saint-Thomas. Détails à ce sujet, *ibid.* plan, 385.
ÉCOLES de médecine. Leur origine monastique, II, 393. — Écoles des chapitres, *ibid.* 502.
ÉCRAN ou screen, à l'église Saint-Généroux, II, 125.
ÉCRIVAINS profanes; où s'en faisait la lecture dans les cloîtres, II, 306.
ÉCURIE pour trois cents chevaux à l'abbaye de Saint-Alban, II, 397.
ÉCURIES des monastères, 415, 416.
ÉGLISE en bois. Voir *Hitterdal.*
ÉGLISES grecques. Leurs façades. Voir ce mot. — Latines, leurs plans, I, pages 98, 107, 110, 112, 113.

ÉGLISES souterraines, citées, I, 92; autres, citées pour leur pavage, 184.

ÉGOUT double d'une toiture d'église. Exemple, planche page 311, I.

ÉLIE (Saint-). Église de ce nom, à Salonique, citée, I, 324.

ELNE (Église abbatiale D'). Sa façade, avec deux tours carrées, planche page 56, II. — Plan général de l'église, 95.

ÉLOI (Saint) chargé de décorer l'église de Saint-Denis, I, 227. — Exécute un pupitre pour le chœur, ibid. — Tombeau qu'il fait exécuter à l'église Saint-Denis, ibid. — Sa description, par saint Ouen, ibid.

ÉMAIL. Son emploi pour les pierres tumulaires, II, 247. — Sur la porte du monastère de Sainte-Catherine au Sinaï, ibid. 308.

ÉMAILLERIE (L'), cultivée dans les monastères, II, 428.

ÉMERIC-DAVID (M.), cité au sujet du vitrail de l'église de Saint-Bénigne, II, 89.

ENCEINTES des infirmes, dans les églises romanes, II, 120.

ENCLOÎTRE (L'); ce que c'était, II, 447, 448.

ENCORBELLEMENTS gothiques en bois, pour soutenir des orgues, II, 243.

ENTABLEMENTS (Spécimens d'), I, 123, 126, 368. On y voit une inscription grecque. — Entablement complet, comment nommé, II, 223.

ENTRAITS des charpentes; leur décoration, II, 275.

ERMITAGES dans les rochers, I, 1 et suiv. texte et planches. — Liste de quatorze ermitages cités, ibid. 5. — Autres. Voir *Portiuncula*, *Saturnin*. — Plan de celui de Saint-Saturnin, 9.

ERMITES (Église des), à Palerme, avec cinq dômes, I, 391, 392.

ESCALIER extérieur couvert, II, 509.

ESPAGNE. Marche de l'art gothique dans ce pays, II, 278.

ESPRIT (Ordre du Saint-). Salle pour la nomination de ses officiers, II, 444.

ÉTABLES des monastères, II, 415.

ÉTALONS des mesures de longueur ou de capacité, II, 80.

ÉTIENNE-LE-ROND (Église Saint-), à Rome, plan, I, 38.

ÉTIENNE-DES-GRÈS (Saint-). Censive de son chapitre, II, 448.

EXO-NARTHEX ou porches des anciennes basiliques, I, 116, 121. — Comment éclairés en Occident, 275. — Détails généraux, 309, 310, 311.

F

FAÇADE d'église représentée en miniature, I, 288.

FAÇADES d'églises grecques, I, 262. Planches des pages 265, 266, 268, 269, 270, 271, 272, 273. — Façades latérales, texte, 274. — Orientales, ibid. 275.

FAÇADES latérales des basiliques latines, I, 274. — Leur disposition pour recevoir la lumière, ibid. 147. — Façades des églises dans les Gaules. Leur décoration, 224. — Latines, 1re et 2e disposition, 262 et suiv.

FAÇADES occidentales des églises romanes, II, 48. — Détails sur leur sommet, 53, et les planches pages 55, 56, 57, 58, 59. — Façades latérales des églises romanes, 90. — Détails, 91. — Des

DU TEXTE ET DES PLANCHES. 537

églises de l'époque de transition, 215. Voir aussi *Montmille.*

FAÇADES d'églises sans tours. Exemple, II, 48 et la planche.

FANAUX des cimetières. Leur origine, II, 97, 441, 442.

FAREMOUTIER (Abbaye de), II, 469.

FEMMES. Leur place dans les basiliques chrétiennes, I, 110. Voir le plan, planche de la page 98, lettres T. *cc.*

FENÊTRES des basiliques, I, 133 et suivantes, et les planches des pages 136, 137, 138, 139, 140, 141, 142, 143, 144, 145. — Garnies de verres, 146. — De vitraux, à quelle époque, *ibid.* — Décorées de tentures, de voiles, de tapisseries, 203. — Des églises byzantines, 296.

FENÊTRES géminées, I, 297. — Exemples de formes variées des fenêtres d'églises, 298. — Trilobées, 299, 300. — Variétés de leurs clôtures, 301 à 304.

FERMES et fermiers des monastères, II, 449. — Plan de celle de Meslay, 450. — Sa belle porte, 451.

FERRURE des meneaux de fenêtres et des vitraux. Sa variété, II, 221. Voir aussi *Pentures.*

FÊTES. Comment indiquées dans les églises. Voir *Tableau des fêtes.*

FIGURES de saints personnages, tracées sur les mosaïques du pavé, II, 105. — Critiques de saint Bernard à ce sujet, *ibid.*

FLEURON d'un pignon de grange, II, 453.

FLEURY (Abbaye de), citée, II, 77.

FLORE murale des églises romanes, II, 176. — Aux XIIIe, XIVe et XVe siècles, *ibid.* 268, 269.

FLORES gypsei, stucs ornés, II, 83.

FONDATEURS, représentés sur une miniature, II, 109. — Au-dessus d'une porte d'église, I, 129, planche page 130.

FONDATIONS d'une tour. Mal construites à Saint-Denis, II, 273.

FONTAINES ou *Lavatorium* des monastères, II, 313. — Miraculeuses, 459, 463. — Consacrées à quelques saints, *ibid.* — Fontaine dite de Sainte-Clotilde, *ibid.* — Dite de Saint-Gohennoux, 460. — De la Trinité, 461. — De Vaux-de-Cernay, 462.

FONTAINES d'ablution ou *phiales* d'églises, I, 99-100. — Autres, I, 241, 242.

FONTENAY (L'abbaye de), citée pour le dallage de son église, II, 147.

FONTENELLE (Abbaye de) ou de Saint-Wandrille. Plan de son église et du cloître II, 199. — Sa belle salle capitulaire, *ibid.* 320. — Peintures de son réfectoire, citées, 332. — Sa toiture en bois, citée, 338. — Son curieux lavabo, 343, et la planche page 346. — Citée encore, 459.

FONTEVRAULT. Plan de son monastère d'hommes et de femmes, II, 477.

FONTGOMBAUD. Abbaye, citée, I, 7 et 88.

FONTS BAPTISMAUX. Leur origine et leurs formes variées, II, 111, 112. — A l'époque de transition, 237. — Aux XIIIe et XIVe siècles, *ibid.* — Fonts en cuivre, à Cologne, 238. Voir aussi *Cuve baptismale.*

FORMES, Formulæ. Bancs et stalles, I, 188.

FORTIFICATIONS de quelques monastères, I, 56, 57, 62, 68. — Études sur les fortifications, I, 55 à 86. — Autres détails, II, 56, 489, 490. — Cloîtres crénelés, 491.

FOUR banal des monastères, II, 356. — Four des serfs d'une abbaye. Règle à ce sujet, *ibid.* 357. — Four de l'abbaye d'Alne, où se cuisaient 500 pains à la fois, 407.

François (Saint-) d'Assise. Couvent, cité, I, 55.
Frères collecteurs. Leur fonction, II, 380.
Fresques des basiliques, citées, I, 116, 123, 127, 130, 169, 172, 186. — Autres détails, 331, 332. — Figure colossale de Jésus-Christ à l'église de Sainte-Marie de Toscanella, II, 58.
Frettes. Ce que c'est, II, 169.
Front (Église Saint-), de Périgueux, citée, I, 395. — Développement de sa façade avec pignon : galerie, statues, bas-relief, etc. II, 52.
Frontons de diverses formes et de diverses époques, II, 50, 51, 52.
Fumée des cheminées de cuisine. Appareil, cité, II, 355.
Fûts de colonnes peints, II, 254.

G

Gailhabaud (M. Jules). Publications qu'on doit à cet archéologue sur les monuments du moyen âge, II, 239.
Gaillon. Célèbre palais épiscopal de Georges d'Amboise, II, 510.
Galerie orientale du cloître, destinée à la lecture des livres profanes, II, 306. — Galeries des bas-côtés prolongées pour les processions, II, 37. — Galeries figurées, citées, *ibid.* 59, 60. — Des musiciens, 125. — Galeries à jour au-dessus de l'arc triomphal. Exemple, II, 124.
Galerie du *Gloria Laus,* citée, II, 216.
Galeries des basiliques chrétiennes, I. Voir le plan, page 98, lettre C. — Vue de celle du *Gloria Laus* à l'église de Toscanella, II, 58. — Figurée à l'église de Saint-Front, planche page 52. — Autres, 60. — Galeries latérales de quelques églises, 92. — Quelle a pu être leur destination, *ibid.* 92. — En plan et en géométral, 93. — Galeries extérieures d'absides : exemple remarquable, 99. — Leur aspect du XIII° au XV° siècle, II, 220.
Galilée (Le). Ce que c'est, II, 80, 434.
Gall (Saint-). Abbaye de ce nom. Esquisse du plan au IX° siècle, I, 24, 25, 26. — Son église, citée comme imitation des basiliques d'Italie, 222. — Oratoire roman, II, 3. — Détails sur la disposition particulière de son avant-portique, 22. — Son sanctuaire remarquable, 23. — Ses deux tours à l'Occident, 61. — Sa tribune pour la lecture au réfectoire, 341.
Gamma. L'emploi de la figure de cette lettre répétée quatre fois produit de nouvelles combinaisons pour l'art, I, 254.
Gardiens des archives, II, 377.
Gardiens des volières, II, 417.
Gargan (Mont). Légende de saint Michel qui s'y rattache, II, 66.
Gargouilles ou gouttières, en marbre, en pierre ou en métal, I, 296.
Gaules (Les). Analogies de leurs basiliques avec celles d'Italie, I, 221 à 235.
Généroux (Église Saint-). Plan et détails, II, 24. — Développement de son fronton, 51. — Disposition byzantine du chœur, 125. — Bandeau avec des frettes, 169.
Geneviève (Sainte-). Statue dont le cierge jetait de l'eau par le bout, citée, II, 344.

GENEVIÈVE (Sainte-), monastère de ce nom à Paris. Plan de son église, II, 97. — Sa belle salle des papes, 444. — Autres pour les réunions du Parlement, du Châtelet, etc. dans certaines occasions, *ibid.* — Un duc d'Orléans s'y fait construire une habitation, *ibid.* — Plan de l'ancien cimetière derrière l'abside, *ibid.* Voir *Génovéfins.* — Sa belle bibliothèque, II, 371, 374.

GÉNOVÉFINS de Paris. Leur bibliothèque, II, 374.

GEORGES (Église Saint-) de Bocherville. Sa façade, citée, II, 38. — Autres détails, *ibid.* 175. — Sa belle salle capitulaire, 323.

GEORGES (Saint-) au Vélabre, fragment d'une architrave de cette église, I, 126. — Son *Martyrium*, planche page 213.

GEORGES (Église de Saint-), à Salonique. Son plan circulaire, I, 252. — Sa coupole décorée de mosaïques, *ibid.* 325, 329.

GERCY (Abbaye de), en Brie. Souvenir de son *Ciborium*, II, 257.

GERMAIN (Saint), au VIe siècle, modifie le plan des basiliques, II, 181.

GERMAIN d'Auxerre (Saint-). Ses cryptes à deux étages, II, 163.

GERMAIN-DES-PRÉS (Abbaye Saint-). Vue d'après un dessin des archives, cité, I, 29; reproduit, 30. — Ses chapelles Saint-Symphorien et Saint-Pierre, citées, 179. — Modillons romans extérieurs, II, 170. — Sa chapelle de la Sainte-Vierge, citée, 194. — Ses autels, son sanctuaire, 154.

GERMER (Abbaye de Saint-). Son plan, II, 203. — Son bel autel, *ibid.* 148.

GERMIGNY-DES-PRÉS (Église de). Plan au IXe siècle, et modifications, II, 27. — Autres détails, 29. — Ornementation en stuc d'une de ses fenêtres, 88. — Ses belles mosaïques, 107. — Chœur de l'église, cité, 121. — Son arc triomphal, *ibid.* — Coupe transversale, 124. — Détails sur la construction de son clocher, 236. — Sa belle ornementation, citée, 129, 132. — Nouvelle disposition du chœur, 133. — Décoration du sanctuaire, 144, 145. — Colonnettes romanes de son clocher, 166. — Son inscription en argent, 132. — Parallèle de ce monument avec celui d'Aix-la-Chapelle, *ibid.*

GIBETS des hautes justices d'abbayes, cités, II, 433.

GILLES (Église abbatiale de Saint-). Son porche remarquable, II, 73.

GLASTON-BURY (Abbaye de). Cuisine curieuse, citée, II, 355.

GOHENNOUX (Saint-). Sa statue sur une fontaine, II, 460.

GOTHICA MANU. Valeur de cette expression, I, 233.

GOTHIQUE (Style). Son origine, II, 187. — Son développement en France, 189, 190. — Au XIIIe siècle, 191. — Recherche sur son influence dans toute la chrétienté, II, 276; en Orient, 277; dans le Nord, *ibid.* dans le Midi, *ibid.* en Italie, 278; en Espagne, 279; à Jérusalem, *ibid.* en Chypre, 280; à Rhodes, en Morée, *ibid.* dans les églises d'Asie, 281.

GOTHS (Les) ont construit d'après les traditions romaines, I, 233. — Sont appelés en France par les rois mérovingiens, 234.

GRANARIUM (Le). Voir *Grange, Grenier.*

GRANGES des monastères, II, 410, 411, 412. — Façades de celle de Meslay, 452, 454.

GRECS modernes. Système de leurs cons-

540   TABLE ANALYTIQUE

tructions architecturales et surtout religieuses, I, 246.
GRILLE de l'asile. Ce que c'était, II, 438.
GRILLE en bronze dans la crypte de l'église de Bethléem, I, 308, 309.
GROTTA Ferrata, porte de la basilique, I, 130.
GROTTES de Fontgombaud, I, 7, texte et planches.
GUADALUPE. Monastère en Espagne; son cloître avec *Lavatorium* isolé, II, 318.
GUÉRANGER (L'abbé). Sa description de l'abbaye de Solesme, citée, II, 22.
GYNECONITIS (Le). Ce que c'était, I, 108, 109. — De l'église Saint-Laurent, à Rome, avec balustrade en porphyre, 173. — Sa suppression, *ibid.*
GYPSEI (stucs). Recherches sur leur emploi, II, 82. — A l'église de Germigny-des-Prés, 88.

H

HABITATIONS royales, pontificales et autres, dans l'enclos de quelques abbayes, II, 443.
HEBDOMADARIUS (L') *coquinæ*. Ses fonctions, II, 356.
HÉLÈNE (Sainte). Chapelle qui lui est consacrée, citée, I, 181. — Fait construire l'église de l'Ascension, 249.
HÉRARD (M.), architecte. Cité pour ses travaux sur les abbayes, II, 419.
HERBARIUM des monastères. Voir le mot *Préau*.
HERSES. Ce que c'est dans le chœur d'une église, II, 122.
HILAIRE-LE-GRAND (Église Saint-). Plan, II, 44.
HIPPOLYTE (Saint-). Belle statue chrétienne, citée, I, 209.
HITTERDAL (Norwége). Façade de son église en bois, II, 31.
HIRSCHAU. Abbaye, citée, II, 374. — Ses douze *Scriptorium*, ibid. — Grandes écoles de cette maison, citées, *ibid.* 383.

HOMMES (Les). Leur place dans une basilique primitive. Voir le plan, I, planche page 98, lettres *aa*.
HONGRIE (Système d'architecture en), II, 207, 208.
HÔPITAUX desservis par des ordres religieux, II, 392.
HORLOGE remarquable à la bibliothèque Sainte-Geneviève, II, 374.
HORLOGES dans les tours. Origine de leur usage et emplacement, II, 72. — A roues. Leur inventeur présumé, *ibid.*
HORTULUS (L'). Ouvrage cité, II, 393.
HÔTELIER (L'). Sa demeure dans l'abbaye, II, 401.
HÔTES (Maison des), II, 396, 398. — Pour les femmes, 399.
HUILE. Réservoir et cellier pour la provision, II, 358.
HYDRAULIQUE du moyen âge. Voir les détails donnés, II, 424, 425. Voir aussi *Aqueducs, Irrigations, Moulins à eau.*
HYPOCAUSTE du chauffoir, II, 359. Sous le lit de saint Bernard, *ibid.*

I

ICONOCLASTES. Introduction, III.
ICONOSTASE, clôture, I, 342 à 346.

ILES converties en monastères, I, 23.
INCRUSTATIONS en lave, citées, II, 179.

DU TEXTE ET DES PLANCHES. 541

INFIRMERIES des monastères, II, 389. — Divisées en plusieurs sections suivant les maladies, 390. — Du couvent des Jacobins. Plan, 391. — Succursale, *ibid.* Voir *Hôpitaux, Salles des morts.*

INFIRMES. Leur place à l'église, II, 121.

INSCRIPTION carlovingienne, II, 4. — Lapidaire avec des lettres intercalées l'une dans l'autre, *ibid.* 378. — Du XII° siècle, *ibid.* 84. — De la cuve baptismale de Cividale, 114.— Funèbres sur les murailles d'un clocher, II, 68. — Exécutée en argent, *ibid.* 132.

INSCRIPTION sur un fût de colonne lombarde, reproduite, II, 150. — Autres, *ibid.* et 151.

INSCRIPTIONS de première pierre de fondations, I, 41, 42, 43. —Rappelant une dotation. Voir ce mot. — Autres sur une architrave, *ibid.* 128, 130. — De l'église Saint-Jean-de-Latran, 149.—A l'église Sainte-Anastasie de Rome, 151.

INVASIONS des barbares. Leur influence sur la vie monastique. Introduction, I, XIV.

INVENTAIRE des livres. A quelle époque devait se faire, II, 374.

IRRIGATION des terres par canaux, pratiquée par les moines, II, 415, 425.

ISPAHAN. Spécimen de construction dans ce pays, I, 318 et suiv.

ITALIE. Caractère particulier de ses églises en style latin, I, 114 et suiv. — En style roman, II, 182, 183, 185. — Autres détails, 213. — Fusion du gothique avec le classique, 281.

IVOIRES byzantins et romans. Leurs sculptures citées, II, 170.

J

JACOBINS de Paris. Plan de leur église, II, 205. — Église des Jacobins de Toulouse, citée, *ibid.*

JARDINS des plantes médicinales dans les monastères, II, 394.—Potagers, 421. —Fruitiers, 423. — De l'abbaye de Livry, 425.

JEAN (Saint-) d'Acre. Son architecture de transition, semblable à celle du Nord, II, 279.

JEAN-BAPTISTE (Saint-). Monastère. Son grenier remarquable, II, 412.

JEAN (Saint-) in Fonte. Sa chapelle, citée, I, 182.

JEAN-DE-LATRAN (Saint-), à Rome. Plan de cette basilique, II, 38, cité pour son *Ciborium*, II, 256.—Son beau *Triclinium*, cité, 329. — Plan de ce monument, *ibid.* 511. — Son signe de propriété, 505.

JEAN-DE-LATRAN (Saint-), à Paris. — Commanderie du Temple. —Sa tour servait de trésor, II, 379, 380, 381.

JEAN (Église Saint-), à Perpignan. Son orgue du XV° siècle, II, 243.

JEAN (Saint-) de Poitiers. Son baptistère, cité, II, 49.—Ses modillons, 168.

JEAN-PORTE-LATINE (Saint-). Cérémonie qui se pratiquait aux Célestins le jour de cette fête, II, 443.

JEAN-DES-VIGNES (Saint-). Célèbre abbaye, citée, I, 67. — Ses fortifications, 68.

JÉRUSALEM. Ses nombreuses églises reconstruites en style de transition, II, 279 et suiv.

JÉRUSALEM Céleste. Comment figurée sur les monuments, II, 64 et les planches.

JÉSUITES. Caractère de leurs églises, II, 283.

JÉSUS-CHRIST. Comment représenté sur

une porte de basilique, I, planche pag. 75, 130. — Autre image à Toscanella, II, 128. — Sur un bas-relief de Saint-Jean-de-Latran, *ibid.* 505. — Sur deux retables d'autels, 148, 149. — Autres images de J.-C. sur une mosaïque, 152.

JEUST. Chapelle de son oratoire, II, 3. — Son plan, 4.

JOUARRE (Abbaye de). Sa belle crypte, II, 164 et la planche. Son *Martroy*, cité, *ibid.* 433.

JUBÉS des églises. Leur origine présumée, I, 187. — Du chœur des églises romanes, II, 123, 127. — A l'époque du moyen âge. Leur usage, 244, 245. — De l'église Saint-Ouen de Rouen, *ibid.*

JUGEMENT dernier. Peinture murale d'une église, II, 146 et 152.

JUGULUM. Ce que c'est, I, 214.

JULIEN-LE-PAUVRE (Saint-). Église romane à Paris, citée, I, 221.

JUMIÉGES. Célèbre abbaye. Vue de ses portes, I, 73. — Son vaste porche, II, 70. — Monographie de l'église, 187.

JUSTICE (Haute et basse) des monastères, II, 429.

JUSTINIEN (L'empereur) a confirmé des règles monastiques, II, 363. — Grand constructeur de monastères en Orient, I, 255. — Fait construire six basiliques en l'honneur de l'archange saint Michel, II, 66.

K

KAPNICARÉA. Église d'Athènes, I, 272. — Développement de sa façade, *ibid.* — Son petit campanile, et sa cloche, *ibid.* — Chapiteaux de cette église, *ibid.*

365. — Façade surmontée de pignons, II, 49.

KASCHAU, en Hongrie. Plan de son église, II, 208.

L

LABYRINTHES des nefs, cités, II, 248. — Labyrinthe dans un transsept, cité, *ib.*

LACUNARIA. Plafonds, I, 170.

LAGNY (Plan de l'église abbatiale de), II, 207 et la planche.

LAMPE (Fondation d'une) dans une église; peinture à ce sujet, II, 109.

LAMPES suspendues aux fenêtres de l'église de l'Ascension, I, 240; — du chœur des églises, II, 137.

LAMPES sépulcrales, II, 97.

LANFRANC. Célèbre abbé. Ce que lui doit l'Angleterre, II, 182.

LARDARIUM. Ce que c'était, II, 407.

LATIN (Style). Exemples de portes de cette époque, I, 70.

LATRINES des monastères, II, 365. — Plans de diverses latrines, 366, 367.

LAURE (La). Ce que c'est, I, 12. — Plan de la laure du mont Athos, 14. — Sa maison des hôtes ou pèlerins, II, 396.

LAURENT (Saint-). Plan de cette basilique, à Rome, I, 107. — Détails, 116. — Vue générale de la nef, 169.

LAURENT (Saint-) de Grenoble. Crypte de cette église, II, 81. — Ornements en stuc, 82.

LAURENT (Église Saint-), à Vérone. Sa

DU TEXTE ET DES PLANCHES. 543

porte, ses clochers cylindriques, I, 162.

LAVABO ou *Concavarium*, II, 343.

LAVACRUM *basilicæ*. Voir *Fontaines d'ablution*.

LAVATORIUM ou fontaine, citée, II, 313, 314, 315, 316. — De Montréale, 317. — Plan, 318. Voir aussi *Phiale*. — *Lavatorium* des infirmeries, *ibid*. 392; près la salle des morts, 435.

LAVE (Incrustations en), II, 179.

LECTEUR pendant les repas; sa place, II, 341, 342.

LECTORIUM ou pupitre du chœur, I, 189, et la planche p. 190. — Autre, II, 14, planche n° 314.

LECTRUM. Voir *Lutrin*.

LÉRINS (Le monastère de). Fortifié au XI° siècle, I, 64.

LETTRES intercalées. Exemple d'une inscription de ce genre, II, 378.

LIGUGÉ. Monastère de ce nom, II, 369.

LIT de l'abbé. Où placé au dortoir, II, 361. — Autres détails, 362.

LITS de cendres des mourants, II, 437, — et des morts, *ibid*. — Lits des moines; comment disposés au dortoir, *ibid*. 361; étaient sans rideaux, 362. — Autres détails, 363, 364.

LIVRES de chœur ou de chant. Où renfermés et comment conservés, II, 154. — Livres des auteurs profanes, où s'en faisait la lecture, *ibid*. 306.

LIVRES enchaînés, II, 306, 373.

LIVRES ouverts tenus par des anges et devant Jésus-Christ; peintures citées, II, 130.

LOCUTORIUM ou parloir des monastères. Voir *Parloir*.

LOMBARDS (Style d'architecture des), II, 149, 150.

LONGCHAMP (Abbaye de), II, 406, 410, et la planche, p. 41. — Beauté des chants du monastère de ce nom, 471.

LORSCH. Belle porte de ce monastère, I, 69; — sa description, II, 50.

LOUIS (Le roi saint) avait une chambre à coucher à l'abbaye de Royaumont, II, 362.

LUTRIN au XIII° siècle, II, 253; — portatif, *ibid*.

LUXEUIL (Abbaye de). Son réfectoire, cité pour ses peintures, II, 332. — Ses dortoirs ornés aussi de peintures, 360.

M

MÂCHICOULIS d'une muraille de cloître, II', 224.

MAÇONNERIE. Ses divers procédés ou appareils et ses matériaux du VI° au XIII° siècle, II, 270, 271.

MAGASIN des vivres au monastère de Saint-Gall, II, 357.

MAGDENDAL (Abbaye de). Son réfectoire du colloque, cité, II, 340.

MAGISTER *scholaris*, II, 385.

MAGISTER *operis*. Ce que c'était au moyen âge, I, 39.

MAISON des médecins, II, 392.

MAISONS abbatiales. D'abord simples cellules, deviennent des châteaux, des palais, II, 385, 387, 388.

MAL de Saint-Antoine. Hospice Saint-Antoine, cité, II, 392.

MANDRA. Ce que c'était, I, 13.

MANSIUNCULÆ *scolasticorum*. Salles d'étude, II, 382.

MANUSCRIT du moine Jacobus Monacus, cité, I, 287. — Offre une façade de basilique ornée de peintures murales,

I, 287, et la planche 288. — Des miracles de saint Denis, cité, II, 62. — Ornements des manuscrits carlovingiens, *ibid.* 170.

MANUSCRITS dus aux moines. Introduction, I, p. x, xi. — Salle des manuscrits dans les monastères. Voir *Scriptorium*.

MARBRES incrustés. Exemple de ce genre de décoration, II, 60.

MARC (Saint-) de Venise. Sa belle décoration en mosaïques, I, 287. — Vue générale de sa façade, 393. — Chapiteaux, remarquables, 401.

MARCELLIN et PIERRE (Église Saint-). Plan de l'église et de son enceinte, I, planche p. 379.

MARIE (Église Sainte-) in Cosmedin. Son *Ciborium*, cité, II, 256.

MARIE-DE-LYRE (Sainte-). Abbaye citée, II, 421.

MARIE-MAJEURE (Sainte-), citée pour ses belles mosaïques bibliques, I, 174.

MARIE (Sainte-) de Souillac. Abbaye dont le plan est cité d'après le *Monasticon Gallicanum*, I, 49, 50.

MARIE (Sainte-) de Toscanella, citée, II, 58, 150, 152.

MARIE (Sainte-) in Vallicella de Rome. Son réfectoire ovale, II, 339. — Ses deux lave-mains isolés, 347.

MARMOUTIER (Abbaye de). Sa porte d'entrée, I, 76. — Fragments de murailles crénelées et fortifiées, 62. — Cheminées de sa cuisine, II, 350. — Ses beaux viviers, 454.

MARMOUZET (Le) du bornage, ce que c'était, II, 447 et suiv.

MARTEAU des portes des églises. Privilége qui s'y rattachait, II, 80, 464.

MARTIN (Saint) à cheval, sculpté sur le couvercle de fonts de baptême, II, 238.

MARTIN (Saint-) du Canigou. Abbaye citée, II, 109. — Plan des bâtiments, 299.

MARTIN (Saint-) d'Angers. Détails sur la construction de cette église, II, 29 ; son plan, 30. — Disposition du chœur, 125. — Portes à la romaine, 81, et la planche page 82.

MARTIN-DES-CHAMPS (Saint-), prieuré célèbre. Vue en perspective, I, 32 et 33. — Plan général, 49. — Fragment d'enceinte fortifiée, 60. — Tourelle et muraille crénelées, 61. — Plan de l'entrée, 86. — Plan général de l'église, II, 202. — Vue et plan de son beau réfectoire, 334, 335.

MARTIN (Saint-) de Tours. Église construite sur le tombeau du saint, I, 223. — Plan de ce monument, 384.

MARTORANA (La), église de Sicile, citée pour ses belles décorations peintes en mosaïque, I, 173. — Son riche pavage. cité, 397. — Vue intérieure ; coupe transversale, 398. — Autres détails, II, 472. — Apparition de l'arc aigu dans cette église, 278. — Son monastère de femmes, cité, 472.

MATRACA (La). Sorte de cloche, figurée, I, planche p. 157.

MATRONEUM d'une basilique, I, planche p. 98, lettre T.

MARTROY (Le). Ce que c'était, II, 433.

MARTYRIUM ou *Confessio*, I, 210, et les planches page 213. — A l'église Saint-George au Vélabre, *ibid.* — A celle des saints Nérée et Achillée, *ibid.*

MAUBUISSON. Célèbre abbaye, citée, I, 54. — Portion de murailles représentée, 58. — Tours d'enceinte, 56. — Ses latrines, II, 366. — Leur plan, 367. — Ses granges citées, 410.

MAUR-LES-FOSSÉS (Saint-). Sa petite église romane, citée, II, 92.

DU TEXTE ET DES PLANCHES. 545

Médard (Saint-). de Soissons. Célèbre abbaye fortifiée, I, 52, 53. — Son pressoir, II, 408, et la planche p. 409.

Médecins des abbayes. Leur habitation particulière, II, 393.

Medianæ (Les). Nom des portes du milieu, I, 131; II, 81.

Mégaspyléon (Le). Monastère en Morée, cité, I, 308.

Memoriæ. Ce que c'était, I, 87, 199.

Meneaux en fer pour les fenêtres. Leur origine, II, 90.

Mensa propositionis. Sa destination, I, 202.

Mérimée (M. Prosper). Sa description des peintures de l'église Saint-Savin, citée, II, 32, note 1.

Mesembria. L'église de ce nom offre une abside crénelée, I, 280. — Son dôme soutenu sur des arcades, 294. — Son clocher, 315. — Partie latérale, coupe, planche, p. 372.

Meslay. Plan de sa ferme, d'après M. Aymar Verdier, II, 450. — Belle porte de sa ferme, 451 et la planche; — de la grange, 452. — Fleuron de cette porte, 453. — Sa face postérieure, planche page 454.

Messe de fondation d'une lampe dans une église. Peinture à ce sujet, citée, II, 109.

Métamorphose (La). Église du Météore, en Thessalie, citée pour sa nef transversale terminée par une abside, I, 324.

Météores (Couvent des), en Grèce. Son réfectoire orné de peintures, II, 332.

Métiers (Tous les) étaient pratiqués par les moines, II, 423, 426, 427.

Meubles ou ameublements des absides, I, 204. — Meubles de sacristies, II, 290.

Michel (Saint), archange. Antiquité de son culte, II, 66, et ses représentations en haut des tours ou des clochers, 67, 68. — Monastère du Mont-Saint-Michel, cité, II, 66, 265. — Autre, en Bourgogne, cité, ibid. 415. — Son beau réservoir, ibid. — D'Anvers. Peintures de son réfectoire, II, 332. — Ordre de Saint-Michel. Détails à ce sujet, 443.

Milan. Ouvrage sur ses monuments, cité, II, 151.

Minarets, I, planche page 268.

Minerva (Église de la). Plan de cette église, cité, II, 213.

Miniato (Église abbatiale de San-). Son plan, II, 35. — Pignon de ce monument, ibid. 60. — Charpentes apparentes de l'église, ibid. 275.

Miniature de manuscrit représentant l'ascension de Jésus-Christ, I, 288. — Représentant une fondation de lampe dans une église, citée, II, 109.

Minimes de Vincennes. Plan général de leur couvent, I, 52.

Miséricorde (La). Espèce de réfectoire, cité, II, 340.

Miséricordes (Les). Distributions nommées ainsi, II, 341.

Mistra, près Sparte, possède une église dédiée à la sainte Vierge, en style byzantin, I, 259. — Plan de cette église, 261.

Modèles en petit. Leur utilité pour l'exécution des monuments, II, 275.

Modillons du baptistère de Poitiers, II, 168. Autres à l'église Saint-Germain-des-Prés, 170, 173.

Modon (Ville de). Plan d'église, I, 238.

Moine peintre, poëte, musicien, ciseleur, statuaire, II, 427. Voir *Tutilon*.

Moines (Tableau de la vie intérieure des); Introduction, I, VII, IX; cultivaient les arts, X; exerçaient tous les genres de métiers, *ibid.* ont bâti plusieurs églises,

36; II, 426, 427, 428. — Moines morts; leurs portions données aux pauvres pendant trois jours, II, 347.

Moissac. Abbaye de ce nom. Plan et détails, I, 18, 86; II, 315. — Son vestibule intérieur, cité, 254. — Fontaine de son cloître, *ibid.* 314, et la planche page 316.

Monastères. Leur origine en Orient et en Occident. Introduction, i, ii et suiv. Voir aussi *Ordres*. — Servent d'abri aux savants et aux livres, iii. Comment organisés, vii. — De femmes. Leur organisation particulière, *ibid.* ix. — Détails des constructions ordinaires à un grand monastère, I, 14. — Plan d'un monastère copte, 47. — Monastère de Bourgueil. Sa porte fortifiée, I, 80. — De Sainte-Catherine, 84.

Monastères des Clercs. Ce que c'était, II, 479. — Détails trouvés en Afrique, 481.—De Saint-Luc, en Grèce, II, 296. — Saint-Jean, à Constantinople, *ibid.* — Leurs cloîtres, *ibid.*

Monastères doubles. Leur origine; leur description, II, 474, 475. —Noms des plus célèbres, 474, 475, 476. — Plan d'un monastère de ce genre, 477. — Exemple d'un monastère existant, 478.

Monastères de femmes. En quoi différeraient de ceux des hommes, II, 468, 469. — Leurs enceintes, *ibid.* leurs églises, 470, 471. — Parloir, *ibid.* — Principaux bâtiments, 473.

Monasterium (Le), I, 15. —Autres détails, 87.

Monasticon Anglicanum (Le), cité, I, 50. Donne la vue de quelques bibliothèques de couvents, II, 372.

Monasticon Gallicanum, cité, I, 49, 245; II, 349, 350.

Μονή τῆς χώρας. Façade de cette église, I, planche page 269. — Dôme de cette église, 293. —Une de ses fenêtres, 300.

Monnaies frappées dans quelques abbayes, II, 443. —Leurs ateliers, 444.

Mont Athos. Ses couvents. Voir *Athos*.

Montalembert (M. de). Cité sur les abbatiales de Cîteaux, II, 47.

Mont-Cassin. Célèbre monastère, II, 417. — Autres détails, *ibid.* 427.

Montjoyes de Saint-Denis, II, 457.

Montmartre (Abbaye de); citée, II, 68, 440. — Son aqueduc, *ibid.* planche p. 413. — Sa citerne, planche p. 414. —Coupe, planche p. 415.—Son charnier, II, 440.

Montmille (Église de). Façade, II, 55.

Mont-Morillon. Monument célèbre des Templiers, cité, II, 440.

Montréal. Plan de son église abbatiale, II, 213, 214. — Emploi qu'on y fait de l'arc aigu, 278. — Sa belle décoration, I, 173.

Mont-Serrat, I, 13, *ibid* plan page 5.

Monuments commémoratifs de divers pays et de diverses formes, II, 457. Croix, inscriptions, etc.

Morée (La). On y trouve des monuments en style gothique, II, 280.

Morlac (Abbaye de). Sa bibliothèque, citée, II, 373.

Mosaïque (La). Cultivée par les moines, II, 427.

Mosaïque, style byzantin, I, planche p. 75. — Autre, 78. — De Ravenne; ce qu'elle représente de curieux, 99. — De la basilique de D'jémilah, portant les noms de ses constructeurs, 245. — Byzantine, à Salonique, 250.

Mosaïques. Recherches sur leur confection, leur usage dans les abbayes, etc. I, 245. — De l'église Saint-Georges.

329. — Autres d'églises citées, 330, 331; II, 106, 107.

MOULE à hostie, cité, II, 287.

MOULINS des monastères, II, 403, 404. — De l'abbaye du Val, 405. — Moulins à vent, 406. — Plan de celui des Chartreux de Paris, 407.—De l'abbaye de l'Alne; sa description, *ibid.* —De Tanlay, 455. —Autre, 456 et les planches.

MOULURES. Leur caractère à l'époque romane, II, 265, du XIIe au XIIIe siècle, 266, 267; au XIVe siècle, *ibid.* — Des nervures des voûtes aux divers siècles, *ibid.* et suiv.

MOUSTIER, I, 87.

MUCHES (Les). Ce que c'était, II, 153, 261.

MURAILLES d'abbayes, fortifiées et crénelées, I, 57, 61, 62.

MUSEUM Veronense, cité, II, 149.

MUSICIENS. Où placés dans les églises romanes, II, 125.

MUSIQUE cultivée dans les monastères, II, 427.

N

NARTHEX d'églises grecques, I, 311-313. — Sa place. Voir le plan page 98, lettre G.—Autres, 312.—Coupe, 313.

NAVARIN (Église de), I, 280. — Sa piscine ou *phiale*, 242.

NECESSARIA (Les). Voir *Latrines*.

NEFS des églises latines et byzantines, I, 280, 320, 326.—Des églises romanes, II, 99, 102, 104.—Au XIIe siècle, 108. — Leurs riches pavages, *ibid.* — Décorations des nefs romanes, 106, 107. — Modifiées au XIIIe siècle, 231.

NÉRÉE (Église des saints) et Achillée. Son *Martyrium*, I, 213.

NICAISE (Saint-) de Reims. Plan de l'église abbatiale, II, 200. — Élévation de sa façade, 218.

NOIRLAC (Monastère de), cité pour sa cheminée et sa cuisine, II, 355.

NORMANDE (Architecture). Son origine toute française, II, 182. — En Allemagne, en Angleterre, en Italie, *ibid.*

NORWÉGE. Églises de ce pays, construites en bois. Ce qu'elles indiquent. I, 91. — Spécimens de colonnes sculptées, II, 171. — Façade d'église, 31.

NORWICH. Sa cathédrale fortifiée, II, 491.

NOSOCOMIARIUS (Le). Ses fonctions dans le monastère II, 392.

Nosocomium, Nosodochium, Gerocomium. Voir *Infirmeries*.

NOTAIRES et secrétaires du roi. Salle aux Célestins pour les réunions des officiers de ce corps, II, 443.

NOTRE-DAME-DES-DOMS, cathédrale d'Avignon, II, 513.

NOTRE-DAME-DE-L'ÉPINE. Sa belle châsse, II, 262.

NOTRE-DAME de Livry. Abbaye. Ses beaux jardins, II, 425.

NOTRE-DAME de Poitiers. Vue de la façade de cette église, II, 59.

NOTRE-DAME-DU-VAL (Abbaye de), citée, II, 419.

NOVICES. Leur habitation, II, 395. — Détails curieux, *ibid.* — Galerie qui leur était réservée dans le cloître, 306. — Comment placés au dortoir, 361.

O

Obédience (L'). Ce que c'était, I, 17.
Oculus à Saint-Gabriel, II, 12. — Autres détails curieux, 85.
Officialité, près les monastères, II, 429.
Ogive. Emploi de cette forme comme système complet d'architecture, II, 232 et suiv. Voir aussi *Arc aigu*.
Omer (L'église de l'ancienne abbaye de Saint-), citée pour son beau pavage, II, 246. — Son labyrinthe, cité, 248.
$\overline{OPA}$. Signification de cette inscription sur les propriétés, II, 446.
Opus Alexandrinum, espèce de pavage, I, 122. — Autre, II, 13, 184.
Opus reticulatum (L'), cité, I, 274. — Autre exemple à l'église de Μονὴ τῆς χώρας, *ib*. — Autres exemples, II, 179.
Opus spicatum, à la chapelle Saint-Saturnin, II, 10.
Opus testudinatum, cité, II, 10.
Oratoire de Cividale-del-Frioul. — Vue intérieure, II, p. 14. — Détails d'ornements, 15, 16.
Oratoires ou chapelles des solitaires, I, 88. — Plan de celui de Sutri, *ibid*. — Autre exemple à Cividale-del-Frioul, 90. — Autre à Jumiéges, *ibid*. — A Saint-Bertin, *ibid*. etc. — Intérieurs des oratoires primitifs, 2 et suiv.
Oratoires romans, à Saint-Gall, II, 3. — Autres, 5, 8, 10. — Système de décoration des oratoires, 17. — Fortifiés, *ibid*. et la planche p. 18. — D'un oratoire au xiiie siècle, plan p. 193, 195. — Intérieur des oratoires au xiie siècle, 196. — Au xive, *ibid*. — Près des fontaines miraculeuses, 459.
Oratorium. Définition, I, 87.
Ordres — Des Carmes, De Cîteaux. Introduction, iv. — Des Célestins, *ibid*. — De Cluny, *ibid*. — Des Dominicains, *ibid*. — Des Franciscains, *ibid*. — De femmes, *ibid*. v et suiv.
Ordres religieux et militaires ou de moines chevaliers. Origine de leurs richesses, II, 379, 380. — Quels en furent les dépôts présumés, *ibid*. — Du Saint-Esprit, de Saint-Michel. Où se nommaient leurs officiers, II, 443.
Ordres secondaires monastiques. Leur système de construction, II, 204, 205.
Orfévrerie pratiquée par les moines, II, 427, 428.
Orgues. Leur haute antiquité, II, 243. — Du xve siècle, à Perpignan, 243. — Orgues placées sur les jubés dans plusieurs églises d'Angleterre, 244. — Posées sur la tribune de l'éso-narthex, II, 105.
Orientation des temples. Recherches sur cette question chez les Grecs et les Romains. — Dans le christianisme, I, 94, 95 et suiv.
Orléans (Famille d'). Sa chapelle aux Célestins, II, 226.
Ornementation romane depuis Charlemagne, II, 165. — En figures fantastiques condamnées par saint Bernard, 176. — Autre à l'archivolte d'un oratoire, *ibid*. 15. — Autres, 16 et 17. — Norwégienne, 171. — Imitée de l'antique, 172. — A l'époque de transition, 231. — Au xiiie siècle, *ibid* — Aux xive et xve siècles, *ibid*.
Ornithon (L') de Varron, cité, II, 417.
Ossuaires dans les tours, II, 68.
Ottmarsheim. Plan de son église abbatiale, I, 387.

DU TEXTE ET DES PLANCHES. 549

Ouen (Abbaye de Saint-), citée, II, 228. — Abside de son église, *ibid.* — Cuisine de l'abbaye, *ibid.* 355. — Son colombier, II, 420.

Ourscamp (Abbaye d'). Sa belle salle des morts, II, 389. — Sa description, *ibid.*

Ouvrages cités sur l'histoire des abbayes, monastères et autres maisons religieuses, à Paris et ailleurs. — Introduction, I, xviii, xix.

Oyant (Monastère de Saint-), nommé aussi *Saint-Claude.* Voir ce nom.

P

Palais épiscopaux, II, 506, 507, 508. — Exemples de ces habitations, 509. — Des archevêques, 510. — Celui de Georges d'Amboise, à Gaillon, cité, *ibid.* — Palais des papes, à Avignon, plan, II, 514. — Vue générale, 516.

Palatium (Le). Ce que c'était, II, 385.

Palimpsestes offrant des édifices religieux au XIII° siècle, I, 29, 31.

Paludamentum. Vêtement cité, II, 130.

Panagia Nicodimo. Église d'Athènes, I, 259; plan, *ibid.* — Élévation de la façade, 266. — Vue extérieure des trois absides, 277. — Dôme de son église; 295. — Coupe en long et peintures intérieures, 322. — Vue de ses pendentifs et de son tambour, 329. — Sa clôture sacrée, 343. — Détail de construction en briques appareillées, 373.

Pannæ. Leur but, II, 122.

Panneaux sculptés, en bois, en marbre ou pierre, I, 370.

Pantocrator. Façade de cette église, I, 267. — Une de ses fenêtres avec des clôtures, 300.

Paradisus. Le Parvis, I, 97; II, 62.

Parenzo. Sa basilique citée, I, 402. — Ornementation de ses chapiteaux, *ibid.*

Paris. Son vieux plan, dit de Saint-Victor, II, 424.

Parloirs d'abbaye, II, 328, 329. — De monastère de femmes, 471, 472.

Parvis ou *Atrium* de l'abbaye de Centula. Cité pour ses tours, II, 61. Voir *Atrium.*

Pastoforia (Les), II, 285.

Patras. Dôme de son église, I, planche page 394. — Clôture sacrée du sanctuaire, 345. — Porte romane d'une église due aux Croisés, II, 186.

Patulæ, épithète donnée aux fenêtres de basiliques par un écrivain, I, 133.

Paul (Saint-) et saint Pierre debout près la croix, I, 357.

Paul (Saint-) hors les murs. Plan de cette basilique, I, 113. — Sa belle façade, 118. — Vue générale de la nef, avec ses mosaïques, planche p. 177. — Ses belles portes, 308. — *Ciborium* remarquable, II, 256.

Pavage de sanctuaire en lames d'argent, I, 196.

Pavages des basiliques. Recherches à ce sujet, I, 184, 185. — En *Opus Alexandrinum*, II, 13. — Autres détails, 143. — Aux XIII°, XIV° et XV° siècles, *ibid.* 246. — Représentant des figures de saints. Ce qu'en dit saint Bernard, 105.

Peinture (La) cultivée dans les monastères, II, 427.

Peinture sur verre. Voir *Vitraux.*

Peintures en mosaïque, ordinairement placées dans les absides, I, 204, 205, 208 et suiv.

Peintures murales de Saint-Laurent, I, 116; de Saint-Paul hors les murs, 118; II, 60, 61; à Saint-Pierre de Toscanella, 128; de plusieurs cryptes, 164; au XIII° siècle, dans le Nord, *ibid*. 234. — Peintures murales des nefs et du chœur, des voûtes du triforium, etc. *ibid*. — Aux XII° et XIII° siècles, 249; des chapiteaux, des nervures, des colonnes, des travées, 254. — Peinture murale du XII° siècle, représentant un acte de donation à un monastère, II, 379 et la planche.

PÈLERINS. Comment reçus par les moines, II, 398, 399, 400; à Rome, 401.

PENDENTIF byzantin, cité, II, 126.

PENDENTIFS. Recherches sur ce genre de construction et ses divers systèmes, I, 327. — Des Sassanides ou en trompe, 328. — Autres systèmes, à la Panagia Nicodimo, à Vourcano, 329. — A l'époque romane, II, 126, 127.

PÉNÉTRATIONS dans les voûtes cylindriques, II, 181.

PÉNITENTS. Leur place dans les églises primitives, I, 126; le plan, p. 98, lettre I.

PENTURES de porte romane. Exemple, II, 84.

PÈRE (Saint-) de Chartres. Abbaye citée, II, 356. — Sa cuisine, citée, 353; et la planche, *ibid*. — Sa belle salle de justice ou auditoire, 430.

PHARES des anciennes églises. Luminaire, II, 137, et les planches page 139.

PHARMACIES des abbayes, II, 393.

PHIALES ou piscines d'églises grecques, I, 242 et la planche.

PHILIBERT (Saint-) de Tournus. Abbaye citée, II, 48; pour ses voûtes, page 102 et la planche.

PIÈCES de bois trop courtes; moyen de les rallonger, II, 274.

PIEDS. A quelle époque les moines devaient les laver, II, 314.

PIERRE pour déposer les morts, II, 437.

PIERRE avec inscription en mémoire d'une donation faite aux moines, II, 378.

PIERRE le Vénérable, cité, II, 441.

PIERRE (Première) d'une construction. Cérémonial pour sa pose, I, 40. — — Exemple de deux pierres de ce genre, gravées, 41, 43 même volume.

PIERRE (Saint-) au ciel d'or. Église de Pavie, citée, I, 171. — Pierre-sur-Dive (Saint-). Abbaye citée, II, 418. — Son colombier, *ibid*.

PIERRE (Saint) et saint Paul près la croix. Voir le trône épiscopal, cité, I, 357, et la planche page 358.

PIERRE d'autel, sa consécration, I, 197 et suiv.

PIGNONS d'églises byzantines, cités, II, 49. — De granges, *ibid*. 412. — D'une belle ferme abbatiale, 451. — D'une porte de grange, 452.

PIGNONS remarquables de quelques églises, II, 52, 54, 55, 59, 60.

PILASTRE sculpté à l'église de Tyr, I, 371 et la planche.

PILIER d'angle d'abside, I, 279. — Piliers doubles dans la nef. Exemple, II, 44 et la planche.

PILIER (Le Saint-), II, 463.

PILIERS toraux. Ce que c'est, II, 211.

PILORIS des monastères, II, 432.

PISCINES ou fontaines d'églises grecques. Leur origine, I, 202, 242. — Des églises latines, II, 260, 261. Voir *Phiales*.

PIXIS. Espèce de boîte aux hosties, citée, II, 258.

PLAFONDS dits *lacunaria*, I, 170. — En charpente. Exemple, 124, 169, 172, 177, 186. — Plafonds en bois apparents, II, 100.

PLAN d'un grand monastère et noms de ses bâtiments, I, 44 à 46. — D'un monastère copte, 47. — D'un prieuré. Voir

Martin-des-Champs (Saint-). Plan triangulaire, cité, 50. — Plans d'églises abbatiales, II, 197, 198, 199, 200, 202, 203, 205, 207, 208, 210, 212, 213.

PLAN de Paris au xvie siècle, dit de Saint-Victor, cité, II, 424.

PLOMB employé pour couverture. Exemple, II, 93.

POISSY (Abbaye de), citée, II, 473.

POMPEIA. Sa basilique. Plan, I, 105. Viviers découverts dans cette ville, II, 425.

PONTIGNY (Abbaye de), citée, II, 387. — Sa maison abbatiale, *ibid.*

PONT-LEVIS d'une porte de monastère, I, 80 et la planche.

PONT-LEVOY. Cuisine de ce monastère, II, 354.

PONTS dans l'intérieur de certaines abbayes. Exemple, I, planche page 54.

PORCHES des basiliques latines, I, 120, 121 et les planches.

PORCHES romans. Recherches sur leurs formes, II, 73. — Celui de l'église Saint-Gilles est un des plus beaux, *ibid.* — Autres, voir les planches des pages 74, 75. — Celui de Saint-Benoît-sur-Loire, *ibid.* — Porche magnifique à Cluny, 76, 77, 78. — Origine présumée des porches, 77, et la planche p. 78, 79. — Nommés *Galilée*, 80. — Étalons de mesures de longueur et de capacité placés sous les porches, *ibid.*

PORTAILS d'églises, à Vérone, I, 162. — Autres en divers lieux, pages 72, 116, 118, 180, 273, 393, 394.

PORTE de ferme monastique, II, 451; d'une grange, 452.

PORTE sainte d'une basilique. Sa place. Voir le plan, I, 98, lettre L.

PORTES d'*Atria*. Voir I, 99, et la planche page 70. — Portes peintes de diverses églises, II, 61.

PORTES non fortifiées d'abbayes, I, 69, 70. Détails, 71; de l'abbaye de Cluny, 72; de celle de Jumiéges, 73. — Autre en style renaissance, 74. — Autre en style ogival, 76. — Autres fortifiées, citées, 77, 78, 79, 80; avec pont-levis, 80. — Autres, style renaissance, 82. — Portes des basiliques. Leur disposition, ornementation et leurs divers noms, 127, 128, 129. — A l'église de Grotta-Ferrata, 130. — Autres détails, 131, 132, 305, 306, 307. — En métal, en bois, 308, 309. — En bronze, à Saint-Paul hors les murs, damasquinées en argent, *ibid.*—Études sur les portes des églises romanes, II, 81, 274.—Leurs décorations variées, 82, 83. — Portes de l'église Saint-Zénon. Voir ce mot. — De l'église Saint-Martin d'Angers, II, 82. — Leurs clôtures, 83; pentures en fer, 84. — Portes en bronze, 85; portes nommées *Basilica, mediana*, 81. — En bronze, avec bas-reliefs à l'église Saint-Denis, 85. — Autres détails, 219.—Portes du monastère Sainte-Catherine ornées de panneaux émaillés, 308. — Portes des églises servant d'asile aux prévenus, 80, 434.

PORTES saintes de sanctuaires, I, 194, 353.

PORTICUS, Ambulacrum. Voir *Galeries*.

PORTIONS de nourriture des moines morts données aux pauvres, II, 347.

PORTIUNCULA. Cellule, I, 8.

PORTRAITS de saints peints dans les dortoirs d'un monastère de Rome, II, 361.

POTAGERS des monastères. Classification des arbres et des plantes, II, 422.

POTENCE ou grue en fer pour soulever le couvercle des fonts baptismaux, II, 238. — Suite de machines de ce genre, publiée par M. Gailhabaud, II, 239.

PRAXÈDE (Monastère de Sainte-). Vue de sa porte, style latin, I, 70.
PRÆCEPTORES *templi*. Leurs fonctions, I, 11.
PRÆCEPTORIALES (Les). I, 11.
PRÆTORIUM (Le) des monastères. Ce que c'était, II, 429.
PRÉAU ou *Herbarium* des monastères, II, 311; ses plantations, 312; son puits, *ibid.*
PRÉMONTRÉS. Leurs monastères doubles, II, 478.
PRESBYTERIUM des églises latines. Ce que c'était, I, 202, 203, et la planche, 205. — Des églises grecques, I, 356.
PRESBYTERIUM des monastères de clercs, II, 479. — Plan d'une maison de ce genre, 480. — Plan de celui de la cathédrale de Strasbourg, *ibid.* — De celui de Théveste, 486. — Origine du *Presbyterium*, 487.
PRESSOIRS des abbayes, II, 407, 408. Pressoir de Saint-Médard, 409.
PRÉVENUS ou réfugiés. Asile que leur offraient les églises; leurs portes, leurs porches, etc. II, 80, 434.
PRIEUR (Le) de Cantorbéry. Son habitation, II, 386. — Autre au XIIe siècle, 387.
PRIEURÉS. Définition, I, 16 et suiv. — Plan de celui de Saint-Venant, 21. — Plan de celui de Cantorbéry, 28 et suiv. — D'Argenteuil, ses murailles crénelées, 62. — De Saint-Gault, son donjon, 65. — Façade du prieuré de Bury, II, 57. — De Corelli, sa chapelle, 195.

PRIEURÉS (Églises de), citées, II, 56, 57. — D'Argenteuil, 80. — Autres, 193, et les planches 194, 195.
PRISONS des monastères, II, 430. Celles de Saint-Martin-des-Champs étaient souterraines et sans lumière, 431. — De Saint-Germain-des-Prés, *ibid.* — Des chapitres, 504.
PROCESSION de moines grecs dans leur couvent, I, 32. — De la châsse de Sainte-Geneviève. Détails à ce sujet, II, 444.
PROCESSIONS dans les églises. Modifications qu'elles ont pu apporter dans les dispositions des plans, II, 37. — Des Rameaux, *ibid.* 55.
PROFILS des monuments d'architecture aux divers siècles, II, 267.
PROMENOIR ou galerie d'église, I, 117; II, 301.
PROMPTUARIUM. Voir *Cellier*.
PRONI (Les). Leur but, II, 122.
PROPITIATORIUM ou *Ciborium*, I, 198.
PUDENTIENNE (Monastère de Sainte-). La décoration de son porche, I, 122.
PUITS des cloîtres, des églises, etc. II, 312, 313. — Puits dit de Moïse, à la Chartreuse de Dijon, II, 313.
PUITS sacrés, II, 19; avec inscription, 20. — A l'église Saint-Germain-des-Prés, 153, 154. — Autres, cités, 313.
PUPITRE. Sa place dans le chœur. Voir le plan, I, 98. — Pupitres nommés *Analogia*, 187. — Remarquable à l'église des saints Nérée et Achillée, *ibid.*
PYRALE, PYRALIS, II, 359, 391.

Q

QUADRANGULAIRES (Églises). Ce qui résulte de cette forme, I, 276. — Clochers de cette forme, II, 65.

QUATORZIÈME SIÈCLE. Caractère distinctif de son architecture, II, 217. — Forme des portes à cette époque, 219.

QUENTIN (Église de Saint-). Sa chapelle dédiée à saint Michel, citée, II, 67. — Sa tour avec peintures, 69.
QUERQUEVILLE. Sa chapelle en forme de croix, II, 8.
QUICHERAT (M.). Son mémoire sur l'art de la construction au moyen âge, II, 272, à la note.
QUININ de Vaison (Abbaye Saint-). Sa chapelle, citée, II, 6.
QUINZIÈME SIÈCLE. Caractère de l'art à cette époque, II, 217.

R

RADEGONDE (Sainte). Sa statue au-dessus d'une fontaine, II, 459.
RECEPT. Ce que c'est, II, 350.
RÉCHAUD à hosties, II, 291.
RECLUSOIR (Le). Ce que c'était, I, 10.
RÉFECTOIRE des moines, II, 328-331, 333, 334. — A Saint-Martin-des-Champs, 335-337. — Aux Bernardins, 338. — Autres, 339. — D'hiver, 340. — Dit du Colloque, *ibid.* — Pour le gras, *ibid.* — Meubles de cette salle, 341, 347, 348. — Réfectoire et cuisine de Fontevrault, 351. — Avec tribune. Voir le mot *Tribune*. — Autre nommé *la Miséricorde*, II, 340.
RÉFUGIÉS dans les abbayes, II, 438.
RÈGLE de saint Benoît, appliquée aux chanoines par Chrodegand, II, 488.
REINES de France abbesses. Introduction, I, page XII.
RELIGIEUSES. Dispositions particulières de leurs maisons, II, 468, 469, etc.
RELIGIEUX architectes, I, 34, 35.
RELIGIEUX médecins, II, 393.
RELIGIEUX sculpteurs, peintres miniaturistes, etc. Voir *Tutilon*.
RELIQUAIRE des tabernacles pour reliques, II, 262, et la planche p. 263.
RELIQUES sous les autels, I, 214.
REMY (Église abbatiale de Saint-). Plan, II, 41. — Sa façade peinte, citée, 61.
RENAISSANCE. Exemple de construction de porte de couvent dans ce style, I, 74. — Autre très-belle à Saint-Martin-d'Auchy, 82. — État de l'architecture monastique à cette époque, II, 281, 282 et suiv.
RÉSERVOIR à l'huile, dans les abbayes du Nord, II, 358.
RÉSURRECTION. Peinture de ce sujet à l'église de Torcello, I, 172.
RETABLE des autels romans, II, 149.
REVESTIAIRE (Le). Ce que c'est, II, 287.
REVUE archéologique de Paris, citée, II, 272.
REVUE d'architecture de M. Daly, citée, II, 450.
RIQUIER (Saint-). Abbaye, nommée d'abord *Centula*. Plan perspectif, I, 27. — Sa forme triangulaire. Pourquoi, 50. — Son parvis et ses tours, II, 61. — Son clocher rond, cité, 64. — Son cloître triangulaire, 298.
RHODES (L'île de). Ses monuments gothiques élevés par ordre des grands maîtres, II, 280.
ROBE noire, dite de saint Cuthbert. Son privilége, II, 438.
ROBERT d'Arbrissel. Fondateur d'un ordre et de nombreuses abbayes, II, 350.
ROIS de France. Étaient de droit religieux de Saint-Denis. Introduction, I, page XII.
ROMAN (Style). Porte de l'abbaye de Clu-

ny, I, 72. — Exposé, origine présumée, développements, II, 1 et suiv. — Est un style chrétien caractérisé, 89. — Spécimen roman mélangé de latin, à Saint-Antoine de Rome, II, 185. — A Patras, 186. — Résumé sur ce système architectural, 187.

ROMAN. Meubles de ce style. Voir *Autels, Candélabres, Ciborium, Clôtures, Mosaïques, Phares, Stalles,* etc.

ROME antique. Fragment du plan de cette ville, gravé sur marbre, I, 105. — Plan en relief de cette ville à la bibliothèque Sainte-Geneviève de Paris, II, 374.

RONDE (Église). Voir *Ascension.* — Autres dans la vallée de Josaphat; à Antioche; à Salonique; à Rome; à Constantinople, I, 250, 251. — A Athènes, *ibid.* — Autres exemples, planches pages 379-390.

ROSE des églises latines, II, 85, 86. — Des églises romanes, *ibid.* — Du XIIIe au XIVe siècle, 195, 229. — Au XVe, 218, 221. — Celle de Saint-Jean-des-Vignes, 220. Voir aussi *Oculus.*

ROSSICON (Le). Couvent du mont Athos. Vue générale, I, 32, 33.

ROUEN. Modèle en petit de la charpente de sa cathédrale, II, 376.

ROUES ou Phares. Voir ce dernier mot.

ROUES de sonnerie d'églises, II, 290.

ROYAUMONT (Abbaye de), citée, II, 362.

S

SABAS (SAINT-). Plan de la basilique de ce nom, I, 112. — Autres détails, 117.

SACRATORIUM, II, 287.

SACRÉS bans (Les), II, 447.

SACRISTAIN. Ses fonctions, II, 292.

SACRISTIE de la Sainte-Chapelle, II, 289. — De l'abbaye de Batalha, *ibid.* — Meubles de sacristie, *ibid.* — Ancienne sacristie de Saint-Germain-des-Prés, 288.

SACRISTIES secondaires fermées de portes de métal, I, 111. Autres détails, II, 23, et la planche. — Nommées *Pastoforia,* II, 285, et le plan. — Meubles des sacristies, 289-291.

SACRISTIES d'une basilique primitive. Plan, I, 98, lettres II.

SAINT-SÉPULCRE (Église du). Voir le mot *Sépulcre.*

SAINTE-CHAPELLE de Paris. Un de ses vitraux, cité, II, 255, et la planche page 256.

SAINTE-SOPHIE de Constantinople. Vue générale, I, 267.

SALERNE (École de). Son origine monastique, II, 393.

SALLE capitulaire, II, 320, 321, et le plan, *ibid.* — A Rome, 322; coupe; vue de celle de Bocherville, 323; autres à Toulouse, 324; à Batalha, 325; en Angleterre, 325, 327; du monastère de Saint-Gall, 496; des chanoines, *ibid.*

SALLE des morts de l'abbaye d'Ourscamp. Sa description, II, 389, 391. — Autres détails, 435. — Description de celle de Cîteaux, *ibid.*

SALLE dite des Papes, à Sainte-Geneviève, II, 444.

SALLE de synode, à Sens, II, 510.

SALLES capitulaires. Vues, plans, coupes et détails de plusieurs bâtiments de ce genre, II, 323, 500, 501. — Salles des comptes des chapitres, 503.

SALLES dites des Chevaliers dans quelques abbayes, II, 443. — Salles monastiques en Angleterre, II, 275. — Des officiers de l'ordre du Saint-Esprit, II, 443.

DU TEXTE ET DES PLANCHES. 555

Salonique. Disposition de ses églises, I, 247. — Mosaïque de son église Sainte-Sophie, 250. — Église Saint-Élie, citée, 253.

Sanctuaire d'une basilique. Sa disposition, I, planches des pages 98, 107, 110, etc. — Pavage en argent de celui de Saint-Pierre de Rome, 196. — Objets formant ordinairement son ameublement, I, 350. Voir aussi *Ambons, Autels, Cathedra, Ciborium, Presbyterium, Vela,* etc. Comparaison des sanctuaires grecs et latins, II, 141. — De l'abbatiale de Saint-Généroux, 142. — Des églises byzantines, 143. — Sanctuaire de l'église abbatiale de Cluny, II, 147.

Sanctuaire ou asile, II, 434.

Sanctuaires. Leur disposition générale et leur ameublement ordinaire, II, 253. — Leur beau pavage, I, 196; II, 254, 255.

San-Miniato. Son église, citée, I, 146.

Sassanide (Époque). Divers types d'art sous cette dynastie, I, 328, 362.

Saturnin (Saint-). Ermitage, texte et planche, I, 9. — Oratoire Saint-Saturnin, plan, II, 8. — Vue perspective, p. 10.

Sauve-Majeur. Son réfectoire avec des *oculus* pour fenêtres, II, 333.

Sauveterre (Église de). Sa porte, citée, II, 274.

Savenières (Chapelle de), citée, II, 54.

Savin (Église Saint-). Sa description, par M. Mérimée, citée, II, 30. — Détails, 31. — Description de ses peintures murales, 32, 107. — Belle tour surmontée de sa flèche, 71. — Spécimen de sa décoration, 146. — Une autre abbaye, II, 369. — Peintures d'une de ses chapelles, 156.

Saxons. Style de leurs monuments, cités, II, 170.

Sceau (Garde du) d'une abbaye. A qui confiée, II, 375.

Sceaux. Importance de leur étude, et ce qu'ils offrent, I, 32. — Sceaux anglais représentant des façades romanes, avec roses, II, 85, 86.

Scété (Désert de), cité, I, 12.

Scholiaste (Le). Ses fonctions, II, 385.

Scriptorium (Le) des abbayes, II, 374; à l'abbaye de Saint-Gall, *ibid.* à Clairvaux, 375.

Sculpture (La) cultivée par les moines, II, 427.

Sculpture d'ornement byzantin, I, 360 et suiv. — D'une clôture de chœur, II, 129. — Au XIIIe siècle, *ibid.* 231, 268, 269. — Au XIVe siècle, *ibid.* — Au XVe siècle, *ibid.*

Senatorium (Le) dans une basilique primitive. Voir le plan, I, 98, lettre Q.

Secrétaires du roi. Où se réunissaient pour la nomination de leurs officiers, II, 443.

Sept-Fonds. Abbaye citée pour son mur d'enceinte fortifiée, I, 39; II, 416. — Son exploitation monastique, *ibid.*

Septum. Ce que c'est, I, 187, et la planche page 188. — Autres détails, 195. — Autre, cité, II, 13, 128, 133.

Sépulcre (Église du Saint-). Son plan, I, 253. — Sa façade en construction gothique, II, 280.

Sépulture de Charlemagne; détails à ce sujet, II, 131. — Sépultures royales de l'église abbatiale de Saint-Denis, de Westminster, 251.

Sépultures des ordres religieux, II, 319.

Sergius et Bacchus, église de Constantinople; coupe en largeur. Plan de l'église, I, 321. — Plan général, 257. — Citée encore, 322. — Chapiteau, 367. —

70.

Entablement avec inscription grecque, 368.

SERRABONA (Église de). Plan, II, 92. — Façade et galerie latérale, 93.

SERRAT (Le mont), plan, I, 5.

SICILE (Royaume de). Caractère distinctif de son architecture normande, II, 213-215.

SICINIENNE. Basilique de ce nom, à Rome, I, 114.

SIÉGE d'abbés avec dais, cités, II, 347. — — Usage concernant les moines morts qui se rattachait à ce siége, II, 347.

SIÉGE de l'officiant taillé dans la pierre, I, 356. — Autre, à Toscanella, II, planche page 152.

SIÉGES pontificaux dans les basiliques, I, 205, et les planches pages 206, 207. — Celui de saint Hippolyte porte un calendrier chrétien. — Voir la planche page 206. Voir aussi *Cathedra*.

SIGNE de propriété du chapitre de Saint-Jean-de Latran. Bas-relief avec sainte face, II, 505.

SINAÏ (Monastère du mont), cité, I, 308.

SKITES (Les). Ce que c'est, I, 11. — Vue d'une skite grecque, *ibid.* 12.

SMYRNE (Église de), I 237.

SOLESMES (Abbaye de), citée, II, 22, 368.

SOLITAIRES d'Orient; leur fondateur. Introduction, I, III. — D'Occident, *ibid.* IV, V.

SONNERIES des couvents, II, 290.

SOPHIE (La petite Sainte-), ou l'église consacrée à Sergius et à Bacchus, a servi de modèle aux constructeurs de Sainte-Sophie, à Constantinople. Ce qui la concerne, I, 256. — Plan, 2 57.

SOPHIE (Sainte-) de Constantinople. Plan de cette église, I, 258. — Vue générale et perspective, 267. — Son bel autel décrit, 351. — De Padoue. Vue de son abside romane, II, 99. — Sa façade peinte, citée, *ibid.* 61. — De Trébizonde, citée, II, 281.

SOUR, en Orient. Sa belle église du XIIe siècle, II, 279.

SPHÈRE de diverses couleurs, porte le trône de Jésus-Christ. Peinture symbolique, citée, II, 130. — Noms des couleurs, *ibid.* — Autres détails, 131.

SPHINX servant de supports à deux colonnes, II, 185.

SPIRIDION (Saint-). Clôture du chœur de cette église, I, 347. — Sa belle chapelle à baldaquin, 335.

SQUELETTES des moines morts placés debout dans un charnier, II, 440.

STALLES des églises byzantines, I, 336-338. — Stalles romanes, II, 134, 135. — Remplacent la cathédra et l'exèdre du chœur, 153. — Au XIIIe siècle, 251. — A Vérone, 252. — Au XVe siècle, 253.

STATIO *auscultantium*, I, 121. — *Statio catechumenorum*, ibid. — *Statio dæmoniacorum*, ibid.

STATISTIQUE monumentale de Paris, citée, II, 335-337.

STATUAIRE du XIIIe siècle, II, 231.

STATUES en stuc, à Cividale-del-Frioul; sont les seules conservées, II, 17, et la planche, page 14.

STÉRÉOTOMIE (La). Sa marche progressive depuis les temps antiques jusqu'au moyen âge, II, 272, 273.

STRASBOURG. Sa cathédrale, citée pour son *Presbyterium* et son cloître. Plan, II, 480. — Autres détails, 492. — Son monastère des clercs, 479.

SUÈDE (La). Demande des verriers français, II, 89.

SUGER (L'abbé) construit la troisième église de l'abbaye de Saint-Denis, I,

DU TEXTE ET DES PLANCHES. 557

89. — Sa modeste cellule, II, 386. — Fait exécuter des vitraux pour cette basilique, 90. — Restaure les portes, II, 85.

Sulpice Sévère, cité au sujet de l'habitation de saint Martin de Tours, II, 506.

Surveillance du cloître, à qui confiée, II, 320. — Celle des dortoirs; voir au mot *Dortoirs.*

Sutri. Ses églises souterraines, I, 92.

Sylvacane offre l'exemple d'un monastère complet, II, 45. — Plan général, 46.

Symandre, sorte de cloche. Sa description, I, 156, et la planche page 157.

Sympectæ, nom donné aux religieux âgés. Introduction, viii; II, 389.

· T

Tabernacle ancien ou *Ciborium*. Origine, 258. — Fermeture, 259. — Au xv° siècle, II, 258. — Isolé de l'autel, planche page 259. — Tabernacles des châsses, II, 262.

Tableau des fêtes, I, 342.

Tables d'airain pour couvrir les basiliques; exemples cités, I, 151.

Tables des hôtes. Dans les couvents, II, 347. — Des moines, *ibid.*

Tables pascales. Leur origine, II, 117, et la planche page 118. Voir aussi *Calendriers.*

Tables de proposition. Leur usage, II, exemple, 260.

Tablettes de cire au vii° siècle, offrant le plan d'une église byzantine gravée dans les *Annales ordinis S. Benedicti*, I, 249.

Tainchester. Plan de son église abbatiale, II, 212.

Talaris. Vêtement, cité, II, 130.

Tapisserie de Saint-Victor, citée, II, 424.

Tapisseries des basiliques ou le *Velum Alexandrinum*, I, 193, 203. — Leurs broderies, citées, 309.

Taxiarque (Église Saint-). Sa façade peinte, I, 289. — Son clocher en arcade, 317. — Clôture de fenêtre, 303.

Tegimen altaris, ou le *Ciborium*, I, 198.

Temple de Jérusalem. Description de son portail, par Flavien Josèphe, I, 119.

Temple (Église du), à Paris, plan, I, 389. — A Ségovie, *ibid.* 390. — A Metz, *ibid.* — A Montmorillon, *ibid.* — A Laon; sa façade latérale, II, 94.

Temple d'or, à Antioche, cité, II, 28.

Temples païens convertis en églises, I, 19.

Templiers. Monument de cet ordre, cité, II, 353. — Leurs archives particulières, 379. — Détails sur leurs habitations à Paris, 380. — De Saint-Jean-de-Latran, *ibid.* 381. — Maison des Templiers dans la citadelle de Metz, 440.

Ténos ou *Tine*. Voir ce mot.

Terrasses autour d'une coupole ou dôme d'église, I, 263, 264. — Sur les tours, II, 217.

Terre sainte (La) ou Palestine, reçoit des Croisés l'architecture gothique. Noms de plusieurs villes qui en offrent des exemples, II, 279, 280.

Texier (M. l'abbé), cité pour les vitraux peints, II, 90.

Than (Église de). Son pignon à galerie, II, 60.

Théau (Saint), élève de saint Éloi. Ses travaux comme orfèvre, II, 428.

Théodora. L'impératrice de ce nom, représentée sur une mosaïque, I, 309.

THÉODOSIA (Église Sainte-). Fenêtre avec clôture, I, 304. — Inscription, 369.
THÉODULPHE (L'abbé). Révolution qu'il opère dans la disposition du chœur des basiliques, II, 181.—Autres documents, 124, 132, 133, 143.
THÉOLOGAL (Le). Ses fonctions, II, 385.
THÉOTOCOS. Église de ce nom, I, 269. — Développement de sa façade, ibid. 269. — Vue de son abside, 278. — Plan général, 310. — Coupe en longueur, 324. — Un de ses chapiteaux, 364. — Autres, 365. — Base de colonne, 367.
THEVESTE ou Thébessa. Sa belle église retrouvée en Afrique par M. Léon Renier, II, 481. — Plan, 483. — Détails du plan, 484. — Offre un *Presbyterium* complet, ibid. — Sa porte d'entrée, 485. — Coupe générale, 486. — Ses deux cloîtres, 491.
THIÉMON, abbé, pratiquait les trois arts : peinture, architecture, orfèvrerie, II, 428. — Devient archevêque, puis martyr, ibid.
THOMAS Becket (Saint). Son tombeau et sa chapelle funéraire, II, 229.
THOMAS (Église Saint-) *in Limine*, à Bergame, I, 382, plan, ibid.
TIBURCE (Saint-). Église de Rome, I, 380. — Son plan, en croix grecque, ibid.
TIMBRES remplaçant les cloches. Voir I, la planche page 154.
TINE ou Ténos, dans l'Archipel. Élévation de son église à galerie ou porche, I, planche page 270.
TOITURE en briques cintrées. Exemple, I, planche page 123. — Autre, à Saint-Jean-de Latran, ibid. 150. — En table de métal et dorées, 151. — En lames de plomb, II, 93. — En tuiles à la romaine, ibid.
TOMBEAU de saint Céras, II, 462.

TOMBEAU servant d'autel. Voir la planche page 197, I. — De Charlemagne. Voir *Sépulture*. — De la sainte Vierge, en Palestine. Sa façade en architecture du Nord, II, 280.
TOMBEAUX. Comment placés autour du chœur, II, 251. — A Saint-Denis, ibid. — A Westminster, ibid.
TOMBES des chevaliers du Temple trouvées à Montmorillon, II, 441.
TOMBES des moines. Leurs légendes, II, 438, 439.
TORCELLO. Plan de sa basilique et de son monastère, II. — De son baptistère, 167. — Peintures des pignons intérieurs, 172.—Décorations de son église, 173. — Vue générale du chœur avec tous ses détails, trabes, autel, tabernacle, clôture, ambon, etc. ib. planche page 186.
TORCULARIA. Voir *Pressoirs*.
TOREGMA, ou le Dressoir. Voir ce mot.
TORSADE pour base de colonne romane. II, 178.
TOSCANELLA (Église Sainte-Marie de). Rose de son église romane, II, 86. — Voiles suspendus, 108. — Peintures murales, ibid. — Monographie de cette église, citée, ibid. à la note. — Crypte de l'église Saint-Pierre, plan, 164.
TOUR (Grande) carrée. Exemple, II, planche de la page 63.
TOUR centrale. Comment supportée dans les églises romanes, II, 8, 26, 27, 29, 30, 33.
TOUR en bois sculpté pour conserver l'Eucharistie, II, 258.
TOUR Saint-Jean-de-Latran, plan et coupe, II, 381. — Tour carrée au-dessus d'un transsept, ibid. 63.
TOURELLES d'enceinte d'abbayes. Exemples, I, 61, 62, 66, 68. — Tourelles à arcades romanes, II, 59.

Tournus (Abbaye de). Porte d'enceinte fortifiée, I, 78. — Sa façade, citée, II, 39. — Son clocher central, 63.

Tours (Dispositions particulières des) à diverses époques, II, 38, 39. — Tours rondes. Leur origine, *ibid*. 64. — Tours du XIIIᵉ siècle; leur caractère distinctif, *ibid*. 216. — Tours doubles, citées, II, 38, 66. — Sept à l'église de Cluny, 39. — Tours de l'abbaye de Maubuisson. Élévation, plan et coupe, I, 59. — Autres, 62, 66, 68. — De l'abbaye de Bénisson-Dieu, 66. — De celle de Tournus, 78. — D'Elne, II, 56. — Du prieuré de Bury, 57. — Tours et clochers de l'église Saint-Nicaise, de Reims, 218.

Trabes, pièce de bois ou colonnade de marbre dans la nef des basiliques. Son but, I, 185. — Comment employée à la basilique de Torcello, 186. — Remarquable à Saint-Marc de Venise, 187. — Paraît être l'origine des jubés, *ibid*.

Trani (Église de), citée, II, 33.

Transition (Époque dite de). Disposition générale des constructions, II, 81 et suiv. 194-196. — Dans les plans des églises monastiques, 197-201.

Transsepts avec absides semi-circulaires, II, 91.

Travées de l'église Saint-Laurent, à Rome, I, 169. — Coupe en travers, 170. — De Sainte-Sabine, 175. — Coupe, planche, *ibid*. — Travée de l'église abbatiale de Saint-Ouen, II, 235.

Trébizonde. Son église de Sainte-Sophie, citée pour ses ornements et ses sculptures bibliques, I, 281.

Treilles de saint Louis, citées, II, 423.

Treillis des fenêtres, I, 135. Voir aussi *Clôtures*. — Treillis pour soutenir les vitraux, *ibid*. 147.

Treizième siècle. Caractère de son architecture, II, 216, 217. — Forme des portes à cette époque, 219.

Trésor des églises, I, 111, 204, 292. — Plan de celui de Saint-Denis, 293. — De l'église Saint-Germain-des-Prés. Où placé, *ibid*. — Armoires de trésors, 294, 295. — A qui on en confiait les clefs, 294.

Trésorier des églises, II, 293, 294.

Trésors des ordres militaires; où placés, II, 381.

Tresses. Emploi de cet ornement sur une base de colonne, VIIIᵉ siècle, II, 178.

Treuil pour faire monter les voyageurs dans un couvent grec, I, 85.

Triangles sculptés ou peints au fronton de quelques églises, II, 60.

Triangulaires (Églises). Motif de cette forme, II, 298.

Tribunal des basiliques romaines; où placé, I, 108.

Tribunal ou *Prætorium* des abbayes, II, 423. — Où placé, *ibid*.

Tribune pour la lecture au réfectoire d'une abbaye, II, 334, 343.

Tribunes de l'église Saint-Laurent, à Rome, I, 169, 170.

Triclinium de Parenzo; plan, II, 329. — De Saint Jean-de-Latran, 330.

Triforium (Le). Son origine, II, 103. — Autres détails, 254.

Tringle avec ses anneaux pour les rideaux d'églises, I, 219.

Triomphe du Christ, peint au-dessus du chœur des églises byzantines, I, 172; II, 122.

Trompe (Construction en) pour les pendentifs, II, 126.

TRÔNES épiscopaux primitifs. Voir *Cathedra*. A l'église de Smyrne, I, 357. — A Venise, 358. — Dans deux églises d'Athènes, 359.

TUILES à la romaine pour couvrir les églises, II, 93.

TUTILON, nom d'un moine architecte, peintre, sculpteur, cité, II, 427.

TYR. Chapiteau d'une de ses églises, I, 363. — Pilastre avec ornements, du même édifice, 371.

U

UMBILICUS (L'). Ce que c'était, I, 215.

UMBRACULUM ou *Ciborium*, I, 198.

V

VAISON. Chapelle Saint-Quinin, style roman, II, 7.

VAL (Abbaye du). Son beau moulin à eau, II, 405, et la planche.

VANTAUX des portes d'églises, avec bas-reliefs, II, 84, 85; avec panneaux émaillés, *ibid.* 308.

VARRON. Son livre *de Re rustica*, cité, II, 417. — Son *Ornithon*, *ibid.* et 426.

VASQUE ou bassin en style roman, II, 316 et la planche.

VATICAN. Célèbre palais pontifical, cité, II, 512. — Ses chapelles, ses peintures, sa bibliothèque, son musée, ses jardins, etc. II, 512, 517.

VATOPEDI. Couvent du mont Athos, cité pour sa nef avec absides, I, 324.

VAUCLAIR (Abbaye de). Sa grange, II, 411, et la planche page 412.

VAUX-DE-CERNAY (Abbaye), citée, II, 419. — Son colombier, *ibid.* — Sa fontaine, plan et coupe, 462.

VELUM *Alexandrinum*, I, 193. — Sa description, *ibid.* — Autre, 350.

VERDIER (M. Aymar). Son mémoire sur une ferme d'abbaye, II, 450.

VERNEILH (M. de), cité sur les abbatiales de Cîteaux, II, 47. — Son travail sur Saint-Front de Périgueux, cité, 51. — Sur l'architecture byzantine, *ibid.*

VÉRONE. Monument chrétien de cette ville, cité, I, 162.

VERRES pour fermer les fenêtres, I, 146.

VESTIAIRE (Le) des couvents, II, 367.

VESTIBULE de quelques églises; exemple, II, 65.

VÊTEMENTS donnés à Jésus-Christ dans le ciel, sur les peintures romanes, II, 130 et 131.

VETUSTA *monumenta*. Célèbre ouvrage anglais, cité, II, 355.

VÉZELAY (Église abbatiale de). Son grand porche, II, 77.

VICTOR (Abbaye de Saint-), citée, II. — Ses écoles célèbres, 383.

VIDAMES des monastères, II, 449.

VIE monastique. Ses résultats sur la civilisation. Introduction, I, II.

VIEILLARDS tenant des couronnes d'or en présence de Jésus-Christ. Peinture symbolique, citée, II, 130.

VIERGE (Sainte). A quelle époque commence à avoir des chapelles, II, 200, 201. — Plans de quelques-unes de ces constructions, 202; — à Saint-Germer, 203; — à Saint-Germain-des-Prés, *ibid.*

— Représentée en peinture sur une porte de basilique, I, 130.

Vierge (La) péribolique. Église qui lui est consacrée, I, 287.

Vieux-Pont (Chapelle carlovingienne de), II, 4. — Sa façade, 11.

Vigne (La) et ses raisins, représentés sur les basiliques chrétiennes. Origine de cette décoration, I, 120.

Vigne sculptée autour de colonnes, à Montréal, II, 317.

Vignory. Plan de son église, II, 36.

Village de religieux au mont Athos, I, 12.

Villard de Honnecourt. Église qu'on attribue à cet architecte, II, 207. — Nomenclature architecturale qu'on lui doit, 223. — Ses dessins de stalles, cités, 251. — Ses dessins de lutrins, 253. — Règles qu'il trace de la stéréotomie, 273. — Sa méthode pour tracer les angles d'un cloître, 300.

Vincennes (Château de). Ses archives, citées, II, 376.

Vincent (Saint-) et Saint-Anastase. Vue latérale du porche de cette basilique, I, 124. — Son plan, II, planche page 47. — Plan de la salle capitulaire, ib. 321.

Vital (Église Saint-) de Ravenne. Plan, I, 382. — Ses deux tours cylindriques, citées, II, 63.

Vitrail de la Sainte-Chapelle représentant un autel avec *Ciborium*, cité, II, 255, et la planche page 256. — On y voit aussi la lampe suspendue, *ibid.*

Vitraux. Époque de leur origine, II, 89.
— De l'époque romane généralement détruits, *ibid.* — De Suger, 90. — De Vendôme, *ibid.* — Des XIIIe, XIV et XVe siècles, 248 et suiv. d'églises, cités, 234.

Vitriers (Peintres) français, demandés en Suède et en Danemarck, II, 89.

Viviers antiques, cités, II, 425. — Viviers des monastères, 424.

Viz ou pressoir, II, 407.

Voile de la clôture de l'église Saint-Démétrius. On y voit la Samaritaine et Jésus-Christ, I, 350.

Voiles de porches. Exemple, I, planche page 70. — Autres, 102, 219. — Des portes intérieures, 178, et des entre-colonnements, *ibid.*

Volière de l'abbaye de Saint-Gall; sa description, II, 417.

Vourcano. Son église offre un exemple d'une coupole à pendentifs, I, 329 et la planche.

Voussures. Détails sur leur construction au moyen âge, II, 273.

Voûte absidale peinte, II, 147. — Voûte conique. Exemple, I, planche page 377.

Voûtes du XIIIe siècle; leur marche progressive, II, 233. — Voûtes ouvertes de quelques églises, I, 250. — Voûtes en blocage à la romaine, II, 100. — Leur origine, *ibid.* — Marche progressive de ce genre de construction, 101. — Vues en coupe, 102.

Voyages littéraires de deux bénédictins, ouvrage cité, II, 340. — Aux notes, 342 et 424.

Voyageurs. Comment on les recevait dans les monastères, II, 398-400. — Moines voyageurs, 400.

W

Wandrille (Abbaye de Saint-) ou de Fontenelle. Voir ce mot.

Wast (Abbaye de Saint-). Son réfectoire pour le maigre, cité, II, 241.

WESTMINSTER. Abbaye citée pour ses tombeaux, II, 251. — Pour ses stalles, 253. — Sa chapelle funéraire, 229.

X

XENODOCHIUM ou maison des hôtes. Voir le mot *Hôtes*.

Z

ZÉNON (Église abbatiale de Saint-). Son plan, II, 33. — Sa porte à pignon, 54. — Bas-relief de son fronton, *ibid*.
ZÉNON (Chapelle de Saint-), à Rome, I, 179, 180.
ZODIAQUE grec placé sur une façade de basilique, I, 286, et la planche. — Représenté sur le pavage de quelques basiliques, II, 143.
ZOGRAPHE (Monastère du). Sa porte en style byzantin, I, 70. — Son église, citée pour sa nef avec absides, 324.

FIN DE LA TABLE ANALYTIQUE.